Mac OS X Lion

iCloud서비스
OS X Lion
10.7.2 버전 기준

Mac OS X Lion

쉽게 배우고 빠르게 활용하기

INFINITYBOOKS
인피니티북스

김명준 | 지음

머리말

2000년 12월 처음 Mac OS X 운영체제가 공개된 이후 10년 동안 지속적으로 업그레이드된 매킨토시 운영체제는 2011년 7월에 일곱 번째 메이저 버전인 OS X Lion 10.7을 출시하였다. OS X Lion은 기존 Mac OS X Snow Leopard보다 더욱 진보되었고 처리속도도 빨라져 많은 사람들에게 좋은 반응을 받을 것으로 보여진다.

또한 애플은 아이폰과 아이패드의 성공을 토대로 이미 iOS 기반의 사용자 인터페이스에 익숙한 고객을 고려하여 Launchpad 등의 기능을 통해 OS X Lion에도 쉽게 적응할 수 있도록 배려하였다. 하지만 아직까지 사용자층이 두껍게 형성되어 있지 않아 Mac 기기를 구입하여도 사용방법에 대한 정보가 적어 적응하기 힘든 경우가 많다. 그래서 처음에는 호기심에 이것저것 만져보지만 OS X Lion 운영체제에 적응하지 못하고 고가의 Mac에 윈도우 운영체제를 설치해서 사용하는 경우도 종종 목격되었다.

이런 상황을 목격한 필자는 "왜 고가의 Mac을 구입해서 Mac만의 장점을 알지 못하고 포기할까?"라는 의문을 갖고 이 책을 집필하게 되었고, 보다 쉽고 빠르게 OS X Lion을 이해하고 사용할 수 있도록 구성하였다. 독자가 아무것도 모른다는 가정하에 최대한 쉽게 작성하였으며, Mac을 사용하면서 꼭 필요한 설정이나 활용 방법들 위주로 자세히 설명하고자 노력하였다.

또한 집필 중에 OS X Lion의 버전이 10.7.2로 업그레이드 되면서 발표된 iCloud 서비스에 대한 내용도 있어 클라우스 서비스를 사용하고 싶은 독자의 입맛에도 맞도록 구성하였다.

이 책이 OS X Lion을 처음 접하는 분들이나 국내 컴퓨터 환경 때문에 OS X Lion을 사용하지 못하고 부트캠프 등을 통해 윈도우 환경을 오락가락하는 분들에게 좋은 길잡이가 되길 바란다.

끝으로 이 책이 나오기까지 도움을 주신 인피니티북스 관계자분들께 깊은 감사의 말씀을 전하며, 하늘에 계신 아버지께 이 영광을 바친다.

2011년 10월

저자 김명준

이 책의 구성

① **CHAPTER:** 각 챕터의 제목을 나타낸다.

② **개요:** 본격적으로 내용을 알아보기 전에 간략하게 설명한다.

③ **따라 하기:** 단계별로 하나씩 따라 할 수 있도록 OS X Lion의 화면과 함께 친절하게 설명한다.

④ **TIP:** 본문에서 설명한 내용에서 더 알아두면 좋은 정보들을 소개한다. OS X Lion을 사용하 면서 궁금한 점이 있거나 더 알아두면 좋을 내용들로 구성되어 있다.

목차

PART 4 OS X Lion 확장하기

Finder 파일 편집 보기 이동 윈도우 도움말

PART 1

OS X Lion 시작하기

2011년 7월 드디어 기대하던 OS X Lion이 $29.99에 출시되었다. 다른 운영체제에 비해 상당히 저렴한 가격이기 때문에 Mac을 사용하는 사용자들에게는 희소식이었다. 그러나 아직까지는 대한민국 Mac 관련 시장이 대부분 아이폰이나 아이패드를 통해 활성화되었기 때문에 OS X Lion은 아직 생소한 분들이 많다고 느꼈다.

이번 장에서는 OS X Lion의 새로운 기능과 기본적인 사용방법에 대해서 다루었으며, 일반 마우스를 사용하는 형태가 아닌 트랙패드를 사용한 멀티 제스처로 조작하는 방법을 기준으로 하여 기초적인 부분부터 설명하였다.

CHAPTER 01

OS X Lion이란?

27년 전 오늘날의 PC라는 모델을 만든 Mac은 OS X Lion으로 다시 태어나 포스트 PC 시대의 새로운 표준을 제시하였다. 이제부터 PC의 새로운 가능성에 대해 주목받고 있는 OS X Lion의 사용방법과 활용방법에 대해 알아보자. 나온 지 10년이 되는 Mac OS X의 역사 중에서 OS X Lion은 가장 의미 있는 메이저 업데이트 버전이 될 것이다.

이 책의 집필 기간 중에 있었던 WWDC 2011의 발표 당시, 2001년 3월에 Mac OS 후속 운영체제로서 출시된 Mac OS X Cheetah와 10년이 지난 시점에서의 Mac OS X Snow Leopard를 비교한 프레젠테이션이 등장했다. 이것은 이번에 출시된 OS X Lion이 아이폰과 아이패드가 포스트 PC 기기로서 자리잡고 있는 이 시대에 PC는 어떻게 다시 태어나야 할 지에 대한 애플의 답변을 보여주는 것이다.

애플은 이번 릴리즈를 통해 단순하게 기능만 업그레이드한 것이 아니라 운영체제 이름, 가격, 고객에게 판매하는 방법 등을 크게 재검토하였다.

Apple WWDC 2011의 발표장에서

Mac용 운영체제라고 한다면 1997년 출시한 Mac OS 8 이후 계속해서 'Mac OS' 라는 명칭으로 불렸지만, 이번에는 Mac이란 단어가 빠지고 OS X Lion이라 표기되었다.

가격도 상당히 충격적이다. 일반적인 PC용 운영체제라면 보통 10만원 이상의 가격에 판매되고 있지만, OS X Lion은 $29.99(약 33,000원)에 판매된다.

또한 운영체제 판매는 Mac App Store를 통해 약 4GB 용량을 다운로드하여 설치할 수 있도록 하였다. 즉, Apple ID를 가지고 있다면 Mac을 여러 대 보유하고 있더라도 한 번만 구입하여 계속 이용할 수 있다.

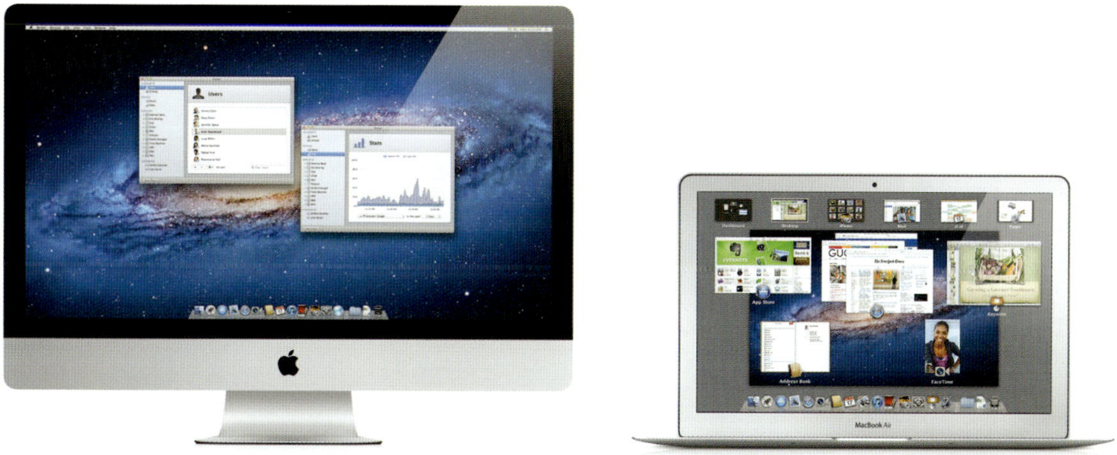

iMac과 MacBook Air

사실 이는 새로운 것이 아니다. 오히려 애플은 다시 원점으로 되돌아가는 것이라고 볼 수 있다. 애플은 원래 하드웨어와 소프트웨어를 같이 제품화하여 Mac을 만들었고, 구형 Mac OS의 업데이트는 무료로 제공하였다. 1980년대 미국에서는 Mac 판매점에 가서 FDD를 가져가면 최신 버전을 복사해 주었다고 한다.

미국에서 구형 Mac OS를 유료화한 것은 1991년 처음 패키지화하면서 나온 System7부터이다. 2011년부터는 운영체제 DVD 패키지가 없어지고 무료도 아니지만, 다운로드 수수료 정도의 가격으로 새로운 운영체제를 얻을 수 있다.

이는 애플의 매출이 감소하여 떨이 형태로 판매하는 것이 아니며, 반대로 Mac 판매량은 증가하고 있기에 대담한 선택으로 보여진다. 현재 전세계 Mac 사용자 수는 5400만 명으로 계속 증가하고 있다고 한다. 2010년과 비교하면 PC 매출은 1% 떨어졌지만 Mac 매출은 28% 증가하였으며, 과거 5년간 모든 4분기의 PC 시장의 평균 출하 비율을 계속 웃돌고 있다고 한다.

Mac을 추천하는 이유는 깔끔하고 멋진 디자인을 가진 하드웨어뿐만 아니라, 소프트웨어 즉, 운영체제가 훌륭하기 때문이다. 여기서 2010년 애플이 처음 발표한 "Back to the Mac" 이벤트를 통해 소개된 OS X Lion은 PC와는 완전히 다르다는 것을 내세워 아이폰, 아이패드의 틈새시장을 흡수하고자 하는 것이다.

OS X Lion 데스크탑 화면

새롭게 출시한 OS X Lion의 새로운 기능은 250가지로 다양하며, 이 중에서 가장 크게 변화된 10가지에 대해서 간략하게 살펴보자.

1. 멀티터치 제스처

최근 맥북이나 매직 트랙패드가 나오면서 OS X Lion에서는 멀티터치 조작이 기본으로 자리잡았다. 사실 책상 위에 있는 마우스를 가지고 24인치 이상의 모니터를 사용하는 경우 작은 커서로 넓은 화면에서 필요한 메뉴나 스크롤바를 맞추는 것은 상당히 번거로운 일이다. 하지만 제스처를 이용하면 2 ~ 4개의 손가락을 패드 위에 두고 간단한 움직임을 통해 다양한 조작을 하여 보다 깔끔하고 정확하게 PC를 이용할 수 있다.

애플은 단순하게 새로운 조작을 포함시킨 것이 아니라 추가적으로 사용자가 사용하는 창에 대해서 연구를 하였고, 결국 스크롤바를 없애 버렸다. 멀티터치 제스처를 통해 별도로 커서를 스크롤바에 가져갈 필요가 없어졌기 때문이다. 이에 따라 애플은 겉모양으로 나올 필요가 없어진 스크롤바를 커서가 갈 경우에 만 나오도록 창 디자인을 변경하였다.

또한 3개의 손가락을 좌우로 스와이프(swipe)하면 프로그램을 변경하는 동작도 포함되어 있는데 이것은 기존 아이패드 사용자가 느꼈던 부분을 그대로 사용한 것으로, 아이패드를 구입한 고객이 Mac을 구입해도 어색하지 않도록 배려한 것이며 앞으로 Mac을 구입하는 소비자가 많이 늘어 날 것으로 예상된다.

2. 풀스크린 대응 프로그램

PC라면 화면을 가득 채운 다양한 창들을 바꾸어가면서 사용하는 것이 기본이지만, 화면에 관계없는 창이 열려 있으면 신경이 쓰인다. 아이패드에서는 프로그램을 실행하는 동안 다른 창들이 보이지 않아 현재 사용 중인 프로그램에 대한 집중도가 상당히 높다.

풀스크린 기능은 이런 특징을 받아들여 Mac에 도입한 것으로, 대응하는 프로그램은 화면 우측 상단의 풀스크린 버튼을 클릭하면 모든 화면으로 크게 표시되어 사용자가 원하는 작업에 집중할 수 있다. 또한 멀티터치 제스처로 좌우로 스와이프 조작을 통해 간단하게 프로그램을 변경할 수 있다.

현재 OS X Lion에서 기본적으로 제공하는 프로그램 중 Safari, iCal, iMovie, 미리보기 등에서 풀스크린 기능을 사용할 수 있다.

3. 미션 컨트롤 (Mission Control)

화면에 창이 많이 열려 있으면 상당히 혼란스러워진다. 미션 컨트롤은 이를 해결하기 위해 프로그램 단위로 간단하게 정리할 수 있는 기능이다. Exposé 기능을 확대한 것으로, 화면 가운데 모든 창이 표시되면 이 창이 프로그램 단위로 표시되어 필요한 프로그램을 찾기가 편리해진다. 또한 화면 상단에는 위젯이 나열된 대쉬보드나 풀스크린으로 실행 중인 프로그램이 따로 나열된다.

또한 특정 프로그램 창의 구성을 한 개의 화면으로 배치하고 싶은 경우에는 미션 컨트롤 화면 상단의 데스크탑 썸네일에 추가된 새 스페이스를 추가하고, 배치하고 싶은 프로그램 창을 드래그하여 추가할 수 있다.

4. Mac App Store

Mac OS X Snow Leopard에서 추가 기능로서 나왔지만, 이미 소프트웨어 유툥 시장에서 확고하게 자리를 잡은 것 같다. 미국에서는 이미 Mac App Store가 미국 유통 체인점인 Best buy를 제치고 소프트웨어 유통 시장에서 1위를 하였다고 한다.

OS X Lion에서는 iOS처럼 과금이용(In-App Purchase)이 가능하도록 되어 있고, 다운로드한 앱의 새로운 버전을 받을 경우에 기존에는 통째로 다운로드했기 때문에 어려운 경우가 발생하였지만, 이를 보완하여 통신량을 줄이기 위해 나누어 다운로드하는 방식으로 변경되었다.

5. 런처패드(Launchpad)

아이패드 홈 화면과 유사한 기능으로서 조작 방법도 아이패드와 똑같다. 또한 설치한 앱을 나열해 놓고 폴더를 만들어 그룹화도 할 수 있다. 이 부분에 대해서는 나중에 좀 더 자세히 살펴보도록 하겠다.

6. 다시 열기

프로그램을 닫아도 다시 시작하면 이전에 작업 중이던 상태가 그대로 나오도록 하는 재생 기능이다. 이것도 아이패드에서 가능했던 편리한 기능을 Mac에 적용한 사례이다.

7. 자동 저장

일일히 하나씩 저장하지 않아도 OS X Lion에 최적화된 앱이라면 항상 작업 중인 문서를 저장해 주는 기능이다. 이것에 의해 몇 시간 동안 공들인 작업 문서를 저장하지 않더라도 자동 저장을 통해 복구해 준다.

8. 버전

PC를 사용하면서 이전에 작업하던 내용이 더 좋다고 생각되면 수정한 후에 저장하는데, 이렇게 저장을 해버리면 기존 데이터는 유실된다. 이런 경우 기존 Mac OS X에서는 Time Machine이라는 기능을 사용하여 백업한 자료를 바탕으로 확인하고 복구한다. 이때 '버전'을 이용하면 이 기능이 적용된 프로그램 화면 우측 하단의 타임라인을 통해 이전에 작업하던 내용을 선택하여 복구할 수 있고, 복사하기 및 붙여넣기도 간단하게 이용할 수 있다.

9. AirDrop

간단하게 파일을 주고받을 수 있는 기능으로, 지금까지 나온 파일전송 방법 중에서 가장 편리한 방법이라고 생각된다.

일반적인 파일공유나 블루투스를 사용하는 파일 전송방법이 있었지만, 이런 경우 사용자가 네트워크에 연결되어 있고 사용자 ID와 비밀번호가 공유되어야 하는 번거로움이 있다. 반대로 AirDrop은 파일교환을 일시적으로 애드혹으로 연결하여 파일전송만 한다.

10. 새로워진 Mail

풀스크린 기능이 지원되고 아이패드에서 채용하였던 2열 레이아웃을 적용하여 보다 많은 메일을 직관적으로 볼 수 있도록 하였다.

또한 짧은 시간 동안 몇 통의 메일을 주고받을 때에는 이야기 흐름을 파악할 수 있도록 스레드 표시 기능이 추가되었으며, 메일 스레드를 어느 정도 읽었다면 창 상단에 있는 즐겨찾기바를 사용하여 폴더 구분도 할 수 있다. 추가적으로 발신자 및 키워드 등의 복잡한 조건을 통해 검색 범위를 줄이는 방법도 제공한다.

위와 같이 10가지의 새로운 주요 기능에 대해서만 간략하게 소개하였다. 이것은 애플이 아이패드로 얻은 노하우를 바탕으로 OS X Lion을 통해 확실하게 포스트 PC 기기의 시대를 열었다고 할 수 있다. 그렇지만 역시 PC만이 할 수 있는 장점과 그 필요성을 느끼고 각각의 기능을 발전시킨 것이다.

예로 풀스크린 조작으로 모든 것을 조작하는 것이 아니라, 경우에 따라 큰 화면을 살리고 여러 창을 나열한 스타일을 보면서 다른 작업을 미션 컨트롤로 통합하였다. 즉, 간단하게 작업하던 아이패드 스타일과 한 단계 발전한 Mac 스타일의 작업을 구분하기가 애매해졌다는 것이다.

그 외에도 OS X Lion에는 한국어 음식인식, 줌 기능, 복원 기능 등 다양한 기능들이 추가되었다. 필자가 평소에 Mac을 사용하면서 이런 기능이 있으면 좋겠다고 생각하던 것들이 OS X Lion에 모두 담겨 있다. 이 책을 통해 OS X Lion에 대해 하나하나씩 살펴보자.

TIP Mac OS X 버전 확인하는 방법

1. → [이 매킨토시에 관하여]를 선택한다.
2. '이 매킨토시에 관하여' 창이 나오면 Mac OS X 아래에 표시된 버전 항목을 살펴보자.
3. "10.7"이란 버전 표기가 되어 있는 것을 확인할 수 있다.

   여기서 "10"은 Mac OS X를 나타낸 것이고, "7"은 메이저 버전으로서 Lion 버전임을 나타낸 것이다. 참고로 이전 버전은 10.6으로서 "6"은 Snow Leopard 버전이다.

   마지막으로 현재 표시되지 않았지만, 7 다음에 표시되는 버전 숫자는 마이너 버전으로, 패치 등을 할 경우 나오게 된다.

참고로 OS X의 버전을 살펴보자.

Mac OS X 버전	코드명	Mac OS X 버전	코드명
10.0.x	Mac OS X Cheetah	10.4.x	Mac OS X Tiger
10.1.x	Mac OS X Puma	10.5.x	Mac OS X Leopard
10.2.x	Mac OS X Jaguar	10.6.x	Mac OS X Snow Leopard
10.3.x	Mac OS X Panther	10.7.x	OS X Lion

이처럼 애플은 Mac OS X 개발코드명을 고양이과 동물명으로 사용했다. 위와 같이 총 8번의 업데이트를 통해 업그레이드가 진행되었으며, 제대로 된 운영체제라고 인정받은 것은 10.2 Jaguar 버전부터라고 본다.

CHAPTER 02

OS X Lion으로 업그레이드 하기

2011년 7월 이후 iMac이나 MacBook 제품을 구매한 분들라면 OS X Lion으로 업그레이드할 필요가 없지만, 이전에 Mac을 구매하여 Mac OS X Snow Leopard 10.6.6 버전을 사용한다면 Mac App Store를 통해 $29.99에 구입하여 OS X Lion으로 업그레이드할 수 있다.

참고로 Mac App Store 사용방법에 대해서는 별도로 다루었기 때문에 구입하는 방법은 생략하고, 다운로드 후 업그레이드하는 방법에 대해서 알아보자.

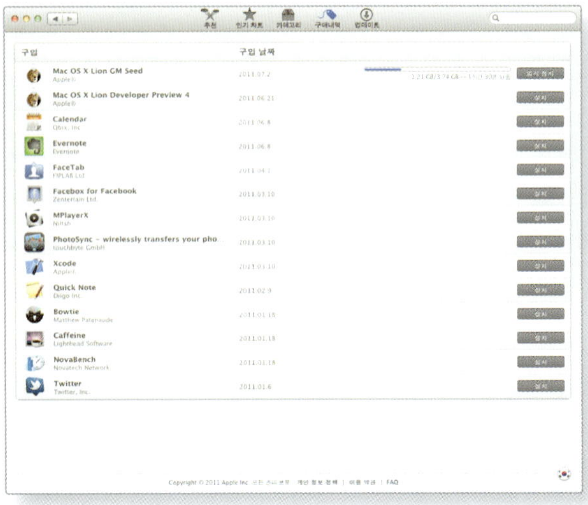

1. Mac App Store에서 판매되고 있는 [Mac OS X Lion]을 $4.99에 구입한다.

   용량이 3.74GB이기 때문에 다운로드 시간이 다소 걸린다. 이때 [구매 내역] 메뉴를 탭하고 구매내역에서 다운로드 상태를 확인한다.

❷ 사자 사진이 보이는 설치 화면이 나오면, 하단의 [계속] 버튼을 탭하여 OS X Lion 설치를 진행해 보자.

❸ 소프트웨어 사용권 계약에 대한 내용을 확인하고 [동의함] 버튼을 탭하여 설치를 진행하자.

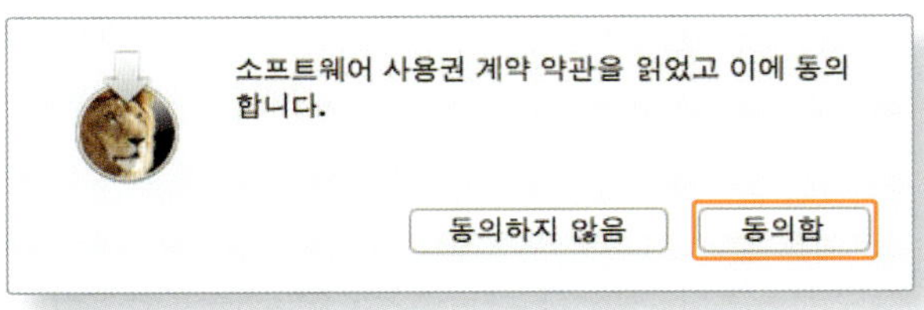

❹ “소프트웨어 사용권 계약 약관을 읽었고 이에 동의합니다.”창이 나오면 [동의함] 버튼을 탭한다.

5. 설치할 드라이브를 선택하고 [설치] 버튼을 탭한다.

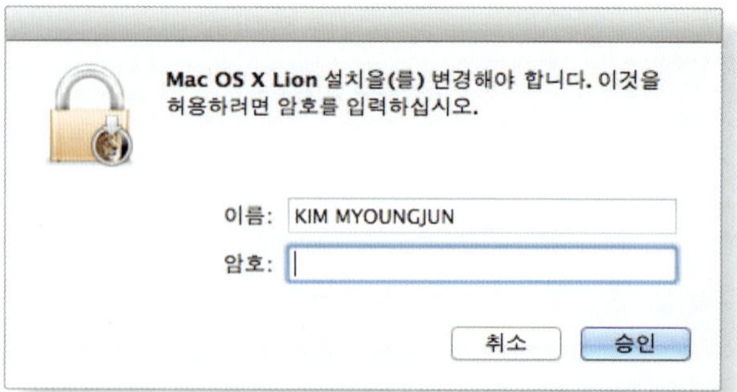

6. 설치 작업을 위해 사용자 계정의 암호를 입력한다.

7. 설치가 진행된다.

8 설치가 마무리되면 [재시동] 버튼을 탭한다.

9 재부팅 후 파일 설치가 한 번 더 진행된다.

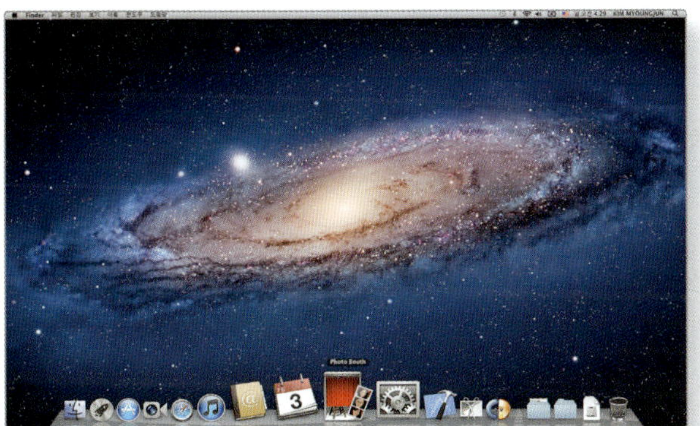

10 설치가 완료된 후 로그인창에서 사용자 계정으로 로그인하면 OS X Lion만의 바탕화면이 나타난다.

TIP OS X Lion으로 업그레이드하기 전에

OS X Lion 운영체제가 아니라도, 새로운 운영체제가 나오면 업그레이드를 하기 전에 하드디스크를 정리하고 싶은 경우가 있다. 하지만 어떤 파일이나 폴더가 사용자에게 유익한 것인지 몰라서 어떻게 처리해야 할지 고민하게 된다. 이런 경우를 대비하여 도움을 받을 수 있는 필자만의 방법을 소개한다.

첫 번째, 업그레이드를 하기 전에 미리 중요한 데이터는 백업을 받아두자. 이유는 당연히 업그레이드가 잘된다는 보장이 어디에도 없기 때문이다. 혹시 모르는 최악의 사태를 위해 백업을 받자.

백업을 받기 위해서는 외장 하드디스크를 하나 준비하자. 용량은 1TB 이상 제품이 적당하며, 약 10만원 내외로 구입할 수 있다.

Seagate FreeAgent GoFlex Ultra 1TB

WesternDigital My Passport Essential 1TB

그 외 삼성, LG 등의 기업에서도 외장 하드디스크를 판매하고 있으므로 취향에 따라 구하면 되고, 최신 Mac 기기에 내장되는 썬더볼트(Thunderbolt) 인터페이스를 이용한 외장 하드디스크도 출시되고 있으므로 관심 있다면 따로 구해보기 바란다.

그리고 백업 작업을 하기 전에 기억해야 할 것은, 불필요한 파일은 과감히 삭제하는 것이다. 나중에 특정 파일을 찾기 위해 헤매게 되면, 불필요한 파일로 인해 검색 시간이나 노력이 더 많이 든다. 즉, 지금 현재 내용을 정확하게 알 수 없는 파일이라도 1년이 지난 후에 어떻게 될지 모르기 때문에 미리 정리해 두는 습관을 들이도록 하자.

두 번째, 가장 우선적으로 백업해야 할 것들은 다음과 같다.

사용자 권한으로 조작할 수 있는 파일은 홈 폴더(/Users/사용자명) 아래에 폴더 및 파일이 저장된다. 대표적으로 문서파일은 [도큐먼트] 폴더(~/Documents), 동영상 파일은 [동영상] 폴더(~/Movies), 음악 데이터는 [음악] 폴더(~/Music) 등이 있는데 그대로 백업하자.

여기서 중요한 것은 불필요한 데이터가 많은 [다운로드] 폴더로, 인터넷에서 다운로드한 파일들이 임시로 저장되는 영역이다. 이 중에서 다시 구하기 쉬운 것들은 과감하게 삭제하자.

[라이브러리] 폴더는 판단하기 어렵지만, 인터넷 사용 시 임시로 저장되는 캐쉬 폴더(~/Library/Caches), 프로그램 설정 정보가 저장되는 Preferences 폴더(~/Library/Preferences)는 삭제해도 큰 문제가 없다. 단, [Mail] 폴더와 [Fonts] 폴더는 삭제하면 안되고, 대쉬보드용 위젯을 사용한다면 [Widgets] 폴더도 백업받기 바란다. 그 외

데이터는 재설치 및 다시 다운로드할 수 있는 것들이기 때문에 문제 없다.

꼭 필요한 파일 및 폴더를 확인하고 싶다면 간단한 공개 프로그램을 이용하는 방법을 추천한다. 필자가 소개하는 무료 공개 프로그램은 Disk Inventory X로, 아래 사이트에서 다운로드하여 사용할 수 있다.

http://www.derlien.com

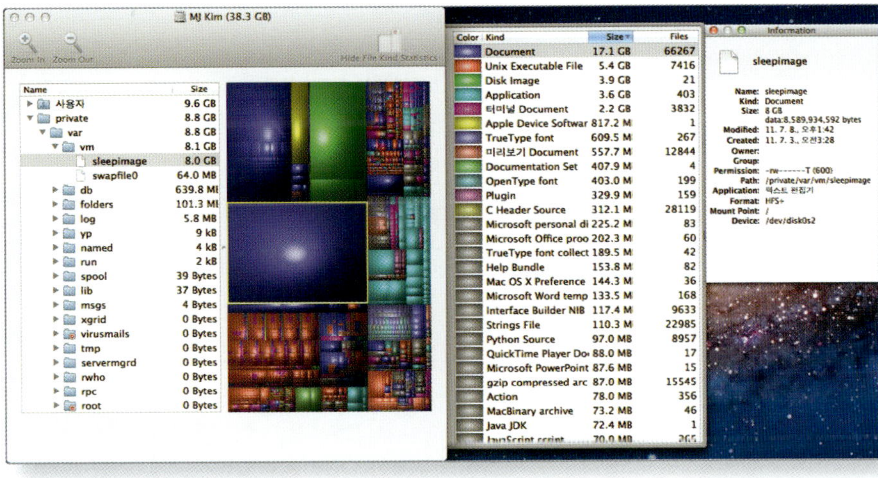

이 프로그램은 지정한 영역의 파일을 종류별로 분류하고, 효율적으로 삭제할 수 있도록 도와준다. 파일 총 용량을 확인할 때 편리하게 이용할 수 있다. 단점으로 여러 개의 파일을 선택하여 삭제할 수 없다.

세 번째, Time Machine 백업도구로 외장 하드디스크를 연결하여 시스템 환경설정에서 백업위치를 지정하면 정기적으로 백업이 자동 실행된다. 그리고 시스템 전체 백업도 가능하기 때문에 OS X Lion으로 업그레이드하기 전에 볼륨 전체를 백업받아서 사용할 수 있다.

네 번째, 디스크 유틸리티를 사용하는 방법을 알아두자. 디스크 유틸리티로는 지정한 폴더 전체를 그대로 유지하면서 디스크 이미지(*.dmg)로 만들어 백업 파일로 활용할 수 있다. 디스크 이미지로 만드는 방법은 디스크 유틸리티 사용방법에서 자세히 설명하기 때문에 이런 방법이 있다는 것만 기억하기 바란다.

CHAPTER 03

OS X Lion 데스크탑 화면 구조 알기

이제 Mac의 전원을 켜고, 처음 나오는 화면은 마이크로소프트 윈도우 운영체제와는 다른 모습을 가진 OS X Lion의 데스크탑 화면을 볼 수 있다. 우선 처음 OS X Lion을 사용한다고 가정하고 어떤 기능들로 구성되어 있는지 살펴보겠다.

OS X Lion 데스크탑 화면

첫 번째, 애플 메뉴는 좌측 상단에 있는 애플 로고를 클릭하면 나오는 시스템 메뉴로서, Mac을 재시작하거나 시스템 종료 등의 시스템 관련 조작 메뉴로서 이용된다. 이에 대한 상세한 메뉴 내용을 살펴보자.

애플 메뉴

두 번째, 도구모음은 마이크로소프트 윈도우7에서 프로그램창 상단에 있는 메뉴바와 동일한 기능으로, OS X Lion에서는 상단바로 고정되어 있다. 프로그램에 따라서 메뉴 구성이 변경되지만, 위치는 항상 상단으로 고정된다. 즉, 여러 가지 프로그램을 실행해도 메뉴는 현재 사용 중인 프로그램의 메뉴만 보여진다.

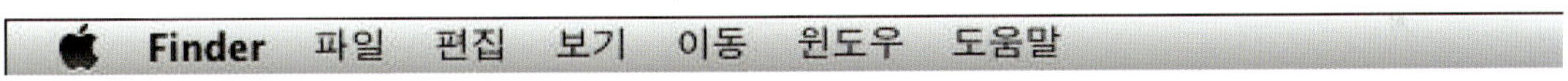

도구모음

세 번째, 데스크탑은 사용하는 영역의 화면 전체를 말하며, 프로그램을 실행하면 화면창이 나와 다양한 프로그램들이 실행되는 것을 보여주고 사용할 수 있는 영역이다.

네 번째, Spotlight 아이콘은 Mac만의 장점을 나타내는 기능으로서, 고성능 데이터 검색 기능으로 파일 및 폴더뿐만 아니라, 프로그램, 메일, 웹페이지를 모두 검색한 결과를 보여주는 다제다능한 기능이다. 자세한 사용법은 나중에 따로 설명하겠지만, 일단 데스크탑 화면 우측 시스템 메뉴에 있는 기능임을 알아두기 바란다.

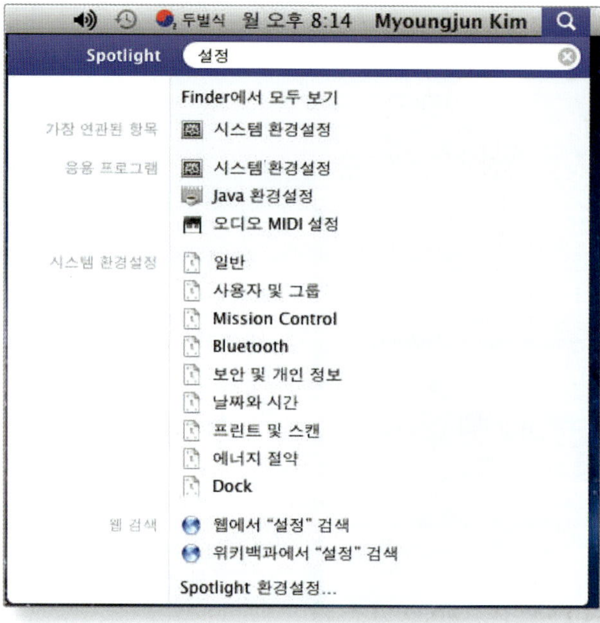

Spotlight로 검색한 '설정' 단어의 결과

시스템 메뉴에 기본적으로 추가된 기능으로 다음과 같은 기능들을 알아보자.

볼륨 조절 기능

❶ 볼륨 조절 기능으로, 오른쪽 화면과 같이 볼륨 아이콘을 클릭하고 조절할 수 있다. 키보드로는 [F11], [F12] 키를 눌러 조절할 수 있다.

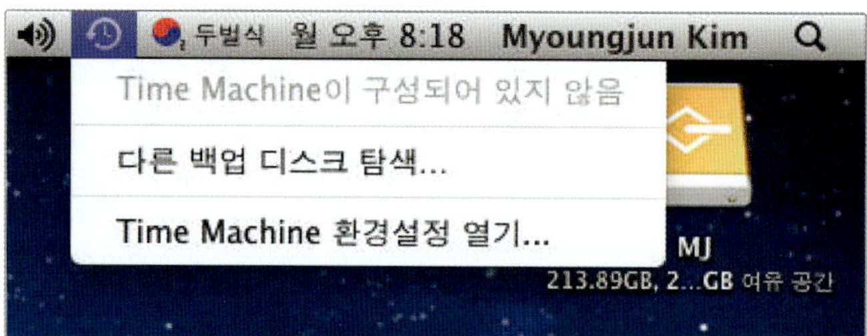

Time Machine 기능

❷ Time Machine 기능으로, OS X Lion을 백업하고 복구하기 위한 설정 등을 할 수 있는 시스템 기능이다.

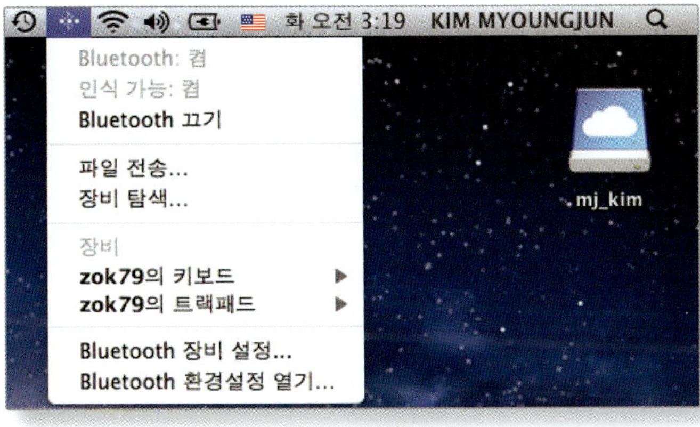

Bluetooth 기능

③ Bluetooth 기능으로, 키보드 및 트랙패드, 헤드셋 등을 설정하여 사용할 수 있는 시스템 기능이다.

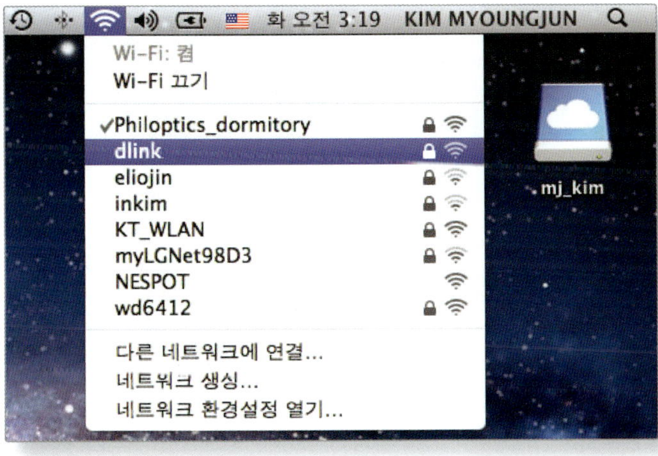

Wi-Fi 기능

④ Wi-Fi 무선 기능으로, MacBook 제품군을 이용할 경우 사용할 수 있는 시스템 기능이다.

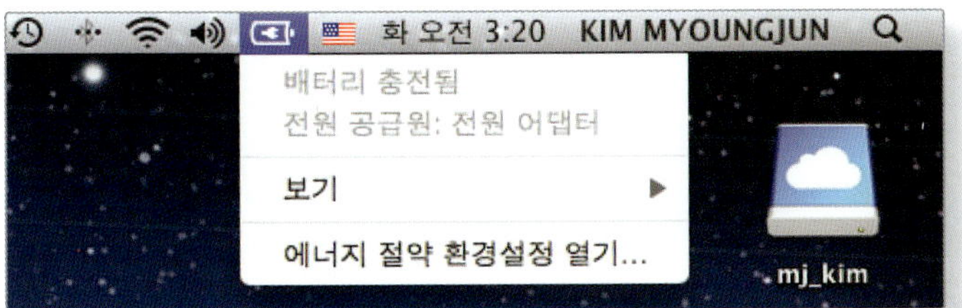

배터리 상태 기능

⑤ 배터리 상태 기능으로, MacBook 제품군을 이용할 경우 사용할 수 있는 시스템 기능이다.

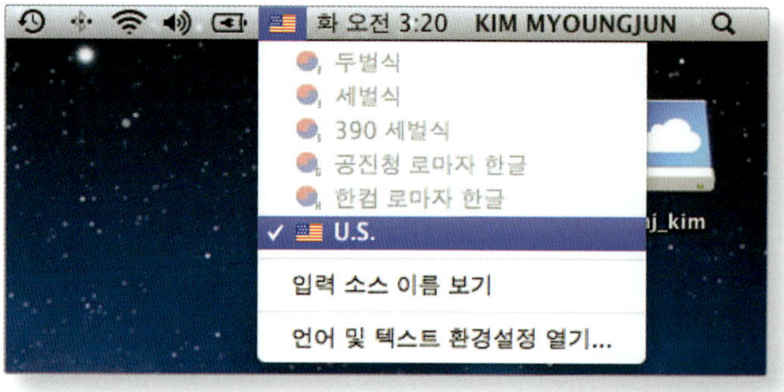

언어 입력 기능

6 언어 입력 기능으로, 한국어 및 영어를 선택할 수 있으며, 추가로 설정할 경우 다른 언어도 사용 가능한 시스템 기능이다.

한국어와 영어를 키보드로 변경하고 싶은 경우에는 [Command] + [Space] 키를 눌러 변경할 수 있다.

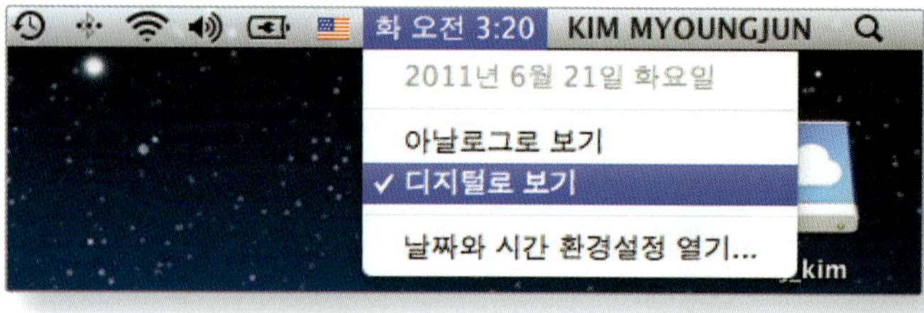

날짜와 시간 표시 기능

7 날짜와 시간 표시 기능으로, 아날로그와 디지털 보기를 선택할 수 있는 시스템 기능이다.

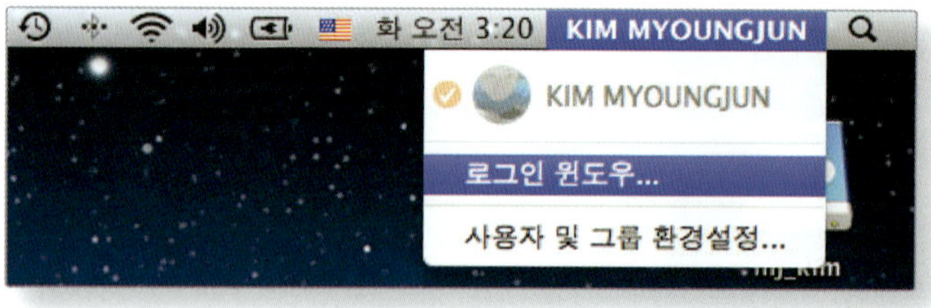

로그인 윈도우 기능

8 마지막으로 로그인 윈도우 기능으로 OS X Lion부터 추가되었다. 로그인 윈도우를 열고자 할 때 이용할 수 있는 시스템 기능이다.

다섯 번째, Dock(도크)는 자주 사용하는 프로그램 아이콘을 한 줄로 묶어둔 모음으로서, OS X Lion을 사용하면서 자주 사용하는 프로그램을 등록시켜 Dock에 고정시키고 사용할 수 있는 편리한 기능이다.

Dock

여섯 번째, 휴지통은 프로그램이나 파일을 삭제할 경우 완전 삭제되기 전에 임시로 보관되는 장소로, 휴지통을 비우기 전까지는 실수로 삭제한 파일이 있는 경우 다시 복구할 수 있다. 하지만 휴지통을 비우게 된다면 복구할 수 없게 되므로 주의하자.

참고로 OS X Lion을 부팅 후 로그인하도록 설정하였다면 로그인창이 먼저 나온다. 물론 사용자 계정의 암호를 기억해야만 로그인할 수 있으므로 주의하자.

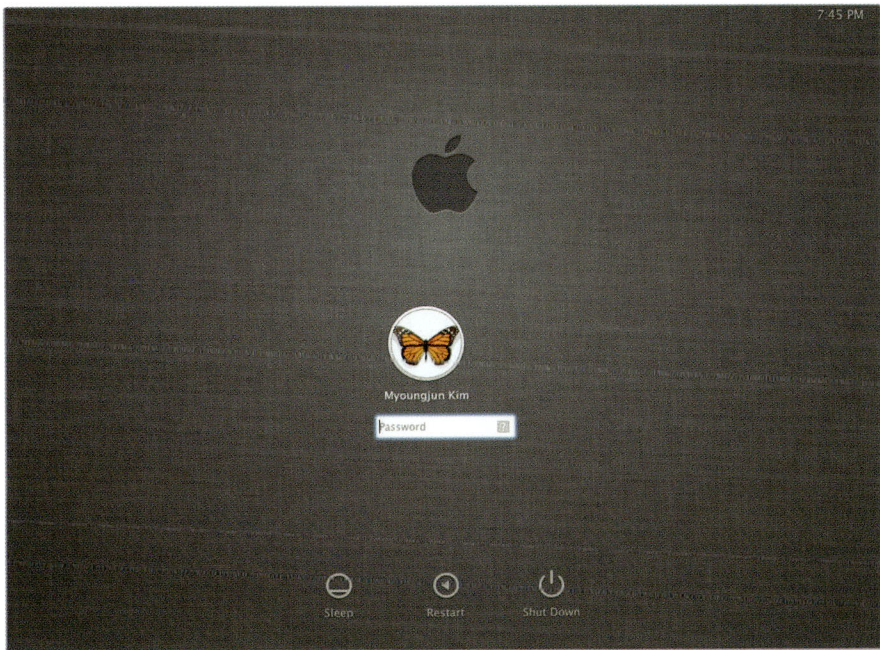

OS X Lion 로그인 화면

CHAPTER 04

Mac용 키보드와 트랙패드 사용하기

마이크로소프트의 윈도우 기반 PC에 익숙하다면 다소 어색한 키보드 구성과 생소한 트랙패드의 사용방법에 적응하기가 쉽지 않다. 이런 부분을 감안하여 Mac 전용 키보드와 트랙패드의 사용방법에 대해서 설명하고자 한다.

4-1 | 애플 키보드

Mac용 키보드는 일반 PC용 키보드와 다르다. 아래 애플 MacBook에 도입된 키보드 구성과 Apple Wireless Keyboard의 키 구성을 살펴보자.

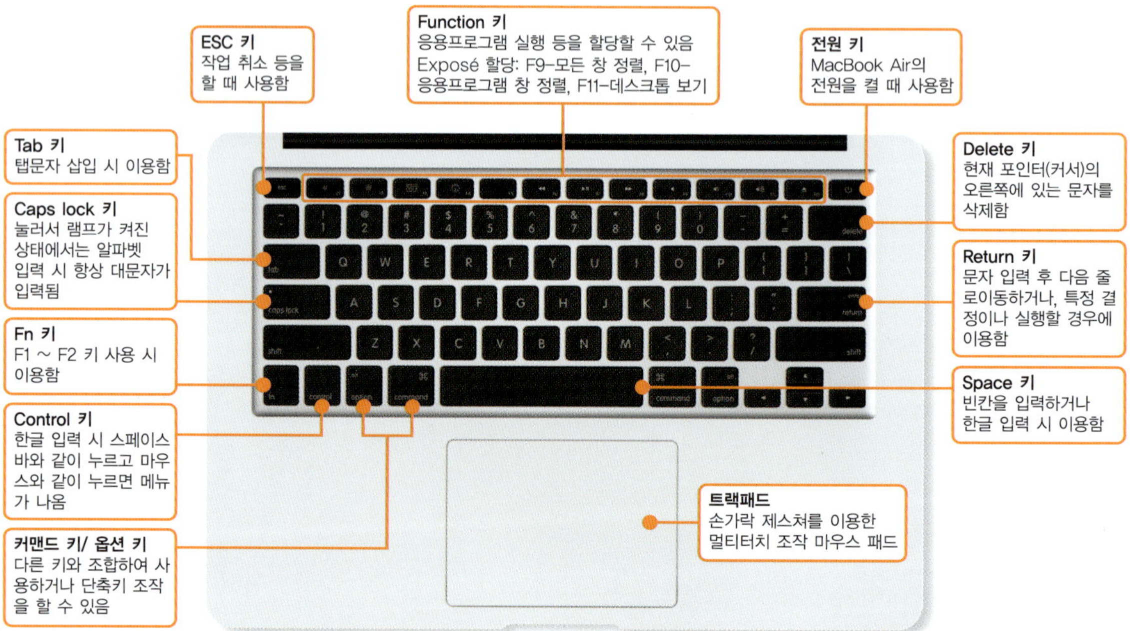

MacBook용 키보드 자판과 트랙패드

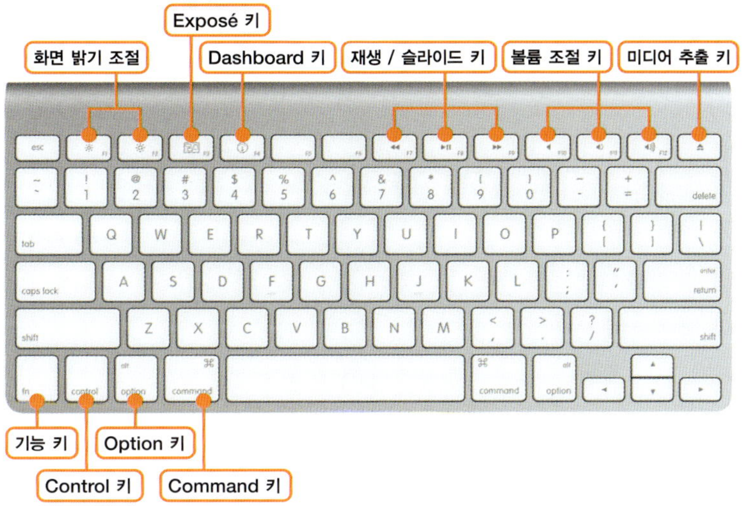

Apple Wireless Keyboard

키 명칭	설명
⌘ (Command)	윈도우용 키보드의 Ctrl 키와 유사한 기능을 가진 키로서, ⌘ 키를 조합하여 단축 명령을 실행할 수 있다.
Option	윈도우용 키보드의 Alt 키와 유사한 기능을 가진 키로서, Mac에서도 Alt 또는 Option이라고 한다.
Control	윈도우용 키보드의 Ctrl 키와 같은 이름이지만 다른 기능을 가진 키로 사용된다.
Shift	윈도우용 키보드의 Shift 키와 동일하게 알파벳 대문자 입력이나 한글의 쌍자음 입력 시 이용할 수 있다.
미디어 추출	Mac의 ODD 드라이브에 삽입된 CD나 DVD를 꺼낼 때 사용한다.
Delete	윈도우용 키보드의 Del 키와 동일한 기능을 가졌다.
Return	윈도우용 키보드의 Enter 키와 동일한 기능을 가졌다.
Esc	윈도우용 키보드의 ESC 키와 동일한 기능을 가졌다.
Fn	기능 키로, 키보드의 F1~F12 키를 누르고 싶은 경우 이용한다.
F1/F2	모니터의 화면 밝기를 조절하는 기능 키이다. F1~F12 키로 사용하려면 Fn 키를 같이 눌러준다.
F3	Exposé를 바로 실행할 수 있는 기능 키이다.
F4	Dashboard를 바로 실행할 수 있는 기능 키이다.
F5/F6	키보드에 백라이트가 있는 맥북프로에서 사용할 수 있는 키보드 백라이트 밝기 조절용 기능 키이다.
F7/F8/F9	iTunes에서 재생관련 기능 키로 이용할 수 있고, 슬라이드용 키로 이용할 수 있다.
F10/F11/F12	볼륨 조절 기능 키로 이용하며, F10 키의 경우 음소거 기능 키로 사용된다.

❶ → [시스템 환경설정] → [언어 및 텍스트]를 탭한다.

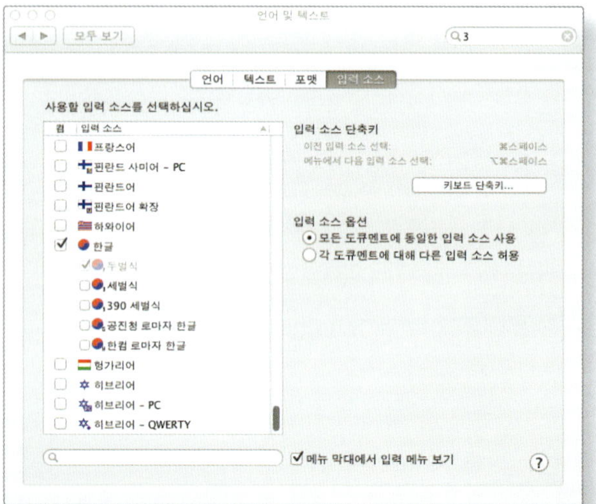

❷ "언어 및 텍스트"창이 나오면 [입력 소스] 탭을 선택하고, 좌측에서 추가할 다국어를 선택한다. 여기서는 한글 입력을 두벌식만 사용하기 위해 세벌식, 390 세벌식, 공진청 로마자 한글, 한컴 로마자 한글을 제외시켰다. 반대로 추가할 언어가 있다면 체크를 하면 된다.

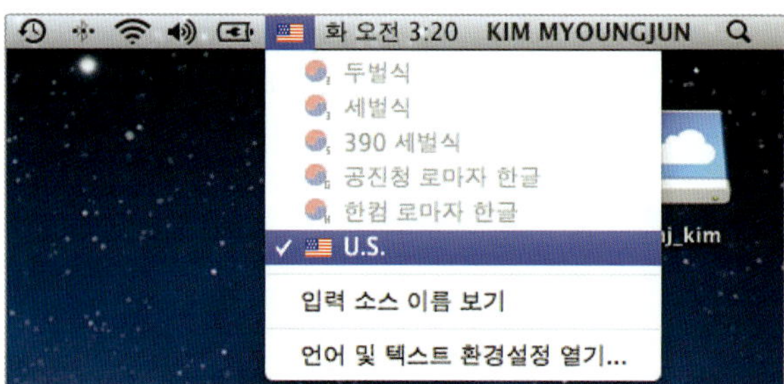

❸ 데스크탑 화면 상단의 시스템의 언어입력기를 탭하면 등록한 다국어가 나온다. 이때 언어를 선택하는 방법은 마우스로 직접 선택하거나 [Command] + [Space] 키를 눌러 변경할 수 있다.

4-2 | 한영 변환 및 다국어 추가하기

일단 PC용 키보드와 확연히 다른 것으로 한영 변환 키가 없다는 사실이다. 이것 때문에 대부분 처음 Mac을 접하는 분들이라면 한영 변환 방법을 몰라 당황하게 된다. 이런 경우를 대비하여 한영 변환 방법을 기억하기 바란다.

⌘(Command) + 스페이스바

위와 같이 두개의 키를 조합하여 한영문을 변경할 수 있다. 하지만 다른 언어를 더 추가하였다면 한번에 한영변환이 되지 않기 때문에 주의하기 바란다.

그렇다면 다국어 입력을 위해 언어를 추가하는 방법을 알아보자.

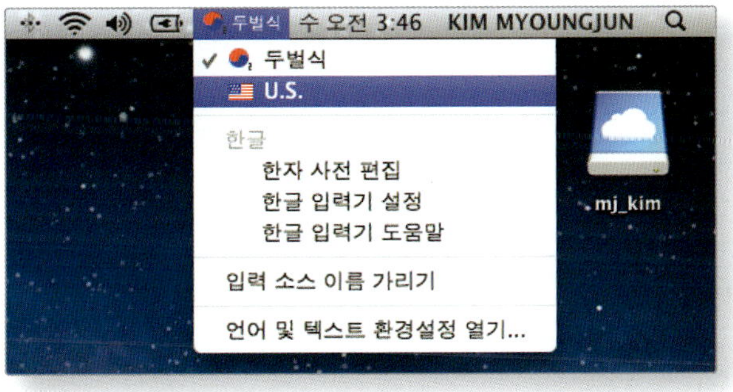

참고로 한자 변환은 텍스트 편집기나 Pages, 마이크로소프트 Word에서 입력한 한글을 한자로 변경하려면 해당 한글을 입력하고 [Option] + [Return]키를 누르면 된다.

4-3 | 트랙패드 사용하기

트랙패드(Trackpad)는 맥북 프로, 맥북 에어에 적용된 트랙패드와 별도의 액세서리로 출시된 매직 트랙패드가 있다. 트랙패드는 24인치 이상의 모니터와 같은 넓은 화면에서 메뉴나 스크롤바를 작은 커서로 맞추기 어렵다는 단점을 극복하기 위해, 멀티터치 조작으로 몇 가지 제스쳐를 통해 쉽게 사용할 수 있도록 해 준다.

Apple Magic Trackpad

그럼 이번에 OS X Lion이 출시되면서 추가된 멀티터치 제스처를 알아보자.

손가락 3개로 위로 스와이프하기

트랙패드 위에 손가락 3개를 두고 데스크탑 화면에서 위로 밀면(스와이프) 미션 컨트롤이 실행되어 Mac에서 열었던 창을 한 눈에 확인할 수 있다.

이미지 출처: Apple, Inc

손가락 3개로 좌우로 스와이프하기

트랙패드 위에 손가락 3개를 두고 데스크탑 화면에서 좌우로 밀면(스와이프) Dashboard(대쉬보드) 화면이 나온다.

이미지 출처: Apple, Inc

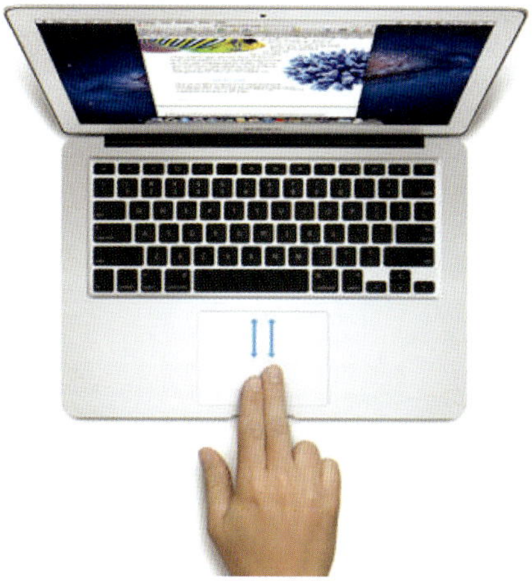

손가락 2개로 위아래로 스와이프하기

Safari나 긴 문서 파일을 연 상태에서 트랙패드 위에 손가락 두 개를 놓고 위 아래로 밀면 빠르게 스크롤된다.

이미지 출처: Apple, Inc

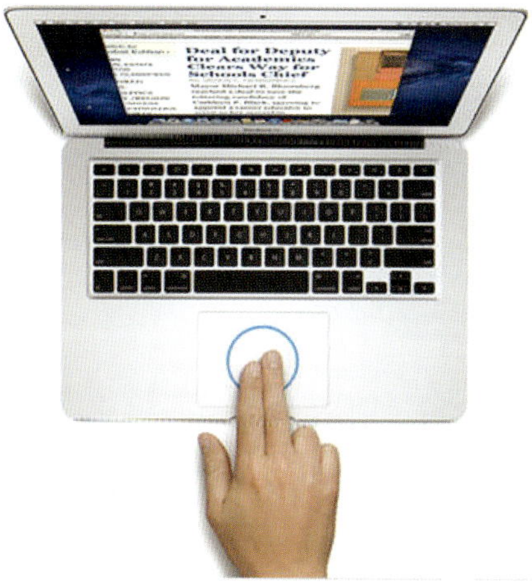

손가락 2개로 탭하기

Safari 브라우저에서 사이트를 확대해서 보고 싶은 경우에 트랙패드 위에서 손가락 두개로 탭하자.

이미지 출처: Apple, Inc

손가락 2개로 핀치인/아웃하기

사진이나 웹사이트 화면을 볼 때 확대하거나 축소하고 싶다면 트랙패드 위에서 손가락 두 개로 핀치인/아웃을 하자.

이미지 출처: Apple, Inc

손가락 2개로 좌우 스와이프하기

웹페이지나 문서를 빠르게 넘기고 싶을 때 트랙패드 위에 손가락 두 개를 좌우로 밀면(스와이프) 책장을 넘기는 듯한 느낌으로 사용할 수 있다.

이미지 출처: Apple, Inc

키보드 및 트랙패드 설정에 대해서는 PART 2 시스템 환경 설정하기에서 다루기 때문에 일단 키보드 키 배열과 트랙패드 제스쳐에 대해서 이해하고 사용하길 바란다.

CHAPTER 05

OS X 시작과 종료하기

이제 여러분이 사용할 Mac 기기의 전원을 켜고 OS X Lion을 시작해 보자.

5-1 | 전원을 켤 때

전원을 켜면 회색바탕의 애플 로고가 나오는 부팅 화면이 보인다. 시스템을 복구하거나 몇 가지 옵션 기능을 사용하려면 부팅 화면이 나올 때 특정 키를 눌러야 한다.

TIP 부팅 옵션 단축키

단축키	설명
Option	모든 부팅 디스크를 보여주며, 시동 디스크를 선택할 수 있다. 보통 Mac OS X와 부트캠프로 설치한 윈도우XP/7을 선택하여 사용할 때 이용한다.
Shift	윈도우의 안전모드와 유사한 기능으로, 커널 확장자를 사용하지 않고 부팅하여 복구를 위해 사용한다.
C	CD나 DVD 미디어로 부팅 시 이용한다.
T	타겟팅 모드로 Firewire 케이블로 연결된 다른 Mac에서 외장 하드디스크로 인식하여 사용할 수 있게 한다.
N	네트워크 서버로 부팅한다.
Command + Option + Del	외장 드라이브로 부팅된다.
Command + Option + P + R	PRAM을 제한하여 재시작할 때까지 파티션 인식 오류 등의 문제를 해결한다.
Command + V	부팅하는 동안 유닉스 콜솔 메시지를 보여준다.

5-2 | 로그인 하기

OS X Lion으로 업그레이드하고 처음으로 부팅을 하면 바로 데스크탑 화면이 나오지 않는다. 사용자가 등록한 계정으로 로그인을 해야 OS X Lion을 사용할 수 있도록 되어 있으므로, 사용자 계정의 비밀번호를 입력하고 로그인하자.

OS X Lion 로그인 화면

암호를 입력하지 않으면 사용할 수 없기 때문에 보안상으로 안전하다. 사용자가 잠시 자리를 비울 때 화면을 로그인창으로 변경해 두면 남들이 만져도 사용할 수 없다.

참고로 로그인 계정명이나 암호를 변경하는 방법에 대해서는 뒤에서 PART 2 시스템 환경 설정하기에서 자세히 다루기 때문에 일단 로그인창이 무엇인지만 기억하기 바란다.

5-3 | 시스템 종료하기

시스템 종료는 상단 메뉴바에서 (애플 메뉴)를 탭하면 나오는 메뉴에서 하단에 있는 잠자기, 재시동, 시스템 종료 중에서 원하는 방법을 탭한다.

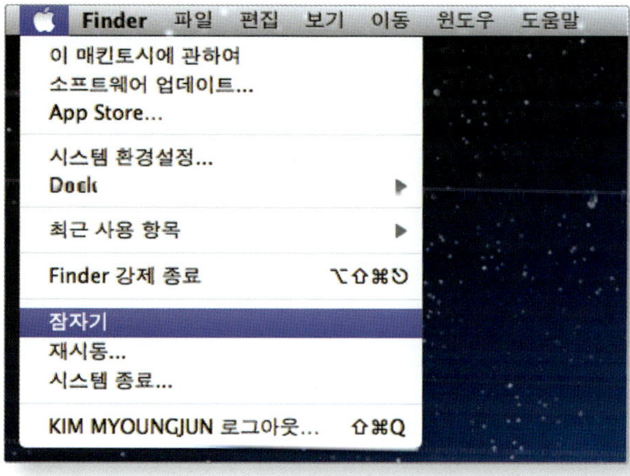

애플 메뉴

잠자기	대기모드로 키보드를 누르거나 맥북인 경우에는 액정을 열면 화면이 이전에 작업하던 상태 그대로 보여지고 바로 작업할 수 있다. 단, 배터리가 소모되기 때문에 사용 시 주의하기 바란다.
재시동	OS X Lion이 이상이 생기거나 프로그램 오류가 발생했을 때 Mac을 재시작하기 위해 이용한다.
시스템 종료	Mac의 전원을 완전하게 끌 경우에 사용한다.

TIP 시스템 종료 단축키

[Control] + [Option] + [Command] + ⏏	시스템 종료하기
[Control] + [Shift] + ⏏	모니터만 대기모드로 변경하기
[Command] + [Option] + ⏏	바로 대기모드(잠자기)로 변경하기
[Command] + [Option] + [Shift] + [Q]	바로 로그아웃하기
[Command] + [Control] + ⏏	프로그램을 저장한 후에 재시동하기
[Command] + [Control] + 전원 버튼	바로 강제로 재시동하기
전원 버튼 10초 누름	강제적으로 전원 끄기

참고로 [Option]키를 누른 상태에서 를 클릭하면 [이 매킨토시에 관하여] 메뉴는 [시스템 정보]로 변경되고, [재시동...]과 [시스템 종료...] 메뉴는 [...]가 없어진 상태가 되는데, 이 때 클릭하면 종료 여부를 묻는 창이 나오지 않고 바로 시스템 종료 및 재시동을 할 수 있다.

CHAPTER 06

프로그램 시작과 종료하기

이제 로그인 후 OS X Lion의 데스크탑 화면을 볼 수 있다. 여기서 처음 Mac을 사용한다면 어떻게 사용해야 할지 상당히 고민스러울 것이다. 이것은 마이크로소프트 윈도우에 익숙하던 환경과 완전히 다른 환경을 사용하면서 발생하는 자연스러운 고민이다.

그래서 가장 기본 중에 기본인 Mac 프로그램을 실행하는 방법과 실행한 프로그램을 종료하는 방법을 익혀보자.

① Dock에 등록된 프로그램 중에서 웹사이트를 접속하기 위해 사용하는 Safari 브라우저를 탭해 보자.

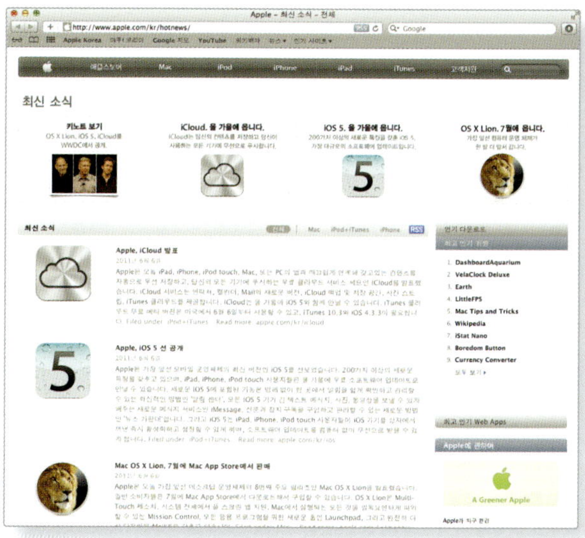

② Safari 프로그램이 실행된 창에서 상단 좌측의 빨간 버튼, 노란 버튼, 초록 버튼이 있는데, 창을 늘리거나 닫기 위해 사용하는 기능 버튼이다.

❸ Mac은 일반 PC와 다르게 프로그램을 닫아도 마이크로소프트 윈도우처럼 프로그램이 바로 종료되지 않는다. 이런 경우에는 해당 프로그램의 메뉴바가 가서 [Safari] → [Safari 종료]를 선택해야 완벽하게 종료된다.

❹ 또는 Dock에서 종료할 프로그램에 커서를 가져간 다음 트랙패드에서 손가락 두 개를 탭한다.

❺ 만약 실행 중인 프로그램을 종료하더도 Dock에 유지하고 싶은 경우 프로그램에 커서를 가져간 다음 손가락 두 개로 탭하면 메뉴가 나오는데, 여기서 [옵션] → [Dock에 유지]를 탭하면 지정한 프로그램을 Dock에 고정으로 등록할 수 있다.

TIP 프로그램창 상태 조작 버튼

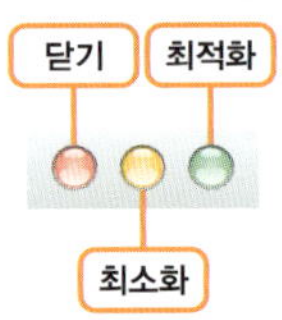

닫기: 실행 중인 프로그램창을 닫는 기능이지만 실제 프로그램 자체를 종료하는 것은 아니다.

최소화: 현재 실행 중인 프로그램창을 Dock의 프로그램 아이콘으로 축소해 준다.

최적화: 현재 실행 중인 프로그램창을 사용자가 사용하기 편한 화면 크기로 변경해 준다.

CHAPTER 07

Finder 사용하기

OS X Lion의 Finder는 마이크로소프트 윈도우로 치면 윈도우 탐색기와 비슷한 기능을 담당한다. 단순하게 본다면 파일과 폴더를 보여주는 역할이지만, 그 외 숨겨진 기능들도 많기 때문에 여기서 자세히 알아보자.

7-1 | Finder창 구조 알기

Finder창 구조에 대해서 알아보자.

Finder 창

타이틀바	현재 사용 중인 폴더명이나 볼륨명이 나온다. 좌측에는 창 크기 조절 및 닫기를 할 수 있는 기능 버튼이 있다.
도구바	Finder의 기능을 모아둔 것으로, 이전/다음 버튼 이외에 창에 대한 내용 보기 방식을 설정할 수 있는 기능 버튼과 검색 입력박스가 있다.
사이드바	디스크 볼륨이나 공유 폴더 및 기기 내 장비를 보여준다.
Finder창	선택한 폴더 안의 파일과 내용이 표시된다.

여기서 중요한 것은 도구바에 있는 기능이다. 도구바는 좌측부터 보면 이전/다음 버튼이 있고, Finder창 보기 옵션으로 구성되어 있다.

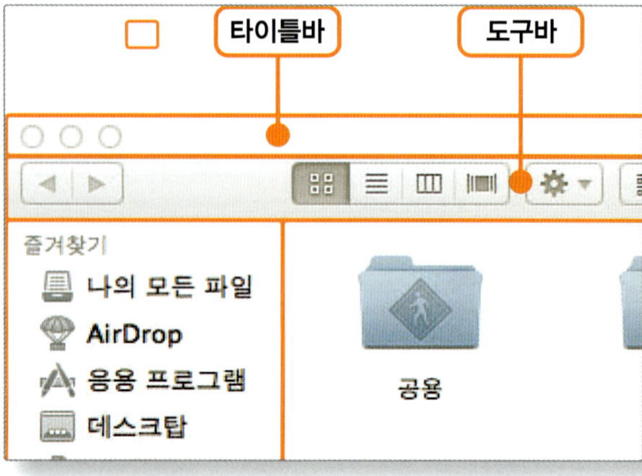

❶ 아이콘으로 보기는 폴더나 파일을 큰 아이콘으로 표시해 주는 기본 옵션이다. 직관적으로 폴더나 파일을 선택할 수 있다.

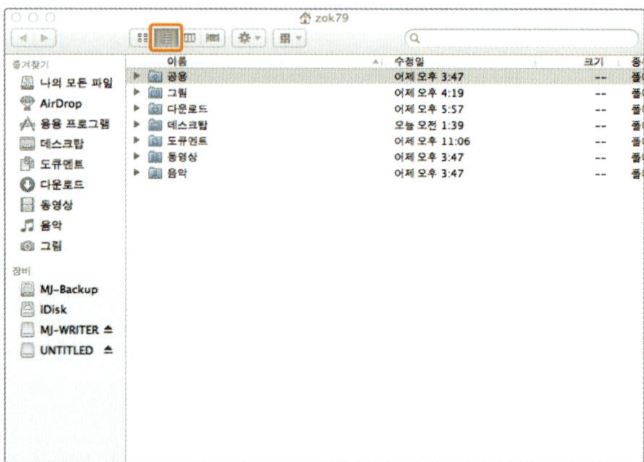

❷ 목록으로 나열된 형태로 보여주는 옵션으로, 한 눈에 바로 모든 폴더와 파일을 순서대로 볼 수 있다.

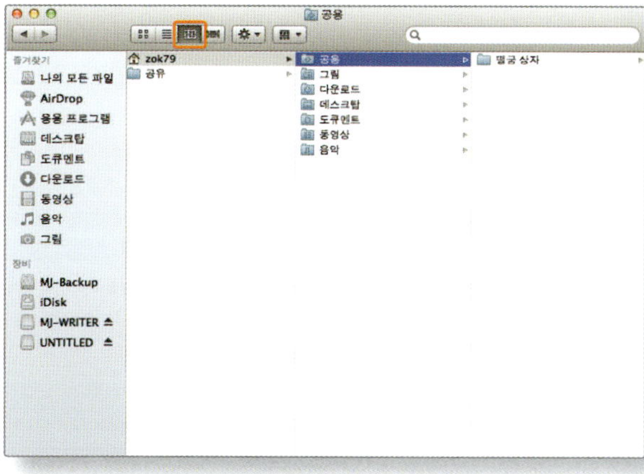

❸ 계층으로 보는 형태의 옵션으로, 하위 폴더까지 단계별로 확인할 수 있어 폴더 구조를 확인할 때 유용하다.

❹ 커버플로우(Cover Flow)는 프로그램 아이콘이나 폴더를 큰 아이콘 형태로 보여주고 좌우로 이동시켜 직관적으로 사용자가 필요한 것을 선택하여 실행할 수 있는 독창적인 인터페이스를 제공하고 있다.

그 외 기능들을 살펴보면 다음과 같다.

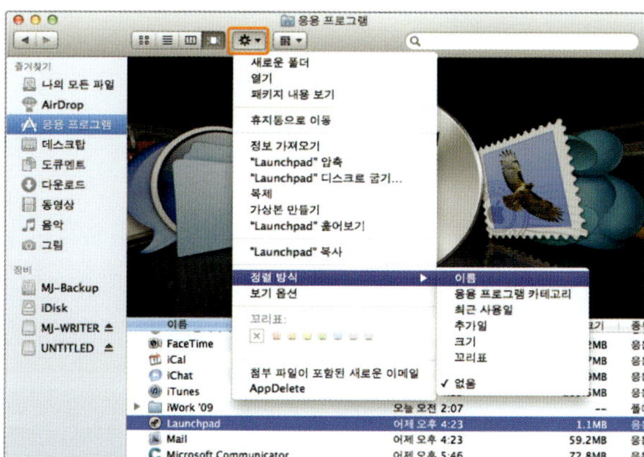

❺ 작업 실행 버튼이다. 이것은 선택한 폴더나 파일 등을 실행하기 위한 기능으로, 새 폴더 만들기, 휴지통으로 이동, 정렬 등을 사용할 수 있다.

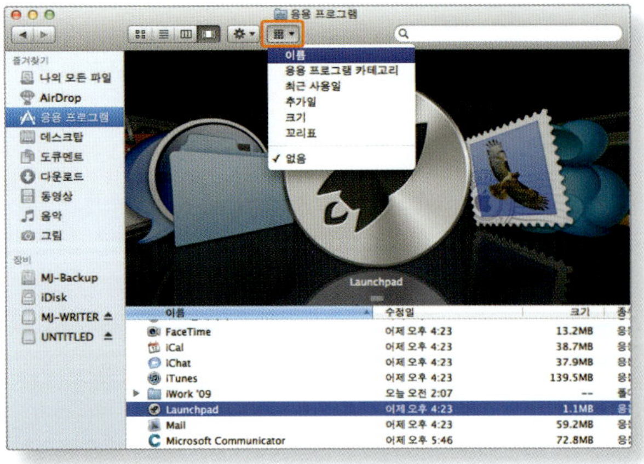

⑥ 항목 정렬 변경 버튼으로, 현재 Finder 창의 위치에 있는 폴더 및 파일 속성에 따라 정렬 방법을 속성별로 설정한다.

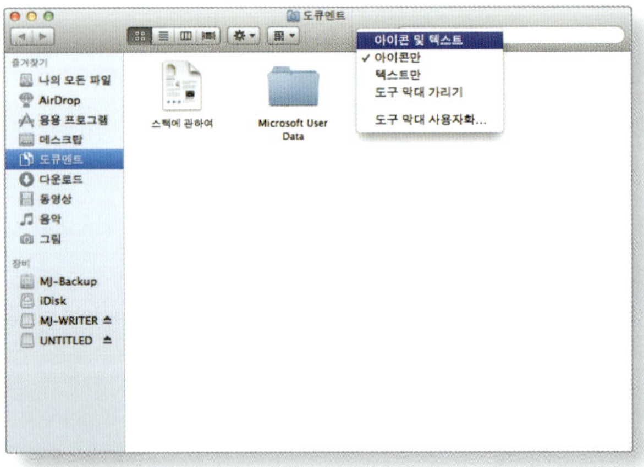

⑦ 마지막으로 도구바에 아이콘만 나오기 때문에 적응하기 힘들다면 도구바 빈 공간에 손가락 두 개로 탭해 보자. 나오는 메뉴에서 [아이콘 및 텍스트]를 선택하면 도구바의 각 항목의 텍스트 명칭도 함께 표기된다.

7-2 | 파일 및 폴더 복사하기

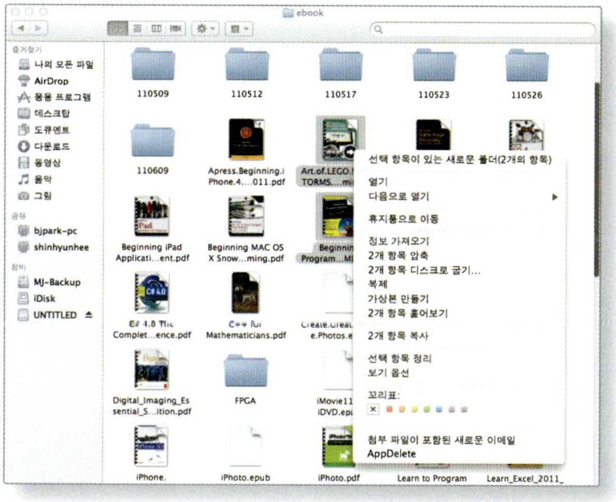

① Finder창을 열고 복사할 파일 및 폴더를 선택한다. 참고로 파일 및 폴더를 한꺼번에 여러 개 선택하려면 [Shift] 키를 누른 상태에서 파일을 지정하면 된다.

선택한 상태에서 트랙패드에서 손가락 두 개로 클릭하면 메뉴가 나오는데, 여기서 [xx개 항목 복사]를 선택한다.

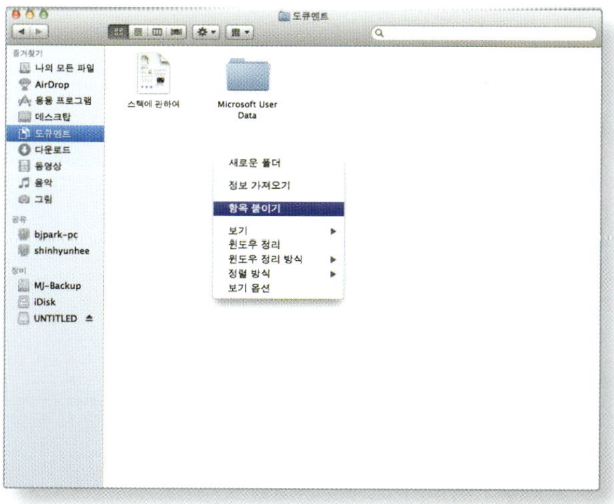

② 복사할 위치로 이동한 후에 트랙패드에서 손가락 두 개로 클릭하면 나오는 메뉴에서 [항목 붙이기]를 선택한다.

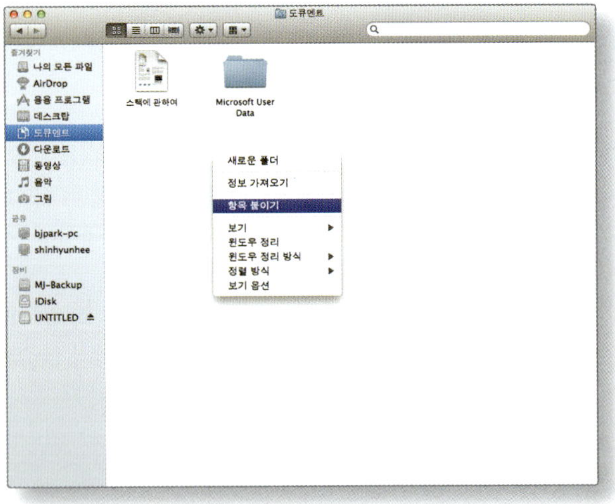

❸ 지정한 파일 및 폴더가 복사된 것을 확인할 수 있다.

TIP 파일 및 폴더 이동시키기

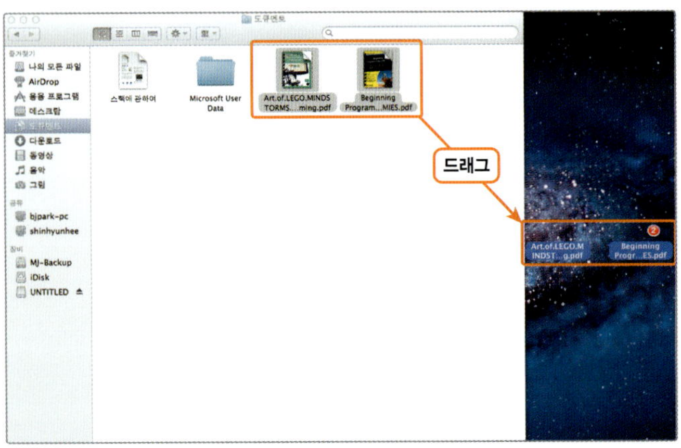

이동시키려는 파일을 선택하고 그대로 드래그하여 이동하려는 폴더로 가져가서 드롭하면 파일이 이동된다.

이동 시 [Shift]키를 누른 상태에서 드래그하면 복사본이 만들지고, [Shift] + [Command]키를 누른 상태에서 파일을 이동시키면 바로가기 파일이 생성된다.

7-3 | 파일 및 폴더 삭제하기

파일이나 폴더를 삭제하는 방법도 복사하는 것과 비슷하지만, Mac을 사용해보지 못한 분들을 위해 파일이나 폴더를 선택하여 삭제하는 방법을 알아보자.

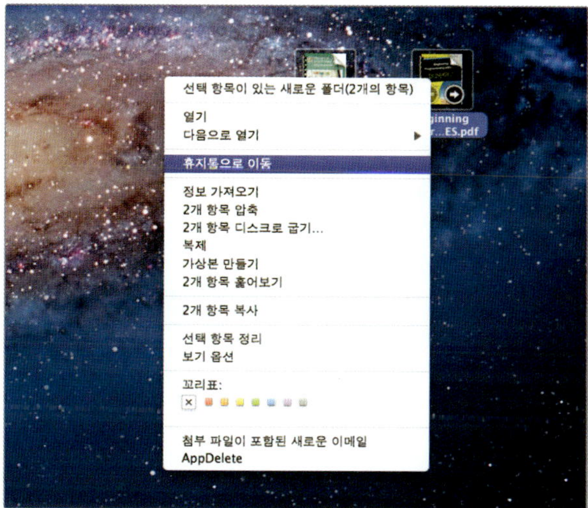

① 삭제하려는 파일이나 폴더를 선택한 다음 트랙패드에 손가락 두 개로 클릭하면 나오는 메뉴에서 [휴지통으로 이동]을 선택한다.

여기서 여러 개의 파일을 직접 하나하나 지정하고 싶은 경우에는 [Shift] 키를 누른 상태에서 파일이나 폴더를 선택하면 된다.

② 삭제한 폴더나 파일은 휴지통에 임시로 저장되어 있기 때문에 이것을 삭제하려면 Dock에 있는 [휴지통]에 커서를 가져간 다음 트랙패드에 손가락 두 개로 클릭하면 나오는 메뉴에서 [휴지통 비우기]를 선택한다.

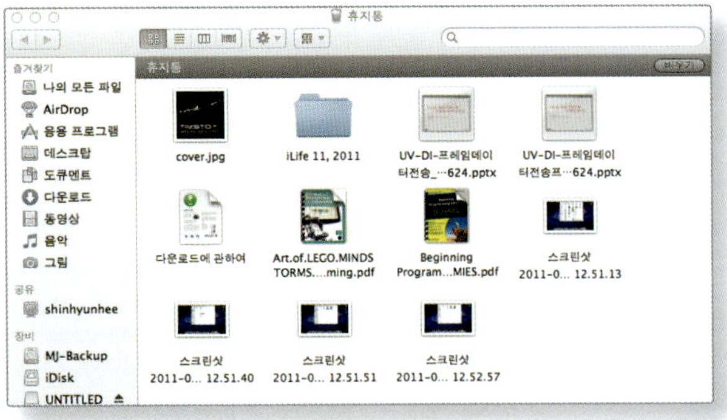

❸ 또는 [휴지통]을 클릭하여 열린 휴지통 폴더에서 우측에 있는 [비우기] 버튼을 클릭한다.

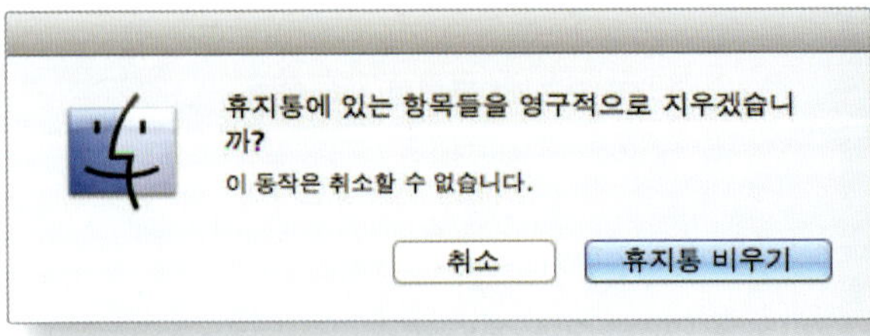

❹ "휴지통에 있는 항목들을 영구적으로 지우겠습니까?"라는 창이 나오면 [휴지통 비우기] 버튼을 탭하여 휴지통에 들어 있는 파일 및 폴더를 삭제하면 된다.

7-4 | 열리는 Finder창의 기본 폴더 변경하기

새로운 Finder창을 열 때 기본적으로 열리는 폴더를 사용자가 원하는 폴더로 변경하고 싶은 경우가 있다. 이런 경우 다음과 같은 방법으로 열 수 있다.

- [Command] + [N] 키 누름
- Finder 메뉴바에서 [파일] → [새로운 Finder 윈도우] 선택
- Dock에서 [Finder]를 선택한 다음 트랙패드에 손가락 두 개로 클릭하여 나오는 메뉴에서 [새로운 Finder 윈도우] 선택

위와 같은 세가지 방법으로 새로운 Finder창을 열면 기본적으로 설정된 "나의 모든 파일" 폴더가 열린다. 이 폴더를 다른 폴더로 변경하는 방법을 알아보자.

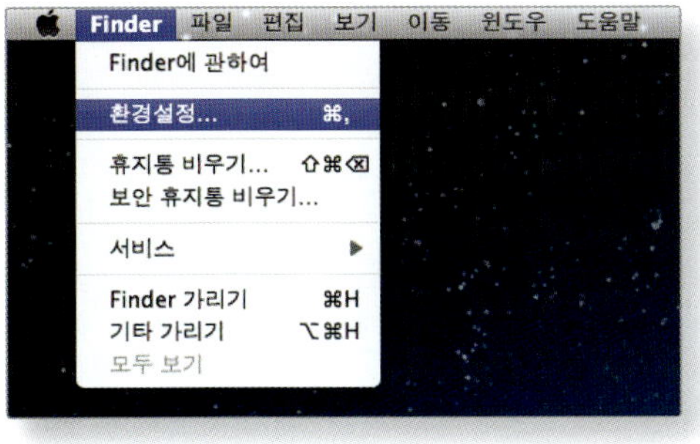

① Finder 메뉴바에서 [Finder]→[환경설정]을 선택한다.

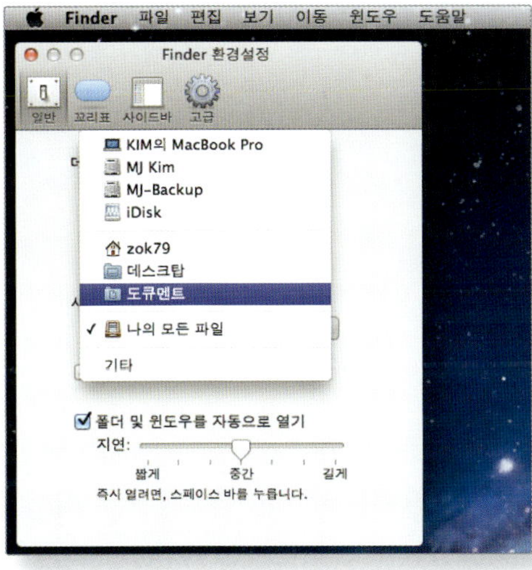

② 'Finder 환경설정' 창이 나오면 [일반] 탭에서 [새로운 Finder 윈도우에서 보기:] 항목을 탭하고 변경할 폴더를 선택한다.

여기서는 [도큐멘트]를 선택해 보았다.

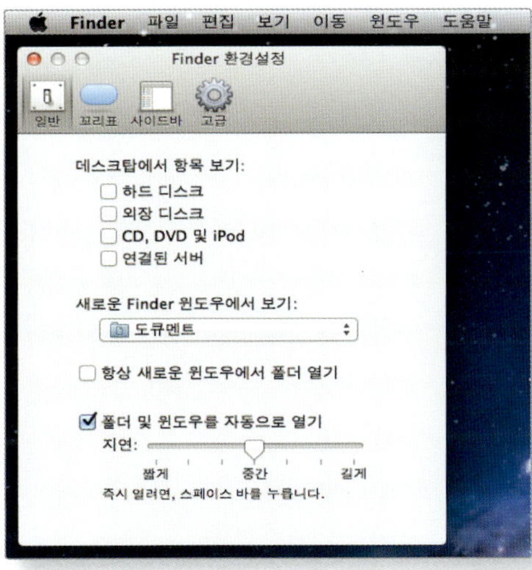

③ [도큐멘트]로 변경하고 창 상단 좌측에 있는 [x] 닫기 버튼을 탭한 후에 Finder창을 실행하면 "도큐멘트"창이 열리게 된다.

7-5 | 쉽게 파일 검색하기

OS X Lion에서 파일을 검색할 경우 Spotlight를 사용하거나, Finder에서 [Command] + [F]키를 눌러 검색창을 열고 필요한 내용을 입력 후 검색한다. 그러나 기본적인 설정을 그대로 이용하면 파일 내용까지 검색하기 때문에 검색 결과가 많아져서 시간이 오래 걸릴 수 있다. 이를 방지하기 위해 파일명만 검색하는 방법을 알아보자.

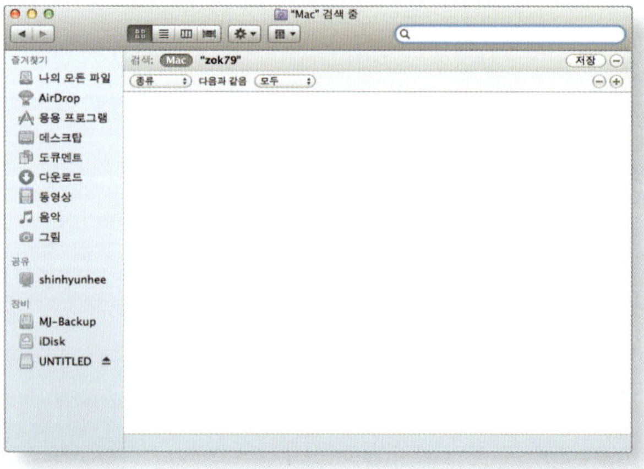

① Finder창을 하나 열고 [Command] + [F] 키를 눌러 검색창으로 변경한다. 여기서 화면 중간에 있는 [종류] 항목을 클릭하자.

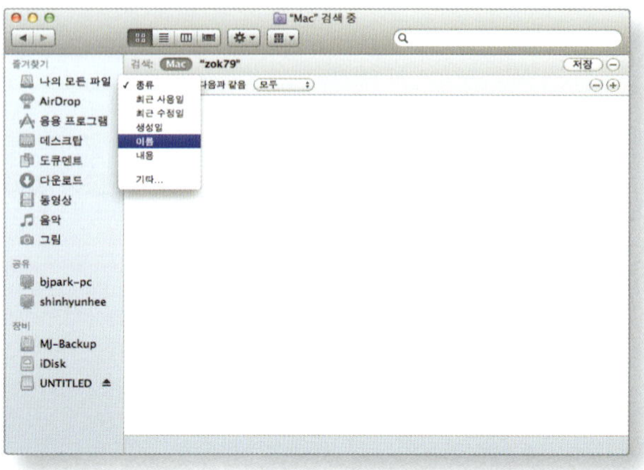

② 여러가지 항목 중 [이름]을 선택하여 파일명만 검색하도록 한다.

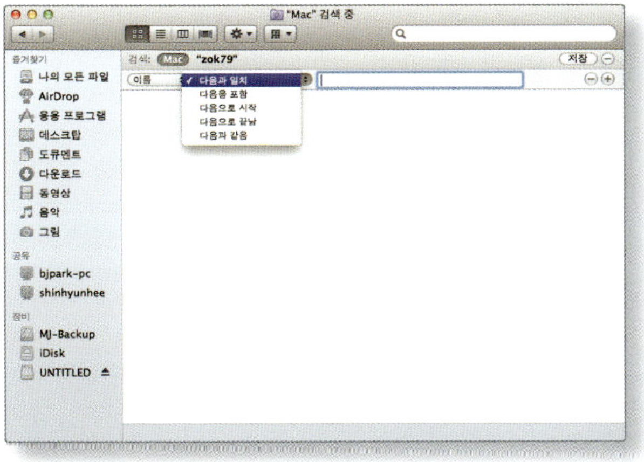

❸ 다음으로 [다음과 같음] 항목을 클릭한다. 여러 가지 옵션 중 [다음과 일치]를 선택하고 바로 옆에 있는 입력박스에 검색할 단어를 입력하면 일치된 파일명의 파일들이 검색된다.

7-6 | 그림 폴더를 항상 커버플로우로 열기

특정 폴더를 열 때 원하는 표시 형태로 고정하고 싶은 경우가 있다. 이런 경우 대표적으로 사용자가 촬영한 사진을 보관하는 그림 폴더가 있는데, 이 폴더를 커버플로우(Coverflow)로 보이도록 하여 쉽게 이미지 파일을 보는 방법을 알아보자.

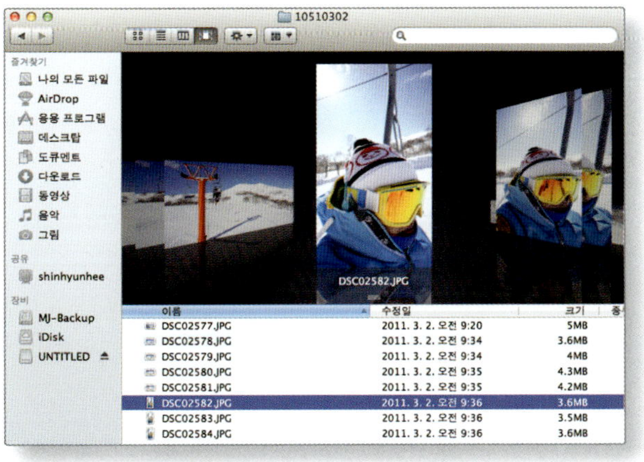

❶ Finder창을 열고 좌측에 있는 [그림] 메뉴를 선택하면 그림 폴더에 있는 사진을 볼 수 있다. 이때 상단에 있는 도구바의 [커버플로우]를 선택하면 선택된 이미지의 썸네일 이미지가 목록 위로 보여진다.

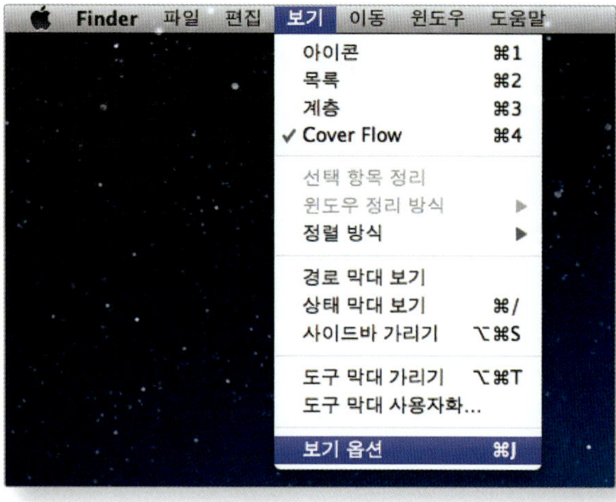

② Finder 메뉴바에서 [보기] → [보기 옵션]을 선택한다.

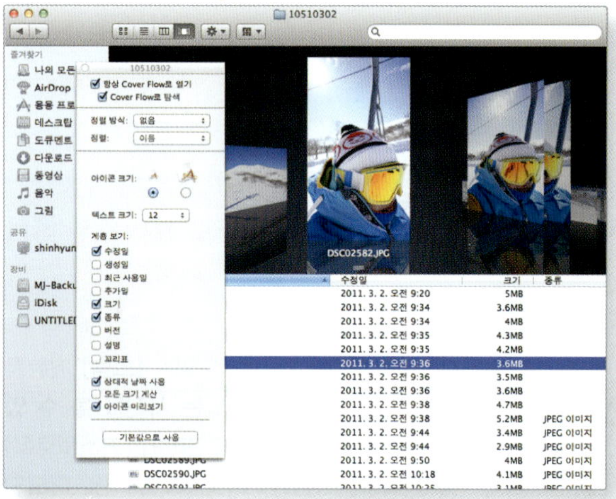

③ 보기 옵션창이 나오면 상단에 있는 [항상 Cover Flow로 열기]를 체크하자. OS X Lion은 윈도우 운영체제와 다르게 [확인] 버튼이 따로 없고 선택하면 해당 정보가 바로 저장되므로 [닫기] 버튼을 클릭하여 설정을 마무리한다.

이렇게 설정해 두면 그림 폴더를 열 때마다 커버플로우로 열린다.

7-7 | Finder창의 도구바에 휴지통 추가하기

휴지통은 Dock의 끝부분에 있는데, 필요에 따라 삭제하려던 파일을 즉시 복구하고 싶은 경우를 대비하여 Finder창의 도구바에 추가하는 방법을 알아보자.

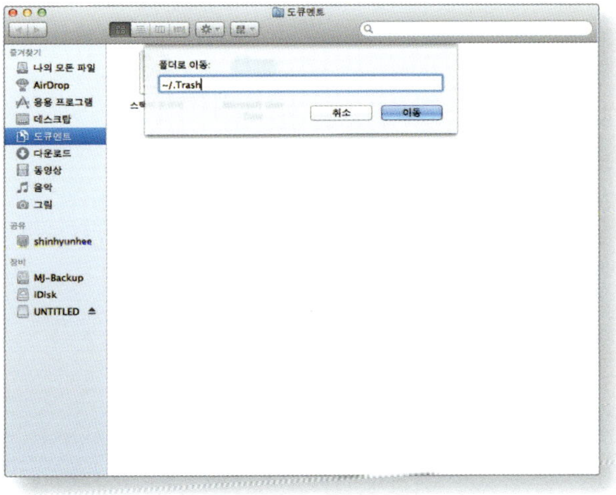

① Finder 메뉴바에서 [이동] → [폴더로 이동]을 선택하고, "폴더로 이동"창이 나오면 입력 박스에 [~/.Trash]를 입력하고 [이동] 버튼을 탭한다.

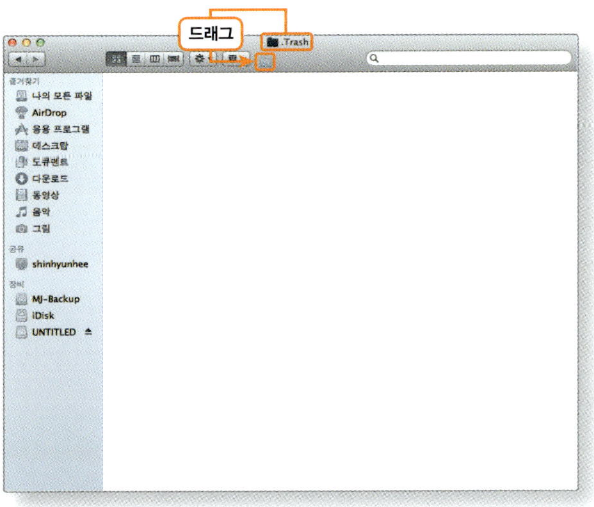

② 열린 ".Trash"폴더창에서 타이틀바 앞에 있는 파란 폴더 아이콘을 드래그하여 바로 아래에 있는 도구바로 드롭한다.

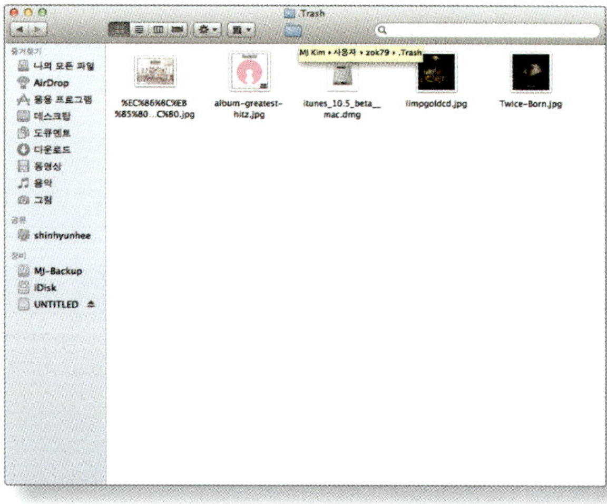

❸ 도구바에 추가된 파란색 폴더 아이콘을 클릭하면 휴지통에 들어 있는 파일 목록을 바로 확인할 수 있다.

7-8 | 특정 파일을 열 때 Finder창 자동 닫기

여러 개의 Finder창을 열고 있으면 창 관리가 쉽지 않다. 이런 경우 특정 파일을 실행하고 해당 Finder창을 자동으로 닫는 방법을 알아보자.

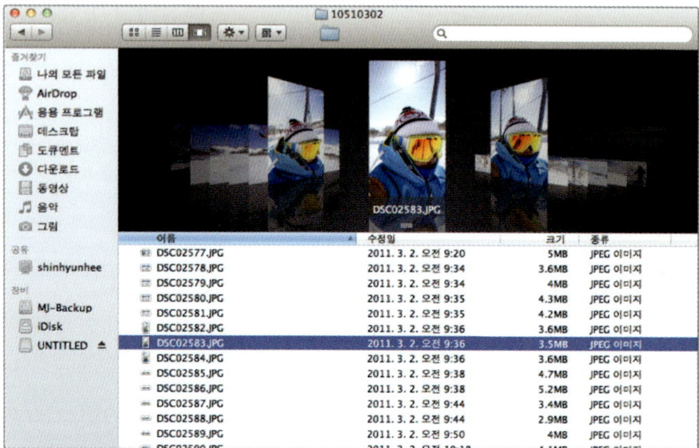

❶ 예로 그림 폴더를 열고 사진 파일 한 개를 선택한 상태에서 [Option] 키를 누르면서 해당 파일을 열어보자.

② 선택한 사진 파일이 미리보기로 열리면서 Finder창은 자동으로 닫힌다.

7-9 | Finder창에서 폴더 이동 명령어 사용하기

폴더 이동 명령어는 OS X Lion 내에서 폴더가 열린 상태에서 다른 폴더로 이동하고 싶을 때 유용한 명령어로, 숨겨진 폴더도 쉽게 이동할 수 있다.

단, 이 명령어는 유닉스(UNIX)기반의 경로 구조를 가지기 때문에 주의해야 한다. Finder창이 열린 상태에서 명령어를 입력하려면 Finder 메뉴바에서 [이동] → [폴더로 이동]을 선택하거나, 단축키 [Shift] + [Command] + [G]키를 누른다.

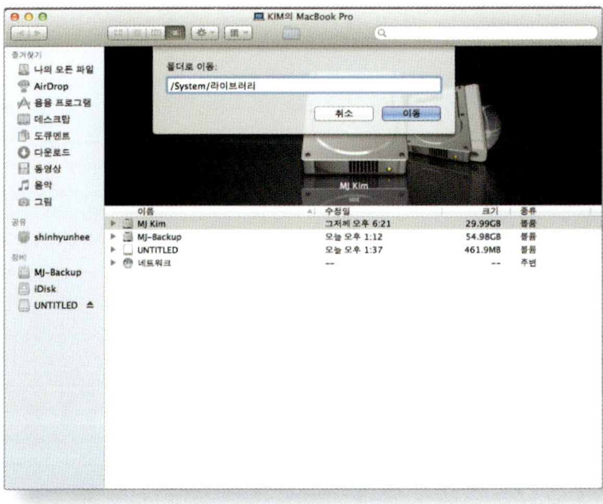

① 특정 하위 폴더로 이동하려면 절대경로에서 아래와 같이 명령어를 입력한다.

```
/System/Library
```

루트 폴더(가장 상위에 있는 폴더)에 "/"기호를 처음에 선언하고 각 폴더명을 입력하고 폴더단위 구분은 "/"으로 선언한다.

Library 폴더명을 영문으로 입력하면 자동으로 한글로 표기되므로 주의하기 바란다.

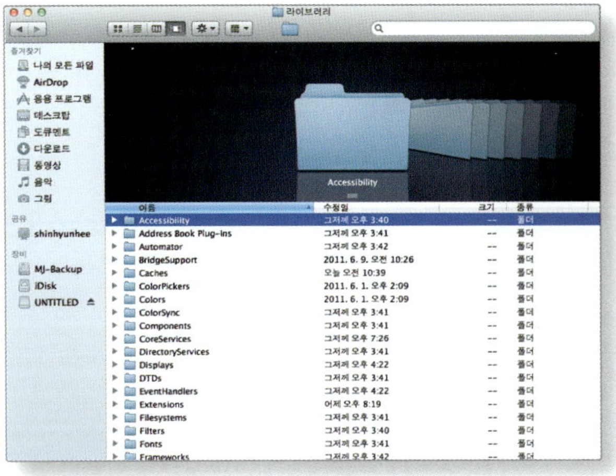

② 라이브러리 폴더로 이동한다.

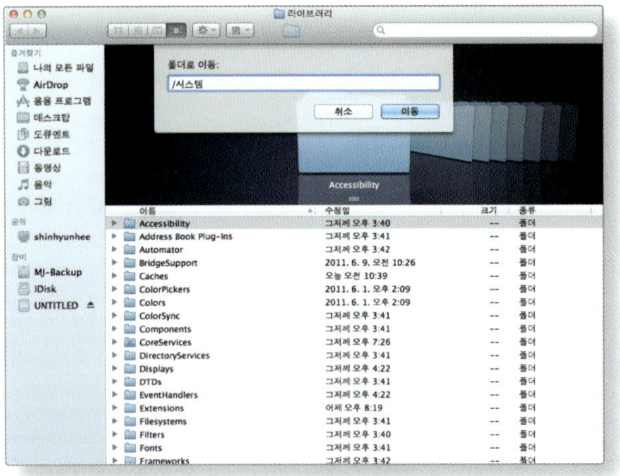

③ 상위 폴더로 이동하려면 "폴더로 이동"창을 열고 아래 폴더명을 입력해 보자.

```
/System
```

위와 같이 상위 폴더명을 입력하고 [이동] 버튼을 탭하면 해당 폴더로 이동하며, 폴더가 없는 경우에는 이동하지 않는다.

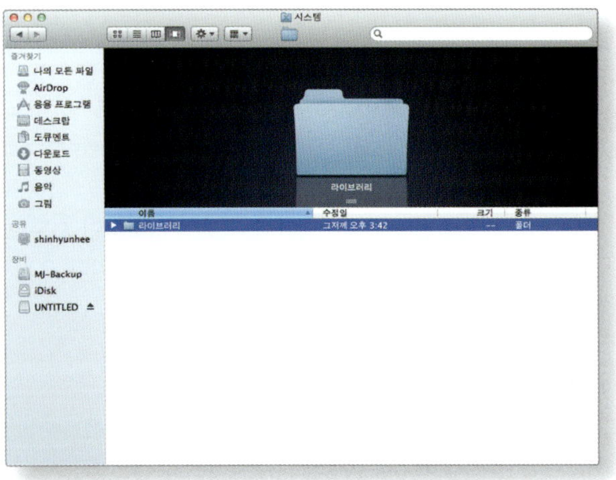

④ System 상위 폴더로 이동한다.

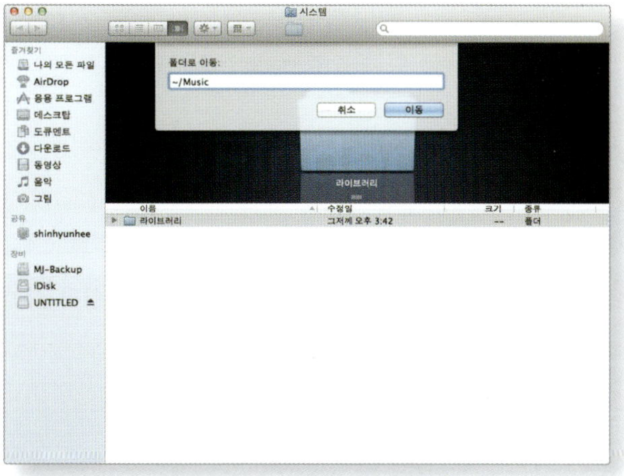

⑤ 사용자 폴더를 이동하고 싶은 경우에는 아래와 같이 입력해 보자. 예로 음악 폴더로 이동하는 방법을 소개한다.

```
~/Music
```

다른 폴더 이동방법과는 다르게 "~"키워드가 추가되어 선언된다.

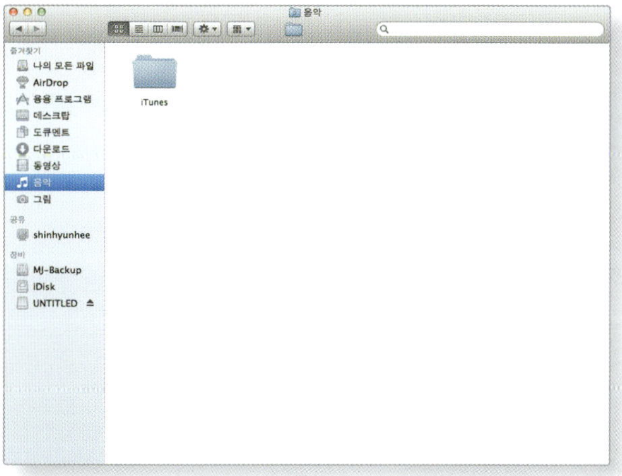

⑥ 음악 사용자 폴더로 이동한다.

일일이 창을 열어서 찾아가는 방법보다는 이렇게 자주 사용하는 폴더는 간단한 명령어를 통해 폴더로 바로 이동하는 방법을 익혀두면 한층 더 OS X Lion을 사용하기 편리할 것이다.

7-10 | 프로그램 아이콘 정렬하기

특정 폴더에 파일 등을 복사하게 되면 파일들이 엉켜 있어서 보기 어려운 경우가 있다. 이런 경우 프로그램이나 파일을 정렬하는 방법을 알아보자.

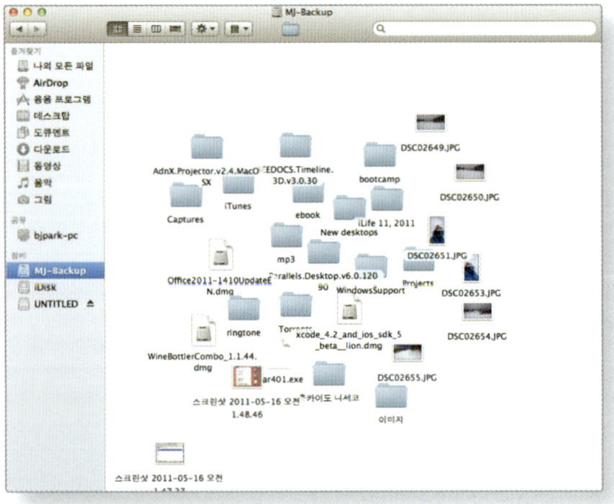

① Finder창을 열어보자. 다양한 파일 및 폴더가 어질러져 있다고 가정해 보자.

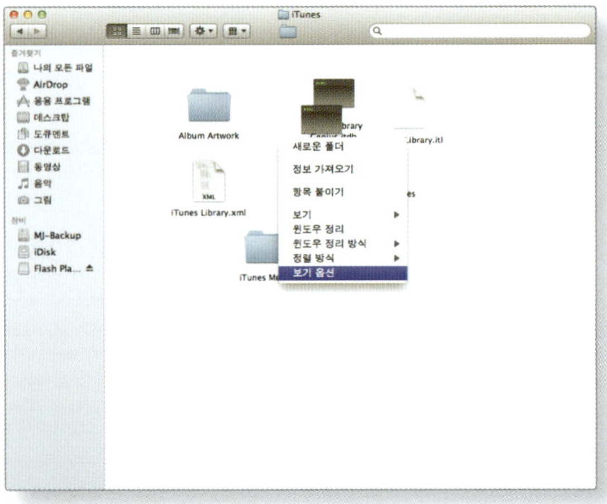

② Finder창이 열린 상태에서 트랙패드에 손가락 두 개로 탭하면 나오는 메뉴에서 [보기 옵션]을 선택한다.

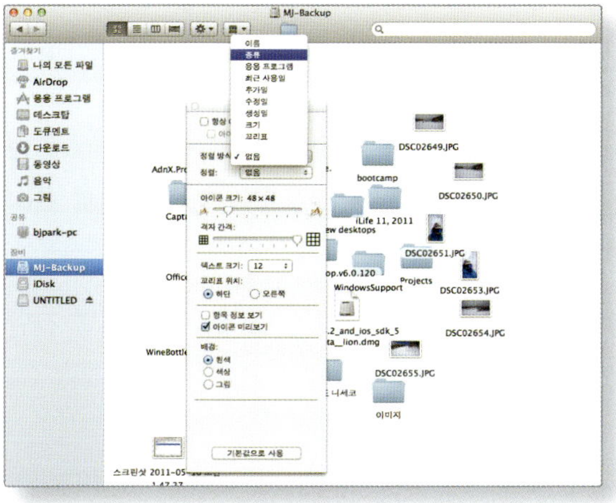

③ 보기 옵션창이 나오면 우선 [정렬 방식]에서 [종류]를 선택한다. 종류는 파일 및 폴더 종류에 따라 그룹화할 때 이용하며, 그 외 일자, 크기, 꼬리표 등으로 설정할 수 있다.

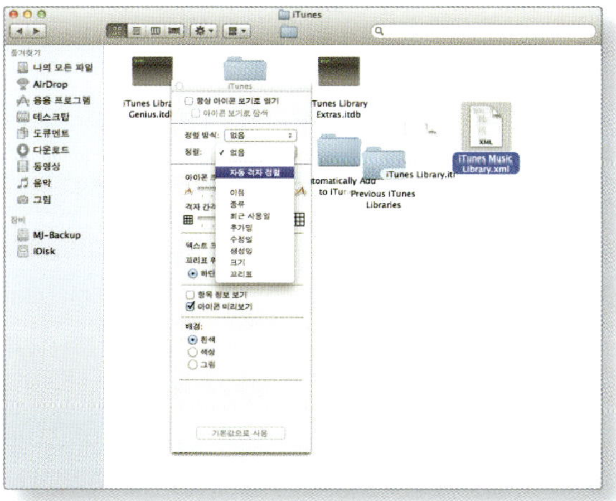

④ 다음으로 [정렬] 항목에서 [자동 격자 정렬]을 선택하자.

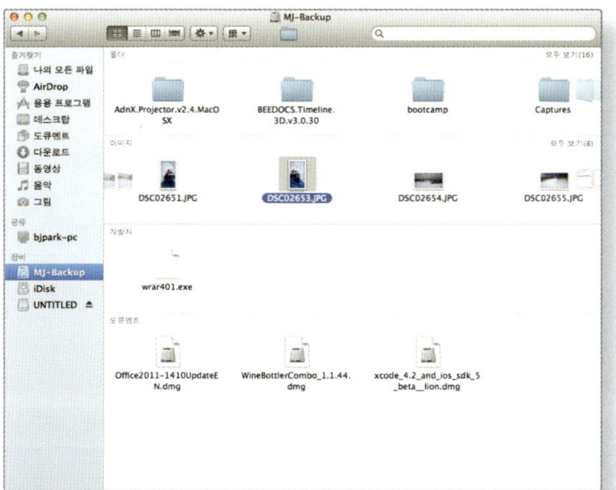

⑤ 폴더, 파일 종류에 따라 격자로 정렬되어 보여진다.

7-11 | 숨겨진 폴더나 파일 표시하기

OS X Lion 운영체제에서도 숨겨진 폴더나 파일이 존재한다. 다만, 시스템용 파일들이 많기 때문에 잘못 사용할 경우 시스템이 오작동할 수 있는 문제가 발생할 수 있어 기본적으로 보여주지 않도록 되어 있다.

그래도 숨겨진 파일이나 폴더를 보고 싶은 경우에는 터미널을 열고 몇 가지 명령어를 입력하면 간단하게 볼 수 있다.

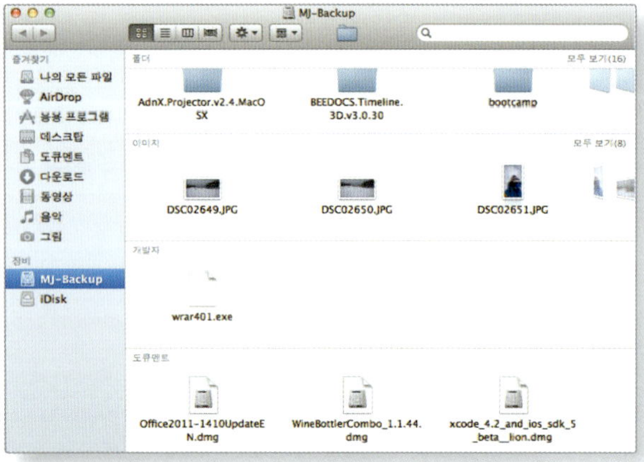

① Finder창을 연다.

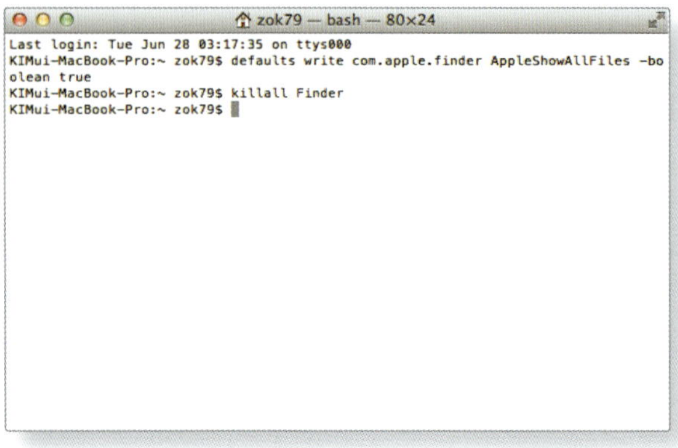

② 유틸리티에서 [터미널]을 열고 아래 명령어를 입력하고 실행한다.

```
> defaults write
  com.apple.finder
  AppleShowAllFiles
  -boolean true

> killall Finder
```

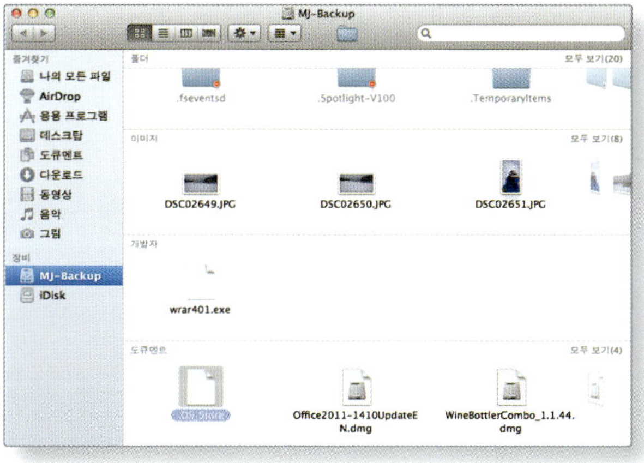

3 Finder창이 재시작하면서 숨겨진 폴더 및 파일이 약간 흐린 상태로 보여진다. 예로 ".DS_Store"이라는 숨겨진 파일이 보이는 것을 확인할 수 있다.

TIP .DS_Store 설정 파일이란?

.DS_Store는 Finder창이 폴더 설정을 저장하는 파일로, 기본적으로 숨겨져 있다. Finder가 자동으로 만들어 주며 아이콘 배치 및 폴더 설정을 변경할 때마다 변경 내용이 .DS_Store 파일에 저장된다.

참고로 파일 저장이 실패하고 폴더 및 아이콘 표시가 정상적이지 않을 경우, .DS_Store 파일을 삭제하고 새 DS_Store파일을 Finder로 만들어 주는 방법을 추천한다. 삭제하려면 [터미널]을 열고 아래 명령어를 입력하여 실행해 보자.

```
> Sudo find / -name ".DS_Store -delete
> killall Finder
```

이렇게 실행되면 .DS_Store 파일이 모두 삭제된다. 단, 이 방법은 중급자 이상인 분들에게 권장한다.

7-12 | 나의 모든 파일 사용하기

Finder창을 열면 처음에 눈에 들어오는 것이 바로 사이드바의 가장 위에 있는 [나의 모든 파일]이란 메뉴이다. 그냥 보면 윈도우 운영체제의 내 문서와 같은 것이라고 생각하겠지만, 실제로 사용 용도가 다르다. 간단하게 말해서 사용한 파일 이력 표시 공간이라고 하면 이해가 될까?

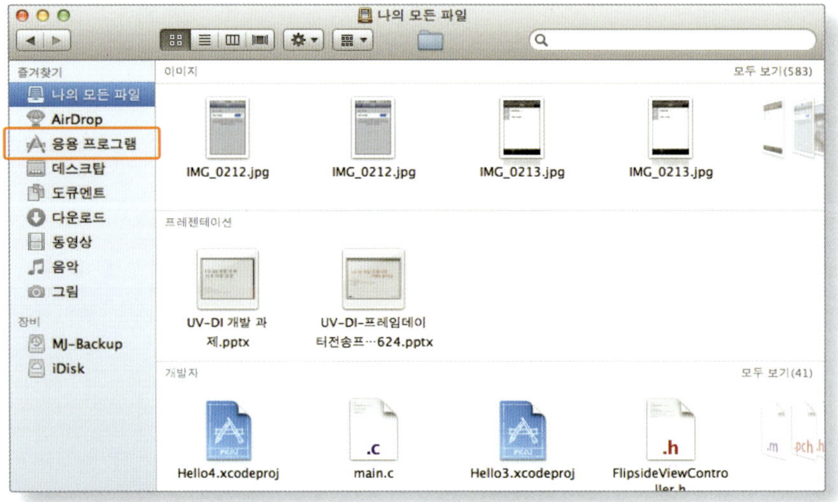

[나의 모든 파일]은 파일 시스템에서는 존재하지 않는 숨겨진 파일 같은 것이다. 종류별로 보여주며 이미지, 프레젠테이션, PDF, 음악, 개발자 등 이용빈도가 높은 파일 형태로 구분되어 있다.

이렇게 모여진 파일의 수집 범위는 홈 폴더를 기준으로 그 하위 폴더들은 모두 포함된다. 작성한 파일이나 폴더가 어디든 [나의 모든 파일]에 구분 없이 사용된다. 다만 새로운 파일일수록 왼쪽으로 표시되고, 저장 위치와는 상관없다.

조작하는 방법은 커버플로우와 크게 차이가 없지만, 저장 폴더라는 개념을 벗어나 파일을 찾을 수 있다는 점이 [나의 모든 파일]의 장점이라고 본다.

CHAPTER 08

인터넷 연결하기

이제 OS X Lion을 사용하기 위해 우선적으로 필요한 인터넷 연결을 해보자. 이번 장에서는 Wi-Fi 무선랜을 연결하는 방법과 인터넷 연결이 제대로 이루어지지 않을 경우에 해결할 수 있는 방법 등을 소개한다.

8-1 | Wi-Fi 무선랜 연결하기

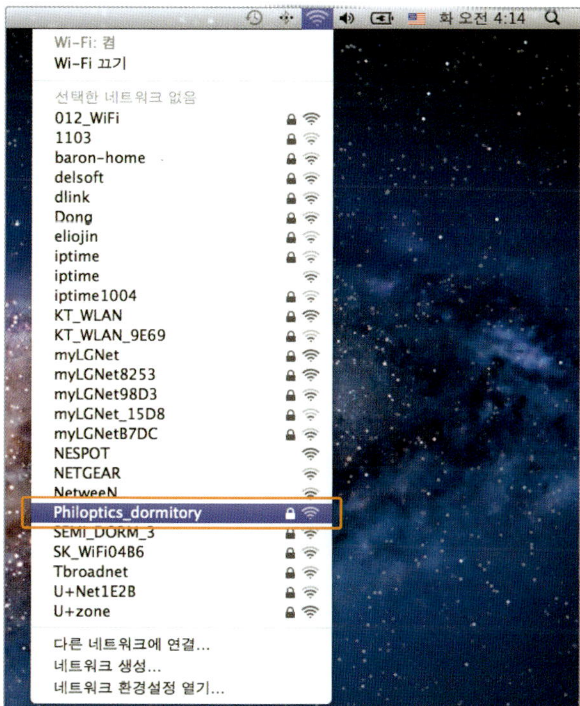

① 유선랜 대부분은 DHCP 방식을 이용하기 때문에 랜선을 연결하면 바로 인터넷을 즐길 수 있다. 우선적으로 Wi-Fi 무선랜을 설정하는 방법을 소개한다.

메뉴바 우측에 있는 시스템 항목에서 Wi-Fi 아이콘을 클릭하면 현재 Mac 기기 근처에서 신호가 잡히는 무선 AP 목록이 나열된다.

여기서 사용하려는 무선 AP를 탭하자.

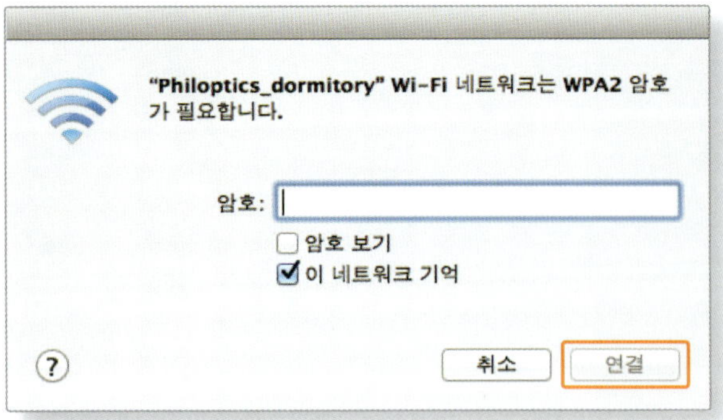

② "Wi-Fi 네트워크는 XXX 암호가 필요합니다" 라는 창이 나오면 해당 무선AP는 암호가 필요한 것으로, 사용할 수 있는 암호를 "암호:" 입력박스에 입력하고 [연결] 버튼을 탭한다.

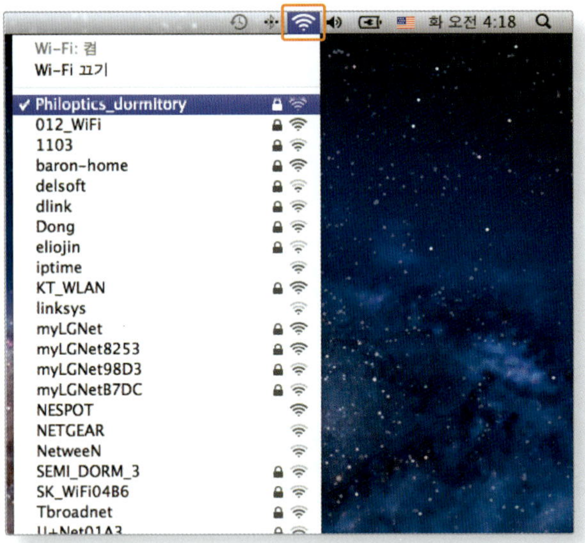

③ 다시 아이콘을 탭하면 연결된 무선 AP에 V 표시가 된 상태로 연결된 것을 확인할 수 있다. 만약 연결이 안되면 암호가 틀리거나 무선 AP 자체가 인터넷에 연결이 안된 상태일 수 있기 때문에 확인하기 바란다.

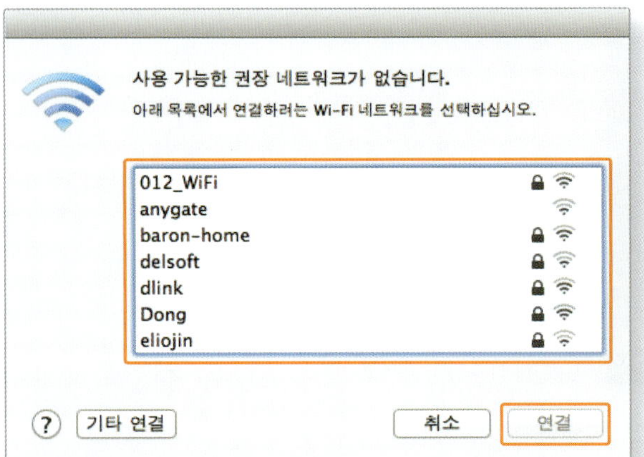

④ MacBook 등의 노트북을 사용한다면 다른 지역으로 이동시 무선 AP를 자동으로 찾는 창이 나온다.

여기서 연결하려는 무선 AP를 선택하고 암호를 입력하면 바로 연결하여 사용할 수 있다.

8-2 | IP 주소 확인하기

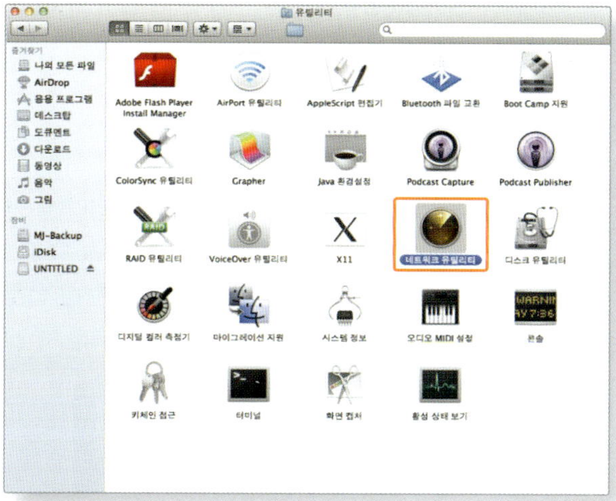

① 필요에 따라 IP 주소를 확인하고 싶다면 OS X Lion에서는 유틸리티에 있는 [네트워크 유틸리티]를 사용해 보자.

Finder 메뉴바에서 [이동] → [유틸리티]를 선택하고 [네트워크 유틸리티]를 탭한다.

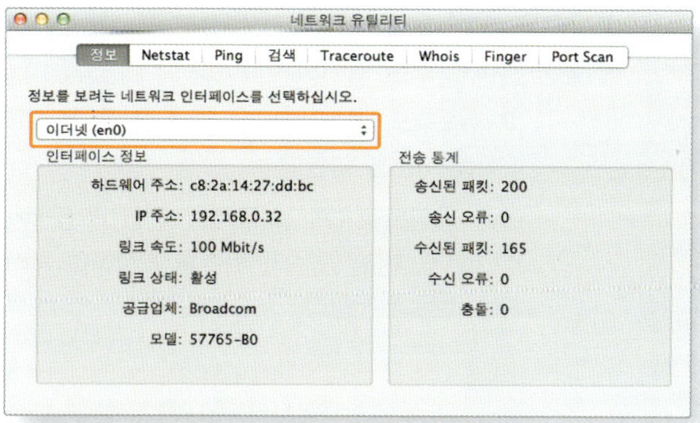

② "네트워크 유틸리티"창의 [정보] 탭에서 유선랜의 IP를 확인하려면 [이더넷 (en0)]이 선택된 상태에서 "인터페이스 정보"항목에서 "IP 주소"를 확인한다.

무선랜의 경우에는 [Wi-Fi (en1)]을 선택하면 확인할 수 있다.

또는 Finder 메뉴바에서 [이동] → [유틸리티]에 있는 [시스템 정보]를 선택하면 나오는 메뉴에서 [네트워크]를 선택하면 현재 사용 중인 IP 주소를 확인할 수 있다.

8-3 | Ping으로 네트워크 연결상태 확인하기

Ping은 지정한 호스트까지의 네트워크에 작은 데이터를 보내어 응답을 받아 네트워크 연결상태를 확인하는 기본적인 방법으로, OS X Lion에서는 사용자가 Ping에 대해서 모르더라도 간단하게 사용할 수 있도록 네트워크 유틸리티에 이 기능을 제공하고 있다.

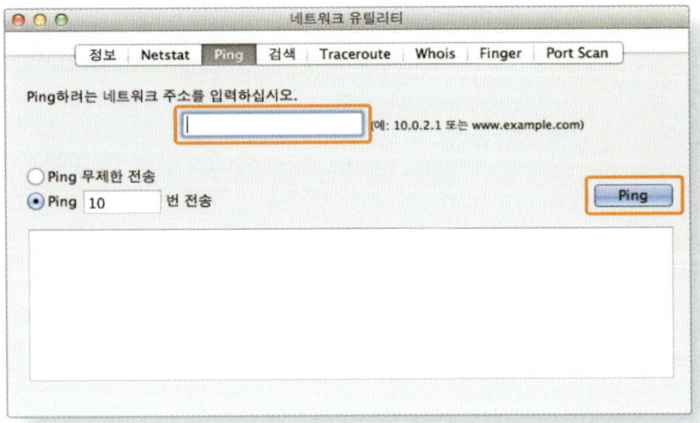

❶ Finder 메뉴바에서 [이동] → [유틸리티]를 선택하고 [네트워크 유틸리티]를 탭한다.

"네트워크 유틸리티"창이 나오면 [Ping] 탭을 선택한다.

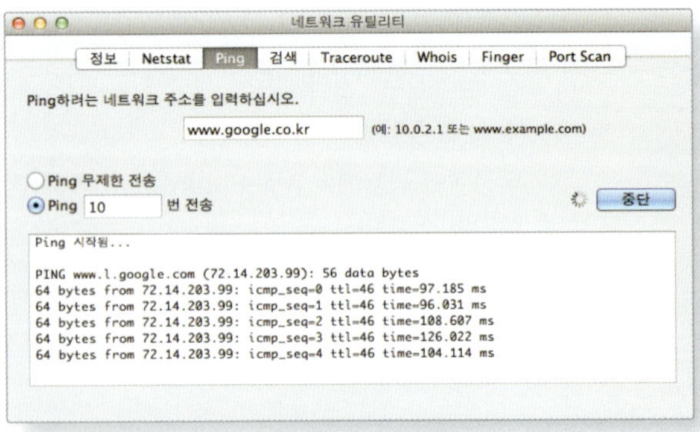

❷ 화면 가운데 위치한 입력박스에 테스트해 보고 싶은 도메인이나 IP 주소를 입력하고 [Ping] 버튼을 탭한다.

이때 옵션으로 [Ping 무제한 전송]과 [Ping XXX번 전송]이 있는데, 횟수를 지정하여 처리하는 것을 추천한다.

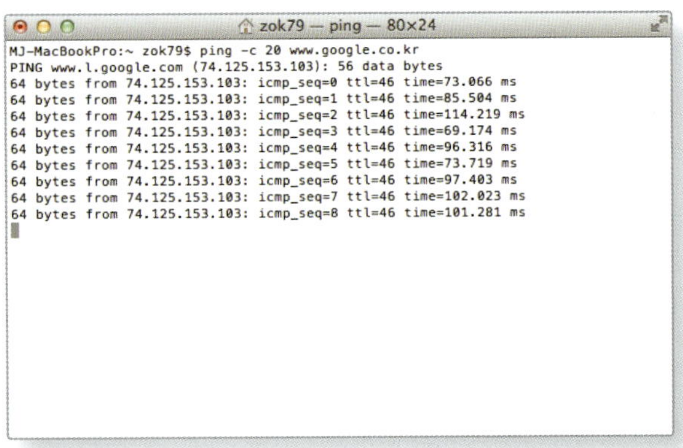

❸ 다른 방법으로는 [터미널]을 사용하는 것으로, 터미널을 연 다음 [`ping -c 20` <도메인 또는 IP주소>]를 입력하고 실행하면 20회 동안 핑 연결을 시도한다.

8-4 | 네트워크 상에 나타나는 컴퓨터명 변경하기

① 네트워크 상에서 다른 컴퓨터가 사용자의 Mac을 확인할 때 구분하는 "컴퓨터명"을 변경하는 방법을 알아보자.

Finder 메뉴바에서 [이동] → [응용 프로그램]을 선택하고 [시스템 환경 설정]을 탭하거나 Dock에서 [시스템 환경 설정]을 탭한다.

"시스템 환경설정"에서 "인터넷 및 무선"항목의 [공유]를 탭한다.

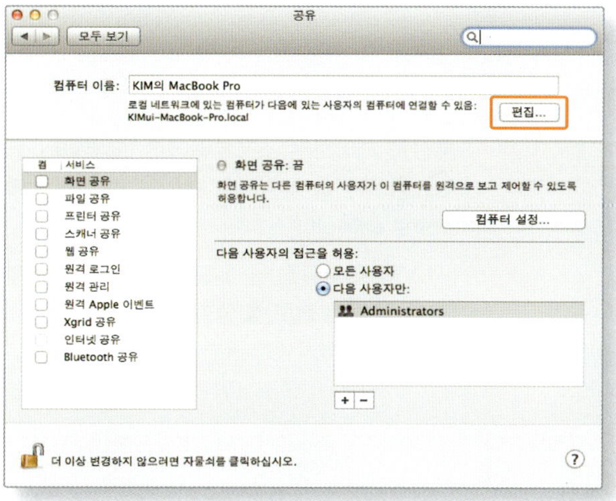

② "공유"창이 나오면 "컴퓨터 이름:" 항목 아래에 있는 [편집] 버튼을 탭한다.

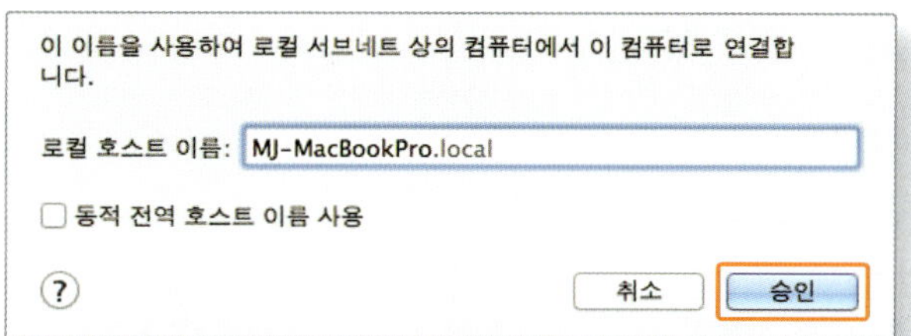

③ "로컬 호스트 이름:" 항목의 입력박스에 사용하고 싶은 명칭을 입력하고 [승인] 버튼을 탭한다.

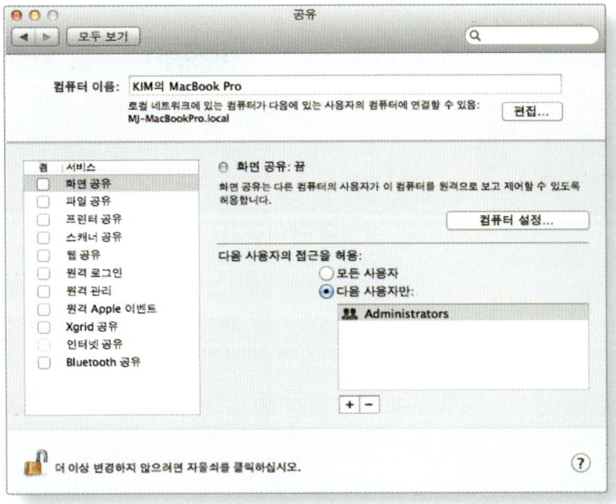

❹ 로컬 호스트 이름이 변경된 것은 "컴퓨터 이름:" 아래에서 바로 확인할 수 있다.

8-5 | 방화벽 사용하기

❶ 방화벽(Firewall)은 OS X Lion과 외부간의 통신을 제어하는 소프트웨어로, 외부와의 불필요한 통신을 제한하여 보안을 강화하는 목적으로 이용한다.

[시스템 환경설정]을 열고 "개인" 항목에서 [보안 및 개인 정보]를 탭한다.

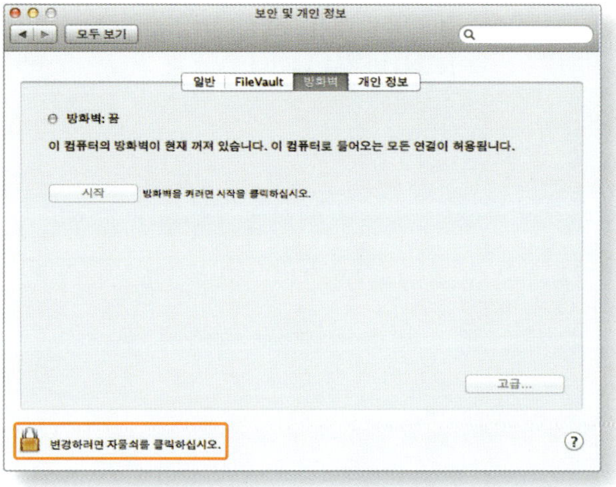

❷ "보안 및 개인 정보"창이 나오면 [방화벽] 탭을 선택한다.

기본적으로 [시작] 버튼 등이 비활성화되어 있기 때문에 하단에 있는 [변경하려면 자물쇠를 클릭하십시오] 부분을 탭하자.

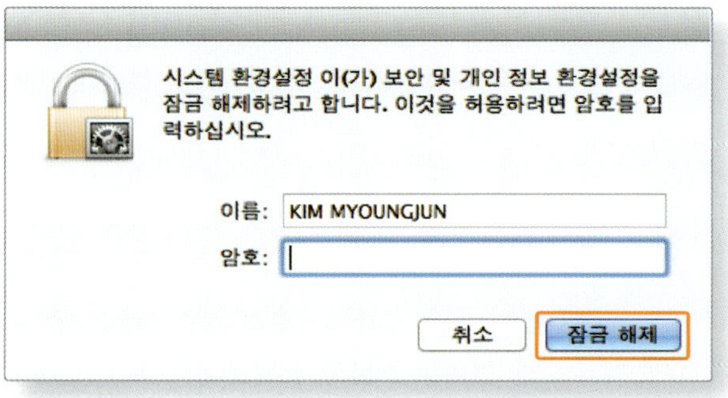

❸ 잠금 해제를 위해 암호를 입력하고 [잠금 해제] 버튼을 탭한다.

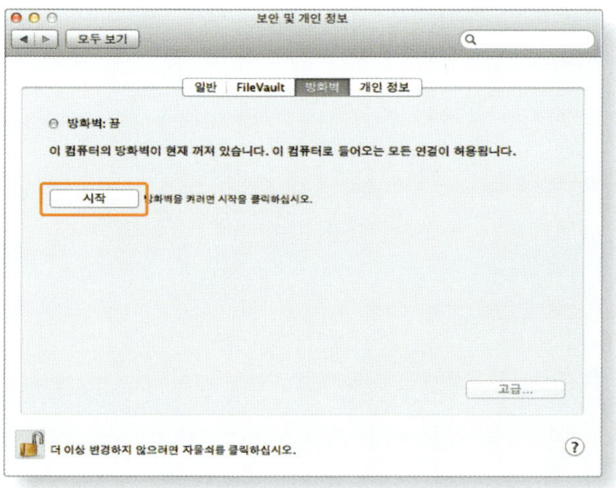

❹ [시작] 버튼을 탭하여 방화벽을 활성화시킨다.

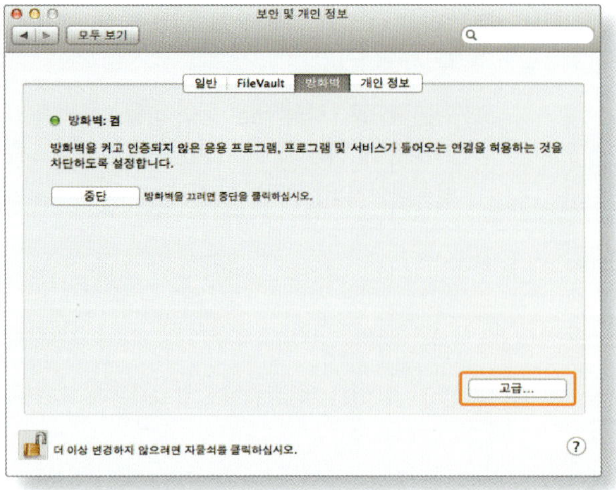

❺ 방화벽 상태가 "켬"상태가 되면 하단에 있는 [고급] 버튼을 탭한다.

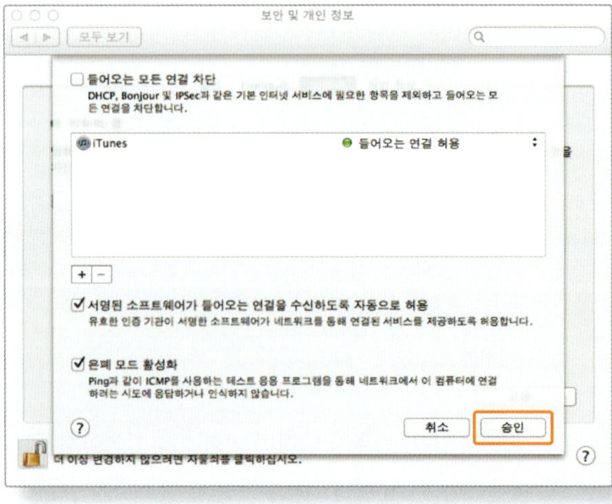

❻ 하단에 있는 [은폐 모드 활성화]를 체크하여 외부로부터 들어오는 불필요한 통신에 대한 응답을 하지 않도록 설정한다.

다음으로 [+] 버튼을 탭하여 [들어오는 연결 허용]으로 설정하고 싶은 프로그램을 지정하고 [승인] 버튼을 탭하자.

이렇게 설정해 두면 특정 프로그램에 대해서만 연결을 허용하기 때문에 보다 안전하게 OS X Lion을 사용할 수 있게 된다.

8-6 IP 주소 수동 설정하기

❶ 사용하는 네트워크 환경이 IP 주소를 수동으로 설정해야 할 경우에 직접 설정하는 방법을 알아보자.

Dock에서 [시스템 환경설정]을 탭하여 열고 "인터넷 및 무선"그룹에서 [네트워크]를 선택한다.

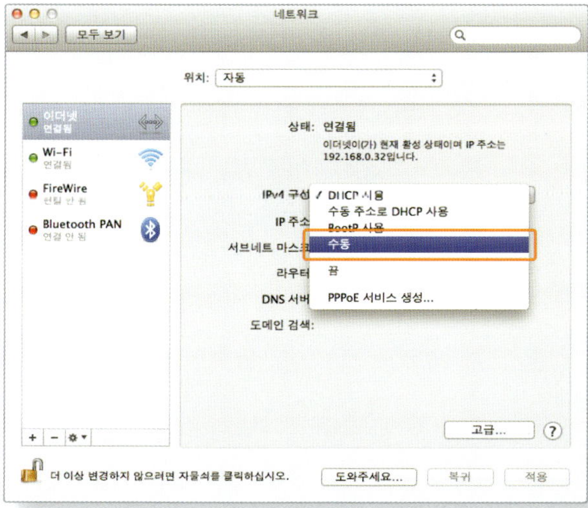

❷ "네트워크"창이 나오면 인터넷에 연결된 이더넷 항목에서 [IPv4 구성] 항목에서 [수동]을 선택한다.

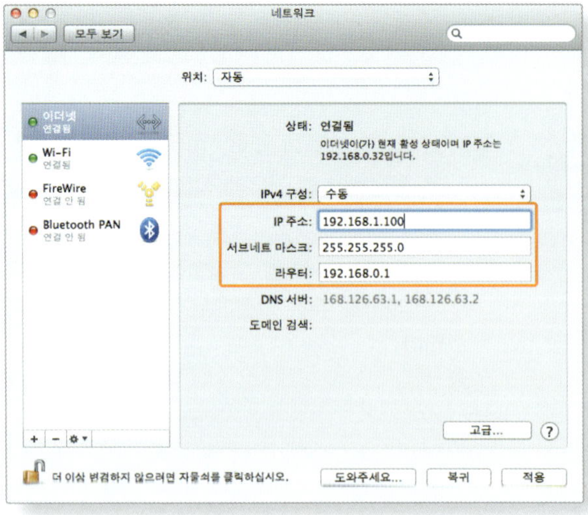

③ IP 주소, 서브네트 마스크, 라우터 정보를 입력하고 [적용] 버튼을 탭하여 저장하면 마무리가 된다.

만약 네트워크 연결 장애가 발생할 경우에는 하단에 있는 [도와주세요] 버튼을 클릭하여 네트워크 상태를 점검하고 그에 따른 대책을 세우기 바란다.

TIP DHCP, BootIP, PPPoE란?

DHCP	Dynamic Host Configuration Protocol이란 약어로, IP 주소를 고정으로 할당하지 않고 접속할 때마다 IP 주소를 동적으로 할당하는 프로토콜
BootIP	Bootstrap Protocol이란 약어로, DHCP 이전에 개발된 호스트 구성 프로토콜이기 때문에 최근에는 많이 사용하지 않지만, 호환성을 위해 Mac OS X Lion에서는 지원함
PPPoE	Point-to-Point Protocol over Ethernet이란 약어로, 모뎀과 같은 기기에 연결하기 위한 규격으로 보통 사무실에서 하나의 DSL이나 케이블 모뎀에 공유하여 사용할 때 이용함

CHAPTER 09

Dock 사용하기

Dock(독)은 마이크로소프트 윈도우 운영체제를 기준으로 시작 버튼이 있는 작업 표시줄을 말한다. 자주 실행하는 기본 프로그램을 등록해 놓고 사용하는 스타일로서 어떻게 사용해야 할지 자세히 알아보고, 순간 실수로 인해 Dock을 사용하는 데 문제가 발생하면 당황하지 않고 해결할 수 있는 방법을 소개한다.

9-1 | Dock이란?

윈도우 운영체제의 작업 표시줄과 유사한 기능으로서, 자주 사용하는 프로그램들이 모두 Dock에 등록되어 있어 필요한 기능들을 일일이 찾아서 실행할 필요 없이 바로 탭하여 실행할 수 있는 편리한 구조로 되어 있다.

Dock

기본적으로 Dock은 Finder, Launchpad, App Store, FaceTime, Safari, iTunes, 주소록, iCal, Photo Booth, 시스템 환경설정, 도큐먼트, 다운로드, 휴지통으로 구성되어 있다. 물론 사용자가 애플에서 제공하는 iLife'11을 설치한다면 추가적으로 Dock에 몇 가지 프로그램이 등록된다.

프로그램을 실행하고자 커서를 프로그램 아이콘 위로 가져갈 경우, 아이콘이 약간 확대되는 모습을 볼 수 있다. 이때 트랙패드에서 해당 프로그램을 탭하면 실행되고, 실행하는데 시간이 약간 걸리는 경우에는 해당 프로그램 아이콘이 통통 튕기는 모습을 볼 수 있다.

9-2 | Dock 위치 변경하기

Dock은 OS X Lion을 로그인하고난 뒤 화면 하단에 위치해 있는데 MacBook Air와 같은 작은 화면에서 사용할 경우 하단 공간이 답답해 보일 수가 있다. 이런 경우 사용자의 취향에 따라 화면 좌우 끝으로 Dock 위치를 변경할 수 있는데, 이에 대한 방법을 알아보자.

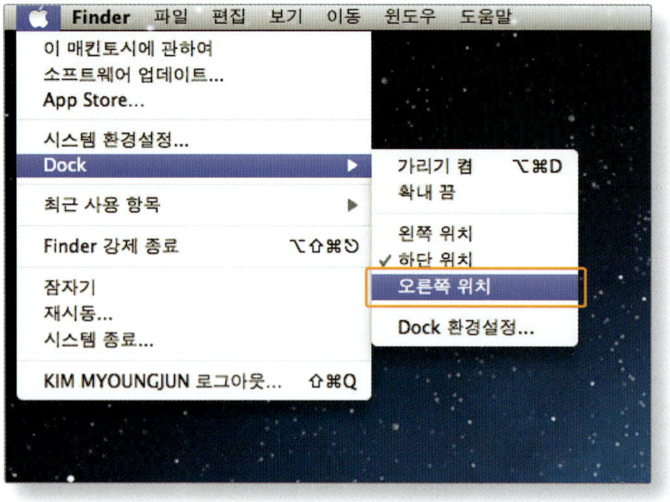

❶ 애플 메뉴바에서 → [Dock] → [왼쪽 위치] 또는 [오른쪽 위치]를 탭한다.

❷ Dock 위치를 [오른쪽 위치]를 선택하여 Dock이 오른쪽 측면으로 옮겨진 것을 확인할 수 있다.

9-3 | Dock 숨기기

Dock도 마이크로소프트 윈도우의 작업 표시줄처럼 평소에는 숨겨져 있다가 커서를 Dock이 있는 위치에 갈 경우에만 보이게 하는 방법이 있다.

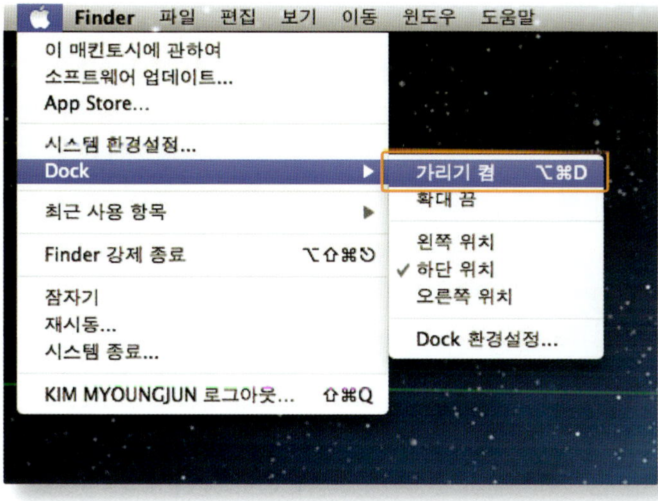

❶ 애플 메뉴바에서 → [Dock] → [가리기 켬]을 탭한다.

❷ 메뉴를 선택과 동시에 Dock이 사라지는 것을 확인할 수 있나. Dock이 있었던 위치에 커서를 가져가면 다시 나타난다.

9-4 Dock 환경설정 살펴보기

Dock 환경설정은 지금까지 필자가 설명한 것들을 한 번에 관리하고 변경할 수 있는 설정 기능이다.

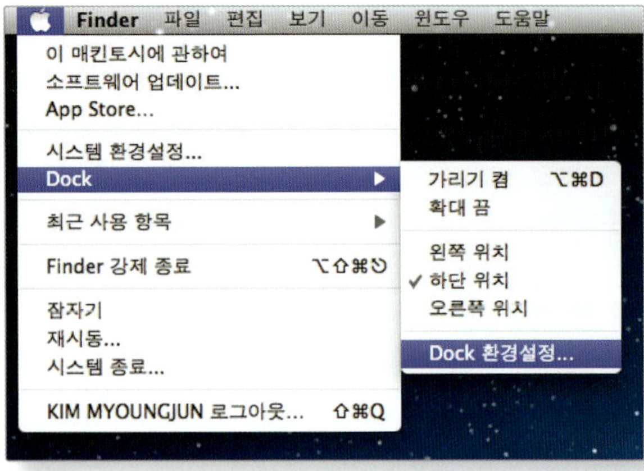

❶ 애플 메뉴바에서 → [Dock] → [Dock 환경설정...]을 선택하거나, [시스템 환경설정]의 "개인" 항목에서 [Dock]을 선택한다.

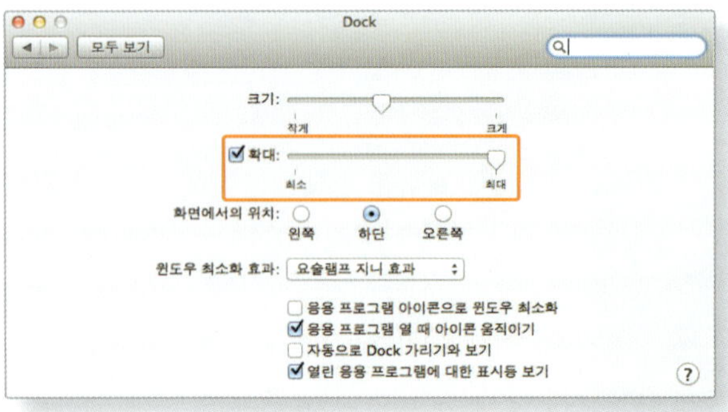

❷ "Dock" 창이 나오면 우선 Dock 크기를 조절할 수 있는 슬라이드와 아이콘 크기를 조절할 수 있는 확대 기능, Dock의 화면에서의 위치, 윈도우 최소화 효과 등을 설정할 수 있다.

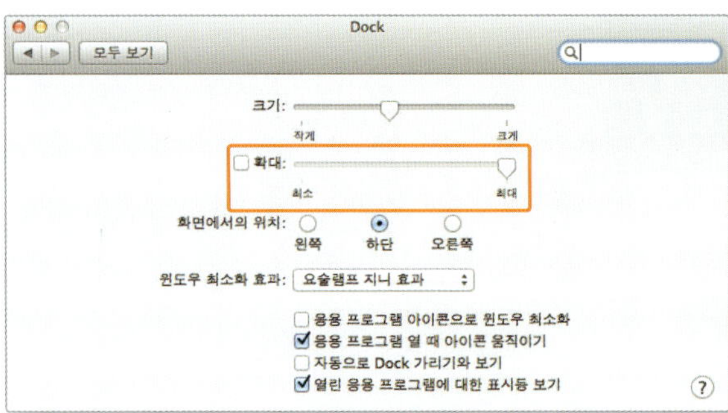

❸ [확대]에서의 체크박스를 제거하고 Dock에 커서를 가져가 보면 커서가 위치한 프로그램 아이콘이 확대되지 않는 것을 확인할 수 있다.

9-5 | 실행한 프로그램을 Dock에 고정하기

프로그램을 실행하다 보면 사용자마다 자주 사용하는 프로그램들이 있을 것이다. 이런 경우에 Dock에 그대로 자주 사용하는 프로그램을 고정시켜 사용하는 방법을 알아보자.

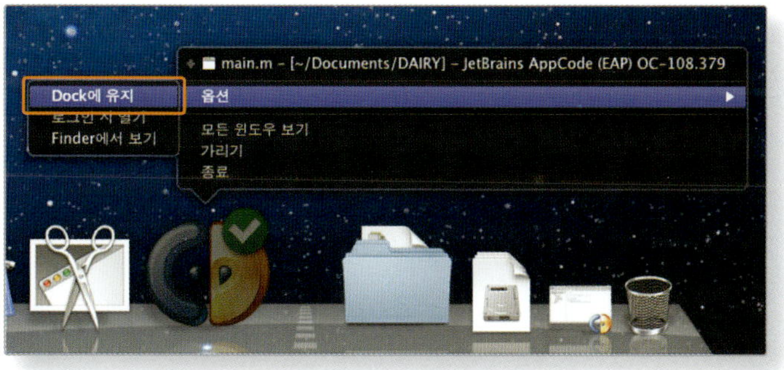

❶ 자주 실행하던 프로그램 아이콘에 커서를 가져간 다음 트랙패드에 손가락 두 개로 탭하면 나오는 메뉴에서 [옵션]→[Dock에 유지]를 선택한다.

❷ Dock에서 프로그램 아이콘을 제거하려면 프로그램 아이콘에 커서를 가져간 다음 트랙패드에 손가락 두 개로 탭하면 나오는 메뉴에서 [옵션]→[Dock에서 제거]를 선택한다.

참고로 OS X Lion을 켜고 로그인한 후에 바로 특정 프로그램이 실행되도록 하고 싶다면 Dock에서 해당 프로그램 아이콘에 커서를 가져가고, 트랙패드에 손가락 두 개로 탭하면 나오는 메뉴에서 [옵션]→[로그인 시 열기]를 체크해 두면 항상 로그인할 때마다 해당 프로그램이 열리게 된다.

9-6 | 스택 사용하기

스택은 Dock의 그룹 폴더 기능으로서, Dock 내에 프로그램 그룹이나 파일 그룹을 직관적으로 보기 쉽게 하기 위한 기능이다. 크게 3가지의 스택 형태를 제공하며, OS X Lion에서는 자동 설정 기능을 통해 상황에 따라 맞는 스택 형태를 보여주고 있다.

① "부채 모양"은 경계선 다음에 위치한 폴더 등을 선택할 수 있다. 부채가 펴진 모양으로 해당 폴더 내에 있는 것들이 직관적으로 보여진다. 단, 파일 개수가 많아지면 보기 힘들어지기 때문에 주의하자.

② "격자 모양"은 폴더나 파일을 큰 아이콘 형태로 폴더 그룹으로 묶어서 보여주며, 상당히 직관적인 형태이다.

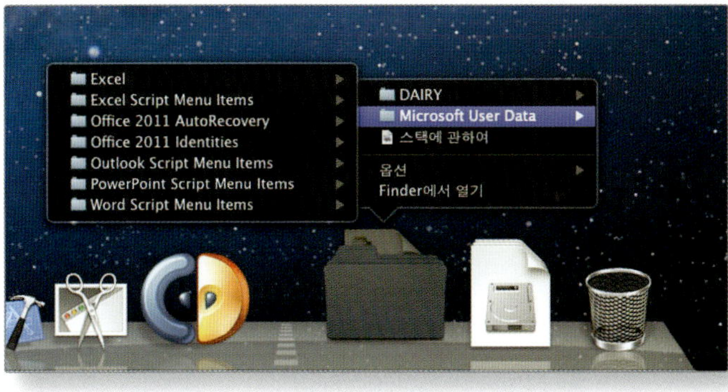

③ "목록"은 폴더가 여러 개로 나뉘어져 있을 경우에 단계별로 확인할 수 있다.

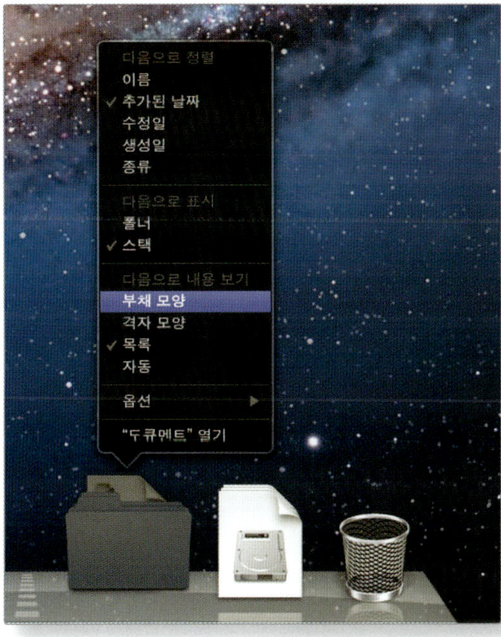

④ 스택 보기 기능을 변경하려면 Dock에서 폴더에 커서를 가져간 다음 트랙패드에 손가락 두 개로 탭하면 나오는 메뉴에서 "다음으로 내용 보기" 항목에서 [부채 모양], [격자 모양], [목록], [자동] 중에서 원하는 모양을 선택한다.

9-7 | 스택에 등록할 수 있는 종류

스택에 등록할 수 있는 종류는 다양하며 그 중에서 알아두면 편리한 몇 가지를 소개한다.

첫 번째, 가장 기본은 파일과 폴더이다. 모든 폴더뿐만 아니라, 문서 파일이나 이미지, 음악 파일 모두 등록해서 사용할 수 있다. 중요한 파일이나 기억하고 싶은 이미지는 바로 등록해 놓고 편리하게 사용할 수 있다.

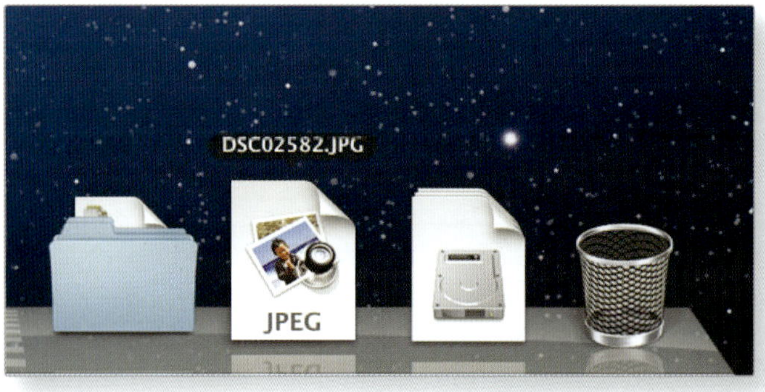

두 번째, 외장 하드디스크나 USB 메모리의 볼륨 및 스마트폴더를 등록해서 사용할 수 있다. 해당 드라이브를 드래그하여 Dock에 배치하면 일반 폴더처럼 스택으로 이용할 수 있다.

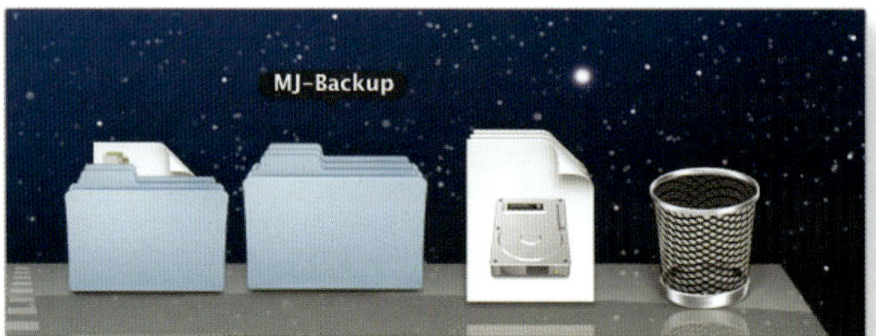

세 번째, 숨겨져 있는 검색 조건도 스택에 등록해서 사용할 수 있다.

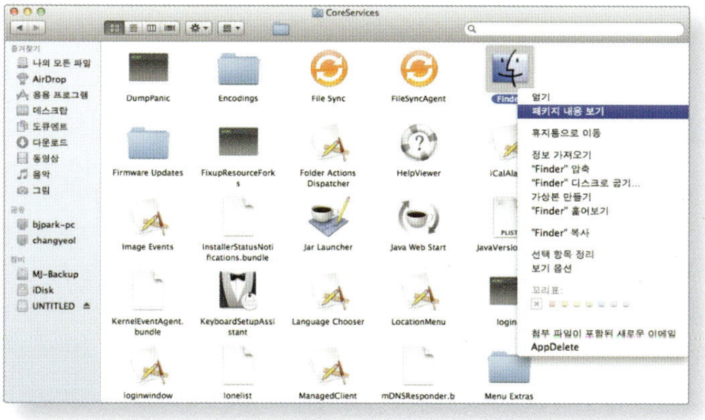

❶ 숨겨진 검색 조건을 찾는 방법을 알아보자.

Finder 창을 열고 [시스템] → [라이브러리] → [CoreServices] 폴더로 이동한다. [Finder] 항목을 찾아서 선택한 다음 트랙패드에 손가락 두 개로 탭하면 나오는 메뉴에서 [패키지 내용 보기]를 선택한다.

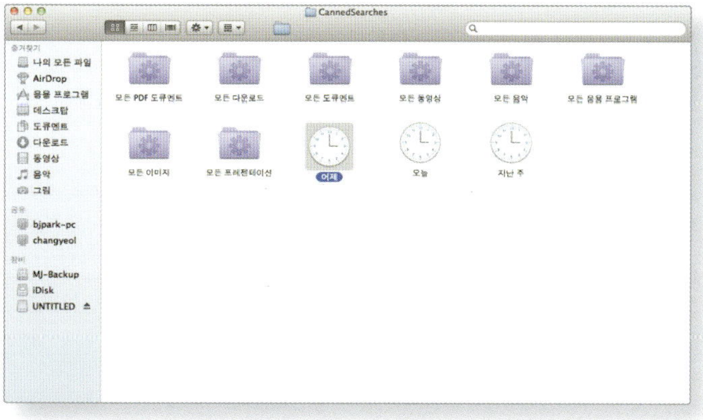

❷ 내부 폴더에서 [Contents] → [Resources] → [CannedSearches] 폴더를 열고 검색 조건 파일(어제)을 드래그하여 Dock 스택에 드롭한다.

❸ [어제] 파일이 위치를 잡으면 시계 아이콘으로 표시된다.

네 번째, 웹사이트 URL이나 메일 등을 Dock 스택에 등록하여 사용할 수 있다. Safari 웹브라우저를 열고 사용자가 등록하고 싶은 웹사이트 주소창의 아이콘을 드래그하여 스택에 드롭하면 @모양의 아이콘이 등록된다. 메일도 Mail 프로그램에서 드래그하여 Dock 스택에 등록하여 확인할 수 있다.

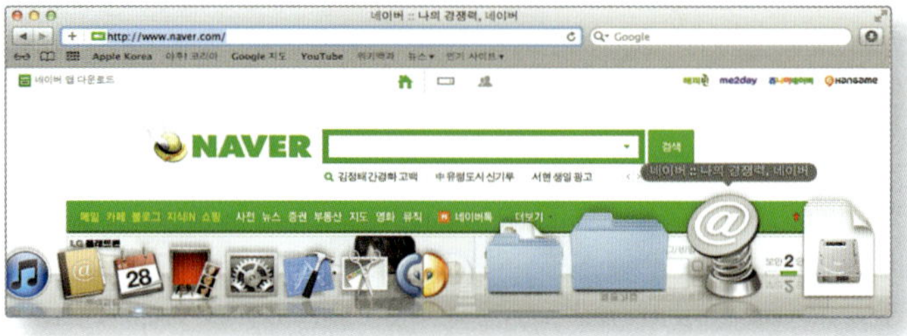

9-8 | 실행 중인 프로그램만 Dock에 표시하기

OS X Lion을 사용할 때 실행 중인 프로그램만 Dock에 등록하여 보면 일반적인 설정 방법으로는 할 수 없기 때문에 초보자들에게는 권장하지 않는다. 이 방법은 중급자에 속하는 분들에게만 사용하는 방법으로, 사용 시 발생하는 문제에 대한 책임은 사용자에게 있다는 것을 알린다.

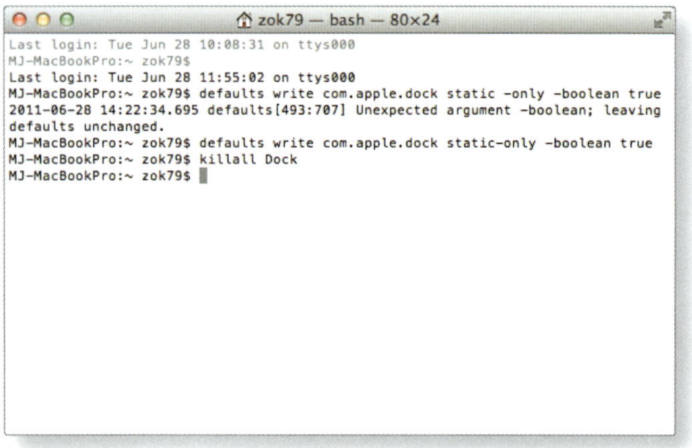

1. Finder 메뉴바에서 [이동]→[유틸리티]를 선택하고 [터미널]을 탭한다. 실행된 터미널에서 아래 명령어를 입력한다.

   > defaults write com.apple.dock static-only -boolean true

   > killall Dock

❷ 명령어를 실행하면 Dock이 재시작되면서 실행 중인 프로그램들만 Dock에 표시된다.

❸ 만약, 원래 상태로 되돌리고 싶다면, 다시 [터미널]을 열고 아래 명령어를 실행한다.

```
> defaults write com.apple.dock static-only -boolean false
> killall Dock
```

9-9 | Dock 재시작하기

Dashboard나 Launchpad의 상태가 좋지 않을 때 Dock을 재시작해야 할 경우가 생긴다. 이때 사용할 수 있는 Dock 재시작 방법을 소개한다.

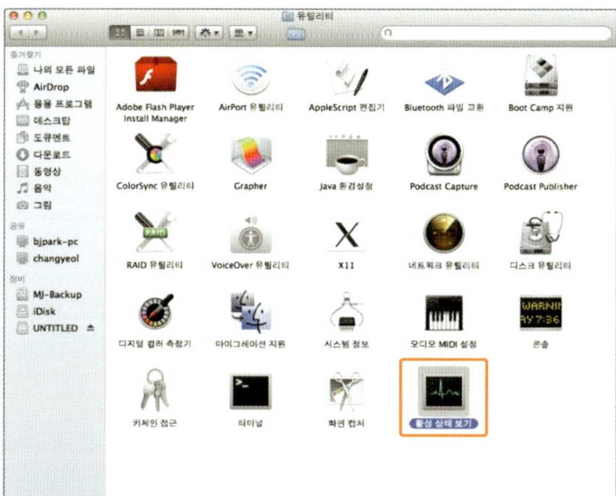

❶ Finder 메뉴바에서 [이동]→[유틸리티]를 선택하고 [활성 상태 보기]를 탭하자.

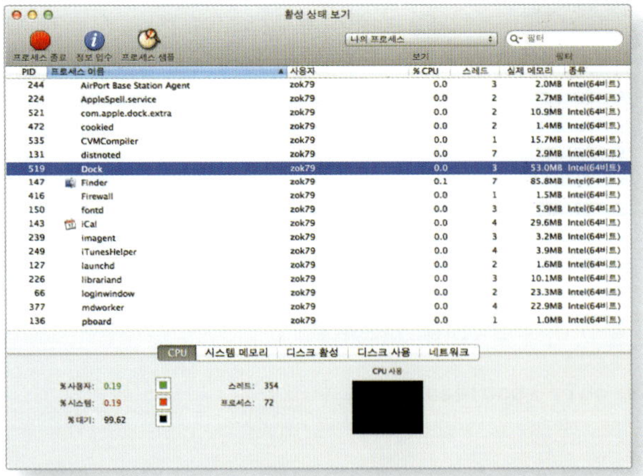

② "활성 상태 보기"창이 나오면 [프로세스 이름] 항목에서 [Dock]을 선택하고 화면 상단에 있는 빨간 버튼(프로세스 종료)를 탭한다.

Dock이 재시작하게 된다.

또는 터미널을 열고 아래 명령어를 입력하여 Dock을 재시작할 수 있다. 주의해야 할 점은 명령어에서 Dock의 D를 대문자로 입력해야 한다.

```
> killall Dock
```

CHAPTER 10 시스템 정보 확인하기

OS X Lion을 사용하면서 시스템 정보를 확인하고자 할 때 알아두면 편리한 몇 가지 방법이 있다. 시스템 정보는 사용 중인 Mac 기기의 상세한 정보 및 상태를 확인할 수 있는 방법으로서 이용할 수 있다.

10-1 | 시스템 정보 실행하기

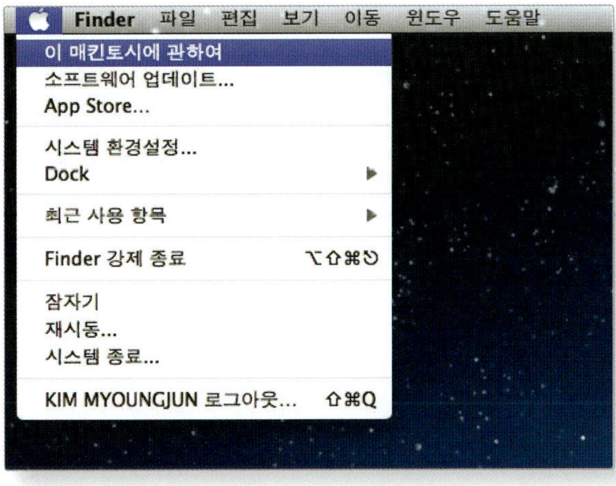

① 시스템 정보를 실행하려면 애플 메뉴바에서 → [이 매킨토시에 관하여]를 선택하자.

❷ "이 매킨토시에 관하여"창이 나오면 기본적인 버전 정보와 함께 간단한 하드웨어 정보가 나온다. 여기서 [추가 정보] 버튼을 탭하면 하드웨어의 상세정보를 확인할 수 있다.

❸ Mac 기기에 대한 상세한 하드웨어 정보를 확인할 수 있다.

10-2 | 소프트웨어 업데이트 확인하기

사용 중인 애플 소프트웨어나 하드웨어 펌웨어 업그레이드가 있는지 확인하고 업그레이드를 하고 싶은 경우에 이용한다.

① "이 매킨토시에 관하여"창에서 [소프트웨어 업데이트...] 버튼을 탭한다.

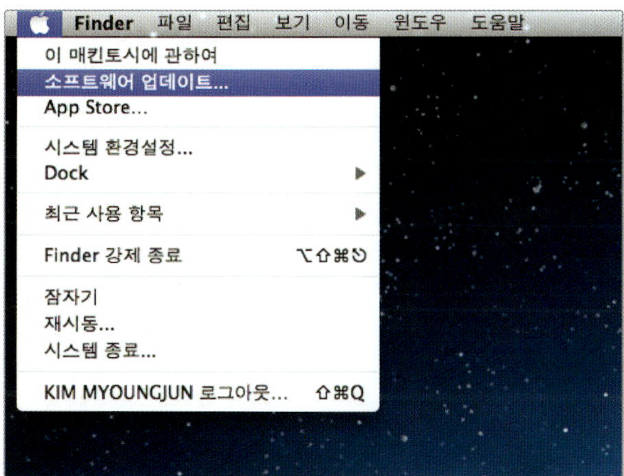

② 또는 → [소프트웨어 업데이트...]를 선택한다.

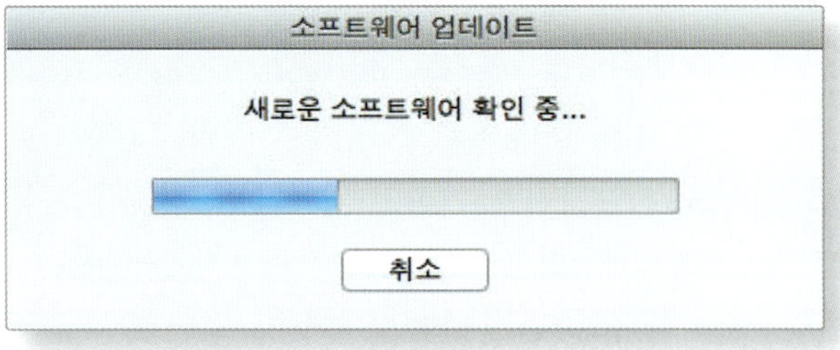

③ 소프트웨어 업데이트창이 나오면서 새로운 소프트웨어 업데이트가 있는지 확인한다.

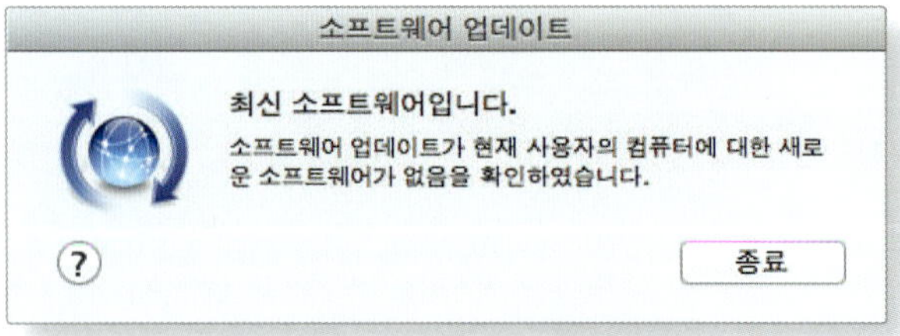

④ 업데이트가 없다면 "최신 소프트웨어입니다."메시지창이 나온다. 업데이트가 있는 경우에는 해당 업데이트를 확인하고 설치를 진행한다.

10-3 | 시스템 정보 상세보기

사용 중인 Mac 기기의 주요 하드웨어 정보가 4가지 탭으로 구성되어 표기되는데, 각 탭에 대한 정보는 다음과 같다.

① [개요] 탭의 경우 사용 중인 Mac 기기에 대한 정보가 나온다. 필자의 경우 MacBook Pro 15-inch 모델을 사용하므로 이에 해당하는 정보가 나온다.

② [모니터] 탭을 선택하면 현재 사용 중인 Mac 기기의 모니터 정보가 나온다.

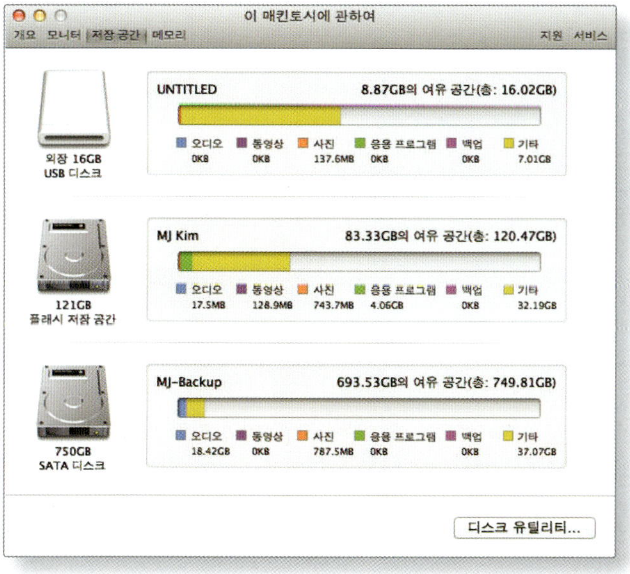

③ [저장 공간] 탭을 선택하면 현재 연결된 저장장치의 저장공간 상태를 바로 확인할 수 있다. MacBook Pro나 MacBook Air 13인치 모델에 포함된 SD 카드에 메모리 카드를 넣으면 해당 정보도 표기된다.

④ [메모리] 탭을 선택하면 현재 사용 중인 Mac 기기의 메모리 슬롯 상태를 확인하고 업데이트가 가능한지 확인할 수 있다.

10-4 | 사용 중인 Mac 기기의 보증 기간 확인하기

사용 중이던 Mac의 보증 기간을 확인하고 보증 기간을 연장하거나, 수리를 맡기기 전에 확인하고 싶은 경우에 이용할 수 있다.

❶ "이 매킨토시에 관하여"창에서 [추가 정보] 버튼을 탭하여 상세 정보창을 열자.

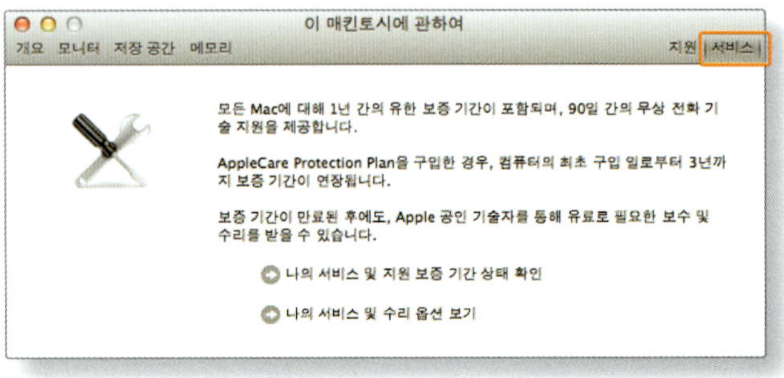

❷ [서비스] 탭을 선택하고, 하단에 있는 [나의 서비스 및 지원 보증 기간 상태 확인]을 탭하자.

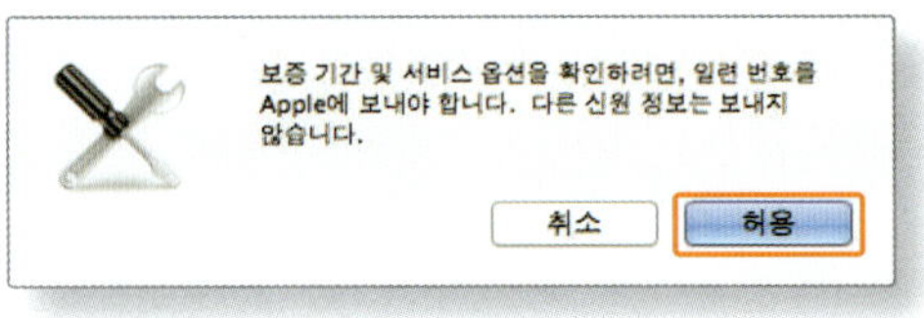

❸ 사용 중인 Mac 기기의 보증 상태를 확인하기 위해 일련번호를 보내는 것에 대한 동의 여부를 묻는 것으로, [허용] 버튼을 탭하자.

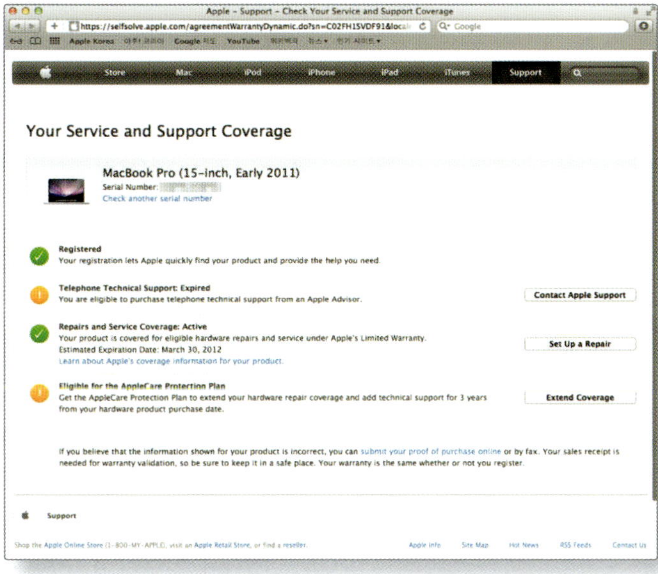

4. Safari 웹브라우저가 열리면서 "Your Service and Support Coverage" 화면이 나온다. 여기서 보증 기간은 [Repairs and Service Coverage:] 항목이 [Active]로 되어 있으면 현재 활성화가 되어 있는 상태를 의미한다.

정확한 보증 기간은 그 아래 "Estimated Expiration Date:" 항목에서 확인할 수 있다.

애플은 한가지 독특한 유료 서비스를 제공하고 있는데 그것은 AppleCare Protection Plan으로, Mac 기기를 구입한 것과는 별개로 추가로 일정 금액을 지불하면 구매 일자로부터 최대 3년까지 보증 서비스를 연장해 준다.

제품군	AppleCare 판매금액
MacBook	250,000원
MacBook Pro 13	250,000원
MacBook Pro 15/17	290,000원
MacBook Air	250,000원
Mac mini	159,000원
iMac	179,000원
Mac Pro	250,000원

AppleCare에 대한 필요성에 대해서는 여러분이 판단하고 구입하기 바란다.

10-5 | 배터리 충전 사이클 확인하기

보통 MacBook 기기를 중고로 거래할 때 배터리 충전 사이클을 확인을 하는데, 이런 경우를 대비하여 확인하는 방법을 소개한다.

❶ "이 매킨토시에 관하여"창의 [개요] 탭에서 [시스템 리포트] 버튼을 탭하자.

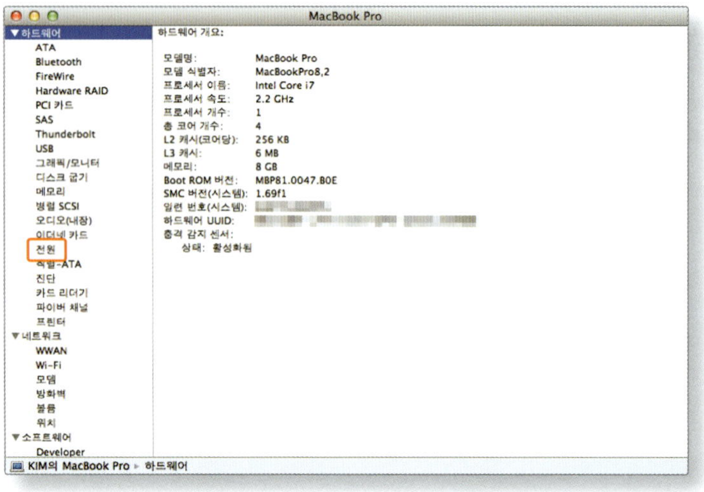

❷ 사용 중인 Mac 기기의 시스템 상세 정보가 보여진다. 여기서 [전원] 항목을 탭하자.

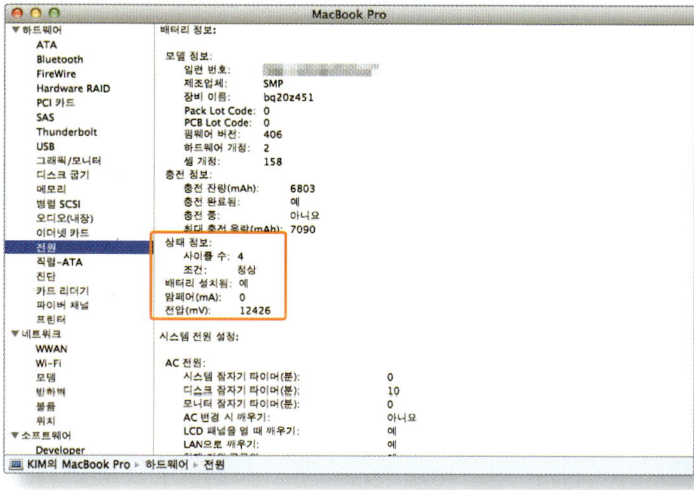

❸ [전원] 항목에서 "상태 정보"의 [사이클 수]를 확인한다.

여기서는 4회로 나온다.

CHAPTER 11

디스크 유틸리티 사용하기

디스크 유틸리티는 하드디스크나 SSD, USB 메모리, 외장 하드디스크, SD 메모리카드와 같은 저장매체를 관리하는 도구 프로그램이다. 디스크 포맷, 파티션 분할, 복원 등을 할 수 있다. 그럼 디스크 유틸리티로 사용할 수 있는 다양한 방법을 알아보자.

11-1 | 디스크 유틸리티 실행하기

디스크 유틸리티를 사용하기 위한 방법을 알아보자.

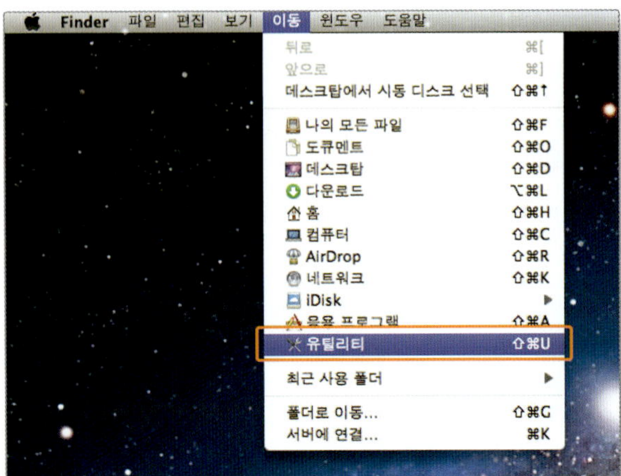

1. Finder 메뉴바에서 [이동]→[유틸리티]를 선택한다.

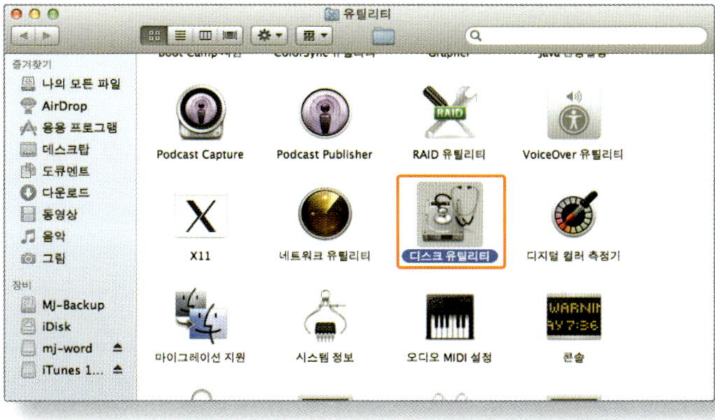

❷ "유틸리티"창이 열리면 [디스크 유틸리티]를 탭하자.

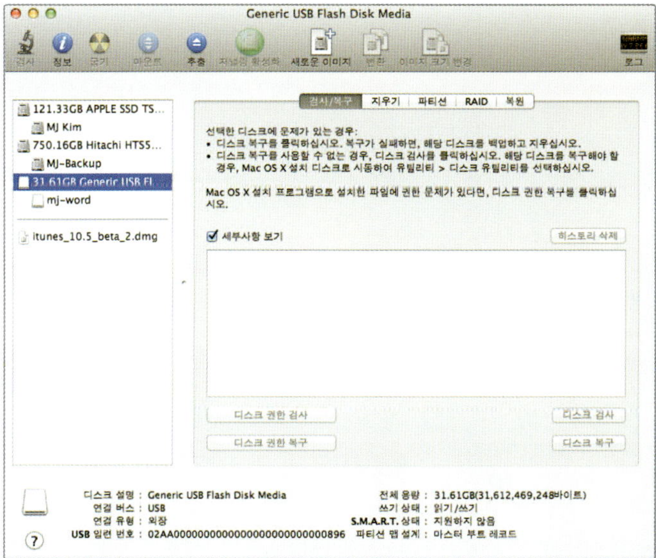

❸ 디스크 유틸리티 프로그램이 실행되고, 좌측에 현재 사용 가능한 저장매체가 나열된 것을 확인할 수 있다.

11-2 | 하드디스크 포맷하기

추가적으로 외장 하드디스크나 USB 메모리를 OS X Lion 전용으로 이용하고 싶은 경우에 포맷을 하고 이용할 수 있다.

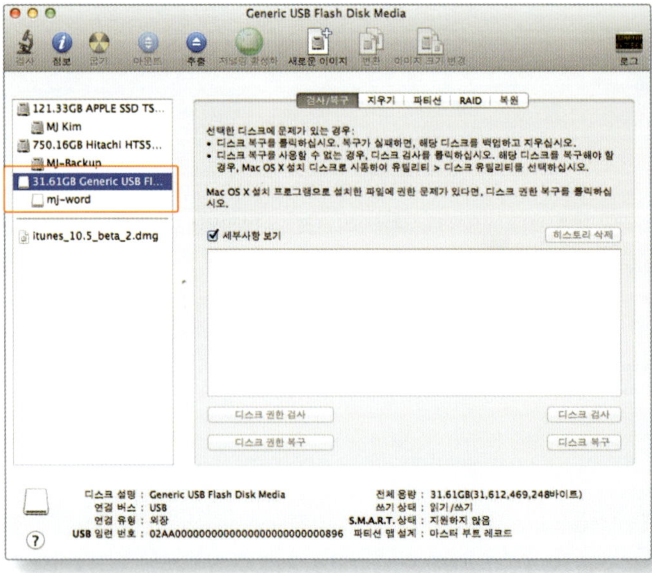

❶ 디스크 유틸리티를 실행하고 포맷할 디스크를 좌측에서 선택한다. 필자는 USB 메모리를 포맷하기 위해 선택하였다.

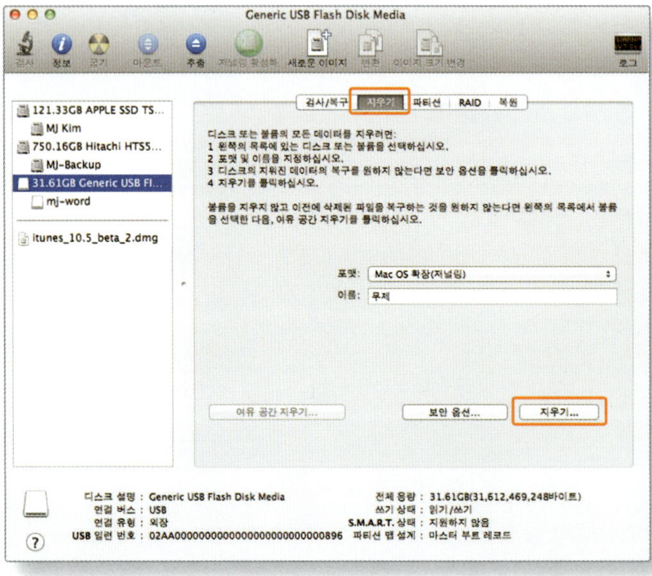

❷ [지우기] 탭에서 "포맷:"은 [Mac OS 확장(저널링)]을 선택하고, 하단에 있는 [지우기...] 버튼을 탭한다.

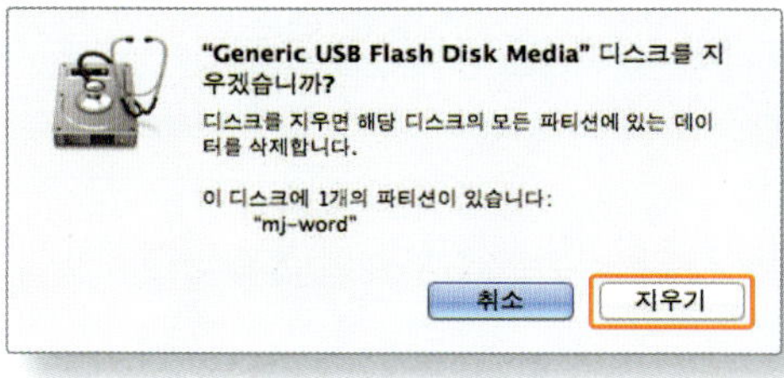

❸ "XX 디스크를 지우겠습니까?" 메시지창이 나오면 확실하게 지울 저장매체인지 다시 확인하고 [지우기] 버튼을 탭하여 디스크를 포맷한다. 이제 OS X Lion에서 사용할 수 있게 된다.

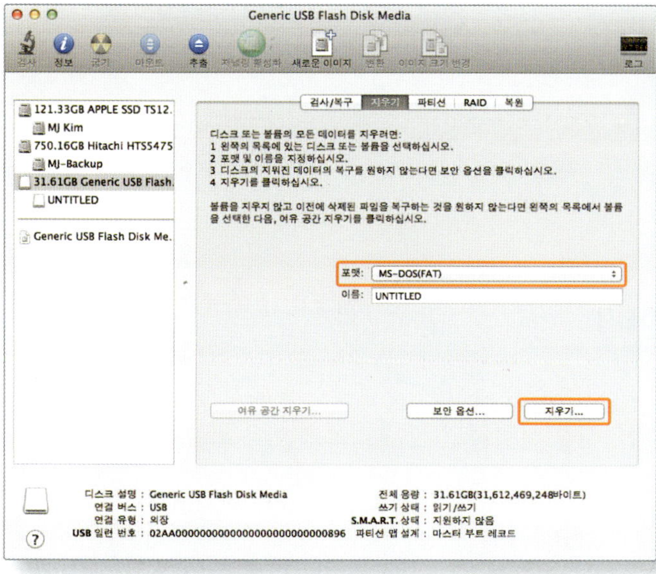

❹ 만약 마이크로소프트 윈도우에서도 사용하고 싶은 경우에는 "포맷:" 항목에서 [MS-DOS(FAT)]을 선택하고 [지우기] 버튼을 탭하면 마이크로소프트 윈도우 환경에서 FAT32 파일 규격으로 인식되어 마이크로소프트 윈도우 및 OS X Lion 모두 이용할 수 있게 된다.

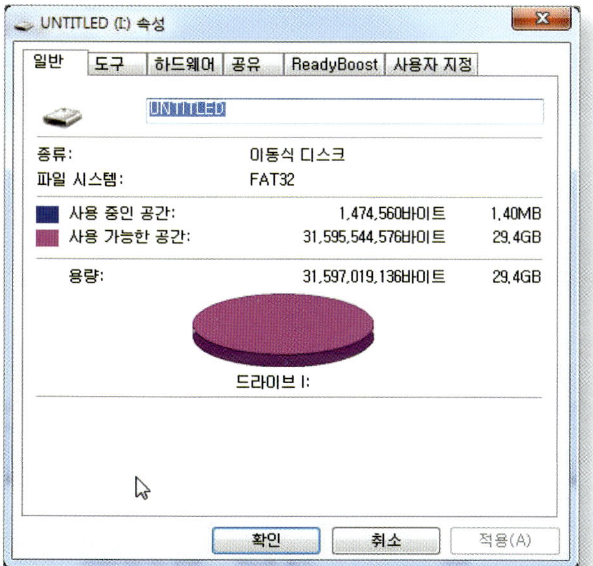

❺ OS X Lion에서 [MS-DOS(FAT)]으로 포맷한 USB 메모리가 마이크로소프트 윈도우 환경에서 파일 시스템이 [FAT32]로 인식된 것을 확인할 수 있다.

파일 시스템	설명
Mac OS 확장(저널링)	Mac OS X에서 일반적으로 사용되는 파일 시스템 방식으로, 마이크로소프트 윈도우에서는 데이터를 읽고 쓰기를 할 수 없다.
NTFS	마이크로소프트 윈도우 Vista 이상에서 기본적으로 사용되는 방식으로, Mac OS X에서는 기본적으로 쓰기를 할 수 없다.
FAT32	마이크로소프트 윈도우 XP 이상에서 일반적으로 사용되는 파일 시스템 방식으로, Mac OS X에서 기본적으로 모두 읽고 쓰기를 할 수 있다.
exFAT	NTFS 파일 시스템의 단점을 극복하고 마이크로소프트 윈도우 7 이상과 Mac OS X 이상에서 모두 읽고 쓰기를 할 수 있다.

11-3 | 하드디스크 파티션 분할하기

사용 중인 하드디스크나 USB 메모리 등의 파티션을 분할하고 싶은 경우에 이용할 수 있는 방법을 소개한다. 물론 다시 포맷할 필요도 없다.

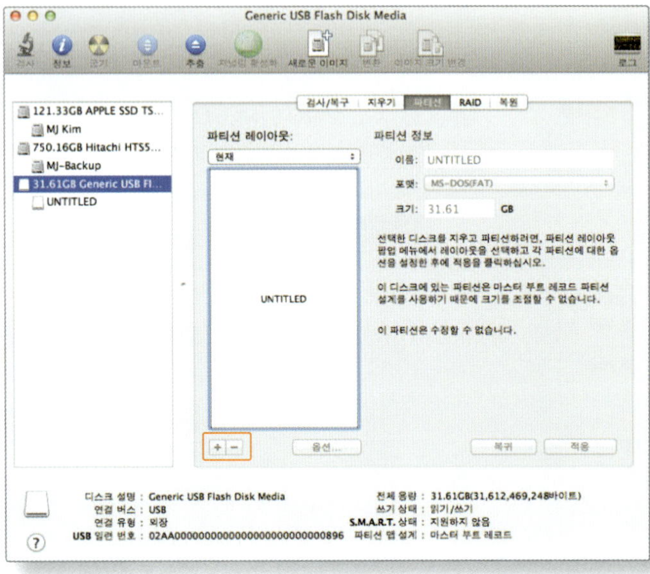

❶ 디스크 유틸리티에서 분할할 디스크를 좌측에서 선택하고, [파티션] 탭을 선택한다.

"파티션 레이아웃:" 항목의 하단에 있는 [+] 버튼을 탭하여 디스크를 두 개로 분할한다.

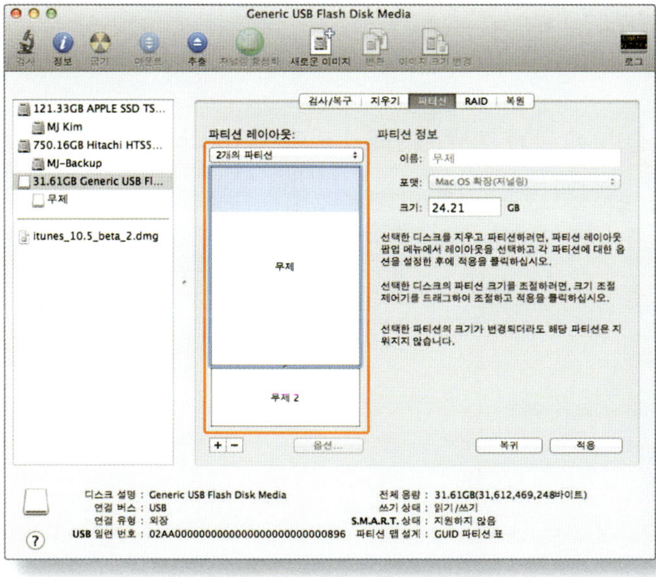

❷ 여기서 용량을 조절하려면 두 개로 분할된 선에 커서를 가져가고 위아래로 드래그한다.

용량 조절까지 마무리되었다면 [적용] 버튼을 탭하자.

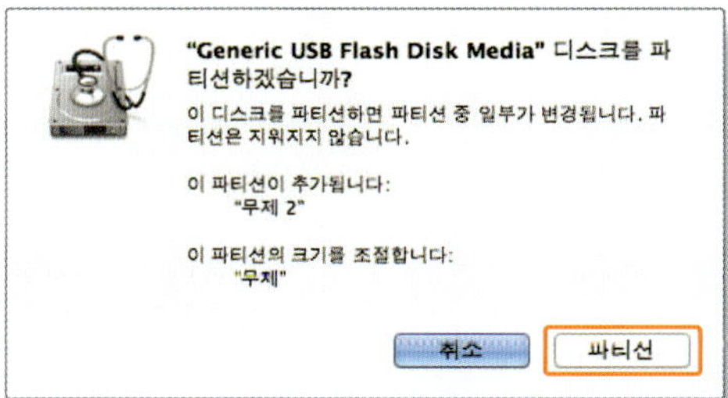

❸ "XXX 디스크를 파티션하겠습니까?" 메시지창이 나오면 디스크를 분할하기 위해 [파티션] 버튼을 탭한다. 그러면 바로 디스크가 분할된다.

11-4 | DVD가 빠지지 않을 때 꺼내는 방법

Mac 기기를 사용하면서 DVD 롬에 미디어를 넣고 다시 꺼낼 때 DVD 미디어가 나오지 않는 경우가 있다. 이런 경우에 디스크 유틸리티를 사용하여 DVD 미디어를 꺼내는 방법을 알아보자.

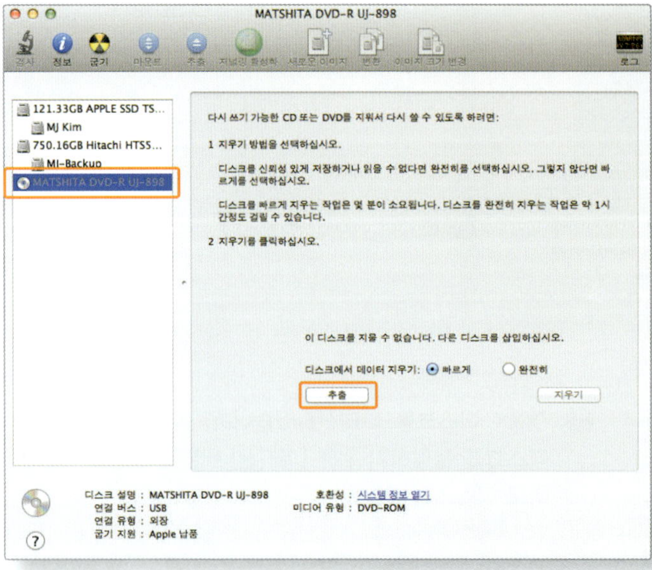

❶ 디스크 유틸리티를 실행하고 좌측 메뉴에서 DVD 롬을 선택하고 우측 하단에 있는 [추출] 버튼을 탭하면 미디어가 나오게 된다.

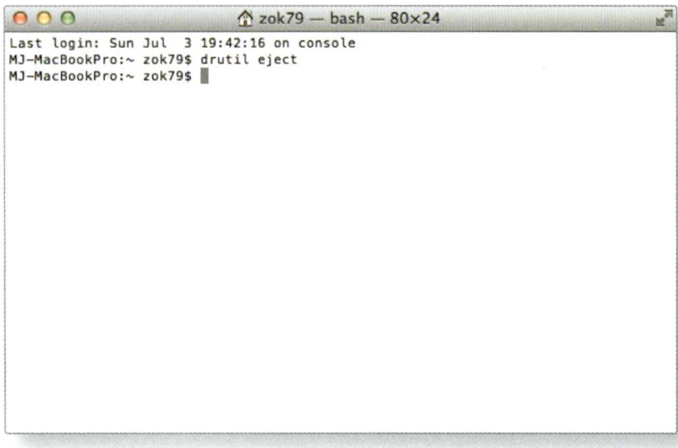

❷ 또는 [터미널]을 열고 아래 명령어를 입력하면 DVD 미디어를 추출할 수 있다.

```
> drutil eject
```

11-5 | 암호화된 디스크 이미지 만들기

OS X Lion에서 중요한 파일이나 폴더를 암호화하는 방법은 크게 2가지가 있다. FileVault 기능을 사용하는 방법과 암호화를 한 디스크 이미지를 사용하는 방법이 있다. 이 중에서 암호화된 디스크 이미지를 만드는 방법을 알아보자.

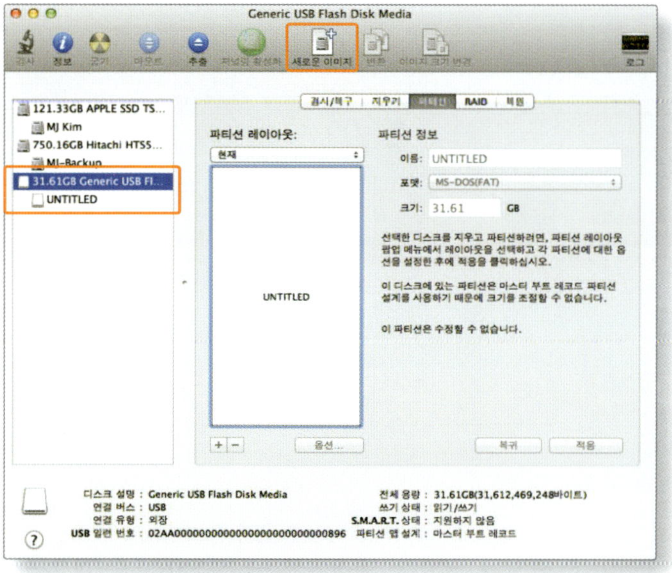

① 디스크 유틸리티를 실행하고 좌측에서 암호화할 디스크를 선택하고 화면 상단에 있는 [새로운 이미지] 버튼을 탭한다.

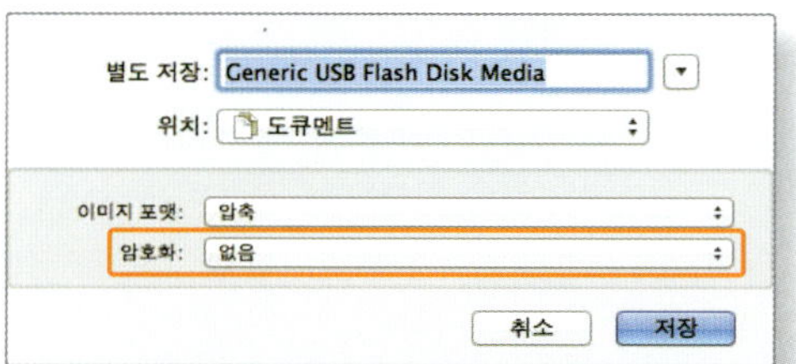

② 별도 저장창이 나오면 [암호화:] 항목을 선택하자.

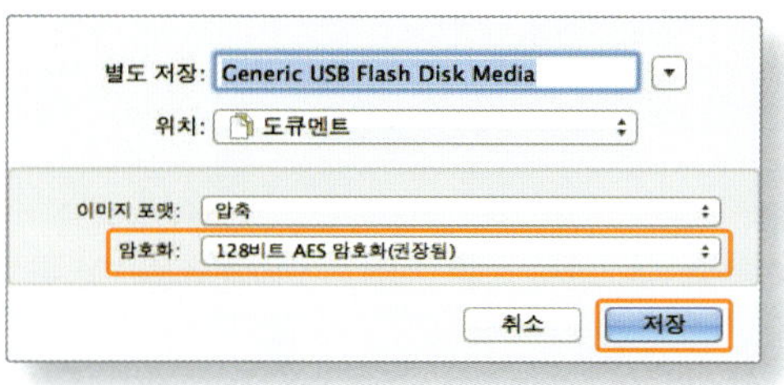

③ [128비트 AES 암호화(권장함)]을 선택하고 [저장] 버튼을 탭한다.

ASE 암호화는 미국 정부 표준으로 지정된 블록 암호 형식을 말한다.

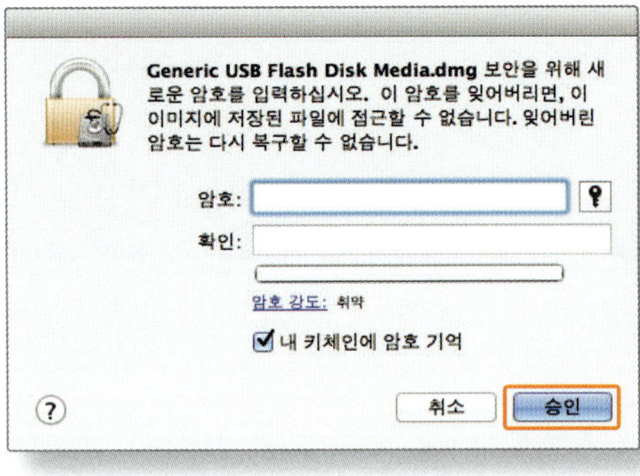

❹ 암호화되는 디스크 이미지에 사용할 암호를 입력하고 [승인] 버튼을 탭한다.

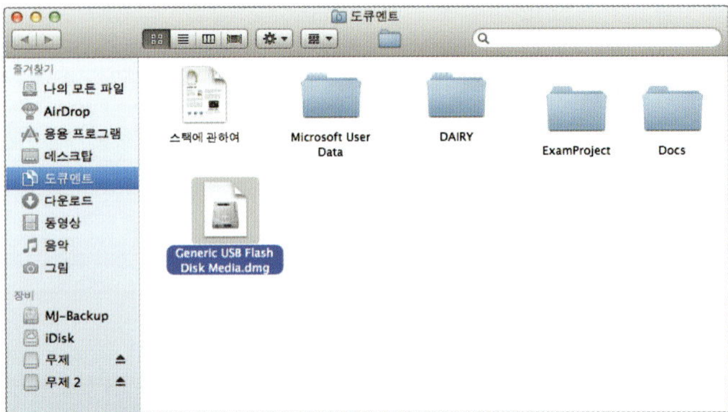

❺ *.DMG 이미지가 생성된 것을 확인할 수 있다.

❻ 만들어진 DMG 이미지를 탭하고, 암호를 키체인을 통해서 풀고자 할 경우라면 [허용] 버튼을 탭하지만, 자체적인 암호 설정을 풀고자 한다면 [거부] 버튼을 탭한다.

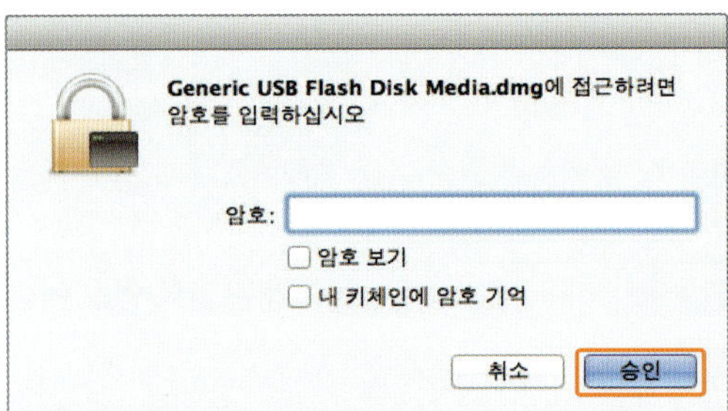

❼ 암호화된 디스크 이미지에 설정된 암호를 입력하고 [승인] 버튼을 탭하면 해당 이미지 내용을 확인하고 사용할 수 있게 된다.

11-6 | 디스크 완벽하게 삭제하기

하드디스크 데이터를 삭제해도 디스크 복구 프로그램으로 복원할 수 없도록 하는 기능이 있다. 이 기능을 이용하는 방법을 알아보자.

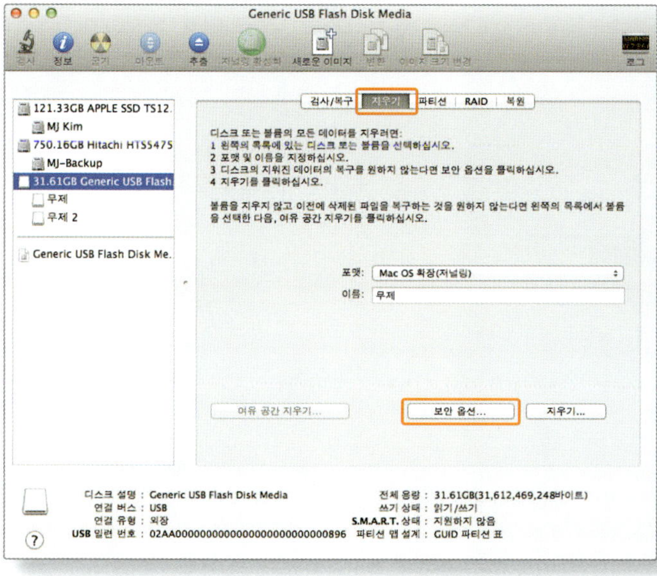

❶ 디스크 유틸리티를 실행하고 삭제할 디스크를 선택하고 [지우기] 탭을 선택한다.

[보안 옵션] 버튼을 탭하자.

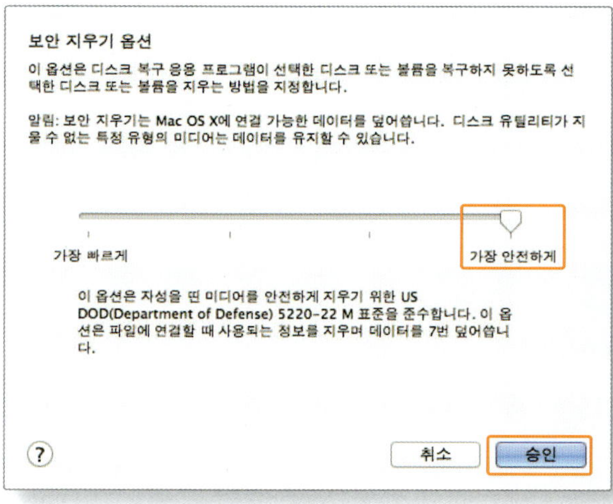

❷ "보안 지우기 옵션"창이 나오면 [가장 안전하게] 쪽으로 바를 이동하고 [승인] 버튼을 탭한다.

이렇게 옵션을 변경하면 미국 DOD 5220-22M 표준으로 데이터를 7번 덮어쓰기를 하여 복구 프로그램으로 복구해도 내용을 복구할 수 없도록 설정한다.

11-7 | 분할된 디스크를 합치기

디스크 유틸리티로 디스크를 분할해서 사용하고 있다가도 다시 디스크를 합치고 싶은 경우가 있다. 이런 경우에 분할된 디스크를 합치는 방법을 알아보자.

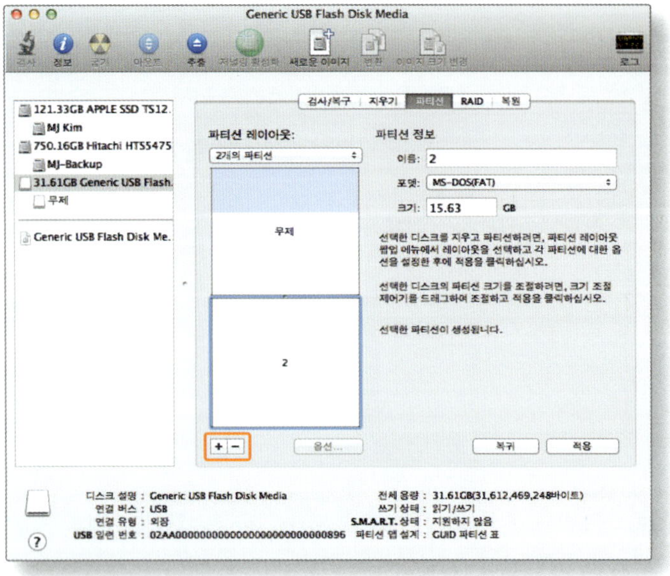

❶ 디스크 유틸리티를 실행하고 분할된 디스크를 선택하고 [파티션] 탭을 탭하자.

"파티션 레이아웃:" 항목의 하단에 있는 [–] 버튼을 탭하자.

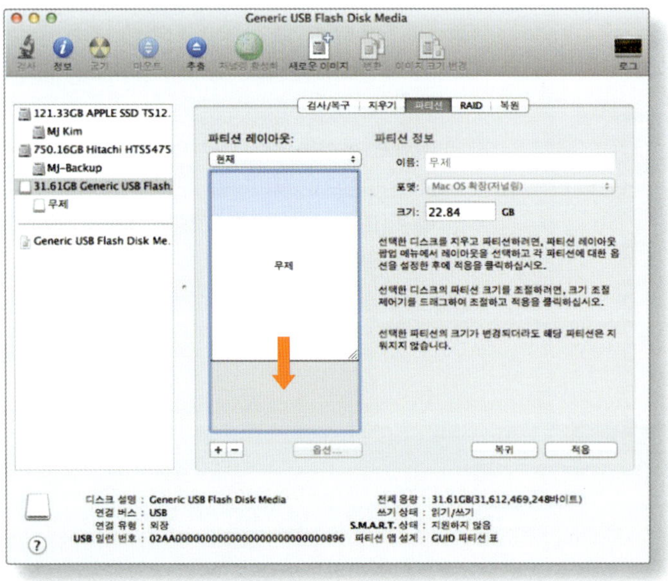

❷ 분할된 디스크가 삭제된 것을 이미지로서 확인할 수 있다. 여기서 커서를 분할된 경계선에 가져가고 하단 회색 부분으로 드래그하여 사용할 수 있는 영역을 늘려보자.

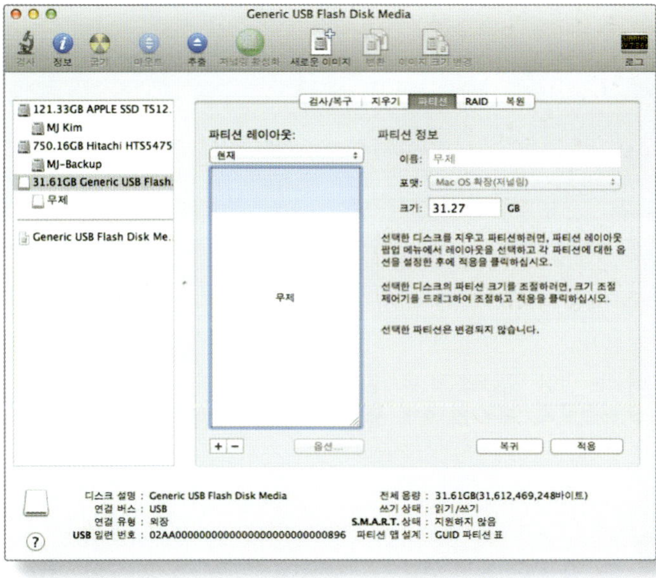

❸ 모든 영역 지정이 마무리되면 [적용] 버튼을 탭한다.

이렇게 하여 삭제한 영역을 다시 기존 영역으로 늘려서 사용할 수 있게 된다.

CHAPTER 12

터미널 사용하기

터미널(Terminal)은 마이크로소프트 윈도우 운영체제에서는 명령 프롬프트와 유사한 기능을 제공하는 콘솔창으로서, 몇 가지 명령어를 실행하여 복잡한 설정이나 실행을 간단하게 해결할 수 있다. 단, 잘못 사용하면 OS X Lion 시스템이 손상될 수 있기 때문에 명령어 사용시 주의하기 바란다.

12-1 | 터미널 실행하기

터미널(Terminal) 프로그램을 실행하는 방법을 알아보자.

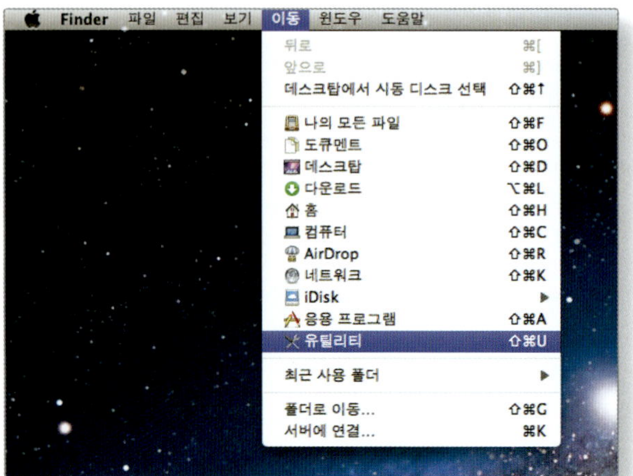

① Finder 메뉴바에서 [이동]→[유틸리티]를 선택한다.

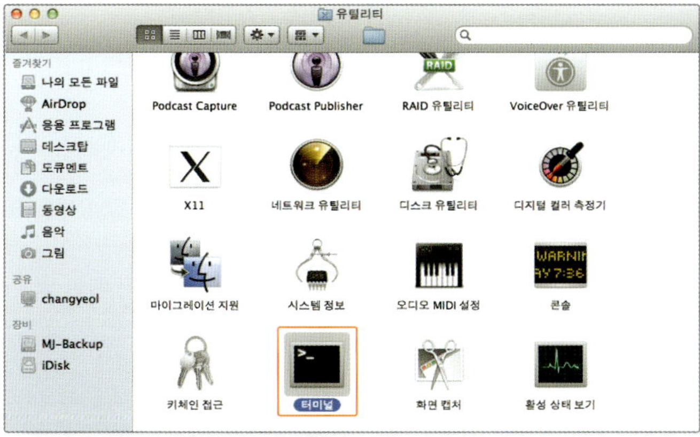

❷ "유틸리티"창이 나오면 [터미널]을 탭한다.

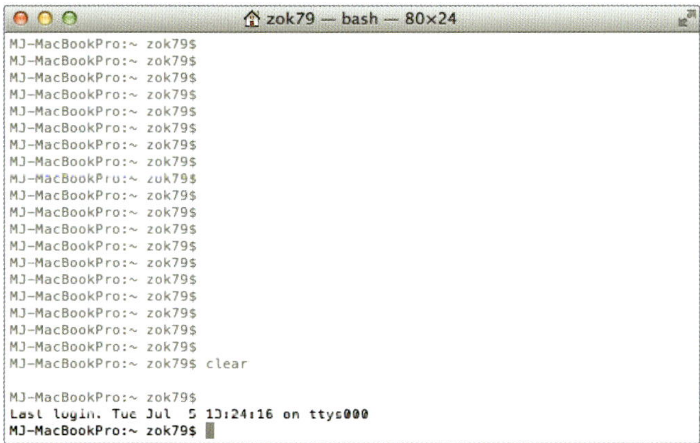

❸ 하얀색 바탕의 터미널 창이 열린다. 여기서 몇 가지 유용한 명령어를 입력해 보자.

12-2 | 현재 폴더 내역 확인하기

OS X Lion은 유닉스를 기반으로 하는 운영체제이기 때문에 마이크로소프트 윈도우 운영체제와는 다른 명령어 체계를 가진다.

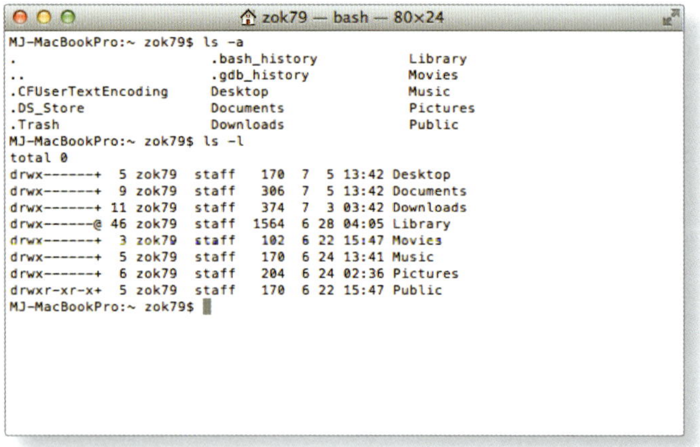

❶ 우선 폴더 목록을 확인하기 위한 명령어를 입력해 보자.

> `ls -a`

> `ls -l`

'`ls -a`'명령어는 특정 폴더의 모든 파일을 확인할 수 있다.

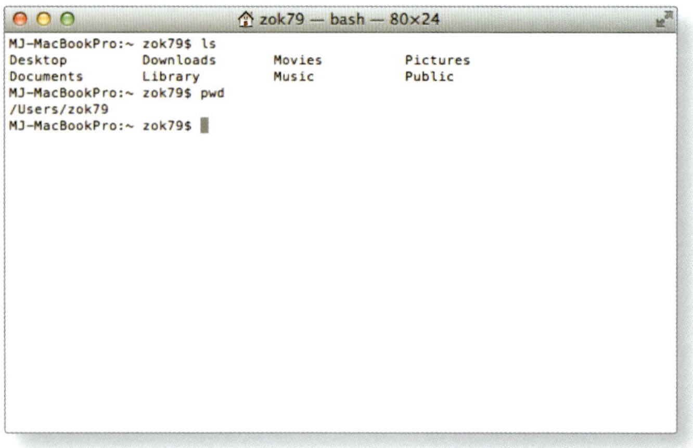

❷ `ls` 명령어만 입력하면 현재 위치의 폴더 목록이 나온다. 그리고 현재 폴더 위치를 확인하고자 한다면 'pwd' 명령어를 입력해 보자.

12-3 | 프로그램 실행하기

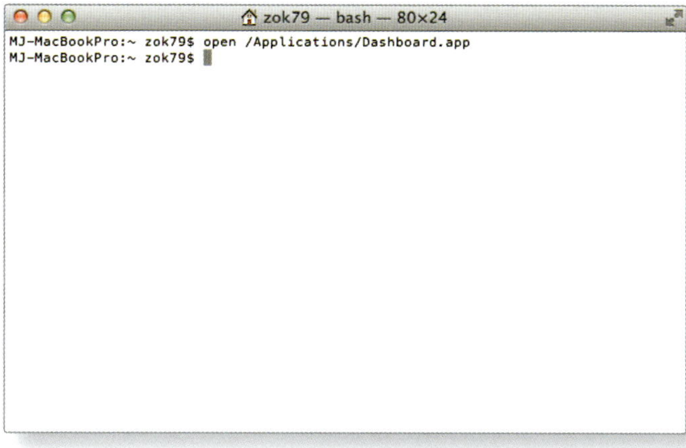

터미널에서 설치되어 있는 프로그램을 설치할 수 있다. 예로 Dashboard를 실행해 보았다.

> open <app 프로그램명>

12-4 | 폴더 이동하기

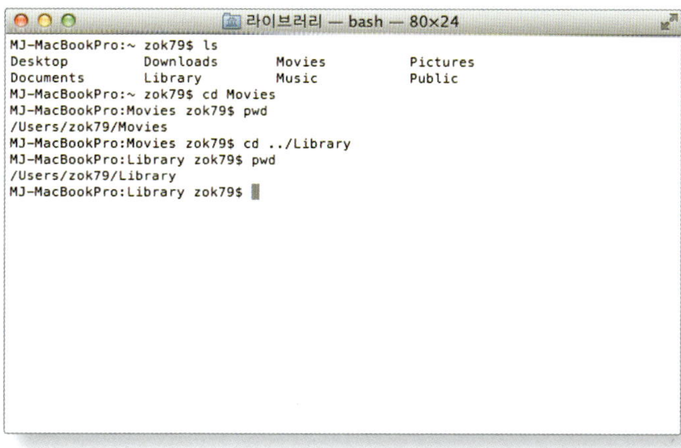

폴더를 이동하기 위한 명령어로 cd 명령어가 있다.

> cd <폴더명>

cd 명령어와 이동하려는 폴더명을 입력하고 실행하면 해당 폴더로 이동하며, 상위 폴더로 이동할 경우에는 폴더명 앞에 "../폴더명" 구조로 입력한다.

몇 단계 하위 폴더로 이동하고 싶은 경우에는 "/폴더명/폴더명/"구조로 입력한다.

12-5 | OS X Lion 시작시간과 종료시간 확인하기

OS X Lion에서는 특정 명령어를 입력하면 로그에 남아 있는 시스템 시작시간과 재시작한 시간을 확인할 수 있다.

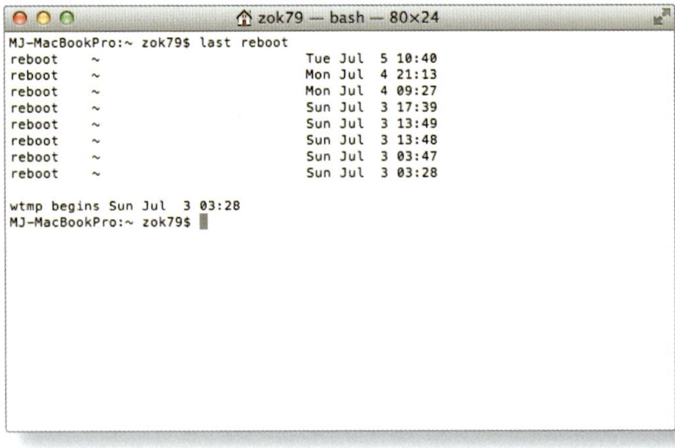

❶ "last reboot"명령어를 입력하면 OS X Lion을 재시작한 시간을 확인할 수 있다.

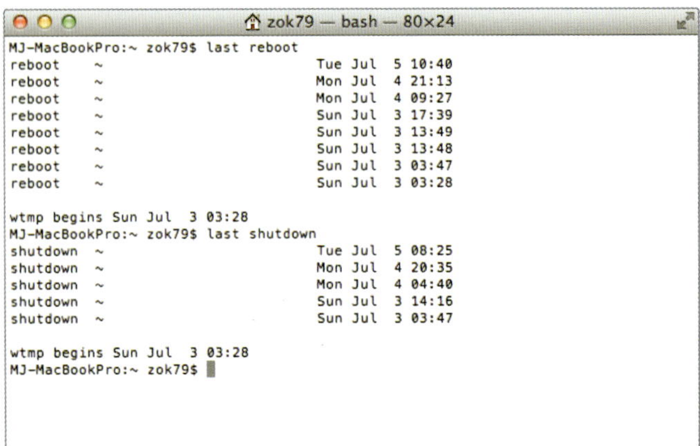

❷ "last shutdown"명령어를 입력하면 OS X Lion을 종료한 시간을 확인할 수 있다.

12-6 | defaults 명령어 사용하기

defaults 명령어는 OS X Lion에서 유닉스기반의 쉘로서 시스템 설정을 조절할 때 이용한다. 이 명령어를 통해 다양한 프로그램 및 시스템 환경설정을 읽고, 쓰고, 삭제할 수 있다.

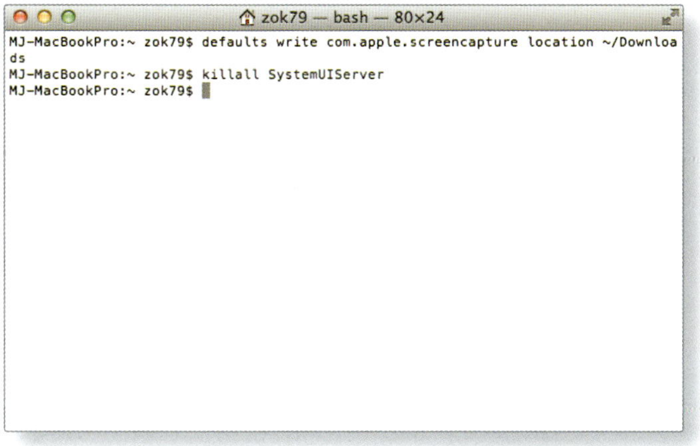

defaults 명령어를 사용하는 예로서, 화면 캡처 시 저장되는 경로를 변경하는 방법을 알아보자.

화면 캡처 저장 경로를 변경하기 위해 아래 명령어를 터미널에서 입력해 보자.

```
> defaults write com.apple.screencapture location ~/Downloads
> killall SystemUIServer
```

여기서 꼭 `killall` 명령어를 통해 입력한 SystemUIServer 프로세스를 종료시킨다. 위 명령어에 "`~/Downloads`"경로에 화면 캡처한 이미지 파일이 저장된다. 만약 다시 원래대로 데스크탑 화면에 캡처한 이미지 파일을 저장시키고 싶다면 아래 명령어를 입력하자.

```
> defaults delete com.apple.screencapture location
> killall SystemUIServer
```

또한 OS X Lion에서 화면 캡처 시 저장되는 파일규격은 PNG인데, 이것을 JPG으로 변경하는 명령어를 소개한다.

```
defaults write com.apple.screencapture type jpg
```

또는 Dashboard를 사용하지 않는 경우가 있다면 이를 사용하지 않도록 막는 것도 가능하다.

```
> defaults write com.apple.dashboard mcx-disabled -boolean true
> killall Dock
```

원래대로 Dashboard를 사용하고자 한다면 아래 명령어를 입력하자.

```
> defaults write com.apple.dashboard mcx-disabled -boolean false
> killall Dock
```

12-7 | OS X Lion 종료 및 재시동시키기

보통 OS X Lion을 종료하거나 재시동하려면 메뉴바에서 선택하는데, 터미널에서 명령어를 통해서도 쉽게 해결할 수 있다.

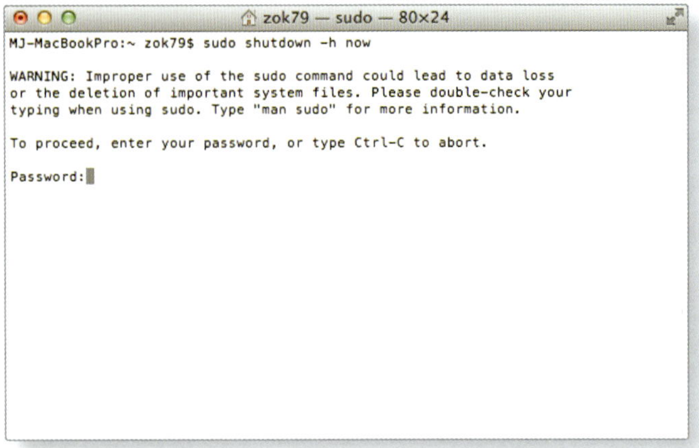

① OS X Lion을 종료하려면 아래 명령어를 입력한다.

```
> sudo shutdown -h now
```

명령어를 실행하면 계정 암호를 물어본다. 계정 암호를 입력하면 바로 시스템이 종료된다.

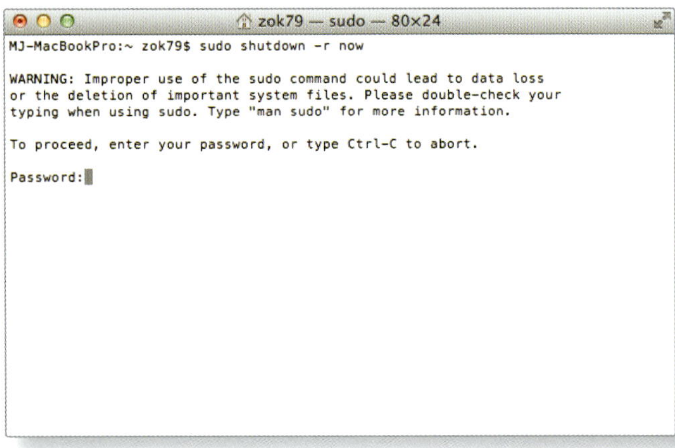

② 재시동할 경우에는 아래 명령어를 입력한다.

```
> sudo shutdown -r now
```

만약 20분 후에 종료시키고 싶다면 아래와 같이 명령어를 실행한다.

```
> sudo shutdown -h +20
```

특정 날짜를 지정해서 종료하고 싶은 경우에는 아래와 같이 명령어를 실행한다.

```
> sudo shutdown -h 1107201000
```

위와 같이 실행하면 2011년 7월 20일 오전 10:00에 OS X Lion을 종료한다는 의미이다.

12-8 | 잠자기 모드 실행하기

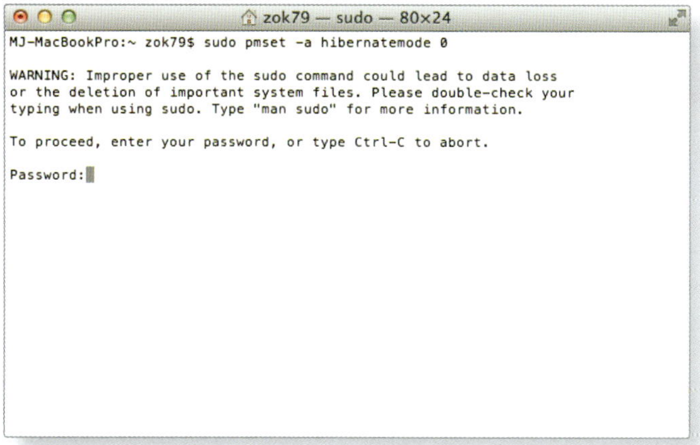

1. MacBook 등에 SSD를 사용한다면 크게 상관없는 내용이지만, HDD를 사용한다면 잠자기 모드를 사용할 때 대기시간이 10초 이상 걸릴 경우 이 명령어를 사용하기 바란다.

```
> sudo pmset -a
  hibernatemode 0
```

단, 이렇게 설정하면 메모리 상에 있던 작업 내용이 사라질 수 있기 때문에 미리 저장하고 잠자기 모드를 사용하기 바란다.

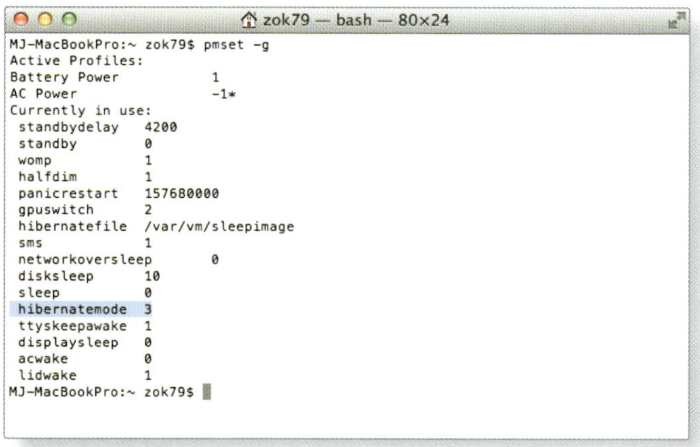

2. 다시 원래 설정대로 변경하려면 아래와 같이 실행하자.

```
> sudo pmset -a
  hibernatemode 3
```

만약 현재 설정 상태를 알 수가 없다면 아래 명령어를 입력해서 확인하길 바란다.

```
> pmset -g
```

12-9 | 삭제가 안되는 파일 삭제하기

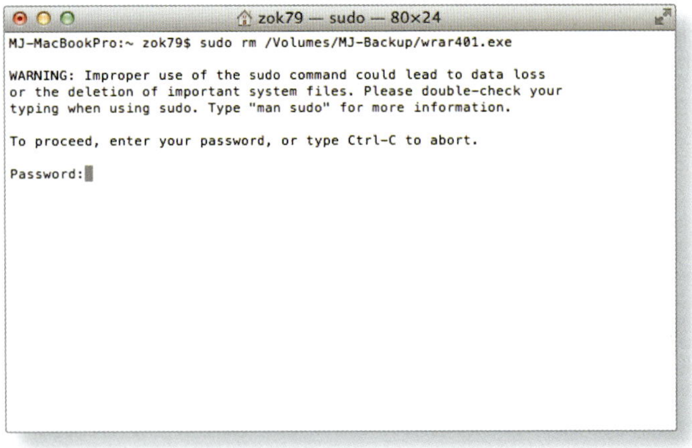

가끔 특정 파일이 휴지통에 넣어도 삭제가 안되는 경우가 있다. 이런 경우에는 터미널을 열고 아래 명령어를 입력한다.

> sudo rm <파일경로>

삭제할 파일 경로는 Finder창에서 삭제할 파일을 드래그하여 터미널창으로 드롭하면 된다.

이렇게 삭제할 파일까지 지정하고 실행하면 계정 암호를 물어본다. 암호를 입력하면 바로 삭제가 된다.

CHAPTER 13

VoiceOver 유틸리티 사용하기

이번 OS X Lion에서 사용자의 접근성을 향상시키기 위한 대표적인 기능으로 VoiceOver 유틸리티를 추천한다. 이 프로그램은 웹브라우저나 특정 프로그램에 보여지는 한글 등을 읽어주는 기능으로, 눈이 불편한 분들에 좋은 기능이다.

13-1 | VoiceOver 유틸리티 실행하기

VoiceOver 유틸리티는 "유틸리티"군에 속해 있으며, 다음과 같이 실행한다.

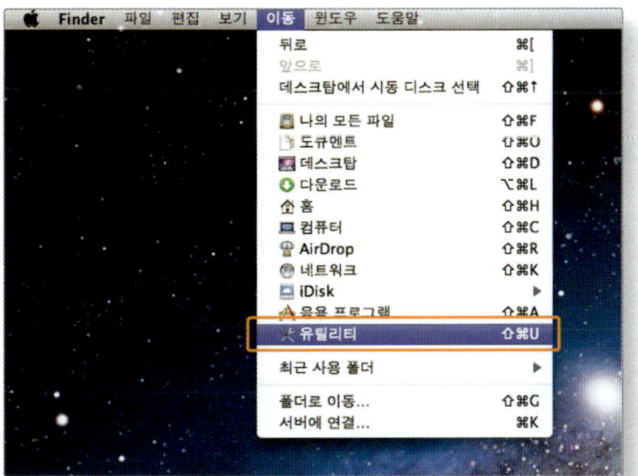

❶ Finder 메뉴바에서 [이동] → [유틸리티]를 선택한다.

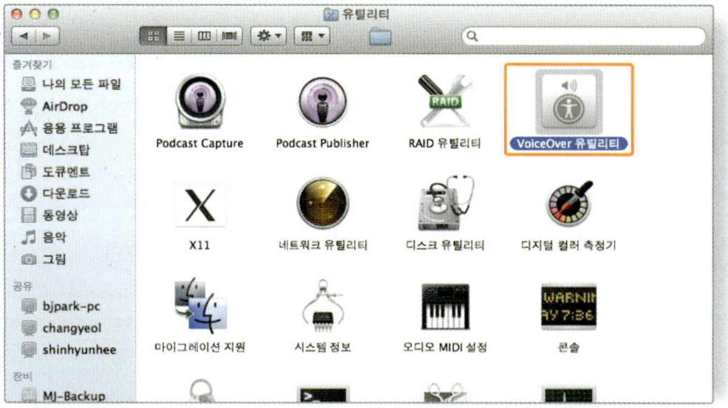

❷ "유틸리티"창이 열리면 [VoiceOver 유틸리티]를 탭하자.

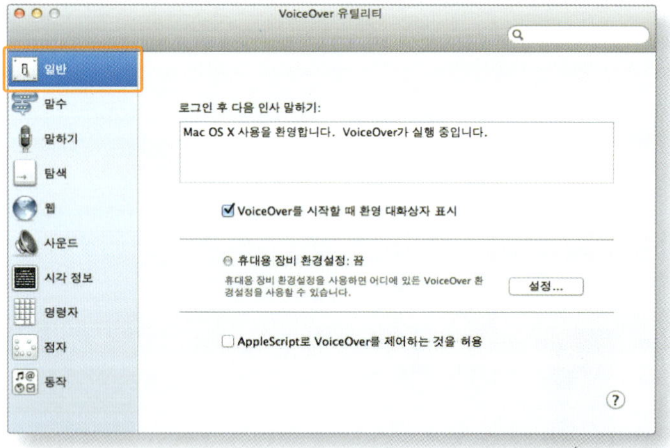

❸ "VoiceOver 유틸리티"창이 열리면 [일반] 탭이 열린 상태로 보여진다.

이제 몇 가지 설정을 해보고 사용하는 방법도 알아보자.

13-2 | 한국어 설정하기

기본적으로 영어로 설정되어 있기 때문에 한국어를 별도로 지정해줘야 한다. 한국어로 설정하는 방법을 알아보자.

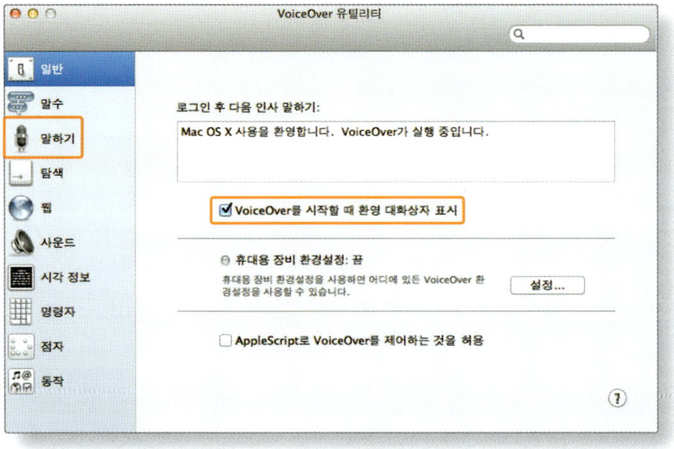

1. [일반] 탭에서 [VoiceOver를 시작할 때 환영 대화상자 표시] 체크박스를 해제하고, [말하기] 좌측 메뉴를 탭한다.

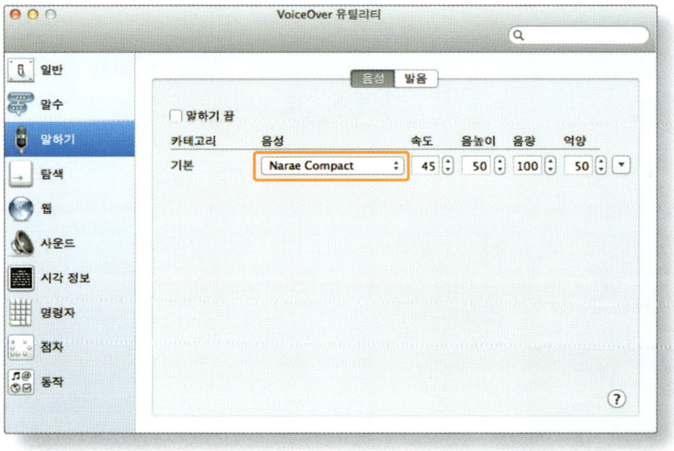

2. [말하기] 화면이 나오면 [음성] 탭에서 음성 항목은 [Narae Compact]를 선택한다.

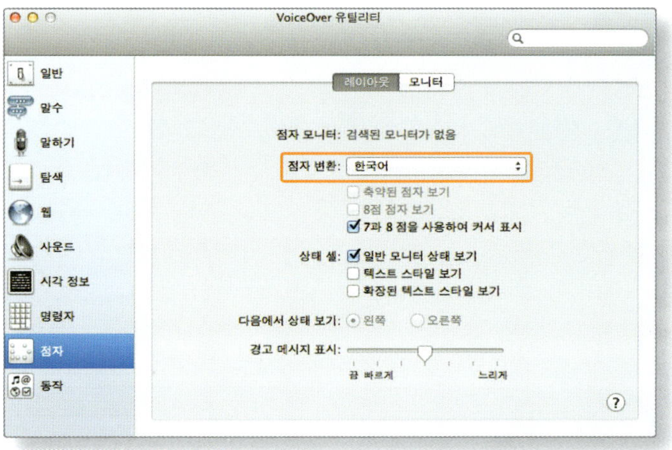

3. 그 외 점자로 한국어를 지원하도록 하고 싶은 경우에는 [점자] 메뉴를 좌측에서 선택하고 [점자 변환] 항목에서 [한국어]를 선택한다.

VoiceOver 유틸리티가 활성화되어 있고 한국어로 지정되어 있는 상태에서 실행하는 방법을 알아보자.

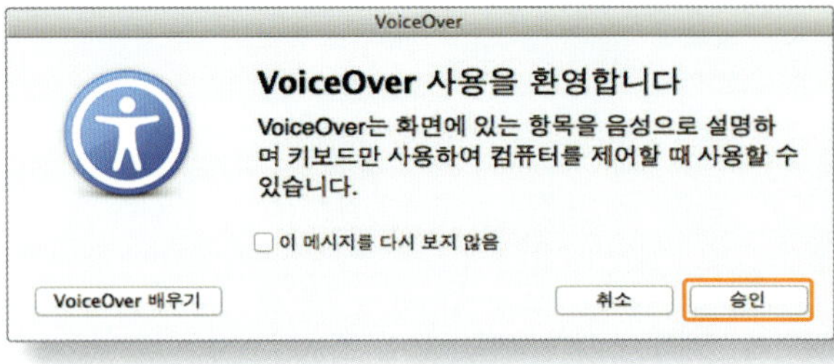

❶ 예로 Safari 웹브라우저를 열고 VoiceOver 유틸리티를 실행해 보자.

키보드 단축키 [Command] + [F5] 키를 누르면 환영 메시지창이 나온다. 여기서 [승인] 버튼을 탭한다.

❷ VoiceOver 유틸리티가 실행된 상태에서 커서로 지정된 영역을 한국어 발음으로 또박또박 읽어 준다.

❸ 일반 신문 사이트들의 기사를 듣는 것도 가능하다.

VoiceOver 유틸리티를 종료하려면 다시 [Command] + [F5] 키를 누르면 된다.

그 외 VoiceOver 메뉴를 사용하고 싶은 경우에는 [Control] + [Option] + [F8]키를 눌러 확인한다.

CHAPTER 14

키체인 접근 사용하기

인터넷을 사용하다 보면 어떤 목적에 따라 방문한 사이트가 사용자 확인을 위해 사용자 계정과 암호를 요구하게 된다. 다양한 사이트 등을 많이 접속할 경우 기억해야 할 사용자 계정과 암호가 많아지게 되지만, 기억하지 못하여 접속하지 못하는 경우도 발생한다. 이미 경험해본 적이 있겠지만, 이미 다른 사용자가 사용하여 자신이 원하는 데로 만들지 못하는 경우도 발생한다. 이런 경우에 사용자가 특정 사이트에서 어떤 사용자 계정과 암호를 사용하고 있다는 것을 기억해 놓고 사용할 수 있는 기능이 바로 키체인 접근이다.

이제 이 키체인 접근을 사용하는 방법을 알아보자.

14-1 | 키체인 접근 실행하기

키체인 접근을 실행하여 등록된 정보를 확인해 보자.

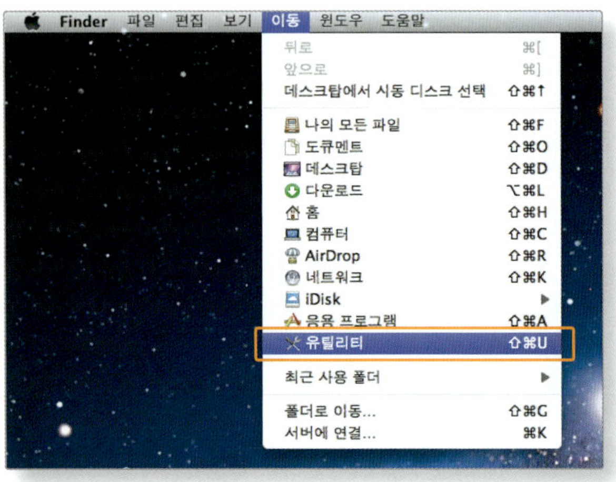

① Finder 메뉴바에서 [이동]→[유틸리티]를 선택한다.

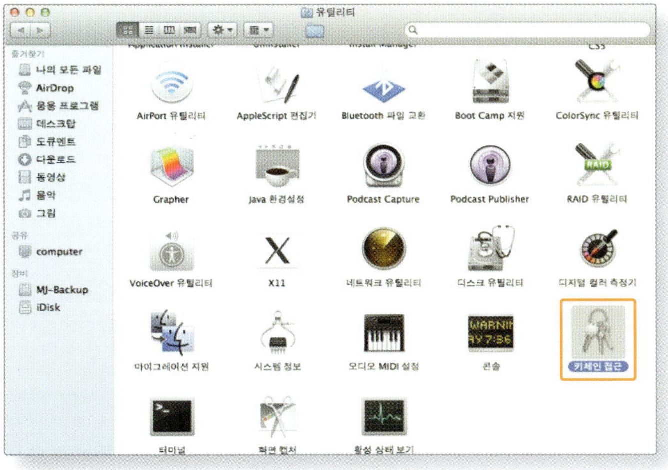

❷ "유틸리티"창이 나오면 [키체인 접근]을 탭한다.

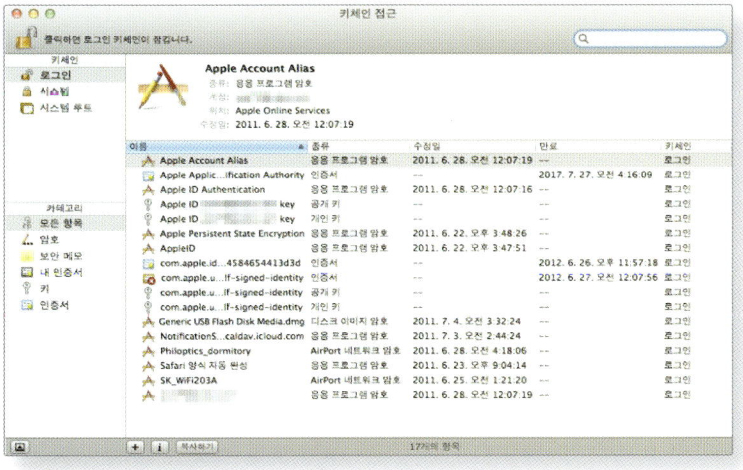

❸ "키체인 접근"창이 열리면 현재 등록된 내역을 확인할 수 있나.

14-2 | 중요한 암호를 안전하게 저장하기

키체인 접근의 보안 메모를 이용하면 은행 비밀번호, 신용카드 번호 등 중요한 정보를 안전하게 OS X Lion에 보관할 수 있다.

사용방법은 다음과 같다.

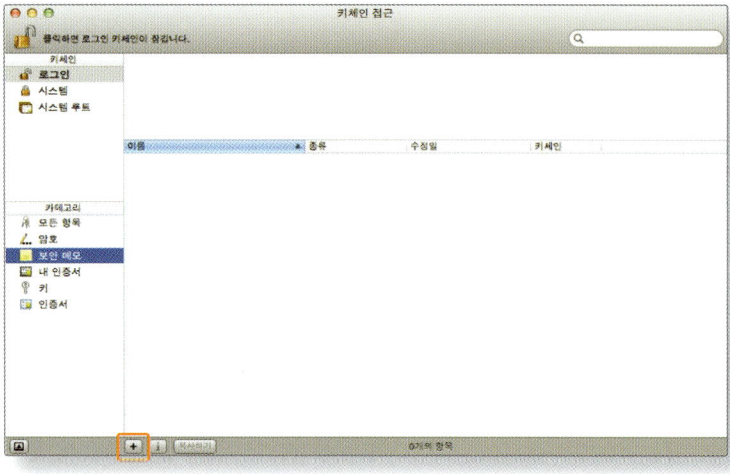

❶ 키체인 접근을 실행하고 좌측 "카테고리"에서 [보안 메모]를 선택한 후 하단에 있는 [+] 버튼을 탭하자.

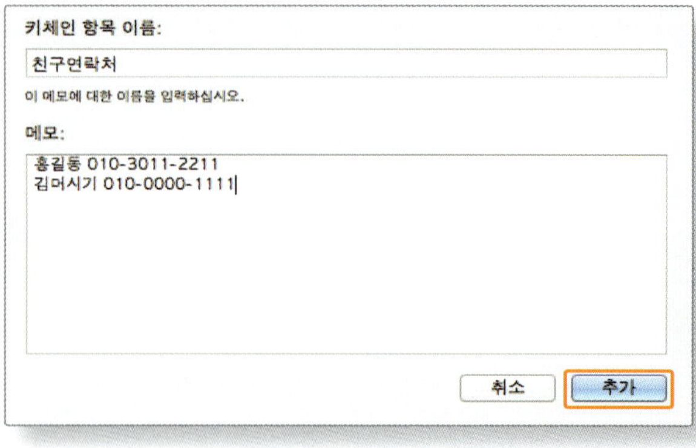

❷ [키체인 항목 이름:]에 제목, [메모:] 항목에 내용을 입력하고 [추가] 버튼을 탭하여 저장한다.

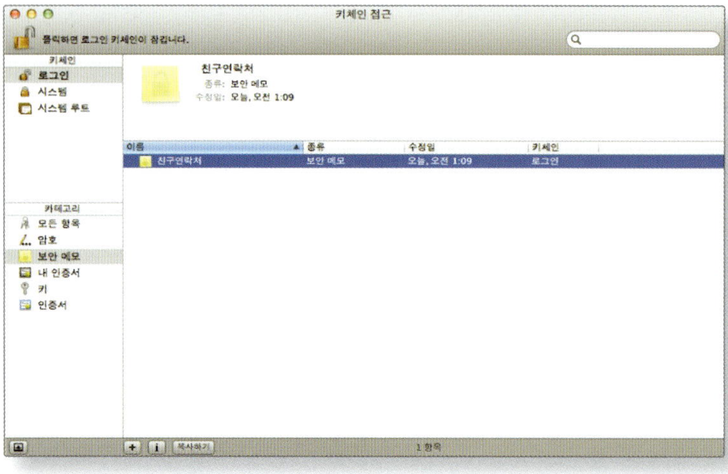

❸ 우측 목록에 추가한 보안 메모가 저장된 것을 확인할 수 있다.

이렇게 사용하면 중요한 내용이나 특정 암호에 대해서 남이 볼 수 없도록 할 수 있어 유용하다.

14-3 | 웹사이트 계정 정보 보관하고 사용하기

웹사이트 중에서 "로그인 상태 유지"기능을 선택할 경우 해당 계정과 암호가 키체인 접근에 저장되어 사용할 수 있다.

❶ 예로 구글 Gmail을 웹사이트에서 로그인할 때 [로그인 상태 유지]를 체크하고 로그인해 보자.

❷ [키체인 접근]을 실행하고 "카테고리"에서 [암호]를 선택해 보면 사용자가 로그인 한 Gmail 계정이 등록되어 있는 것을 확인할 수 있다.

❸ 목록에서 해당 계정을 더블탭하면 계정 상세 정보를 확인할 수 있고, [암호 보기]를 체크하면 등록되어 있는 암호를 확인할 수 있다.

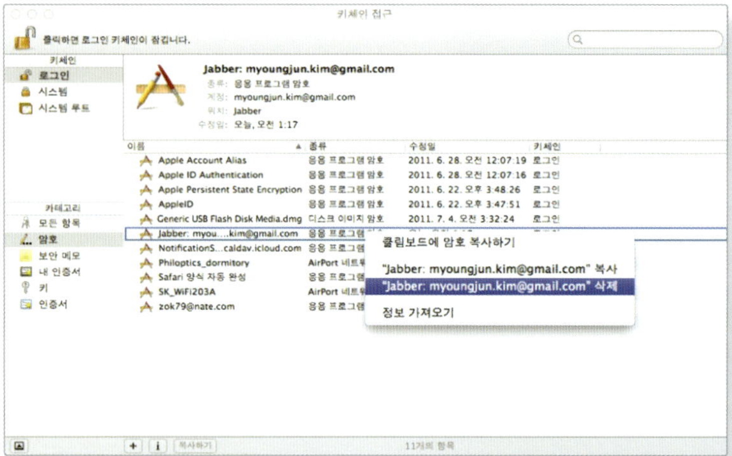

❹ 만약 삭제하고 싶은 경우에는 해당 정보를 목록에서 선택한 다음 트랙패드에 손가락 두 개를 클릭하면 나오는 메뉴에서 [삭제]를 선택하면 된다.

CHAPTER 15 Mission Control 사용하기

OS X Lion부터 새롭게 도입된 Mission Control(미션 컨트롤)은 기존 Spaces(스페이스)와 **Exposé**(익스포제)를 좀더 사용하기 편한 환경으로 통합한 기능으로, 여러 가지 프로그램을 실행한 창이 데스크탑 화면에 나와 있을 때 이를 편리하고 직관적으로 이용할 수 있다. 그럼 이제 미션 컨트롤을 사용하는 방법을 알아보자.

15-1 | 미션 컨트롤 실행하기

미션 컨트롤은 Exposé(익스포제)와 Spaces(스페이스)가 통합된 것으로, 하나의 프로그램으로 모든 기능을 이용할 수 있다.

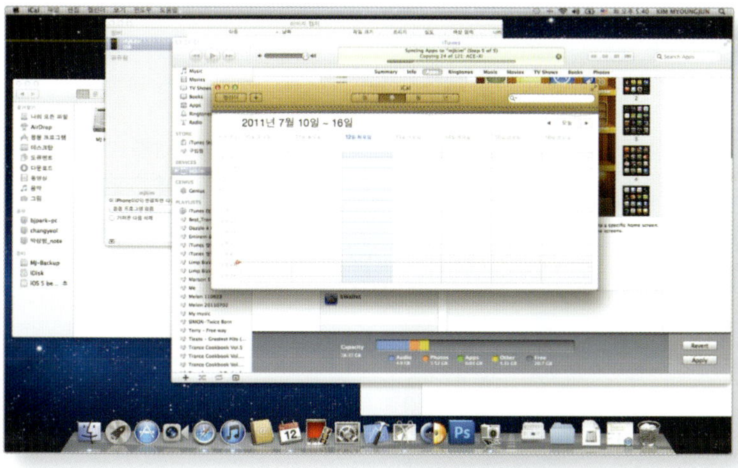

① 여러 프로그램이 실행된 상태에서 미션 컨트롤을 실행해 보자.

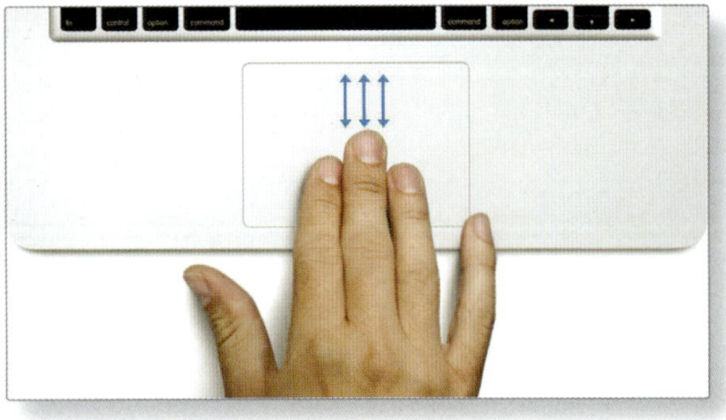

② 미션 컨트롤 화면이 나오게 하려면 [F3] 키를 누르거나, 트랙패드에서 손가락 세 개를 위로 스와이프한다.

③ 각 프로그램 별로 그룹화된 미션 컨드롤 화면을 볼 수 있고, 화면 상단에는 각 스페이스 별 썸네일 화면이 보여진다. 첫 번째 썸네일은 Dashboard이다.

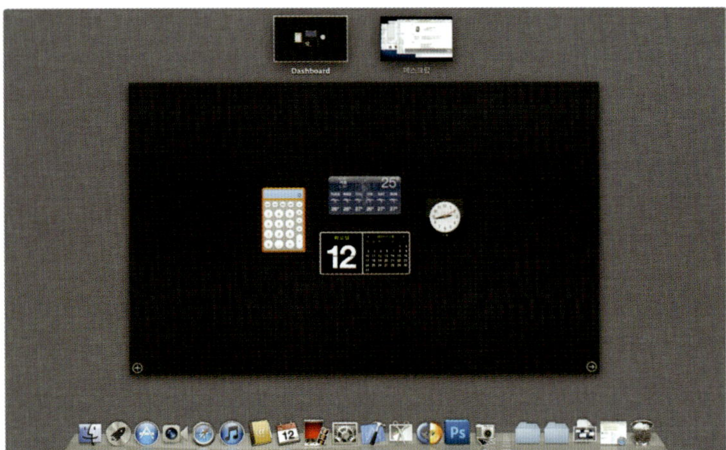

④ Dashboard를 선택하려면 상단 첫 번째 Dashboard를 선택하거나, 트랙패드에서 손가락 세 개로 좌에서 우로 스와이프하면 된다.

❺ [Command] + [F3] 키를 누르면 정리되어 있던 그룹창들이 측면으로 밀리고 데스크탑 화면이 보여진다. 데스크탑 화면에 필요한 프로그램이나 파일을 선택 시 이용할 수 있다.

15-2 | 스페이스 추가하기

스페이스는 하나의 데스크탑 화면을 여러 개를 만들어 사용자가 작업하는데 편리하게 이용할 수 있도록 도와주는 기능이다. 최대 16개의 스페이스를 추가할 수 있다. 스페이스를 추가하는 방법을 알아보자.

❶ 미션 컨트롤이 실행된 상태에서 상단 우측에 커서를 가져가면 [+] 버튼이 나온다. 이 [+] 버튼을 탭한다.

② 화면 상단의 스페이스 썸네일에 데스크탑 썸네일 한 개가 추가된 것을 확인할 수 있다.

③ 실행 중이던 프로그램을 새로 연 스페이스로 옮기고 싶은 경우에는 해당 프로그램을 드래그하여 새로 연 스페이스 썸네일로 드롭하면 된다. 예로 iCal을 드래그하여 옮겨보고 있다.

④ 새 스페이스에 iCal 프로그램이 이동한 것을 확인할 수 있다. 3번째 데스크탑 썸네일을 탭하자.

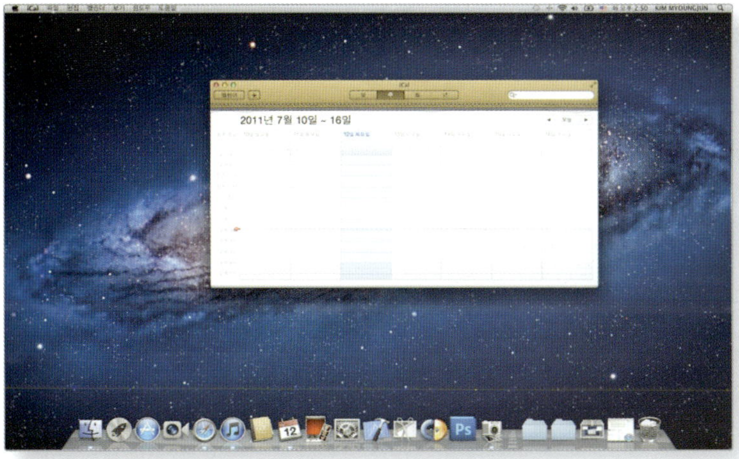

5. 새로 연 스페이스를 선택하면 이동된 iCal 프로그램이 실행되고 있는 것을 확인할 수 있다.

참고로 스페이스가 최대 16개까지 열 수 있는 것을 확인할 수 있다.

15-3 | 스페이스 삭제하기

스페이스를 삭제하는 방법을 알아보자.

1. 우선 최대 스페이스는 16개까지 미션 컨트롤에서 추가할 수 있다.

② 삭제하려는 스페이스에 커서를 가져가면 썸네일 상단 좌측에 [x] 버튼이 나타난다. 이것을 탭하면 해당 탭은 삭제가 된다.

스페이스가 삭제되면 해당 영역에서 실행되고 있던 프로그램들은 모두 다른 스페이스로 자동 이동된다.

15-4 | 미션 컨트롤 설정하기

보다 편리하게 미션 컨트롤을 사용하기 위해 단축키 및 핫코너를 설정하는 방법을 알아보자.

① Finder 메뉴바에서 → [시스템 환경설정]을 선택하고 "개인"그룹에서 [Mission Control]을 탭한다.

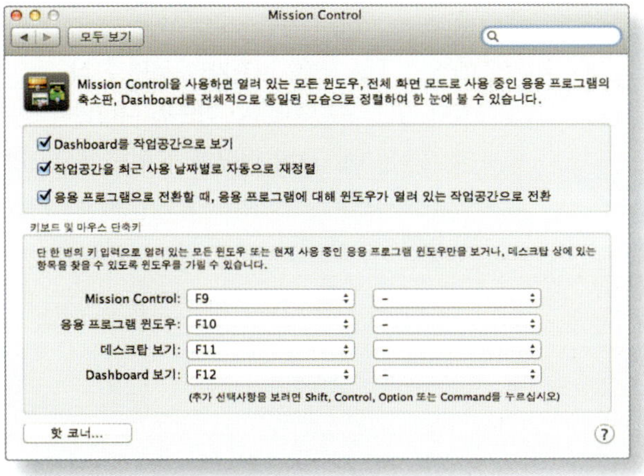

❷ "Mission Control"창이 열리면 "키보드 및 마우스 단축키"를 변경해 보자.

설정 옵션은 [Mission Control], [응용 프로그램 윈도우], [데스크탑 보기], [Dashboard 보기]로 4가지로 구성되어 있다. 첫 번째는 키보드 단축키이고, 두 번째 선택 항목은 마우스(트랙패드)액션에 따른 단축키 설정이다.

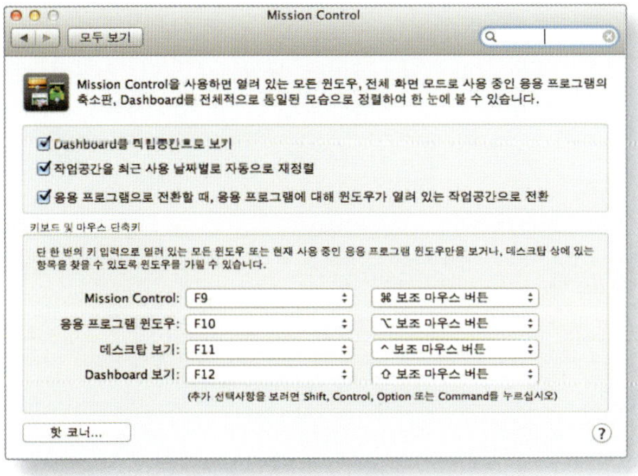

❸ 단축키는 Shift, Control, Option, Command 키를 누른 상태에서 지정하자. 키보드 같은 경우는 [F9] 키 등은 볼륨 관련 키로 설정되어 있기 때문에 [Command] 키 등을 누른 상태에서 다시 설정하고, 마우스 버튼의 경우 [보조 마우스 버튼]은 트랙패드에서 손가락 두 개로 탭할 경우를 말한다. 여기에 기능 키로 기능을 구분해 보자.

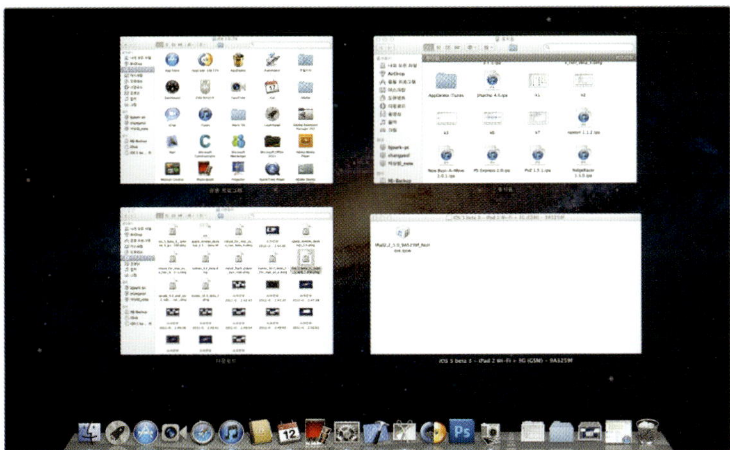

❹ 예로 "응용 프로그램 윈도우"를 실행해 보자. 트랙패드에서 손가락 두 개로 탭할 때 [Option] 키를 같이 눌러 보자.

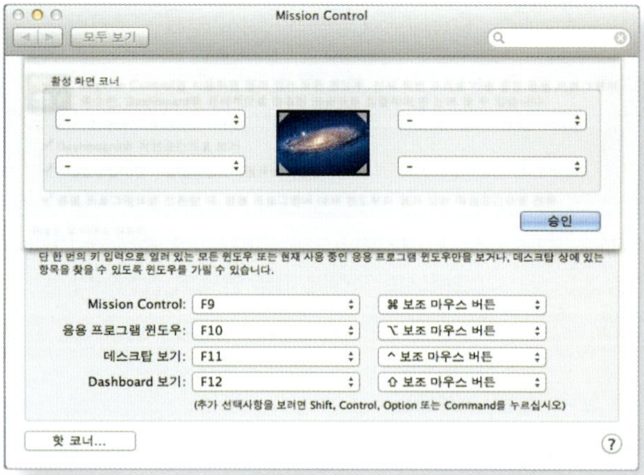

5 핫코너는 "Mission Control"설정 창의 하단에 있는 [핫 코너] 버튼을 탭하면 "활성 화면 코너"라는 설정 화면이 나온다.

이 기능은 데스크탑 화면의 네 방향의 모서리 부분에 커서를 가져가면 여기서 설정한 기능이 실행되는 것이다.

6 각 모서리별로 화면 보호기 시작, Mission Control, Lauchpad, 데스크탑을 설정해 보았다. 기본적으로 한 방향에 8가지 설정을 마음대로 할 수 있다.

설정 후 모서리 부분에 커서를 가져가서 테스트해 보자.

CHAPTER

16 Dashboard 사용하기

Dashboard(대쉬보드)는 OS X Lion에서 자주 사용하던 간단한 기능을 직관적으로 사용할 수 있도록 집약해 놓은 미니 앱을 모아둔 기능을 말한다.

16-1 Dashboard 실행하기

Dashboard를 실행하는 방법은 키보드 키를 누르거나, 트랙패드 제스쳐를 이용하는 방법이 있다.

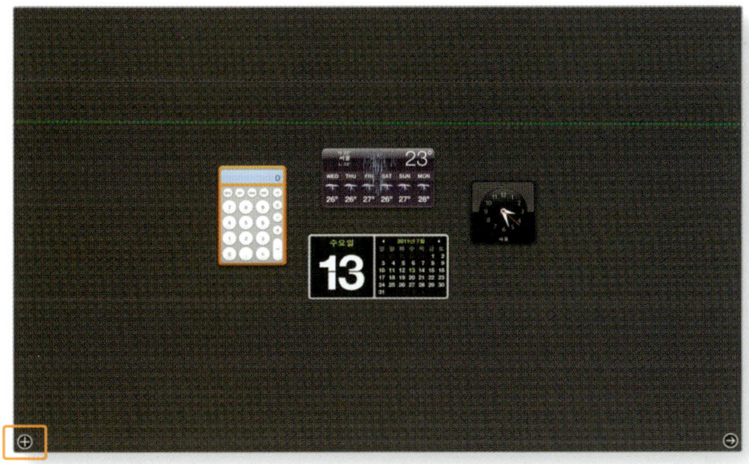

① [F4] 키를 누르거나, 트랙패드에서 손가락 세 개로 제스쳐를 우측에서 좌측으로 스와이프하면 Dashboard가 화면처럼 나온다.

화면 하단의 좌측에 [+] 버튼을 탭한다.

② 하단에 기본적으로 제공하는 위젯(Widgets) 목록이 나온다.

③ 위젯 중에서 [번역]을 탭해 보자.

파란색 화면의 번역 위젯이 추가된 것을 확인할 수 있다.

16-2 | 새로운 위젯 다운로드하기

위젯은 인터넷상에서 필요한 용도에 따라 다운받을 수 있다.

① 좌측 하단 [Widget 관리] 버튼을 탭하면 화면 가운데 위젯 목록창이 나온다. 여기서 하단에 있는 [추가 Widget] 버튼을 탭해 보자.

② Safari 웹브라우저가 실행되면서 Dashboard Widgets 사이트가 나온다.

여기서 필요한 위젯을 확인하고 [Download] 버튼을 탭한다.

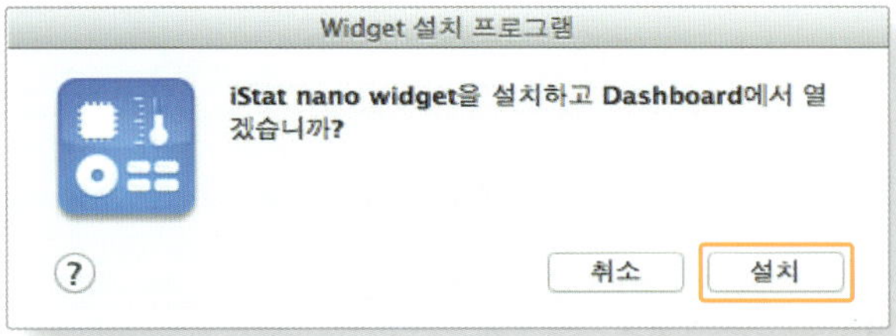

③ "Widget 설치 프로그램"창이 열리면 [설치] 버튼을 탭한다.

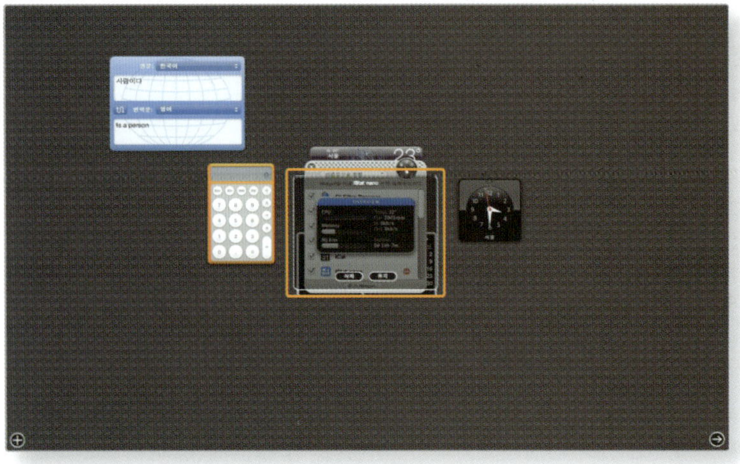

④ Dashboard창으로 돌아오면 설치하려는 위젯에 대해서 유지할 것인지에 대해 물어보는 창이 나온다.

여기서 [유지] 버튼을 탭하여 설치하려는 위젯을 유지시키자.

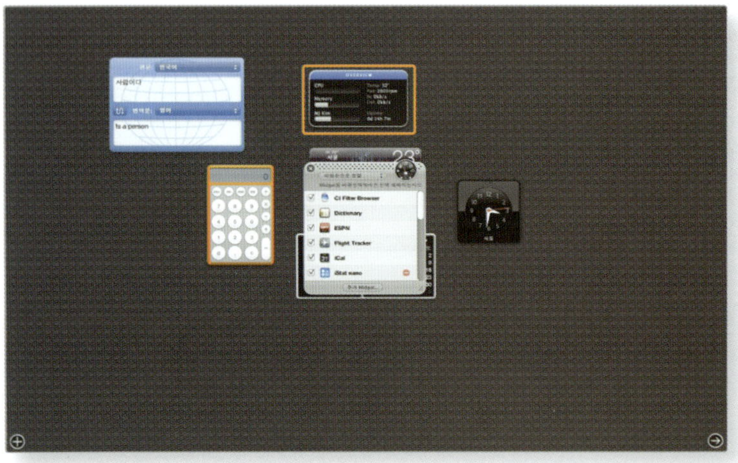

⑤ 새로 추가된 위젯을 확인할 수 있고, 위치를 드래그하면 원하는 위치로 넣을 수 있다.

16-3 | 위젯 삭제하기

필요 없는 위젯을 삭제하는 방법을 알아보자.

① 화면 하단의 좌측에 [+] 버튼을 탭하면 위젯들이 좌측 상단에 [X] 버튼이 나온다. 이것을 탭하자.

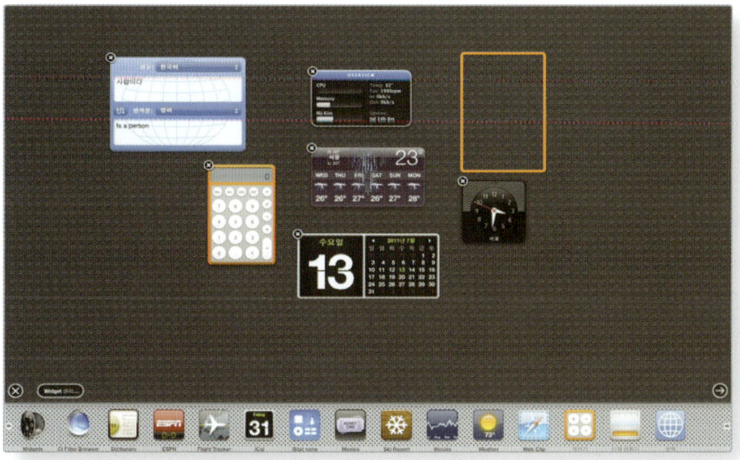

② 선택한 위젯이 삭제된 것을 확인할 수 있다.

CHAPTER 17

Launchpad 사용하기

Launchpad는 아이패드 홈화면처럼 조작할 수 있는 기능으로, 사용자가 Mac App Store에서 구입한 어플을 삭제하고 관리할 수 있도록 구성된 프로그램이다. 이 Launchpad(런처패드)는 애플이 아이패드를 통해 얻은 노하우를 OS X Lion에 접목시켜 사용자가 쉽게 OS X Lion을 즐기며 사용할 수 있도록 하기 위한 것이다.

17-1 | Launchpad 실행하기

Launchpad를 실행하는 방법을 알아보자.

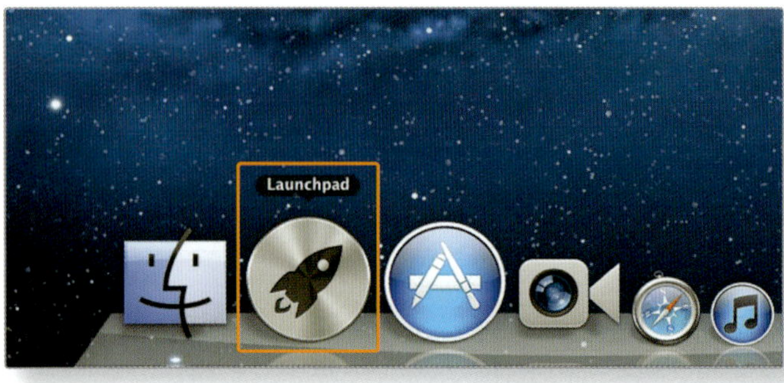

① Dock에 기본적으로 등록되어 있는 Lauchpad를 탭한다.

② Launchpad(런처패드)가 실행되었다. 아이패드처럼 OS X Lion에 설치된 어플이 나열되어 있다. 트랙패드에서 손가락 두 개로 좌우로 스와이프하면 화면에 나오지 못한 프로그램들을 확인할 수 있다.

17-2 | Launchpad에서 폴더 만들기

아이패드처럼 런처패드도 폴더를 구성하여 유사한 어플을 하나의 그룹으로 묶어서 사용할 수 있다. 이를 위해 폴더를 만드는 방법을 알아보자.

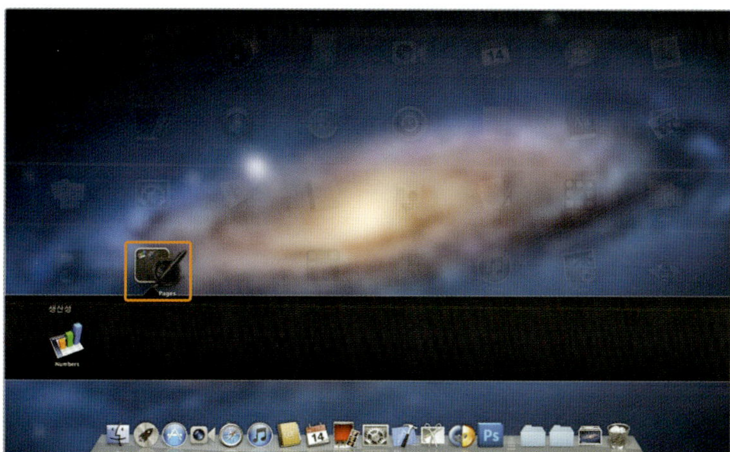

① 하나의 폴더로 묶어서 사용하고 싶은 프로그램 한 개를 선택하고 드래그하여 합칠 프로그램 위로 겹친다.

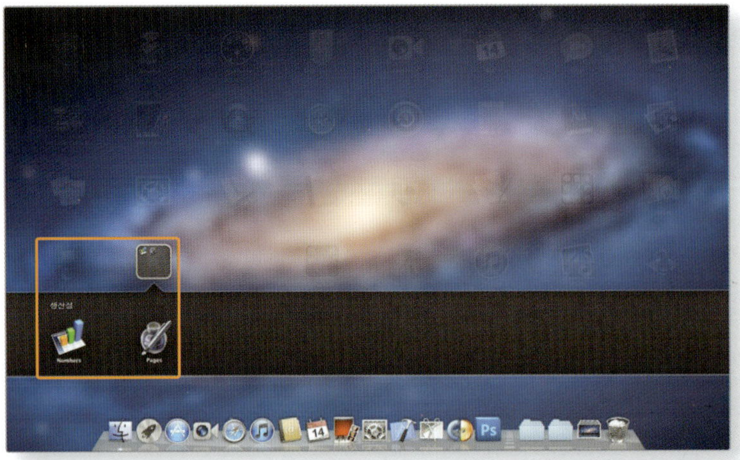

❷ 겹친 프로그램 안으로 폴더 안에 프로그램 두 개가 존재하는 것을 알 수 있다. 더 추가하고 싶은 프로그램이 있다면 드래그하여 해당 폴더에 겹치면 된다.

한 개의 폴더 안에 최대 32개의 프로그램을 넣을 수 있다.

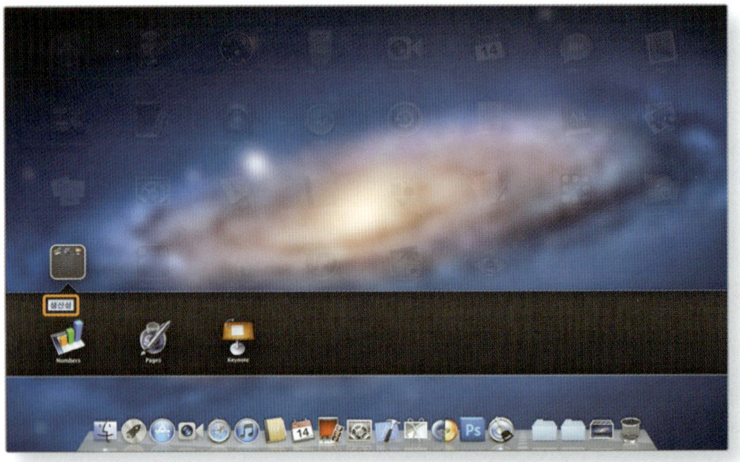

❸ 폴더명은 프로그램 속성에 따라 자동으로 생성된다. 이것을 변경하려면 폴더가 열린 상태에서 폴더명을 더블 탭한다. 그러면 폴더명을 변경할 수 있는 상태가 된다.

❹ 필자는 폴더명을 [생산성]에서 [오피스]로 변경해 보았다. 입력 완료 후 엔터키를 입력하면 완료된다.

폴더 삭제는 폴더 안에 있는 프로그램을 모두 밖으로 드래그하여 빼면 자동 삭제된다.

17-3 | 프로그램 삭제하기

런처패드(Launchpad)에서 보이는 프로그램을 삭제하는 방법도 아이패드도 비슷하다. 단, 삭제는 사용자가 Mac App Store에서 구입한 프로그램만 가능하다.

① 특정 프로그램을 선택하고 3초정도 누르고 있으면 프로그램 아이콘들이 흔들거린다. 이때 삭제하려는 프로그램 상단 좌측의 [X] 버튼을 탭한다.

② "응용 프로그램을 삭제하시겠습니까?" 메시지창이 나오면 [삭제] 버튼을 탭한다.

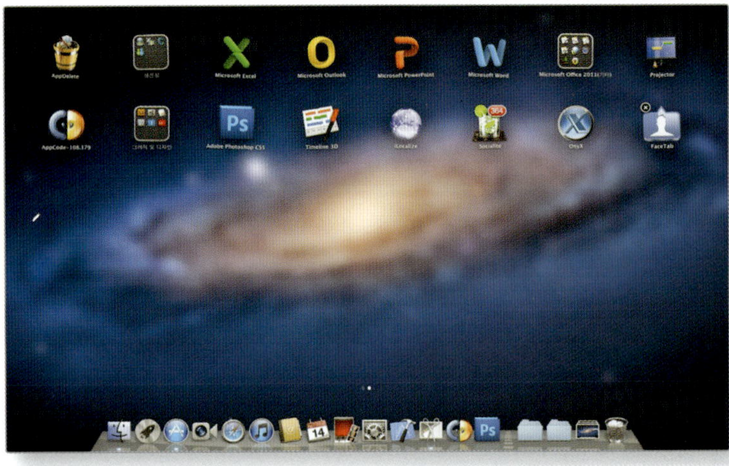

3 선택한 프로그램이 삭제된 것을 확인할 수 있다. 데스크탑 화면을 탭하면 흔들거리던 프로그램들이 멈추고 그대로 이용할 수 있다.

아이패드를 사용해 봤다면 쉽게 런쳐패드를 이용할 수 있다.

CHAPTER 18

Spotlight 사용하기

Spotlight(스팟라이트)는 OS X Lion 이전부터 애플이 자랑하던 고성능 검색 프로그램이다. Spotlight는 파일 및 폴더 검색 이외에 메일, 웹사이트 등의 모든 부분을 검색할 수 있다. 그렇다면 검색하는 방법과 몇 가지 설정으로 원하는 검색 결과를 찾는 방법을 알아보자.

18-1 | Spotlight의 실행 방법과 종류

Spotlight는 OS X Lion의 모든 부분에 적용되어 있으므로 어떤 것을 찾기 위해 이용하는 부분이 바로 Spotlight라고 보면 좋다.

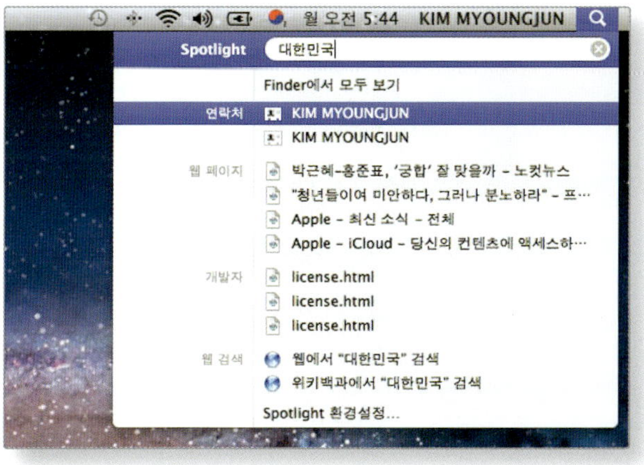

① [Control] + [i] 키를 누르면 데스크탑 상단 우측에 Spotlight 검색입력창이 나온다.

여기서 [대한민국] 단어를 입력해 보면 다양한 정보가 묶여져 나오는 것을 확인할 수 있다.

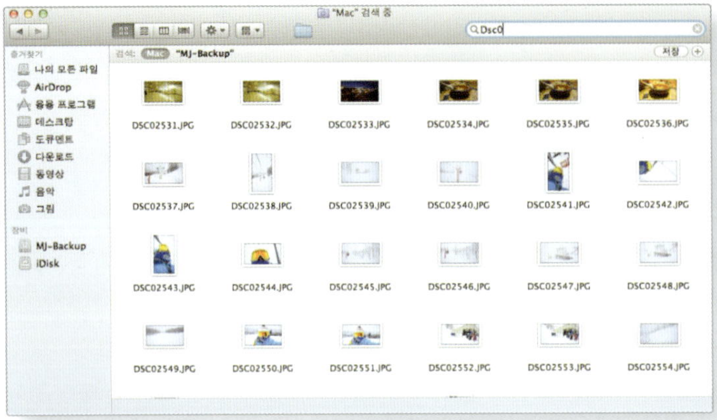

② Finder창에서도 상단 우측에 있는 검색박스가 바로 하드디스크의 내용을 찾을 때 이용하는 Spotlight이다.

③ 그 외 시스템 환경설정에서도 특정 단어를 통해 설정이 가능한 부분을 찾고자 할 때 상단 우측의 검색박스를 통해 쉽게 필요한 환경설정을 찾을 수 있다.

18-2 | 검색 범위 설정 및 개인용 폴더 검색 제한하기

Spotlight는 OS X Lion의 모든 부분을 검색하기 때문에 성능이 떨어질 수 있다. 이런 부분을 고려하여 검색 시 검색 범위를 제한하고 하고 싶은 경우에 다음과 같이 설정해 보자.

① Dock에서 [시스템 환경설정]을 탭하고 "개인"항목에서 [Spotlight]를 실행한다.

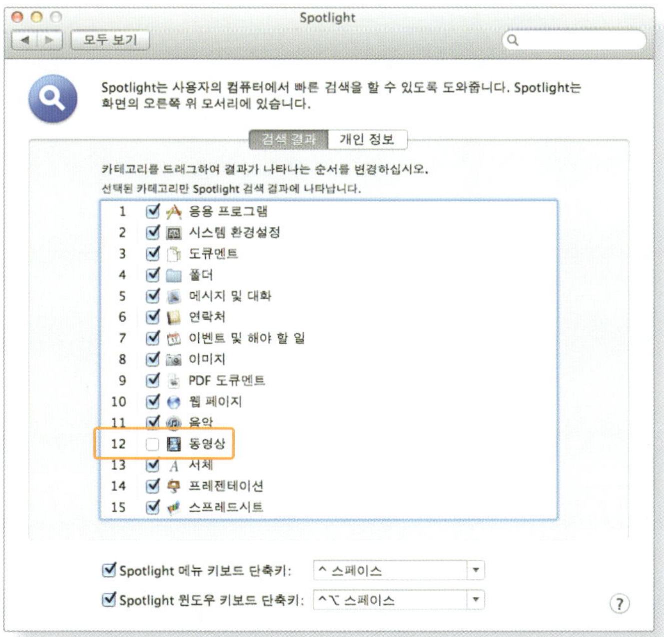

② Spotlight창이 열리면 [검색 결과] 탭에서 검색에서 제외할 항목의 체크를 해제하자. 필자는 [동영상] 항목의 체크를 해제했다.

참고로 검색 우선순위를 변경하려면 해당 항목을 선택하고 드래그하여 위치를 변경하면 검색 우선순위가 변경된다.

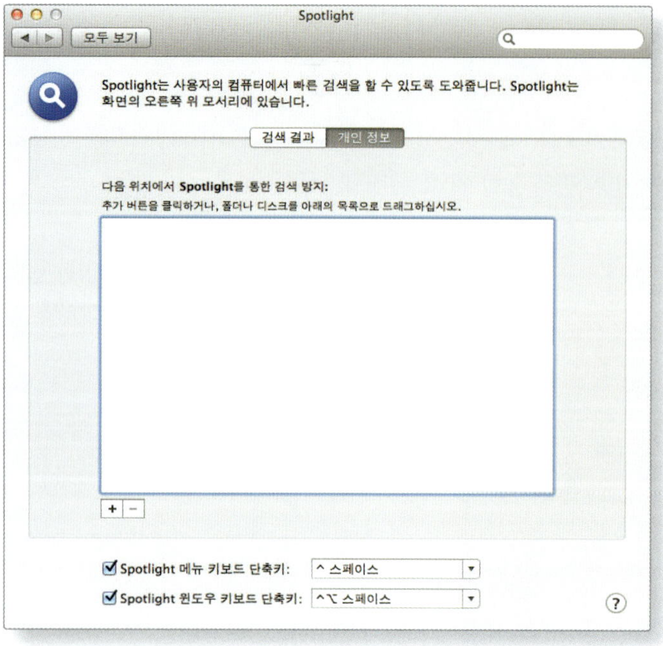

❸ [개인 정보] 탭을 선택하고 하단에 있는 [+] 버튼을 탭하자.

여기서는 개인적으로 검색 자체에서 제외하고 싶은 폴더나 하드디스크를 설정할 수 있다.

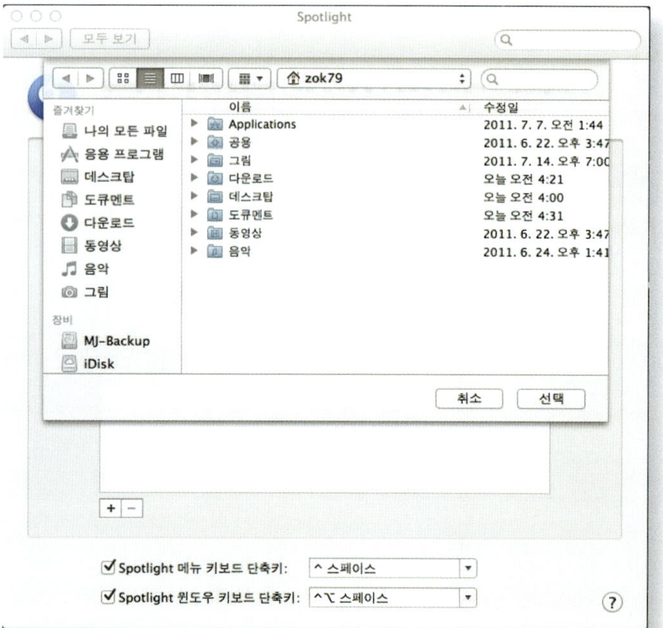

❹ 검색에서 제외할 폴더를 선택하고 [선택] 버튼을 탭하자.

여기서는 [다운로드] 폴더를 선택해 보았다.

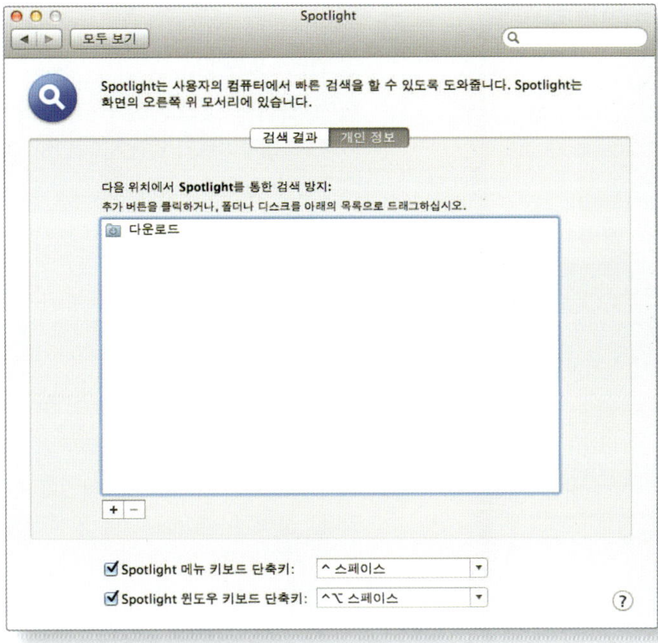

❺ [다운로드] 폴더가 추가된 것을 확인할 수 있다.

참고로 하단에 있는 "Spotlight 메뉴 키보드 단축키"는 사용자가 실행하는 Spotlight의 단축키로, 이 부분에서 변경할 수 있다. 기본적으로 [Command] + [스페이스]키로 가능하다.

18-3 | 다양한 Spotlight 검색 방법 사용하기

Spotlight로 검색한 결과는 그룹화되어 보여지는데, 이때 각 정보별로 커서를 가져가면 검색된 내용이 보여진다.

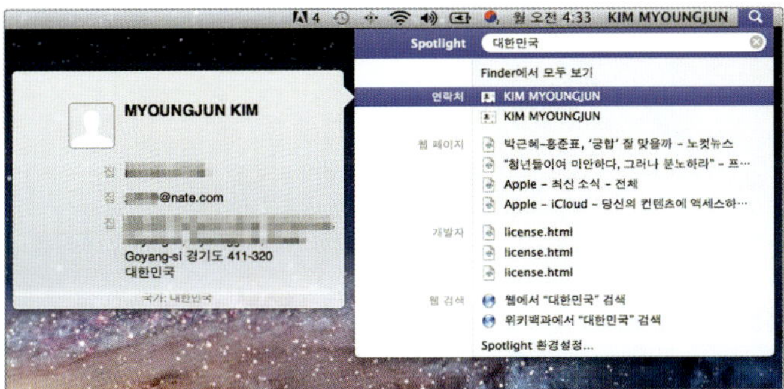

❶ 연락처 정보로 연락처를 실행할 필요 없이 검색된 연락처에 커서만 가져가도 내용을 확인할 수 있다.

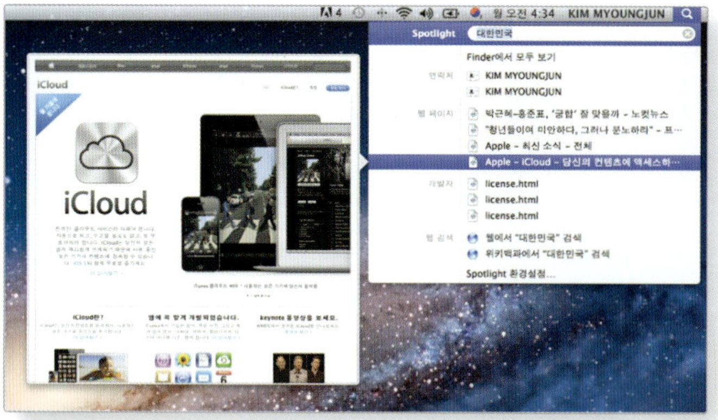

② 웹페이지로 검색된 웹사이트의 썸네일 화면도 나온다.

웹사이트를 바로 실행하기 전에 자신이 찾는 웹사이트가 맞는지 확인할 수 있다.

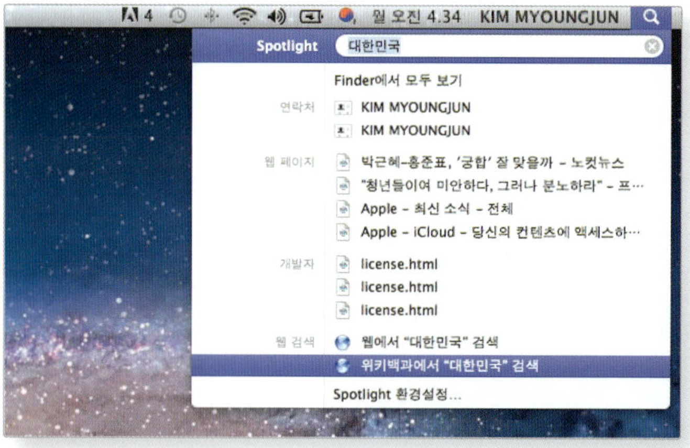

③ 위키백과에서 검색단어를 확인할 수 있다. 검색된 결과에서 [위키백과에서 "XXX" 검색]을 탭한다.

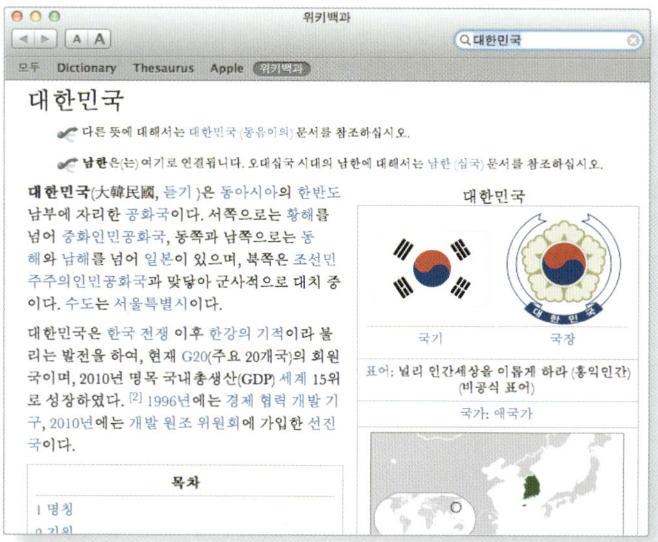

④ 위키백과 브라우저가 열리면서 검색 단어가 바로 나온다.

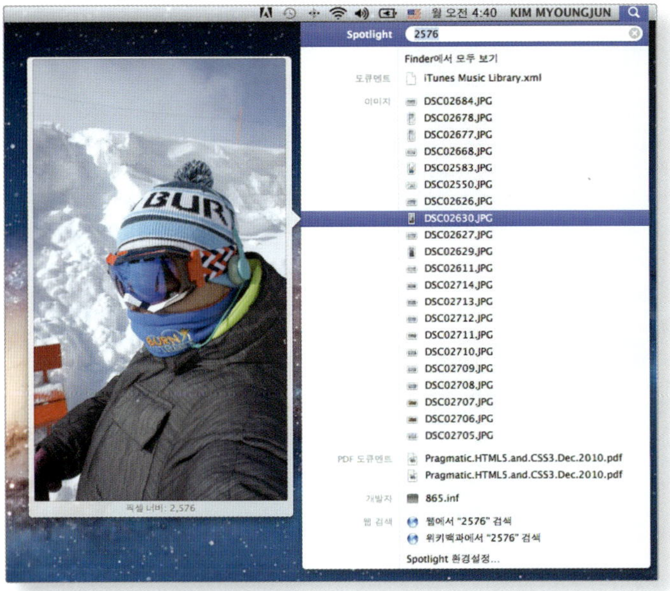

⑤ 사용자가 저장해둔 사진을 검색할 때 사진 속성 중 크기 일부를 입력해도 검색이 가능하며, 검색된 이미지 파일명에 커서를 가져가면 썸네일로 어떤 이미지인지 확인할 수 있다.

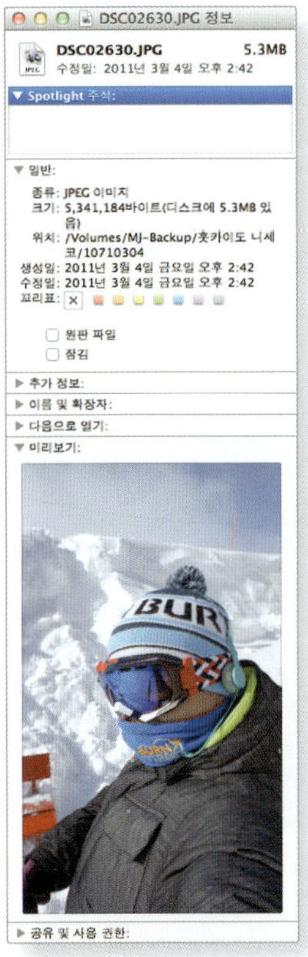

⑥ 검색된 파일의 속성을 확인하고 싶은 경우에는 Spotlight에서 검색된 파일을 선택하고, [Command] + [I] 키를 눌러 상세한 파일 정보를 확인할 수 있다.

18-4 | Spotlight 인덱스 다시 만들기

인덱스는 보다 빠르게 검색하기 위한 데이터 정보로, 하드디스크를 오래 사용하다보면 정보가 누락되는 경우가 발생한다. 이런 경우를 대비하여 직접 인덱스를 다시 만들어주는 방법을 소개한다.

❶ Spotlight 설정창을 열고, [개인 정보] 탭을 선택한다.

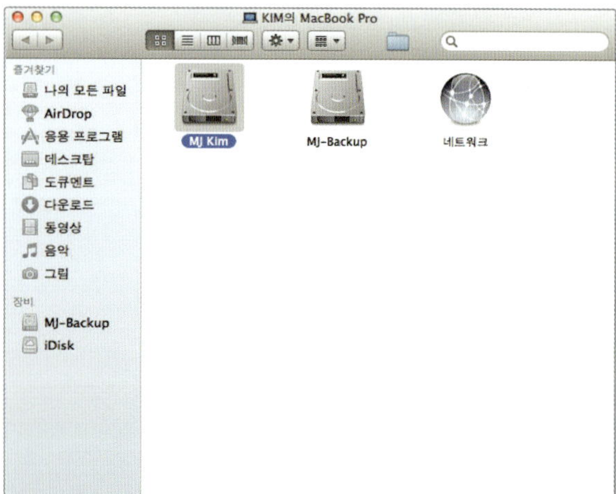

❷ Finder 메뉴바에서 [이동]→[컴퓨터]를 선택하고 사용 중인 하드디스크를 선택한 다음 이것을 드래그하여 "Spotlight"의 [개인 정보] 화면에 드롭하여 넣는다.

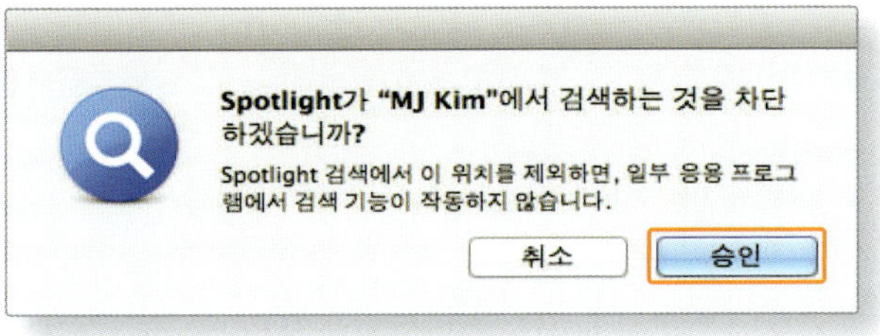

❸ 검색 차단관련 메시지창이 나오면 [승인] 버튼을 탭한다.

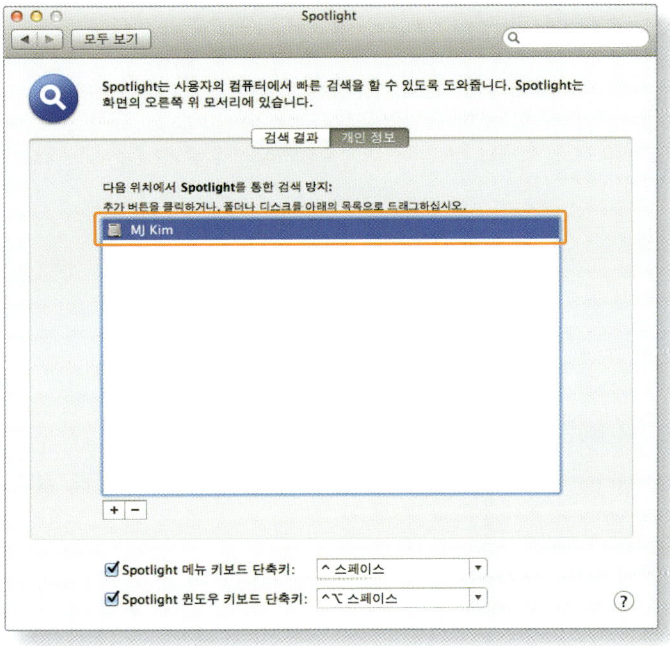

❹ [개인 정보] 탭에 드래그한 하드디스크가 추가된 것을 확인할 수 있다.

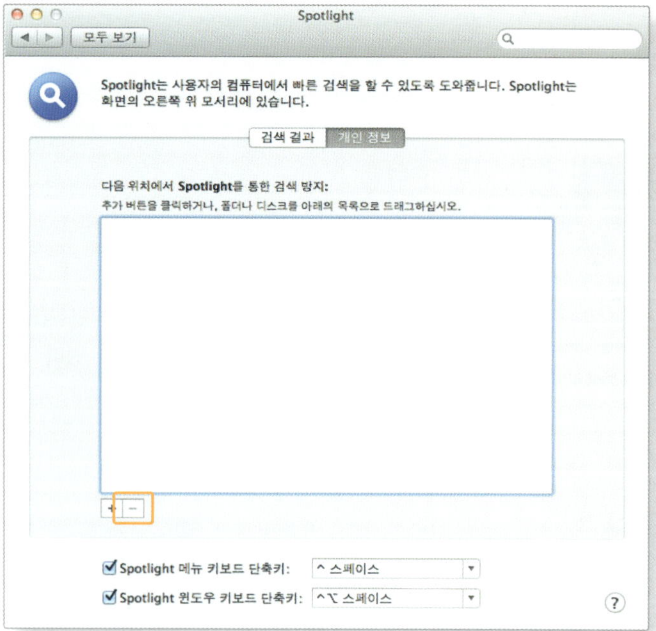

⑤ 다시 하단 좌측에 있는 [–] 버튼을 탭하여 추가했던 하드디스크를 삭제한다.

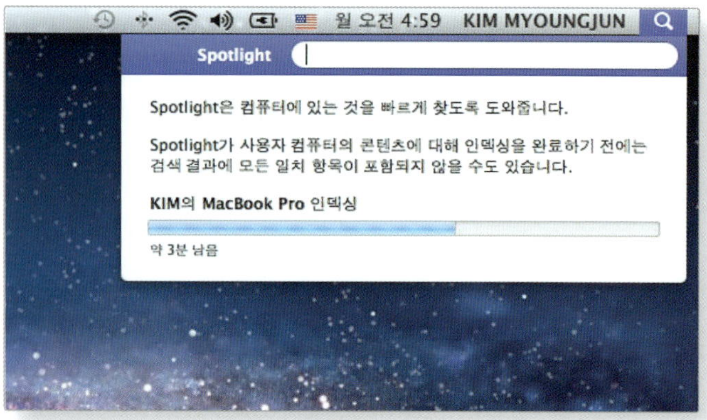

⑥ Spotlight 검색창을 열면 다시 인덱싱을 하고 있는 것을 확인할 수 있다.

Finder 파일 편집 보기 이동 윈도우 도움말

PART 2

시스템 환경 설정하기

OS X Lion을 사용하려면 하드웨어 설정이나 환경설정 방법이 중요하다고 생각하기에 2장에서는 시스템 환경설정 프로그램에 속해 있는 다양한 환경설정 기능들을 위주로 활용가치가 있는 다양한 설정 방법을 정리해 보았다.

100% 완벽하지는 않겠지만 OS X Lion을 사용하면서 어떤 설정을 하고 싶을 때 되도록이면 바로 사용할 수 있는 방법들을 위주로 설명하였고, 이를 통해 어떤 시스템 환경설정 기능이 있는지 익숙해질 수 있도록 구성하였다.

CHAPTER 19

개인 항목 설정 방법 익히기

개인 항목에서는 데스크탑 및 화면 보호기 설정과 보안 및 개인 정보에 대한 설정 방법, 한글 입력 관련 설정을 알아본다. 다만, 이전에 Dock(9장 Dock 사용하기), Mission Control(15장 Mission Control 사용하기), 보안 및 개인 정보의 방화벽(8장 인터넷 연결하기), Spotlight(18장 Spotlight 사용하기)는 다루었기 때문에 제외하였다.

19-1 | 시스템 환경설정 실행하기

일반 환경설정에서 버튼 및 스크롤막대, 최근 항목 개수 등을 취향에 맞게 설정할 수 있다.

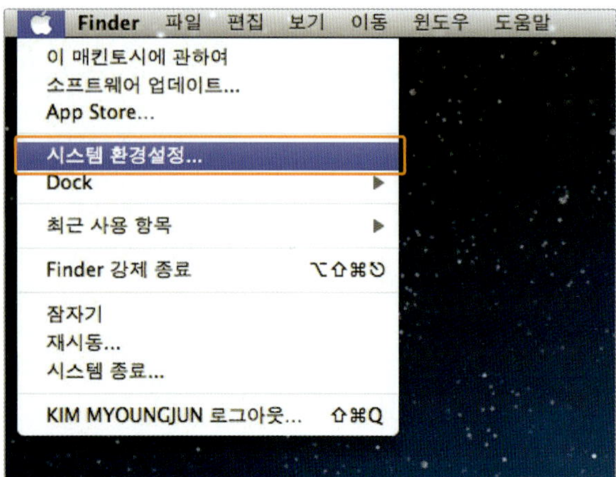

❶ 시스템 환경설정을 실행하기 위해 → [시스템 환경설정...]을 선택하거나, Dock에서 [시스템 환경설정]을 탭한다.

② “시스템 환경설정”창이 열리면 “개인”항목에서 [일반]을 선택한다.

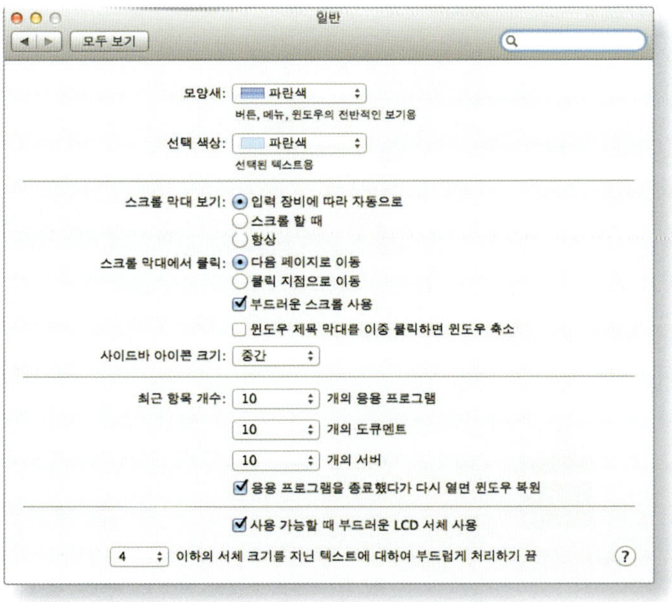

③ 일반 설정에서 [모양새], [선택 색상], [스크롤 막대 보기], [스크롤 막대에서 클릭], [사이드바 아이콘 크기], [최근 항목 개수] 등을 설정할 수 있다.

사용자의 편의에 따라 스크롤 막대 속성이나 최근 항목 개수를 설정할 수 있다.

19-2 | 데스크탑 배경화면 변경하기

데스크탑 배경화면 및 화면보호기를 설정하고 싶다면 [데스크탑 및 화면보호기]를 선택한다.

❶ 데스크탑 및 화면 보호기를 실행하고 [데스크탑] 탭이 선택된 상태에서 보면 [Andromeda Galaxy] 배경화면이 기본적으로 선택되어 있다.

❷ [Lion] 바탕화면을 탭하면 바로 데스크탑 배경화면이 변경된다.

③ 만약 일정 시간에 따라 바탕화면 사진을 변경하고 싶은 경우에는 하단 [그림 변경]을 체크하고 몇 분 단위로 변경할 것인지를 선택한다.

19-3 | 뉴스 및 블로그 RSS로 화면 보호기 꾸미기

OS X Lion의 화면 보호기 중에서 참신한 것 중 하나인 RSS Visualizer라는 것이 있다. 이것은 사용자가 자주 보는 뉴스나 블로그가 제공하는 RSS 주소를 통해 새 뉴스나 포스팅글을 바로 확인할 수 있는 기능이다.

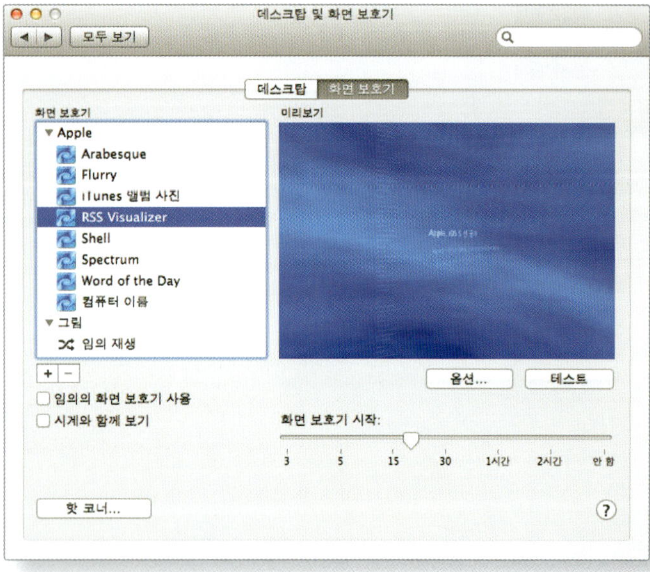

❶ [화면 보호기] 탭을 선택하고, 좌측 화면 보호기 항목에서 [RSS Visualizer]를 선택한다.

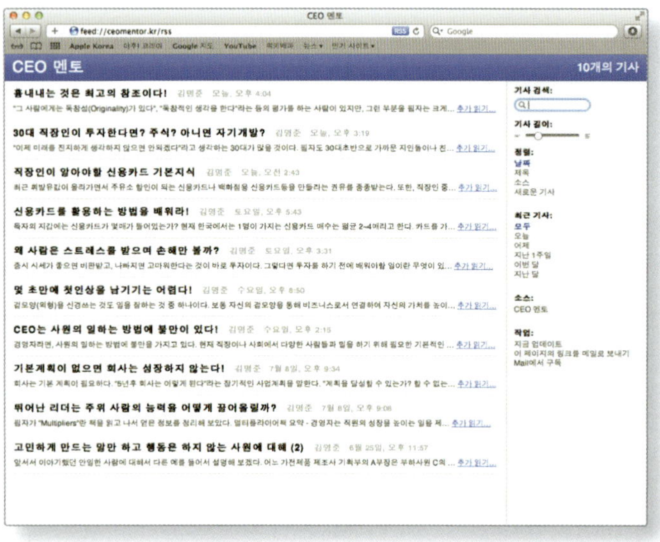

❷ Safari 브라우저를 열고 사용자가 RSS로 읽어 들인 사이트가 등록되어 있는지 확인한다.

예로 필자가 운영 중인 블로그를 등록해 보자.

Feed://ceomentor.kr/rss

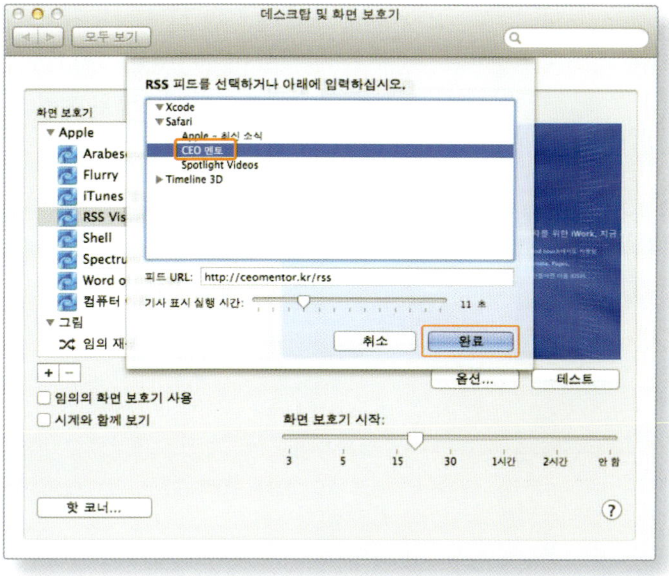

❸ [옵션] 버튼을 탭하고, [Safari] 항목에서 [CEO 멘토]를 선택한 다음 [완료] 버튼을 탭한다.

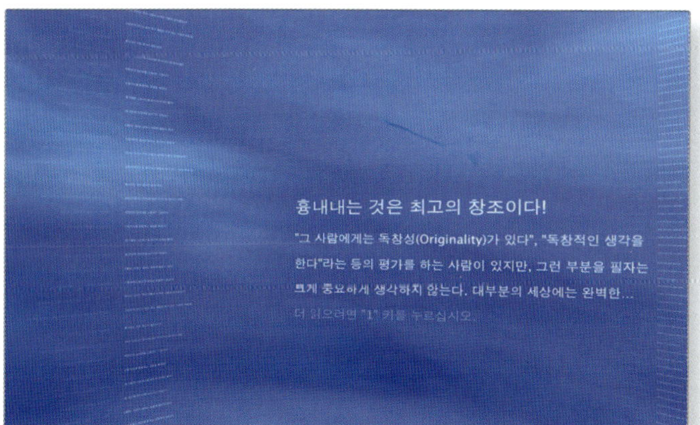

❹ [테스트] 버튼을 탭하여 설정한 화면 보호기가 제대로 작동하는지 확인하자. 등록한 RSS 기사가 제대로 나오는지 확인한다.

⑤ 추가적으로 [iTunes 앨범 사진]을 선택하면 아이팟이나 아이폰에서 사용 중인 앨범을 바둑판 형태의 화면 보호기로 볼 수 있다.

19-4 | 한글 두벌식만 이용하기

시스템 환경설정에서 [언어 및 텍스트]를 선택한다. 이 설정은 OS X Lion이 사용할 언어 및 텍스트, 포켓, 입력 소스를 설정할 수 있다.

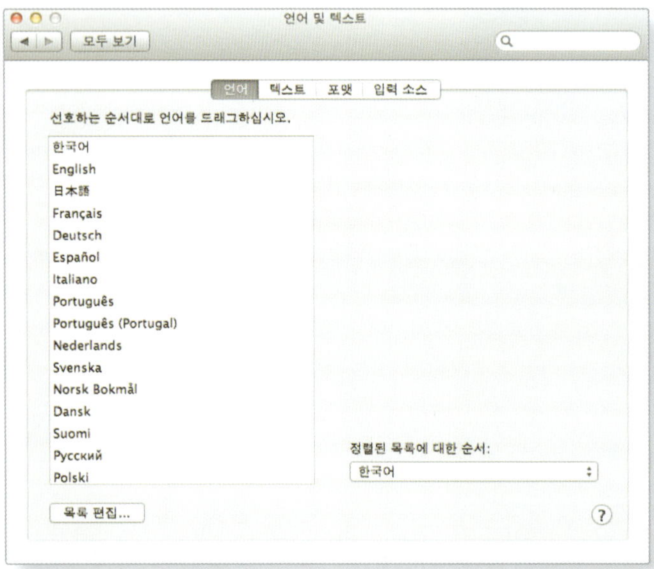

① [언어 및 텍스트]를 선택하면 [언어] 탭이 우선적으로 나온다. 여기서 [한국어]가 가장 우선적으로 나오는데, 독자가 OS X Lion을 영문판으로 사용하고 싶다면 [English]를 드래그하여 [한국어] 위로 드롭하면 영문판으로 변경된다.

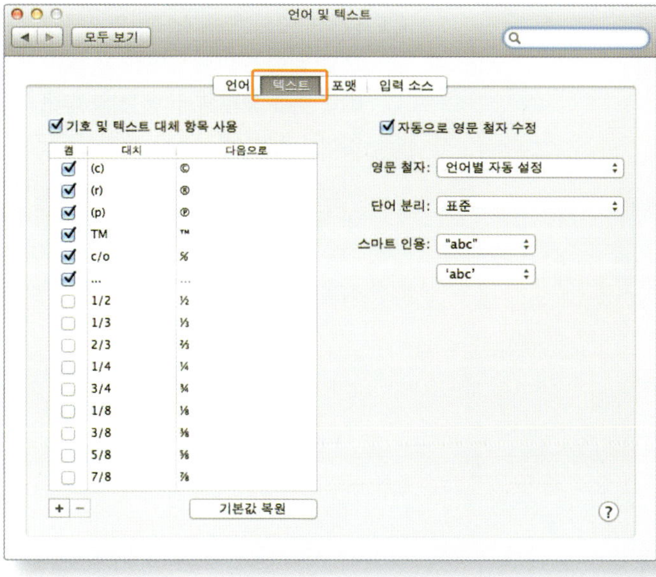

❷ [텍스트] 탭을 선택하면 기호 문자 및 영문 철자 수정을 설정할 수 있다. 다만, 영문 철자 수정은 크게 필요하지 않기 때문에 취향에 따라 [자동으로 영문 철자 수정]의 체크박스를 해제한다.

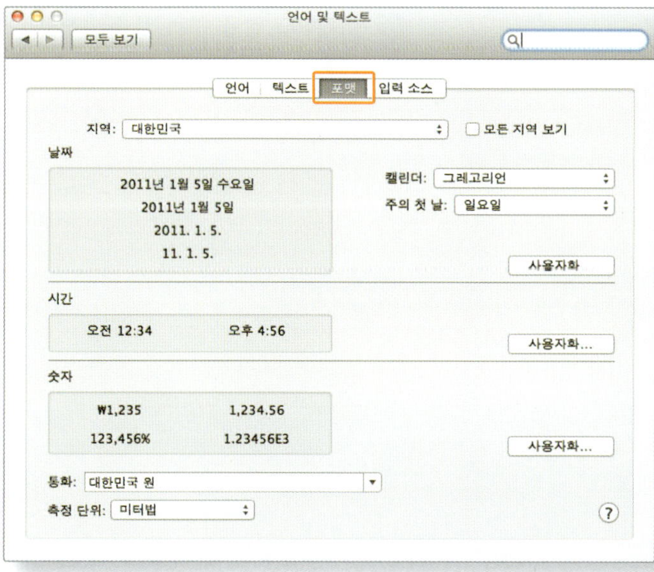

❸ [포맷] 탭을 선택하면 지역별 날짜 표기 및 시간, 숫자, 통화, 측정 단위를 설정할 수 있다.

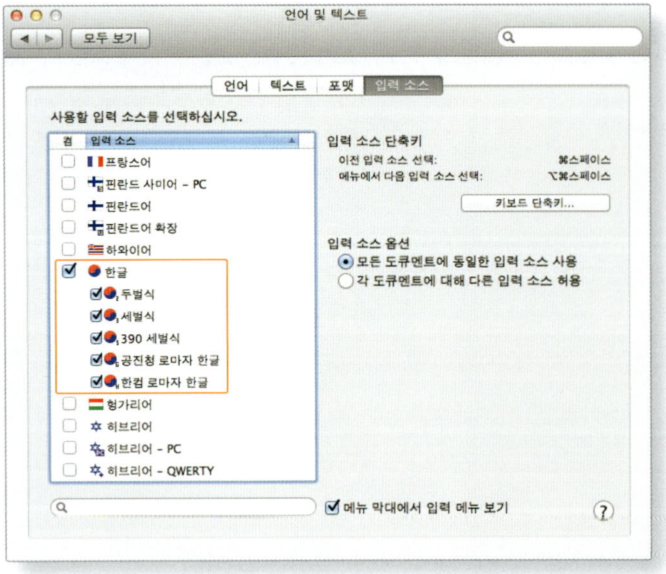

4. [입력 소스] 탭을 선택하면 사용할 언어별 입력 방식을 선택할 수 있다.

예로 좌측 목록에서 [한글]을 보면 [두벌식], [세벌식], [390 세벌식], [공진청 로마자 한글], [한컴 로마자 한글]이 모두 선택되어 있다. 이 중에서 필자는 [두벌식]만 사용하기 위해 두벌식을 제외하고 모든 체크를 해제했다.

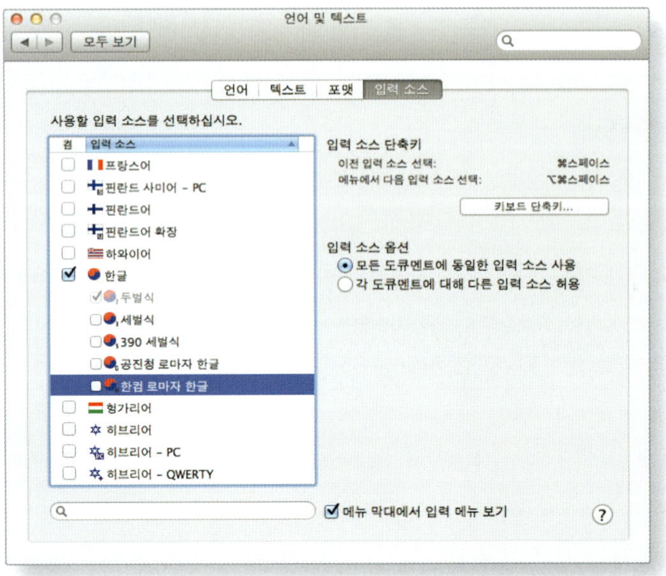

5. 이제부터 한글 입력 시 두벌식만 이용할 수 있게 되었다.

19-5 | 화면 보호기에 암호 설정하기

보안 및 개인 정보 설정은 화면 보호기 암호 요구 설정이나 디스크 암호화, 방화벽 등의 설정을 관리한다.

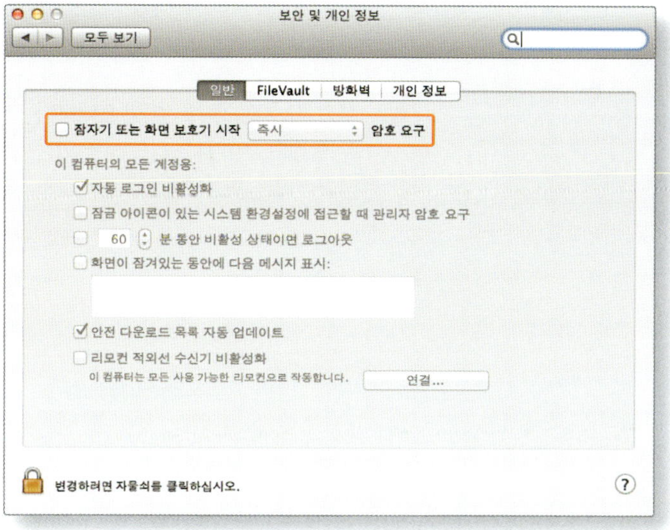

❶ 시스템 환경설정에서 [보안 및 개인 정보]를 선택한 후, [일반] 탭에서는 화면 보호기 사용 시 암호를 설정할 수 있다.

[잠자기 또는 화면 보호기 시작]을 체크한다.

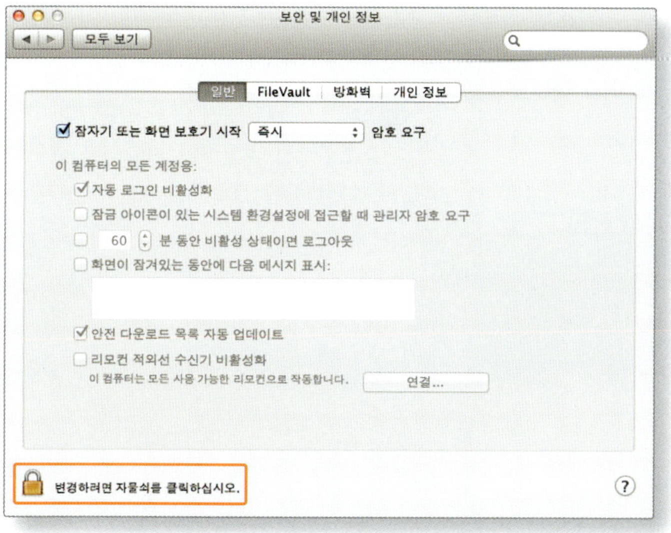

❷ [잠자기 또는 화면 보호기 시작]을 체크하면 암호 요구를 [즉시]로 설정하여 바로 암호를 입력할 수 있도록 한다.

그리고 만약 리모컨 적외선 수신기를 비활성화시키고 싶다면 하단에 있는 [변경하려면 자물쇠를 클립하십시오.]를 탭한다.

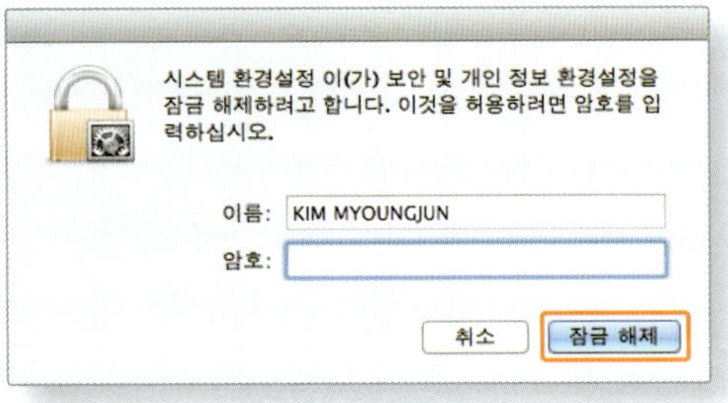

3 사용자 계정의 암호를 입력하고 [잠금 해제] 버튼을 탭한다.

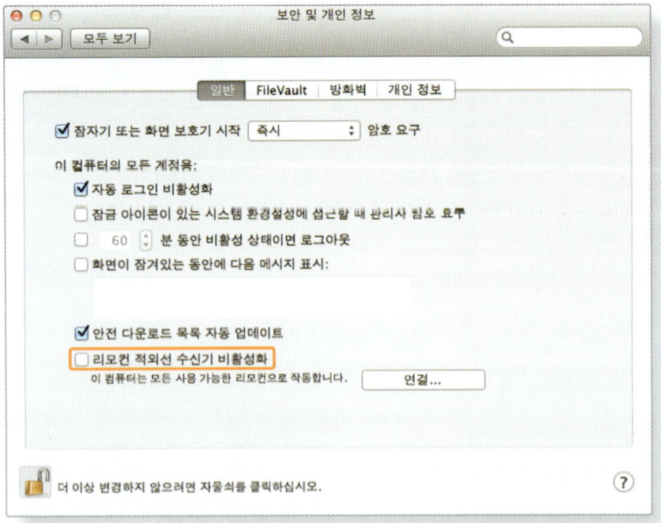

4 설정 중 사용할 수 없었던 부분이 모두 풀린다. 여기서 [리모컨 적외선 수신기 비활성화]를 체크하자.

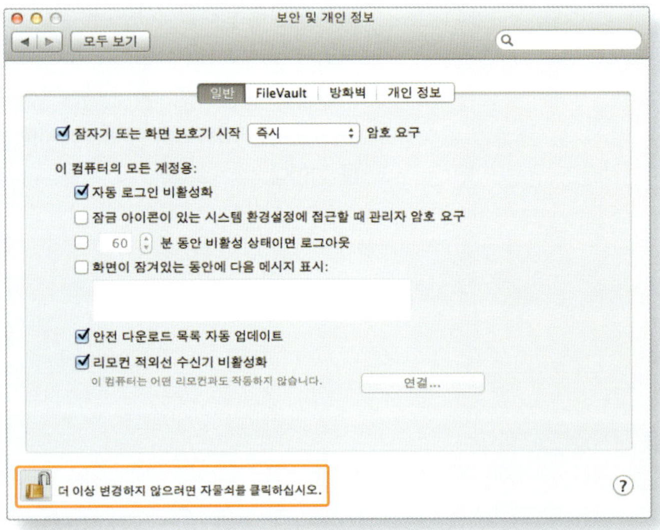

5 체크가 완료되면 다시 하단 [더 이상 변경하지 않으려면 자물쇠를 클릭하십시오.]를 탭한다.

19-6 | FileVault로 디스크 암호화하기

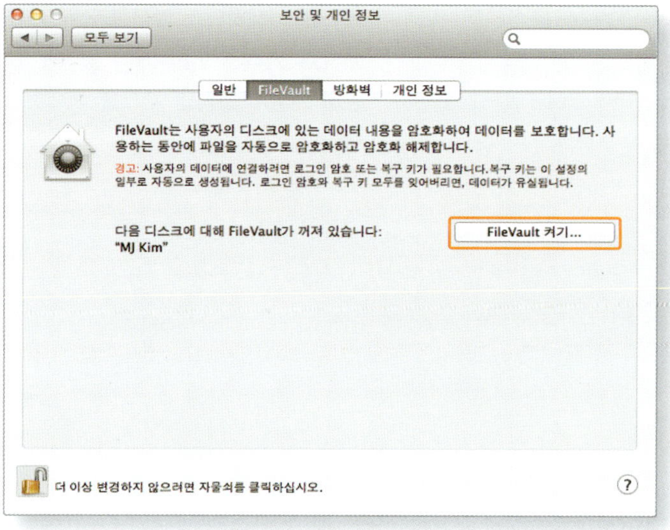

1. [FileVault] 탭을 선택하고, [File-Vault 켜기] 버튼을 탭한다.

   참고로 FileVault는 사용자의 Mac 기기의 저장장치를 암호화하여 데이터를 보호해 주는 기능이다.

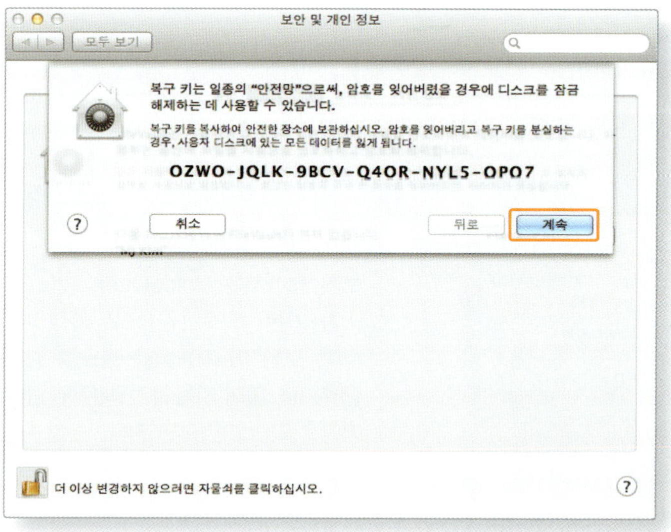

2. 복구 시 암호를 잊어버린 경우를 대비하여 사용할 수 있는 복구키가 나온다. 이 복구키는 별도로 적어두고 나중에 문제가 발생할 때 이용하길 바란나.

   [계속] 버튼을 탭하여 암호화를 실시한다. 사실 암호화는 MacBook 등의 기기를 가지고 다니다가 분실할 경우 내부에 있는 데이터가 유출되는 것을 방지할 때 유용하다.

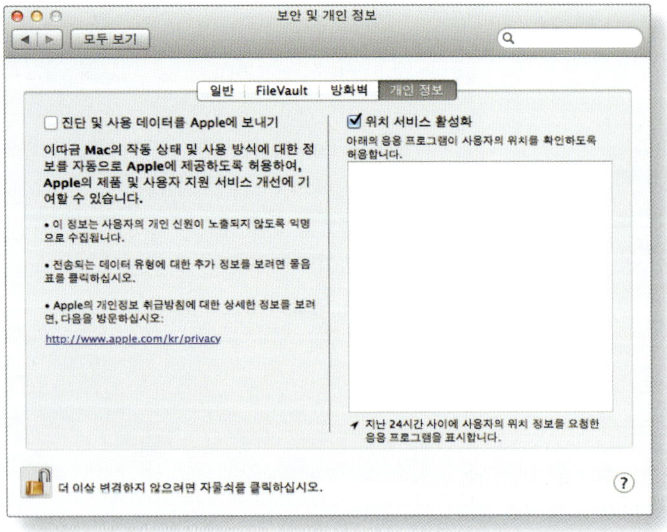

❸ [개인 정보] 탭은 사용 중인 Mac 기기의 현재 위치 정보를 활성화시키는 기능으로, [위치 서비스 활성화] 체크 박스를 해제하면 비활성화가 된다.

사용자 기준에 따라 개인 정보를 제공하고 싶지 않다면 체크를 해제하길 바란다.

19-7 | 손쉬운 사용 설정하기

손쉬운 사용은 OS X Lion을 사용할 때 VoiceOver나 키보드, 트랙패드, 마이크 등을 설정할 수 있는 기능이다.

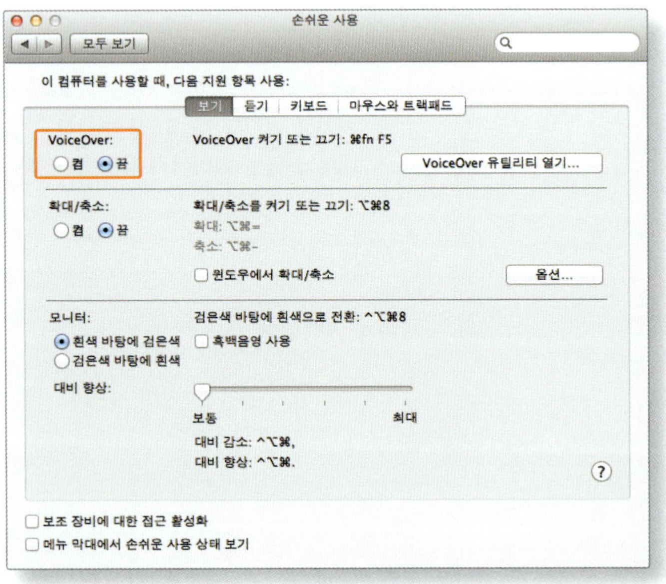

❶ 시스템 환경설정에서 [손쉬운 사용]을 선택하고 [보기] 탭을 살펴보자.

보기 탭에서는 VoiceOver, 확대/축소가 기본적으로 [끔]으로 설정되어 있다. 보통 이 기능들은 필요할 경우 단축키를 통해 사용하기 때문에 단축키만 기억하고 있으면 된다.

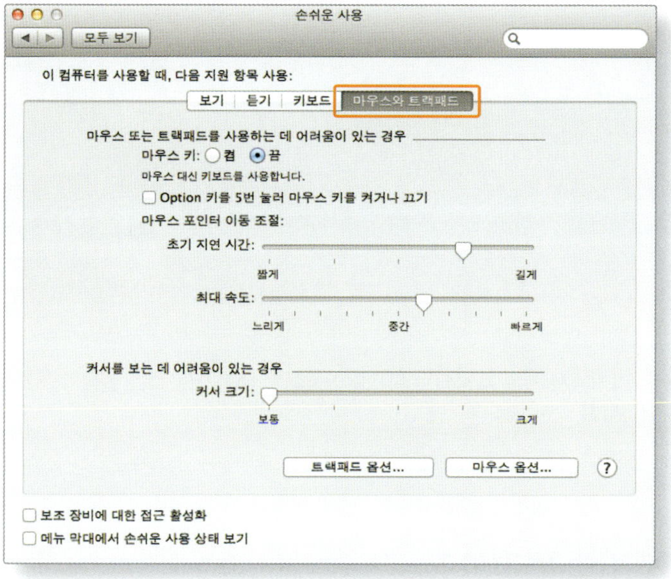

② [키보드] 탭은 키조작 시 느려지는 문제 등이 있다면 해당 기능을 조절해 주는 기능이 제공된다.

[마우스와 트랙패드] 탭은 포인터 이동 속도 및 커서 크기를 변경할 수 있다.

CHAPTER 20

하드웨어 항목 설정 방법 익히기

시스템 환경설정에서 하드웨어 항목은 사용 중인 Mac 기기에서 기본 제공되는 하드웨어들에게 대한 기본적인 설정 및 사용 환경을 구성하는 부분으로, 하나씩 설정하는 방법을 알아보자.

20-1 | DVD 미디어에 따른 실행 방법 변경하기

CD 및 DVD 설정 기능은 Mac 기기에 내장된 DVD 롬에 미디어를 넣을 때 실행되는 프로그램을 설정할 수 있다.

① 시스템 환경설정에서 [CD 및 DVD]를 선택하고 [비디오 DVD를 넣었을 때:]를 선택하여 여는 프로그램을 변경해 보자.

② [다른 응용 프로그램 열기]를 선택한다.

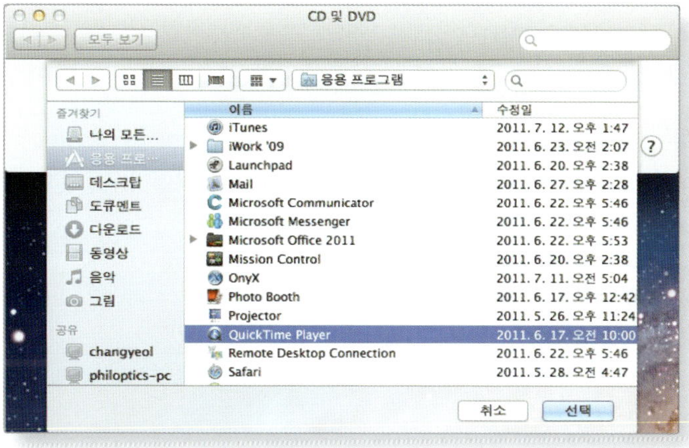

③ 예로 [QuickTime Player]를 선택하고 [선택] 버튼을 탭하자.

만약, 별도로 설치한 동영상 플레이어가 있다면 그 프로그램을 선택하면 된다.

④ "비디오 DVD를 넣었을 때" 항목이 [QuickTime Player 열기]로 변경되었다.

20-2 | 모니터 밝기 변경하기

모니터 설정은 사용 중인 Mac 기기의 모니터 해상도 및 색상을 변경할 수 있다.

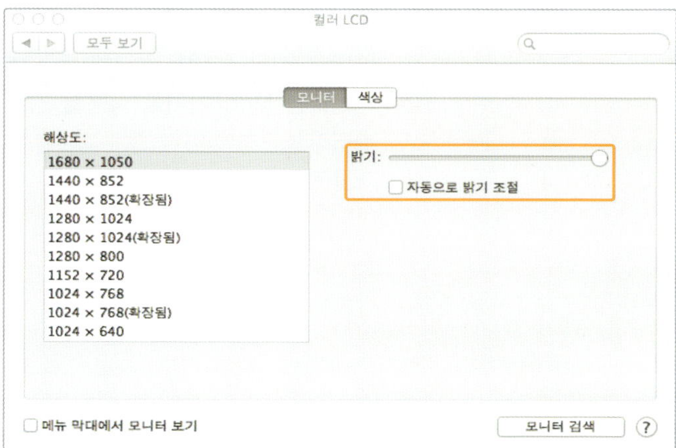

① 시스템 환경설정에서 [모니터]를 선택한다.

모니터가 어둡게 느껴진다면 [모니터] 탭 화면에서 기본적으로 [자동으로 밝기 조절]이 체크되어 있는데, 이것을 체크해제하고 밝기를 최대로 높인다. 좌측은 모니터가 지원하는 해상도를 표기한 것으로 필자 Mac은 1680 × 1050까지 지원한다.

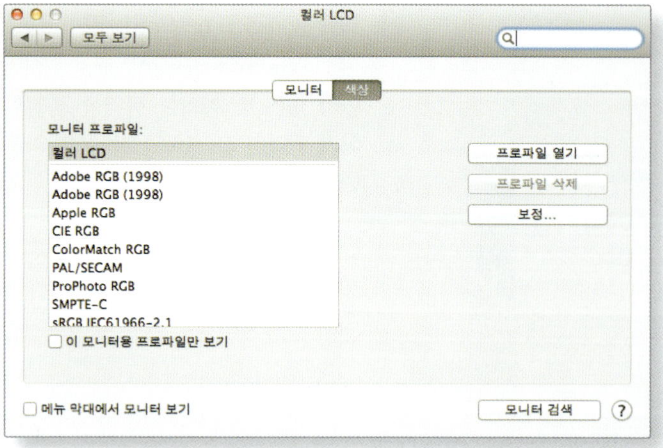

② [색상] 탭을 선택하면 모니터 프로파일을 변경할 수 있는 화면이 나온다. 필요에 따라 모니터 프로파일을 변경해서 사용해도 되지만 되도록이면 기본 설정 그대로 사용하길 권장한다.

20-3 | 컴퓨터 잠자기 설정 변경하기

에너지 절약 설정은 컴퓨터 잠자기, 모니터 잠자기 기능을 설정하여 전원을 절약하는 기능을 설정한다. 단, 이 기능은 MacBook 등의 노트북 제품에 알맞은 기능이다.

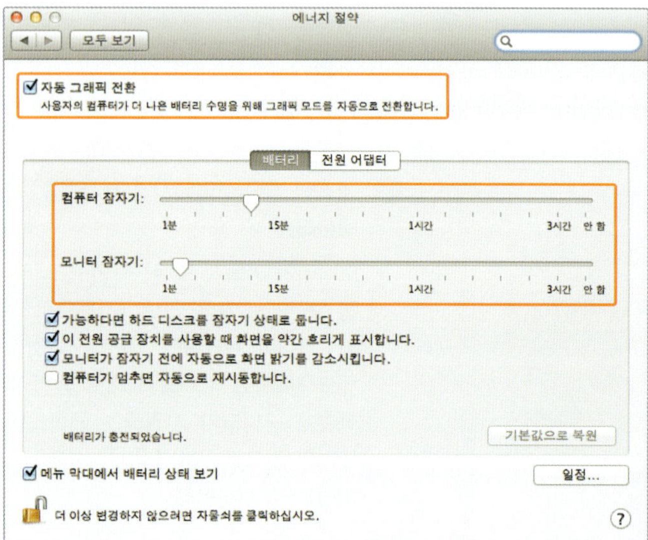

① 시스템 환경설정에서 [에너지 절약]을 선택하고 [배터리] 탭이 선택된 상태에서 보면 컴퓨터 잠자기나 모니터 잠자기를 분 단위로 드래그하여 설정할 수 있다.

[자동 그래픽 전환]을 체크해 두면 배터리로만 Mac 기기를 사용할 경우 배터리 소모를 줄이기 위해 그래픽 모드를 자동으로 변경한다.

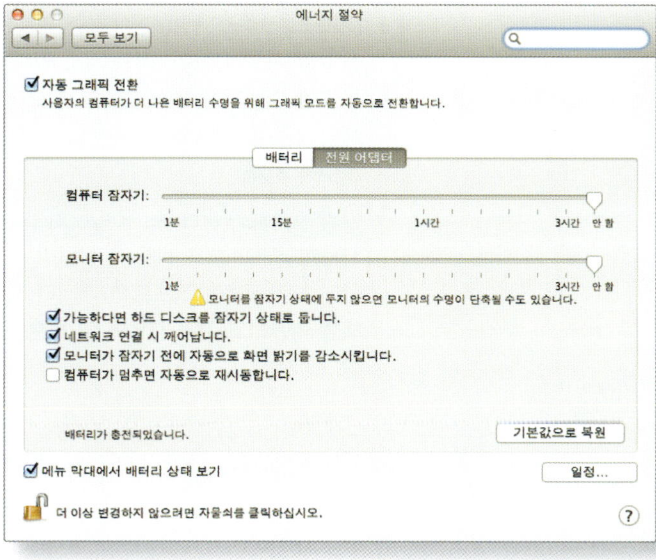

❷ [전원 어댑터] 탭을 선택하면 동일한 옵션으로 구성되어 있는데, 여기서는 컴퓨터 잠자기와 모니터 잠자기 모두 [안함]으로 설정하여 끄지 않도록 설정했지만, 사용자의 취향에 따라 설정하기 바란다.

모니터 등의 수명을 고려한다면 시간을 정해 두고 꺼지도록 설정하는 것을 권장한다.

20-4 | 키보드 백라이트 켜기

키보드 설정은 키보드 반복 및 지연 시간을 설정할 수 있고, 백라이트 기능이 있는 MacBook Pro 등을 사용할 경우 백라이트를 켜거나 끌 수 있다.

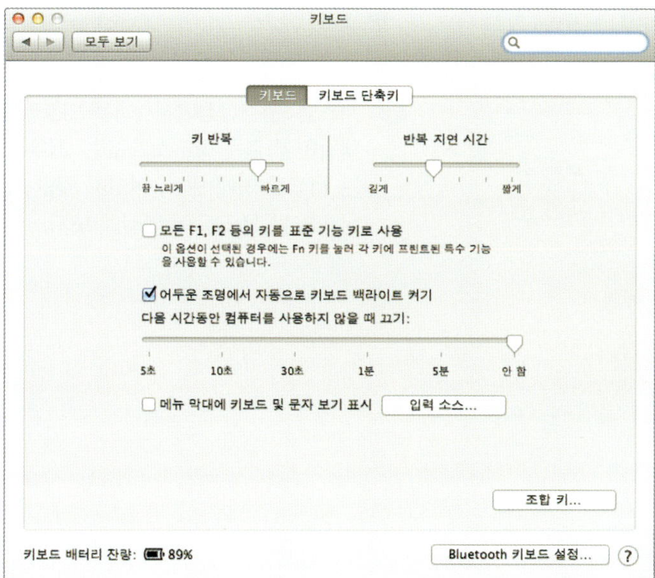

❶ 시스템 환경설정에서 [키보드]를 선택한다. [키보드] 탭에서 키 반복, 반복 지연 시간을 조절할 수 있고, 백라이트가 지원되는 키보드가 내장된 MacBook Pro를 이용하는 경우 [어두운 조명에서 자동으로 키보드 백라이트 켜기]가 체크되어 있으면 백라이트가 켜진 상태로 작업할 수 있다.

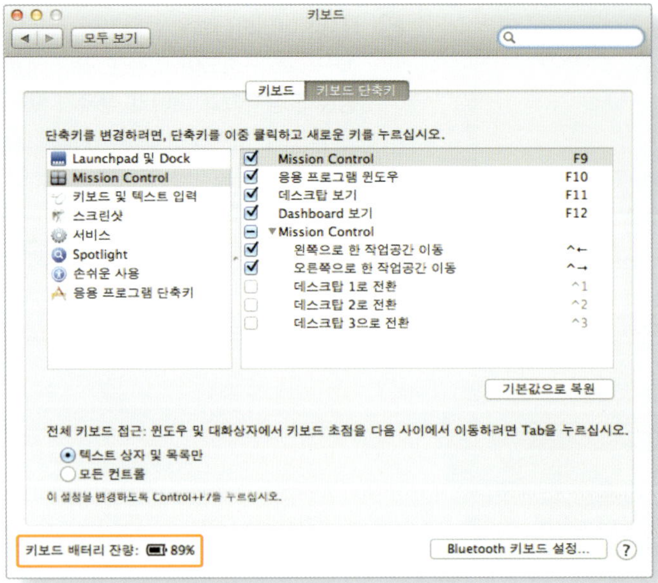

② [키보드 단축키] 탭을 선택하면 각 기능별로 단축키들이 정의되어 있다. 필요한 기능의 단축키를 알고 싶으면 해당 기능을 선택하여 확인하고 사용하도록 하자.

만약 Apple Wireless Keyboard를 사용한다면 키보드 배터리 잔량이 하단에 표기되므로 키보드의 배터리 상태를 확인하고 싶은 경우에 이 부분을 참고하자.

20-5 | 일반 마우스 설정하기

마우스는 기본적으로 애플 매직 마우스가 있지만, 솔직히 트랙패드를 개인적으로 더 권장하며, 1개 버튼으로 구성된 마우스가 불편하다면 일반 마우스를 연결해서 사용할 수 있다.

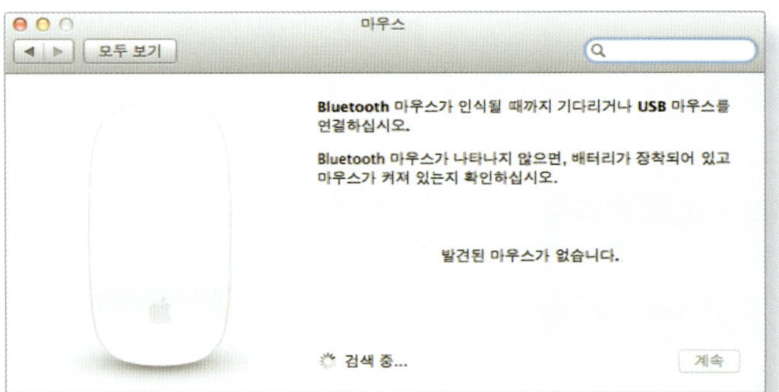

① 시스템 환경설정에서 [마우스]를 선택하면 연결된 마우스가 없는 경우에는 검색을 하게 된다. 여기서 일반 마우스를 USB 포트에 연결해 보자.

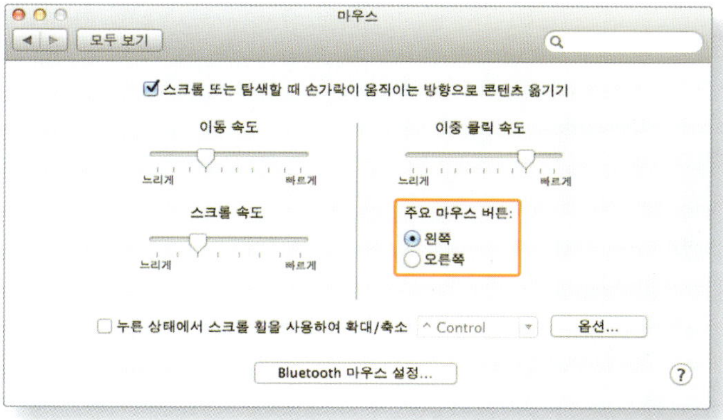

2. 마우스가 연결되면 이동 속도, 이중 클릭 속도, 스크롤 속도를 조절할 수 있고 사용자의 편의에 따라 주요 마우스 버튼을 왼쪽과 오른쪽을 변경할 수 있다. 마우스를 USB 포트에 연결해 보자.

20-6 | 트랙패드 설정하기

트랙패드는 최근 출시한 MacBook 제품군이나 Magic Trackpad를 사용하는 경우 이용할 수 있는 멀티터치 제스처를 설정할 수 있고, 관련된 조작 방법을 영상으로 배울 수 있다.

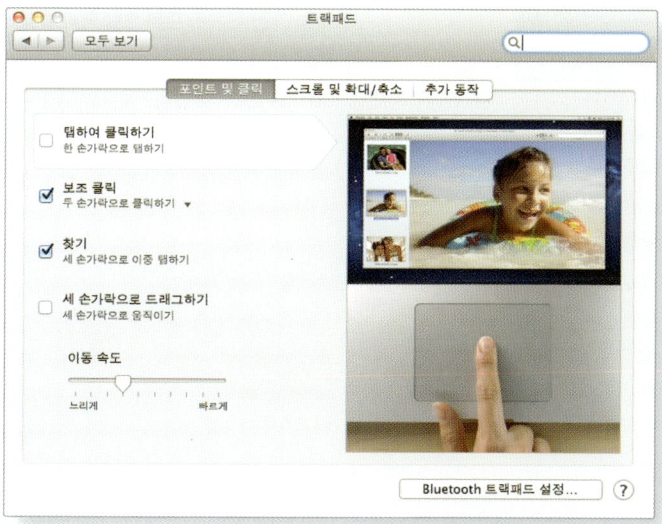

1. 시스템 환경설정에서 [트랙패드]를 선택한다.

   [포인트 및 클릭] 탭에서는 기본적인 마우스 조작을 대신하여 트랙패드에서 보조 클릭 기능 및 이동 속도를 설정할 수 있다.

❷ [스크롤 및 확대/축소] 탭을 선택하면 멀티제스처로 스크롤 방향 및 확대/축소하는 기능 등을 어떻게 하는지 보고 배울 수 있고, 불필요한 기능은 체크박스를 해제하면 사용하지 않게 할 수 있다.

❸ 마지막으로 [추가 동작] 탭을 선택하면 페이지 쓸어넘기기, Mission Control, Launchpad 등을 실행하기 위한 제스처를 설정할 수 있다.

만약 Mission Control보다 **Exposé**가 편하다면 [응용 프로그램 **Exposé**]를 체크한다.

20-7 | 프린터 추가하기

프린터 및 스캔은 프린터 및 스캐너를 추가 설정 기능이다.

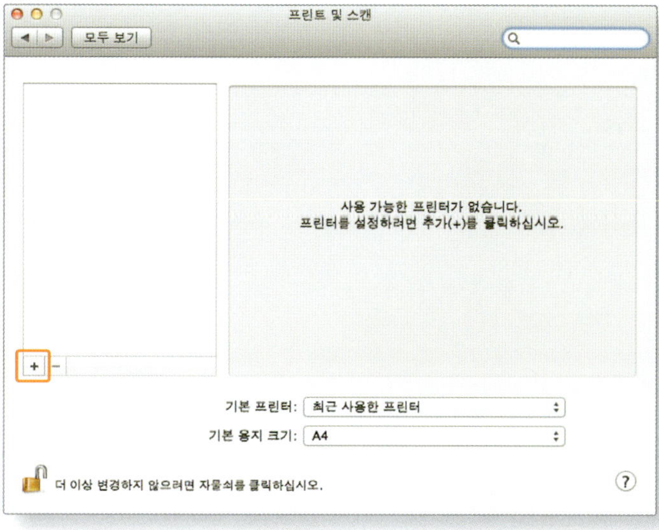

❶ 시스템 환경설정에서 [프린터 및 스캔]을 선택하고 좌측 목록 화면 하단에 있는 [+] 버튼을 탭하자.

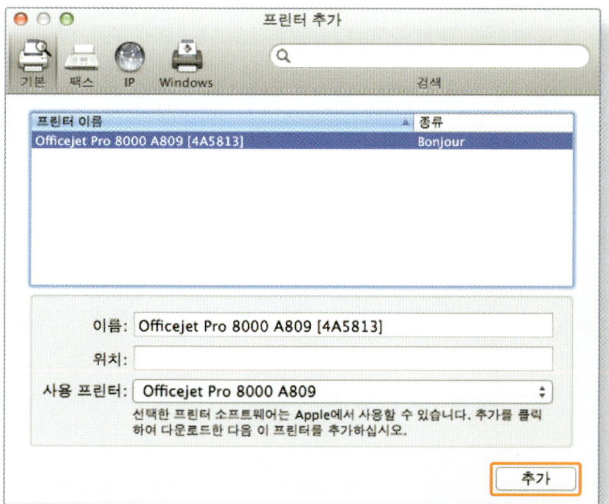

❷ 프린터 추가 창이 열리면 네트워크 또는 USB로 연결된 프린터 기기가 검색된다. 검색된 프린터를 선택하고 [추가] 버튼을 탭하자.

[팩스]는 팩스를 사용 시 선택한다.

[IP]의 경우 인터넷 프린팅 프로토콜을 지원하는 프린터 사용 시 이용할 수 있다.

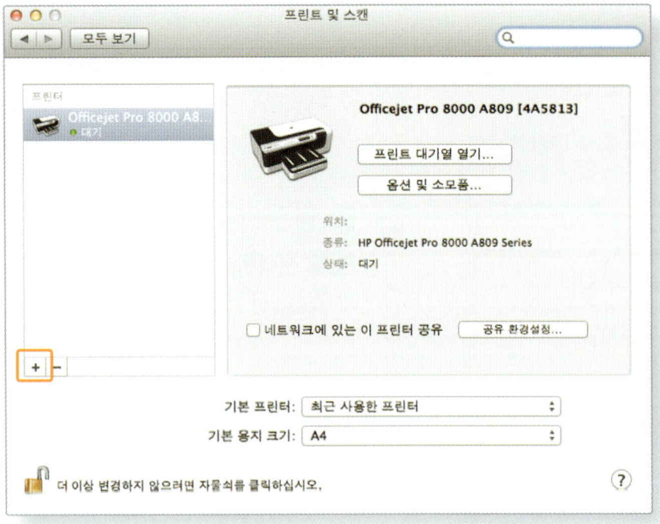

❸ 시스템 환경설정에서 [프린터 및 스캔]을 선택하고 좌측 목록 화면 하단에 있는 [+] 버튼을 탭하자.

20-8 | 마이크 설정하기

사운드는 사운드 효과 및 마이크 입력 및 소리 출력과 관련된 설정을 한다.

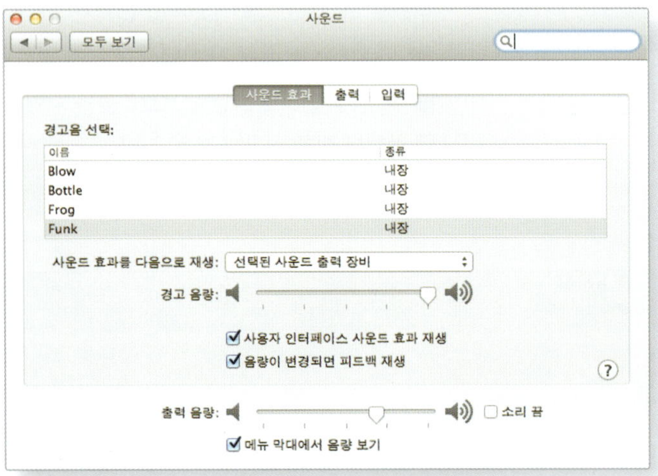

❶ 시스템 환경설정에서 [사운드]를 선택하고 [사운드 효과] 탭을 보면 경고음과 경고 음량 및 출력 음량을 변경할 수 있다.

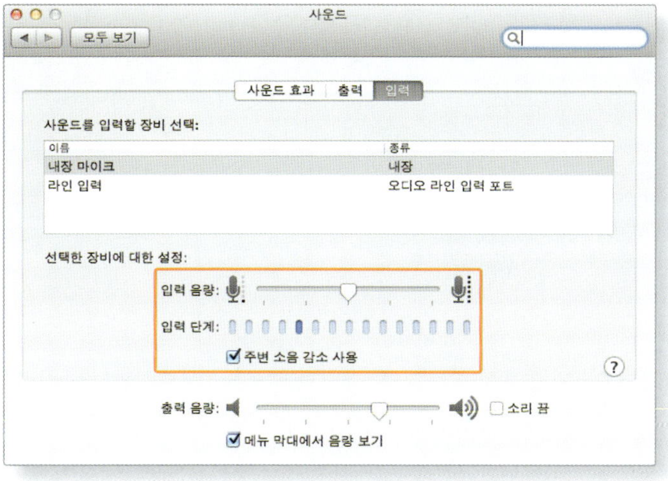

❷ [입력] 탭을 선택하면 마이크 관련 기능을 설정할 수 있다. 입력 음량 조절을 할 수 있고, 마이크 연결하여 사용할 경우 입력 단계에 소리가 입력되는지 확인도 가능하다.

CHAPTER 21

iCloud 및 인터넷, 무선 설정 방법 익히기

새롭게 추가된 iCloud나 보편적으로 많이 이용하고 있는 Gmail 연결 방법 등을 알아보고, 블루투스 키보드를 연결하는 방법을 알아보자.

21-1 | iCloud 서비스 연결하기

Mail, 연락처, 캘린더 설정에서는 iCloud 기능이 추가되었다. iCloud 계정 등록과 Gmail 계정 등록 방법을 알아보자.

❶ 시스템 환경설정에서 [Mail, 연락처, 캘린더]를 선택한다.

좌측 [iCloud]를 선택하고 우측 [계정 추가...] 버튼을 탭하자.

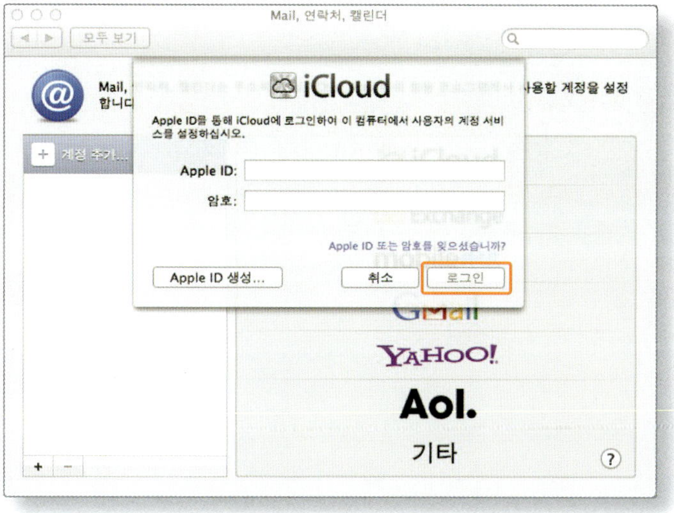

❷ iCloud 서비스는 애플에서 제공하는 무료 서비스로, 앱스토어를 사용하기 위해 등록한 사용자의 Apple ID와 암호를 입력하고 [로그인] 버튼을 탭한다.

❸ 로그인이 성공적으로 되면 "자동으로 iCloud를 설정하겠습니까?" 메시지 창이 나온다. 우선 [승인] 버튼을 탭하자.

참고로 [수정 설정]을 선택하면 동기화할 항목을 사용자가 설정할 수 있다.

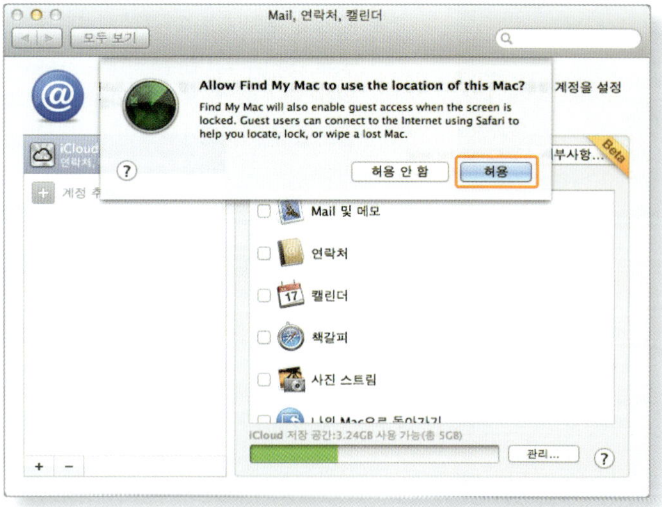

❹ "나의 Mac 찾기"를 허용할 것인지를 묻는 메시지창이 나오면 [허용] 버튼을 탭한다.

iCloud에 동기화되는 것은 Mail, 메모, 연락처, 캘린더, 책갈피, 사진 스트림, 나의 Mac으로 돌아가기 등이다. 이들을 선택하여 사용할 수 있다.

21-2 | Gmail 연결하기

이번에는 Gmail 계정을 추가해 보자.

❶ 우측에서 [Gmail]을 선택하고 좌측에서 [계정 추가]를 탭하자.

참고로 자신이 사용 중인 메일 계정에 따라 선택하면 된다. Microsoft Exchange, mobileMe, Yahoo!, AOL 메일 외의 경우에는 [기타]를 선택하여 수동 설정을 해야 한다.

❷ 사용 중인 Gamil 주소와 암호를 입력하고 [설정] 버튼을 탭한다.

❸ Gmail은 계정 정보만 맞으면 자동 설정되고, 계정에 따른 서비스 연동을 선택하게 된다. [Mail 및 메모], [캘린더], [대화] 서비스를 체크한 상태로 [계정 추가] 버튼을 탭하여 등록을 마무리한다.

21-3 | MobileMe 설정하기

MobileMe는 애플이 iCloud 서비스를 내놓기 전에 유료로 서비스하던 클라우드 서비스 중 한가지로 메일 및 웹하드 기능 등을 제공하였다.

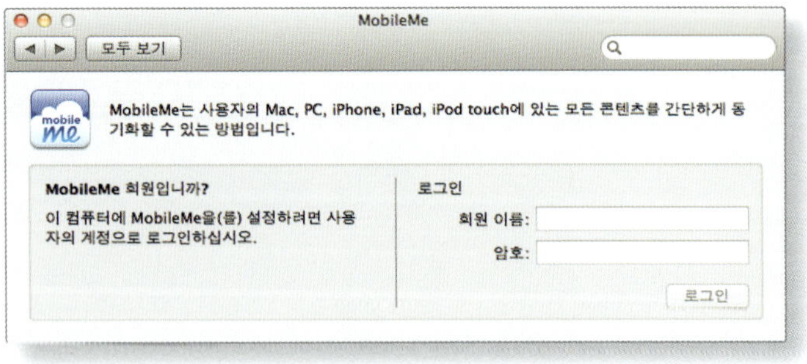

❶ 시스템 환경설정에서 [MobileMe]를 선택하고, 사용 중인 회원 이름과 암호를 입력하고 [로그인] 버튼을 탭한다.

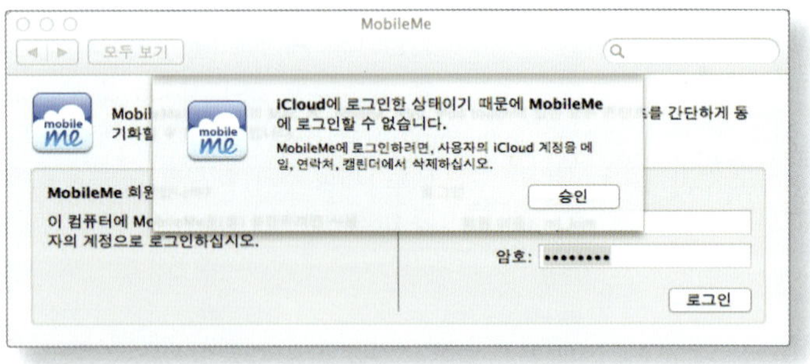

❷ 단, 이미 iCloud 서비스를 사용 중이라면 MobileMe 로그인을 할 수 없도록 되어 있다.

조만간 MobileMe는 iCloud 서비스에 통합될 것으로 예상되어 사용 빈도가 크게 줄어들 것으로 예상된다.

21-4 | 무선 네트워크 Mac 주소 확인하기

네트워크 설정은 Wi-Fi, 이더넷, FireWire, Bluetooth PAN의 상세 설정을 할 때 이용한다. 다만, 필자가 "8장 인터넷 연결하기"에서 상세히 다루기 때문에 자세한 설명은 생략한다.

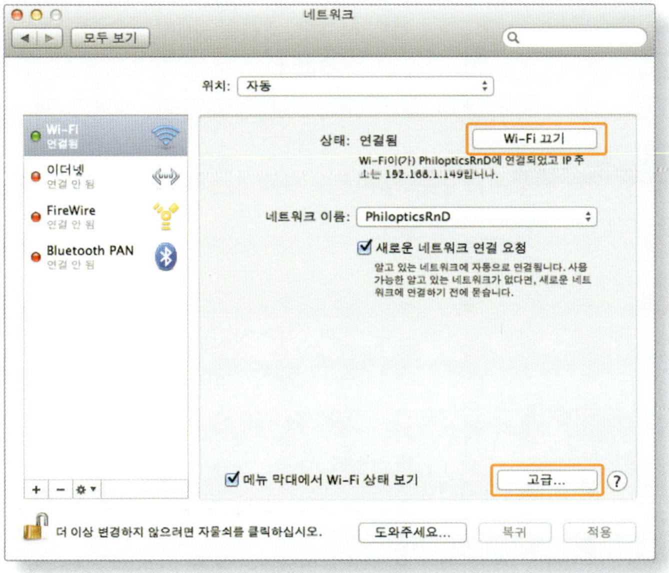

❶ Wi-Fi를 사용하지 않으려면 [Wi-Fi 끄기] 버튼을 탭한다. 또는 Wi-Fi의 상세 정보를 확인하려면 하단 [고급] 버튼을 탭한다.

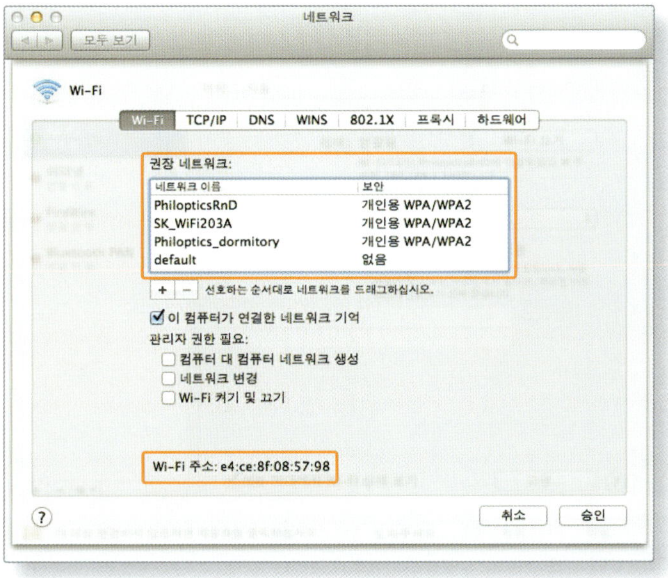

❷ 현재까지 등록되어 있는 Wi-Fi 무선 AP 목록을 확인할 수 있고, Wi-Fi의 Mac 주소를 알고 싶은 경우에는 이 화면 하단의 [Wi-Fi 주소]를 확인하면 된다.

21-5 | 블루투스 키보드 연결하기

Bluetooth 설정은 Mac 기기에서 사용하는 블루투스 기기를 연결하고 관리한다. 예로 Apple Wireless Keyboard를 등록해 보자.

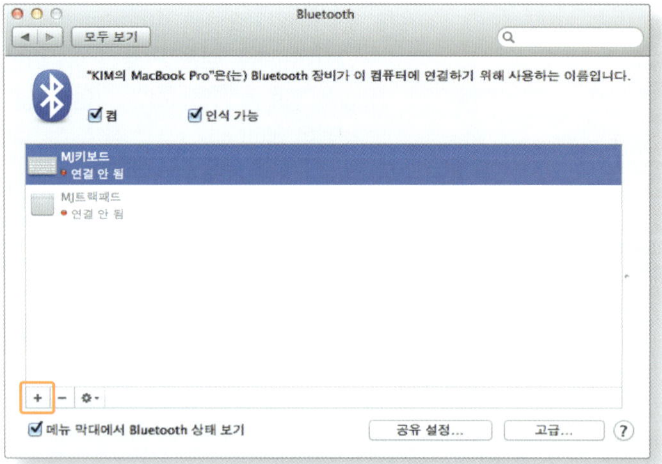

❶ 시스템 환경설정에서 [Bluetooth]를 실행한다.

Bluetooth 창이 열리면 하단의 [+] 버튼을 탭하자.

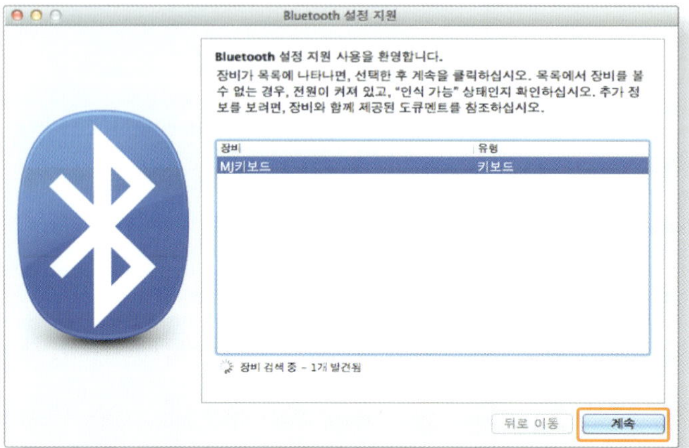

❷ “Bluetooth 설정 지원”창에서 키보드가 켜져 있으면 장비에 나온다. 해당 키보드를 선택하고 [계속] 버튼을 탭한다.

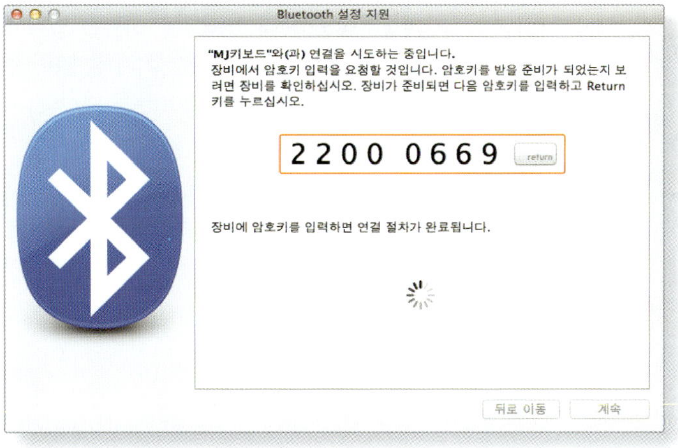

3 키보드가 인식되면 장비 연결을 위한 화면에 표기된 숫자를 입력하고 [return] 키를 누르면 연결이 마무리 된다.

단, 숫자키를 잘못 입력하면 연결되지 않기 때문에 주의하자.

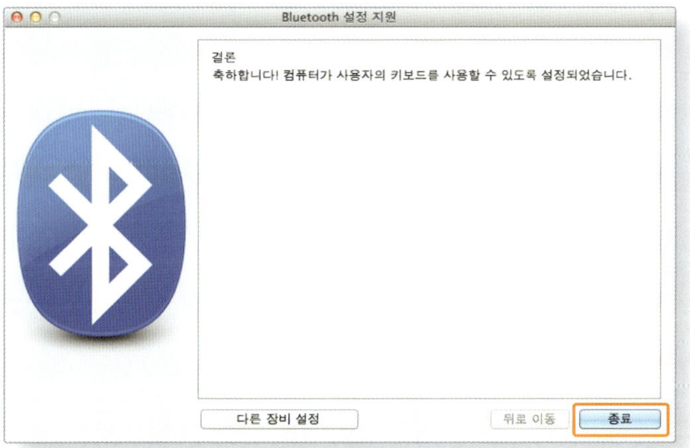

4 이상 없이 연결되면 환영 메시지가 나온다. 여기서 [종료] 버튼을 탭하여 설치를 마무리하자.

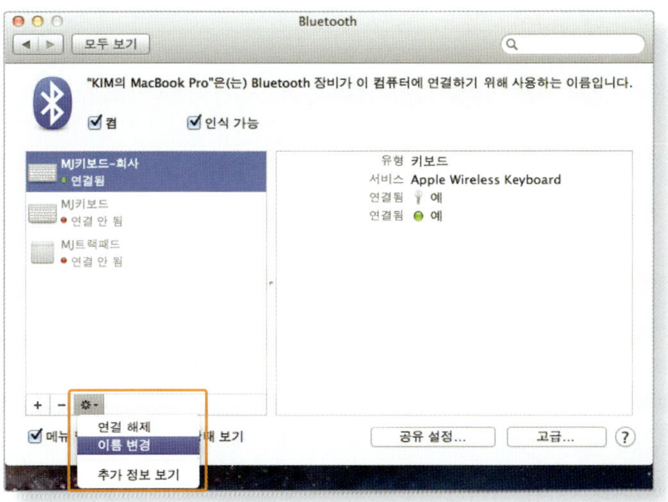

5 등록한 기기명이 중복되어 보기 싫은 경우에 등록한 기기의 이름을 변경하려면 하단에 위치한 [이름 변경] 메뉴를 선택한다.

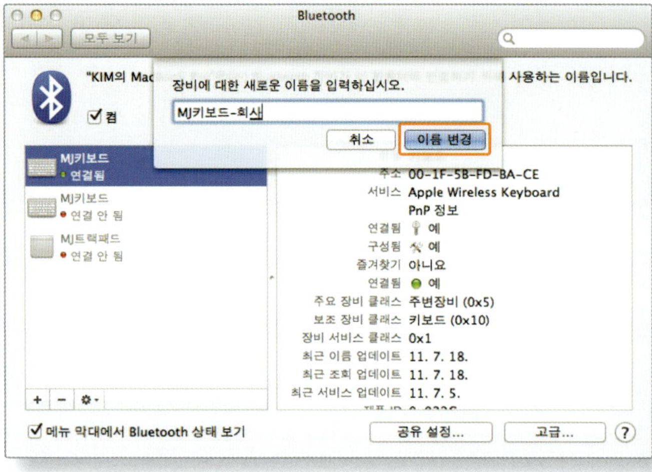

❻ "장비에 대한 새로운 이름을 입력하십시오"창이 나오면 기기 명칭을 변경하고 [이름 변경] 버튼을 탭한다.

21-6 | 폴더 및 프린터 공유하기

공유는 화면, 파일, 프린터와 같은 자원을 공유시켜 다른 Mac 기기에서도 이용할 수 있는 기능을 말한다.

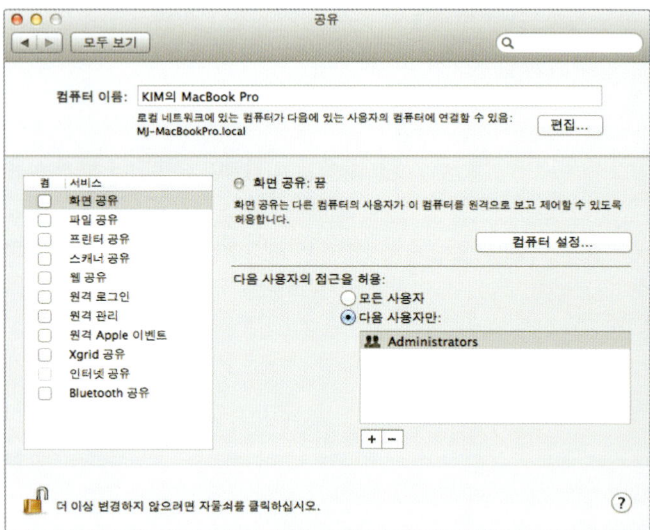

❶ 시스템 환경설정에서 [공유]를 선택한다. 좌측 [서비스] 항목에서 공유할 항목을 체크한다.

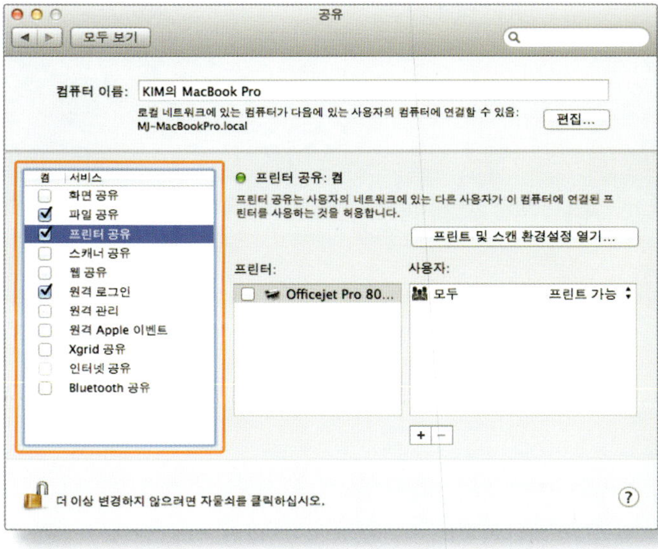

❷ 공유 항목을 모두 체크하였다면 화면을 닫자.

TIP AirDrop으로 파일 보내기

AirDrop은 파일공유 형태가 아닌 메신저에서 서로 파일을 주고받을 수 있는 것처럼, 일정한 거리 내에서 OS X Lion이 설치된 Mac 기기끼리 파일을 주고받을 수 있는 서비스이다. 사용방법은 Finder창을 열고 좌측 사이드바에서 [AirDrop] 메뉴를 선택한 상태에서, 파일을 받을 상대방도 AirDrop을 실행한 상태로 보낼 파일을 드래그하여 상대방에게 보내면 된다. 번거로운 설정이 필요 없이 간단하게 파일을 주고받을 수 있어 업무용으로도 유용할 것으로 예상된다.

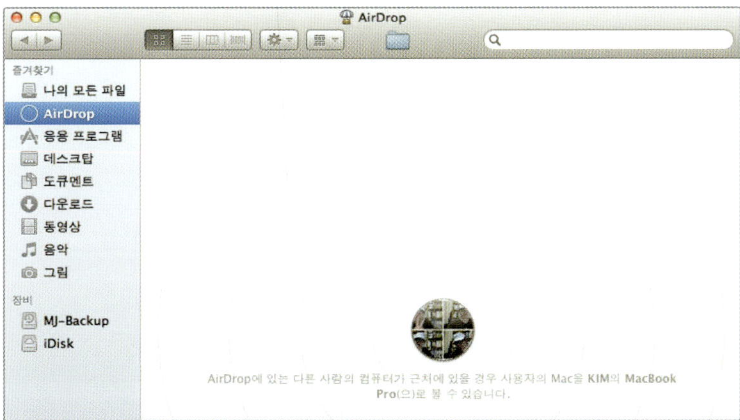

CHAPTER 22

시스템 항목 설정 방법 익히기

사용자 계정 정보 변경 및 아이들을 위한 유해 콘텐츠 차단용 계정을 추가하는 방법과 Time Machine으로 OS X Lion을 백업하는 방법을 알아보자.

22-1 | 계정 정보 변경하기

기본적으로 등록된 관리자 계정의 암호 변경과 Apple ID를 추가하는 방법을 알아보자.

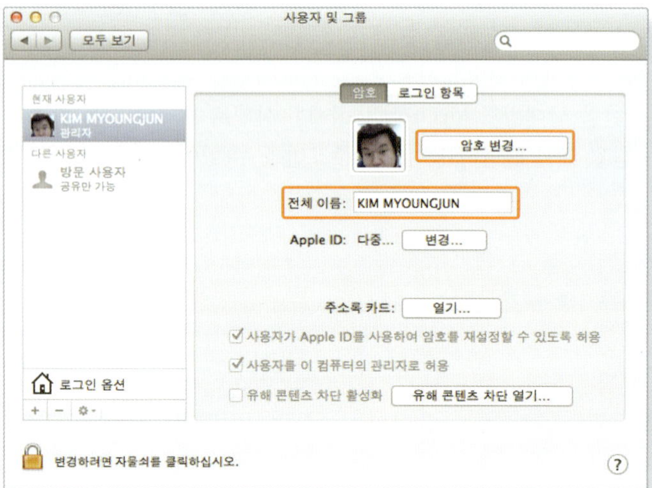

① 시스템 환경설정에서 [사용자 및 그룹]을 선택하면 현재 관리자 계정 정보가 나온다.

OS X Lion에 표기되는 이름을 변경하려면 [전체 이름:] 항목을 변경한다. 암호를 변경하려면 사진 옆 [암호 변경] 버튼을 탭하자.

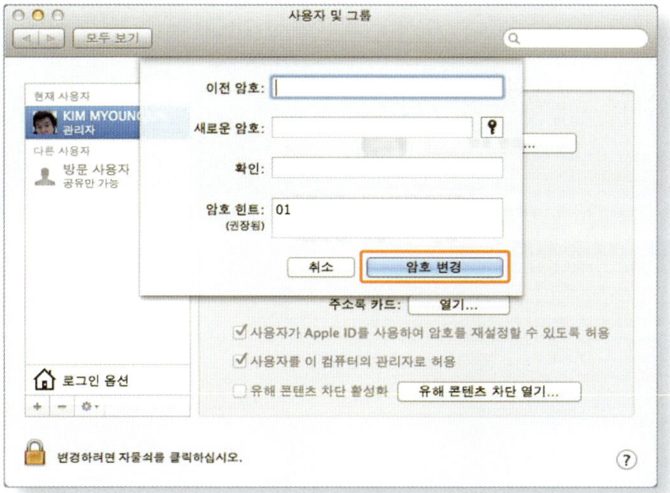

❷ [이전 암호]를 입력하고 변경할 새 암호를 [새로운 암호:], [확인]에 입력하고 [암호 변경] 버튼을 탭하면 사용자의 계정 암호가 변경된다.

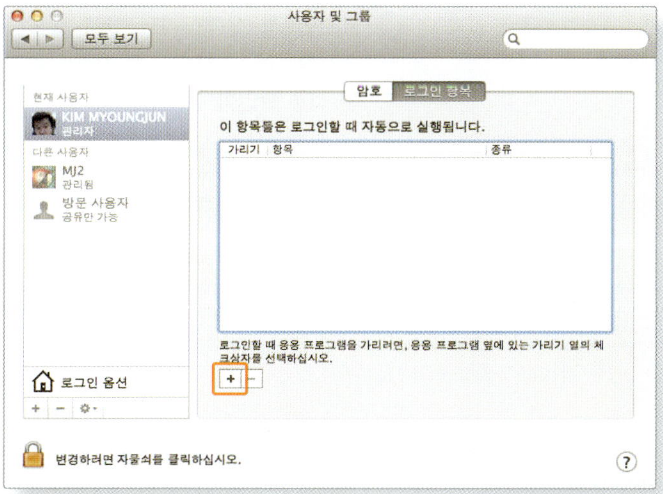

❸ [로그인 항목]을 탭하고 로그인할 때 자동으로 실행할 프로그램을 지정하자. 로그인하면 바로 실행되는 프로그램을 등록하는 것으로, 우측 하단에 있는 [+] 버튼을 탭하여 다른 프로그램을 지정해 보자.

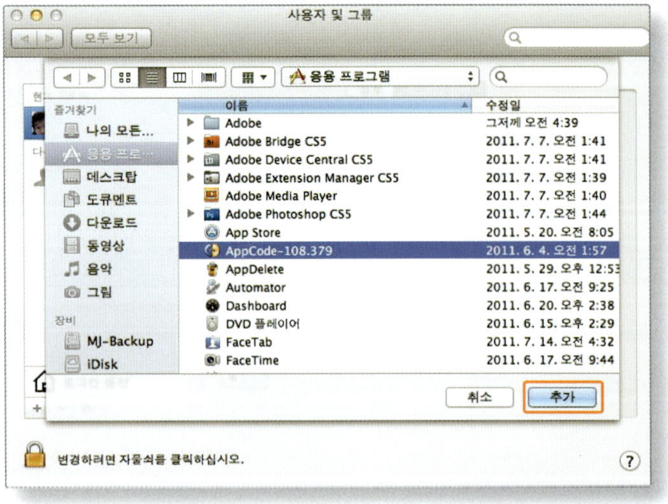

❹ 로그인 시 실행할 프로그램을 선택하고 [추가] 버튼을 탭한다.

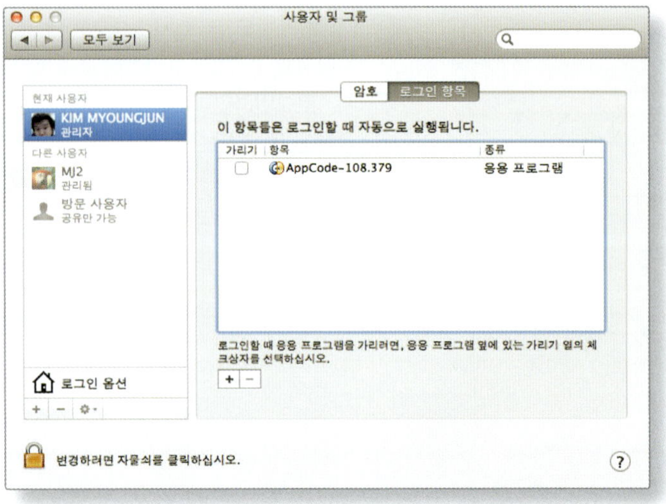

❺ 로그인 시 실행할 프로그램 목록에 지정한 AppCode 프로그램이 추가된 것을 확인할 수 있다.

만약 삭제하고 싶은 경우에는 하단의 [–] 버튼을 탭하여 삭제를 한다.

22-2 | 자동 로그인으로 변경하기

OS X Lion을 사용할 때 편하게 자동 로그인할 수 있는 방법을 알아본다.

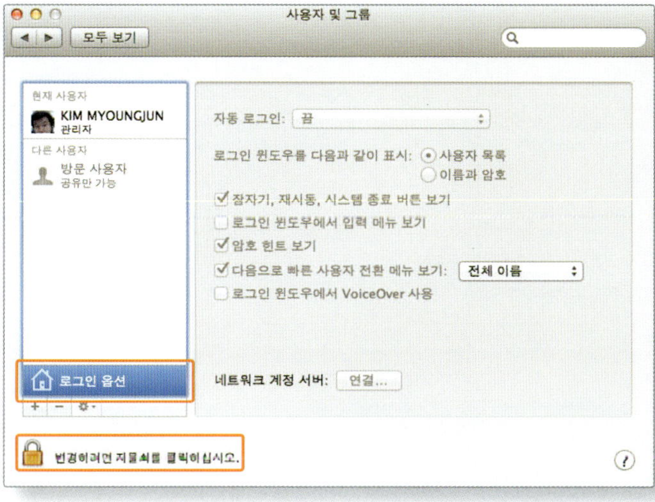

❶ [사용자 및 그룹] 설정화면에서 좌측 하단에 있는 [로그인 옵션]을 탭하면 잠겨 있는 설정 화면이 보여진다. 여기서 다시 하단의 [변경하려면 자물쇠를 클릭하십시오]를 탭한다.

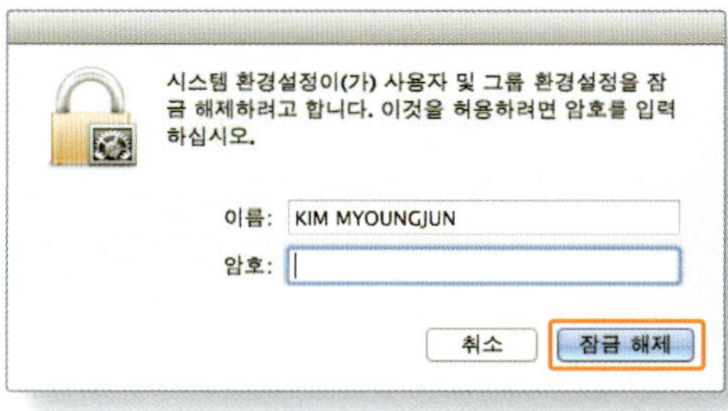

❷ 잠금 해제를 위해 사용자 계정의 암호를 입력하고 [잠금 해제] 버튼을 탭한다.

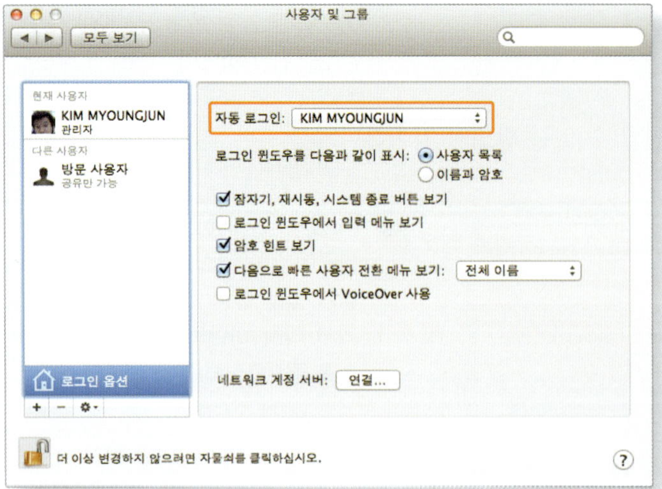

③ 입력할 수 있는 상태가 되면, [자동 로그인:] 항목에서 사용자의 계정명을 선택한다. OS X Lion을 켰을 때 로그인을 직접 하지 않아도 자동으로 로그인이 된다.

22-3 | 다중 계정 등록하기

최근 Apple ID를 한국 계정 이외에 미국 계정, 일본 계정을 사용하는 경우가 많다. 매번 사용하려는 계정으로 로그인하는 방법보다는 한번에 모든 계정을 등록해 놓고 사용하는 다중 계정을 이용해 보자.

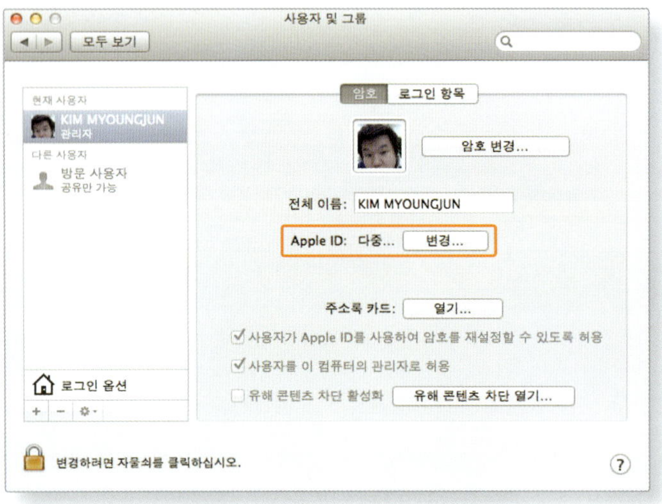

① 사용자 및 그룹 화면에서 사용자 계정을 선택하고 "Apple ID:"의 [변경] 버튼을 탭하자.

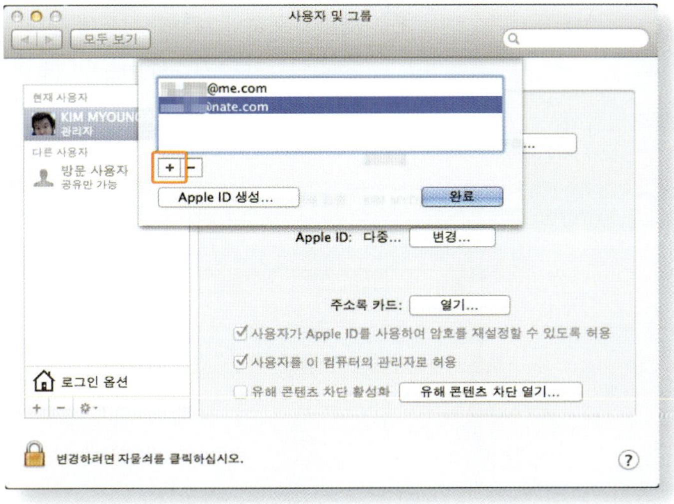

② 사용 중인 계정 목록 화면에서 계정 추가를 위해 하단에 있는 [+] 버튼을 탭하자.

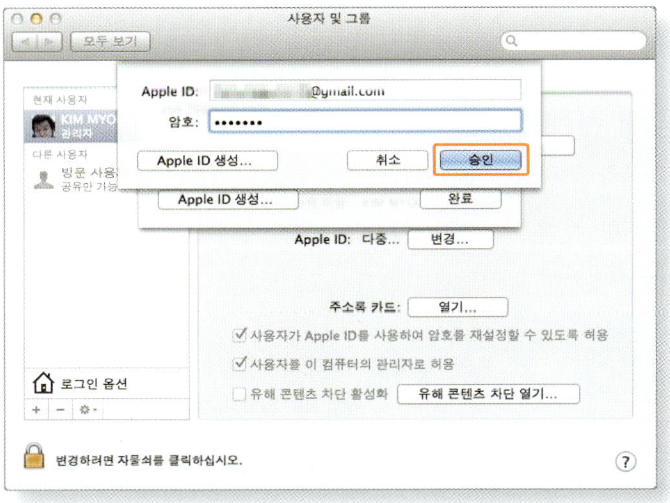

③ Apple ID와 암호를 입력하고 [승인] 버튼을 탭한다.

만약, Apple ID를 새롭게 만들려면 [Apple ID 생성] 버튼을 탭하여 새롭게 만들기 바란다.

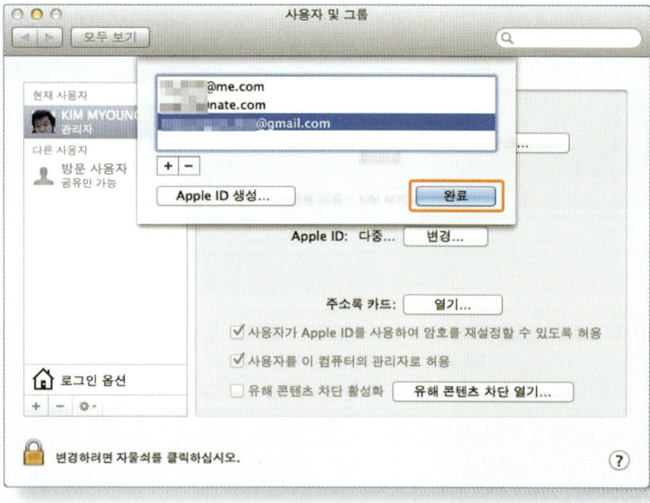

❹ 새로이 등록한 계정이 목록에 추가된 것을 확인하였다면, [완료] 버튼을 탭하여 마무리한다.

22-4 | 별도 계정을 추가하여 유해 컨텐츠 차단하기

OS X Lion을 자녀들과 같이 사용한다면 유해한 컨텐츠를 접속하거나 접하는 경우를 막기 위해 계정을 별도로 만들고 관리하는 방법을 알아보자.

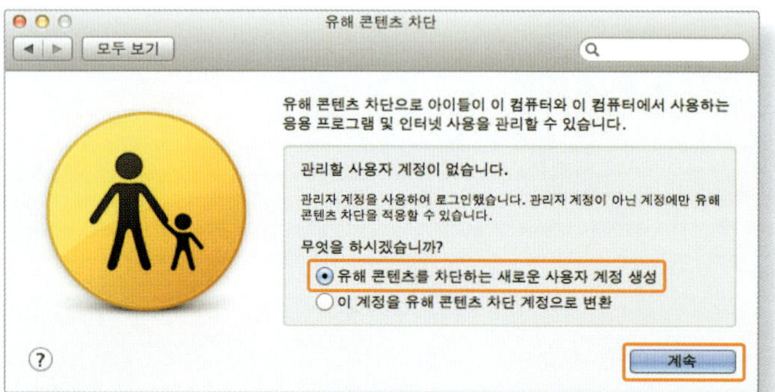

❶ 시스템 환경설정에서 [유해 콘텐츠 차단]을 실행하고, [유해 콘텐츠를 차단하는 새로운 사용자 계정 생성]을 선택한 다음 [계속] 버튼을 탭하자.

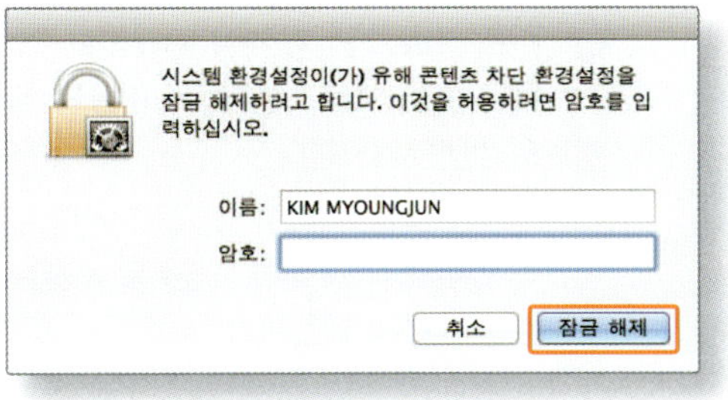

❷ 사용 중인 계정의 암호를 입력하고 [잠금 해제] 버튼을 탭한다.

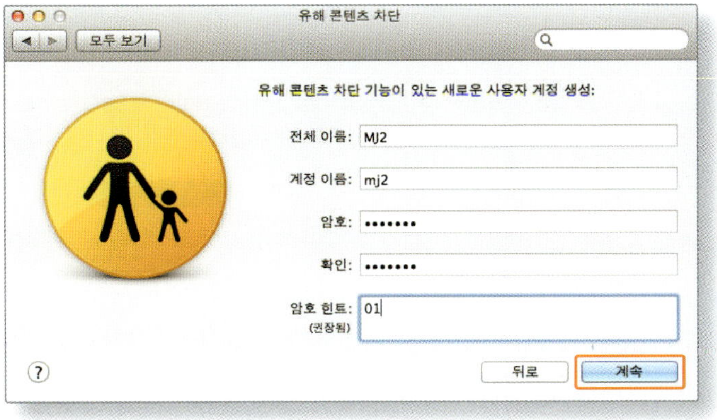

❸ 전체 이름, 계정 이름, 암호, 암호 확인, 암호 힌트를 차례대로 입력하고 [계속] 버튼을 탭한다.

❹ 새롭게 등록한 계정의 [응용 프로그램] 탭에서 해당 계정에서 사용할 응용 프로그램 제한을 해 보자.

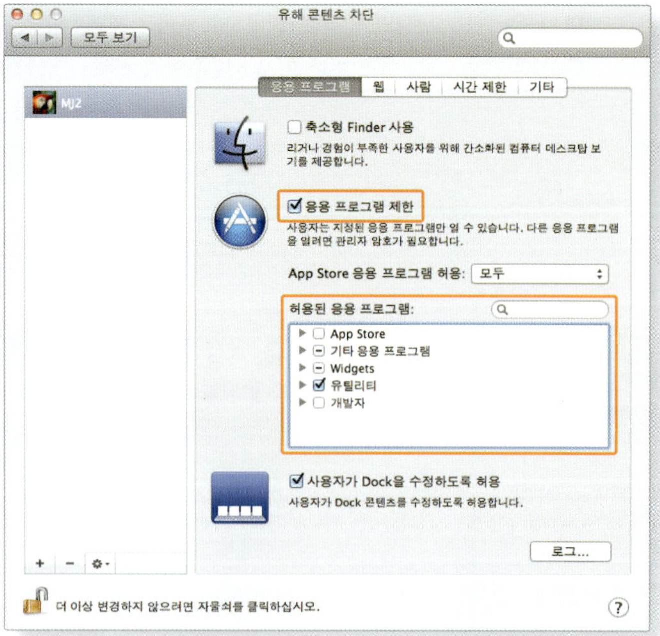

⑤ [응용 프로그램 제한]을 체크하고 "허용된 응용 프로그램:"에서 허용할 프로그램만 체크한다.

그리고 해당 계정이 Dock을 변경할 수 있도록 [사용자가 Dock을 수정하도록 허용]을 체크하자.

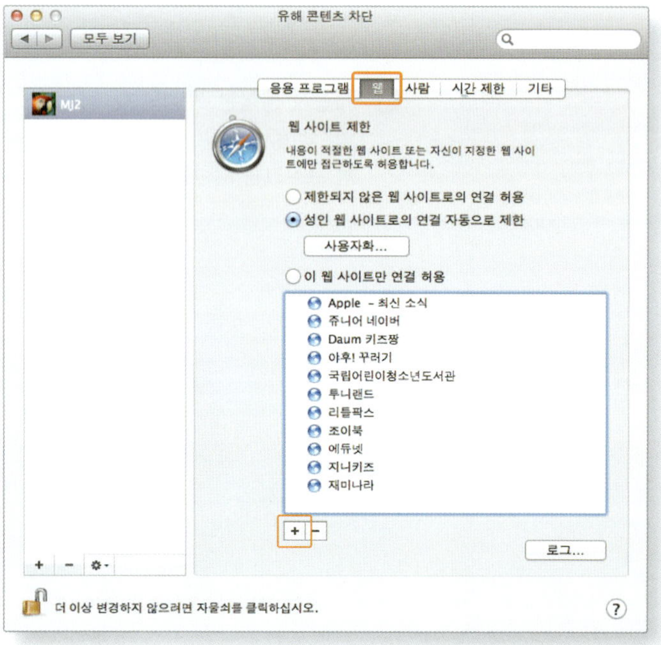

⑥ [웹] 탭을 선택하고 웹 사이트 제한을 해보자.

[성인 웹 사이트로의 연결 자동으로 제한]을 선택하고 [사용자화] 버튼을 탭하여 차단할 웹사이트 주소와 허용할 웹사이트 주소를 등록하자. 또는 [이 웹 사이트만 연결 허용]을 선택하고 특정 사이트만 허용하도록 설정할 수 있다. 허용할 사이트를 추가하려면 하단의 [+] 버튼을 탭하자.

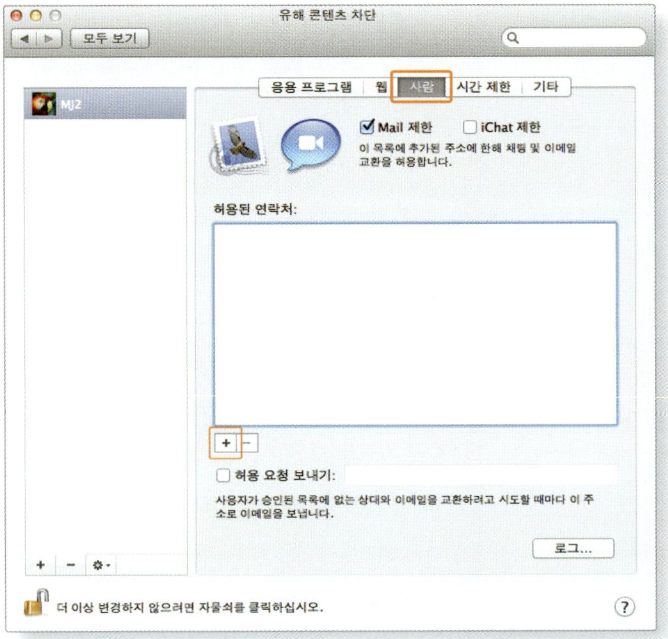

❼ [사람] 탭을 선택하여 Mail과 iChat에 대한 사용을 제한해 보자.

"허용된 연락처:"에 [+] 버튼을 탭하고, 허용할 메일주소 계정을 추가하여 관리하자.

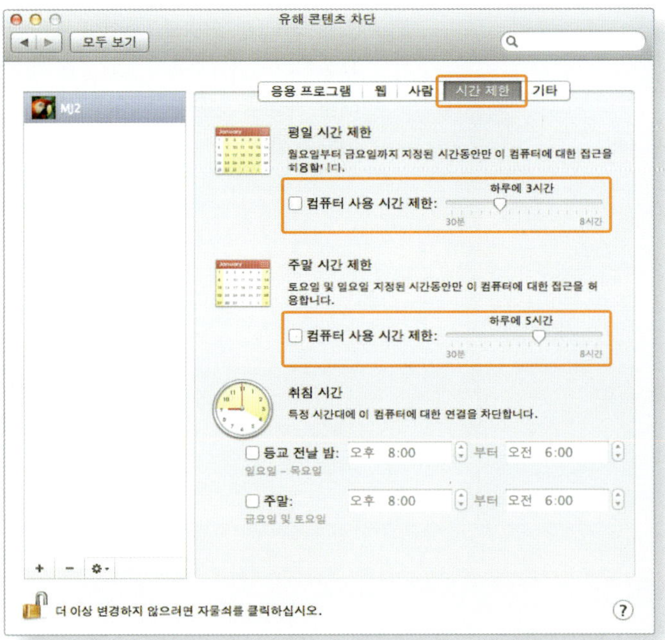

❽ [사용 제한] 탭을 선택하면 평일 시간과 주말 시간을 제한할 수 있다.

[컴퓨터 사용 시간 제한]을 체크하고 하루 사용 시간을 드래그하여 조절하자.

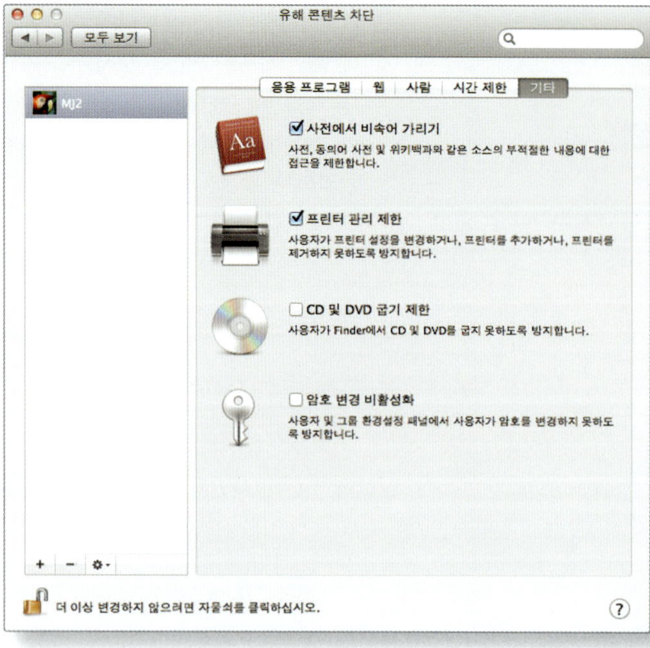

❾ [기타] 탭을 선택하면, 프린터, DVD 굽기, 암호 변경 비활성화를 할 수 있다.

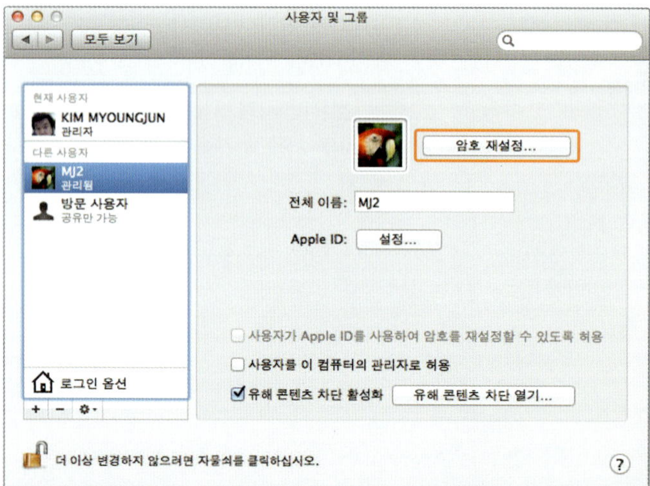

❿ 유해 콘텐츠 차단용 계정의 암호를 재설정하려면 [사용자 및 그룹]에서 해당 계정을 선택하고 [암호 재설정] 버튼을 탭한다.

22-5 | 시간대를 자동으로 설정하기

시간대 설정은 애플에서 제공하는 타임 기능을 자동으로 체크하고 처리하는 방법과 시간대를 자동으로 체크하는 방법을 알아보자.

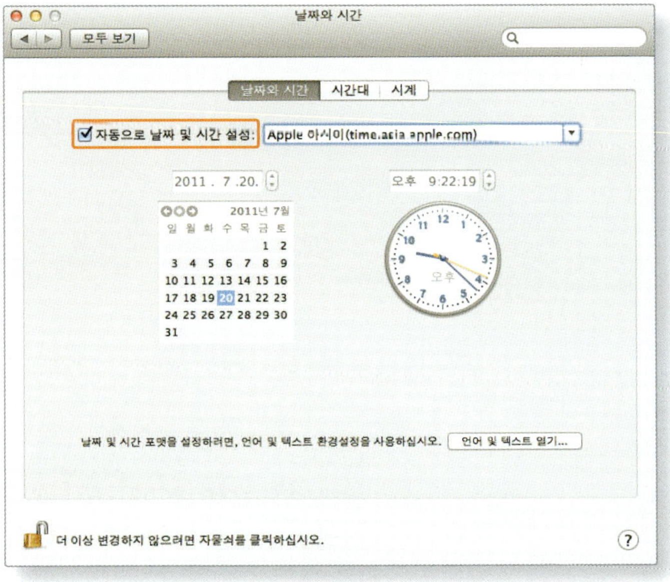

❶ 시스템 환경설정에서 [날씨와 시간]을 선택하고 [날씨와 시간] 탭에서 [자동으로 날짜 및 시간 설정]을 체크하면 시간이 자동으로 설정된다.

❷ [시간대] 탭을 선택하면 기본적으로 수동 설정으로 되어 있다.

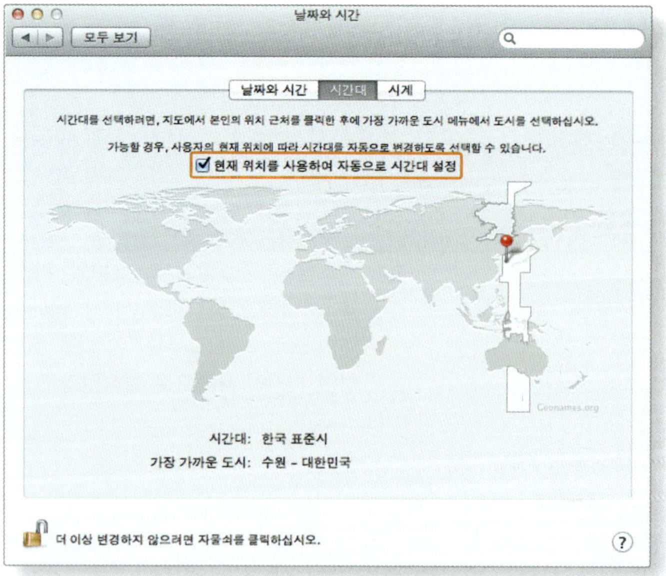

❸ [현재 위치를 사용하여 자동으로 시간대 설정]을 체크하면 사용자가 있는 위치의 시간대가 확인되어 자동 설정된다.

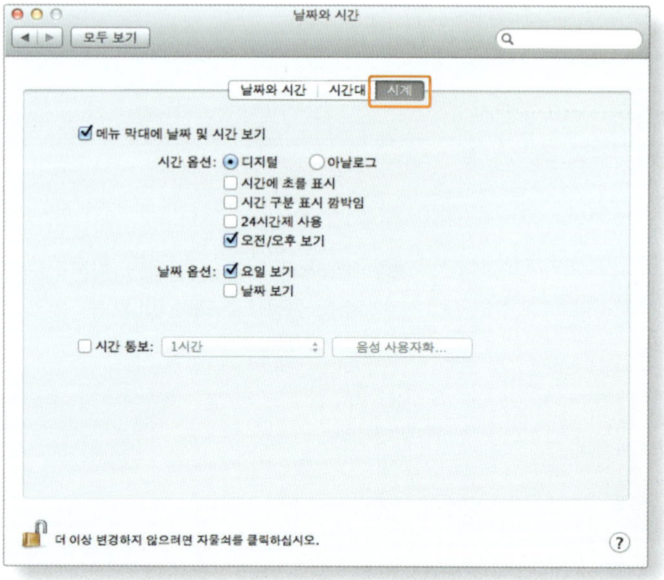

❹ [시계] 탭은 OS X Lion에서 사용 중인 날짜 및 시간 보기의 옵션을 변경할 수 있는 옵션으로 24시간제 및 오전/오후 보기 등이 가능하다.

22-6 | OS X Lion 백업하기

Time Machine은 중요한 데이터 파일을 백업하는 것으로, 일정 기간마다 자동적으로 만들어져 데이터를 쉽고 빠르게 복원할 수 있는 기능이다. 이를 사용하는 방법을 알아보자.

❶ 시스템 환경설정에서 [Time Machine]을 실행하고 [끔-켬] 부분을 탭하자.

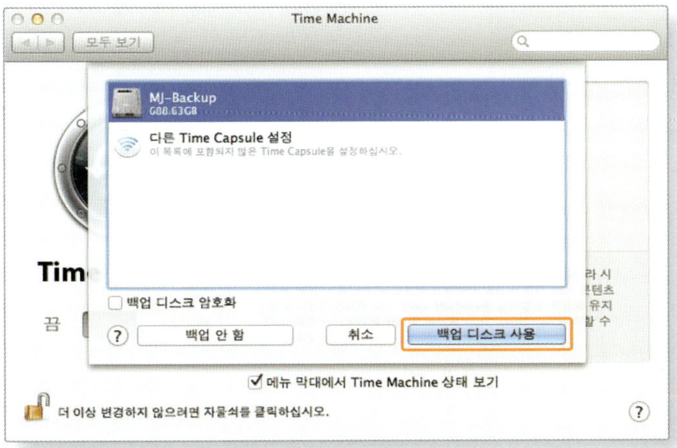

❷ 백업 디스크로 사용할 디스크를 선택하는 화면으로 백업하기 위한 디스크를 선택한다. 디스크를 선택하고 [백업 디스크 사용] 버튼을 탭하자.

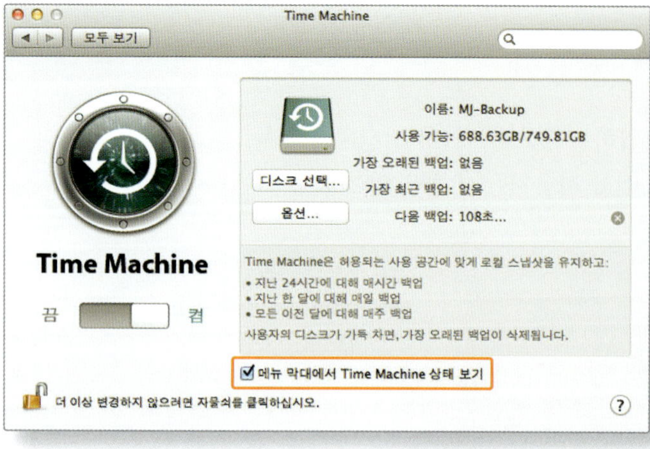

❸ 선택한 디스크로 백업이 바로 진행된다. 여기서 메뉴 막대에 Time Machine 상태를 보여주려면 [메뉴 막대에서 Time Machine 상태 보기]를 체크해 둔다.

설정하면 바로 몇 초후, 백업이 진행된다는 것이 "다음 백업:"항목에 표시된다. 참고로 백업용 디스크를 변경하려면 [옵션] 버튼을 탭하여 변경할 수 있다.

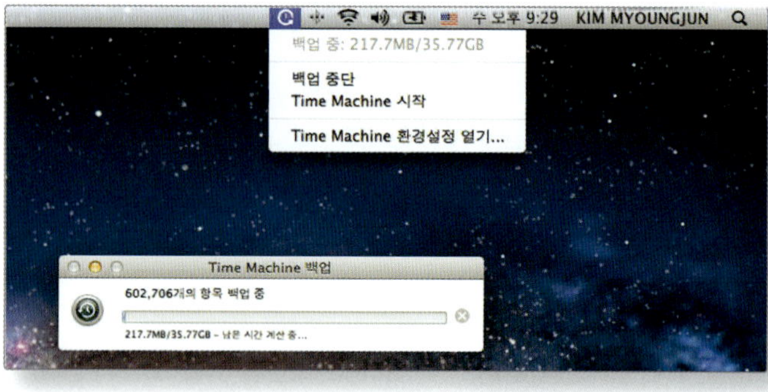

❹ 메뉴 막대에 Time Machine이 등록되면서 현재 백업 중인 상태와 시작 메뉴 등을 제공한다. 현재는 백업 중인 상태를 보여주고 있다.

TIP Time Machine으로 시스템 전체 복원하기

필자는 얼마 전에 하드디스크가 문제가 발생하여 데이터를 모두 날린 적이 있다. 이때 한 시간 전에 백업받은 Time Machine으로 다시 시스템을 복구한 적이 있다.

복구하는 방법은 OS X Lion 설치 디스크를 넣은 상태(USB 메모리인 경우에는 USB 포트에 장착한다)에서 [C] 키를 누른 상태에서 전원을 켠다. 설치 디스크로 실행되면 [유틸리티]메뉴의 [디스크 유틸리티] → [디스크 복원]을 선택하여 실행하면 [백업으로부터 시스템 복원]을 선택하여 자동으로 복원을 진행한다.

TIP Time Machine에 사용할 수 있는 백업용 디스크

Time Machine은 아래 디스크 종류를 사용할 수 있다.

- USB 또는 Thunderbolt로 연결되는 외장 하드디스크
- Time Capsule
- NAS(네트워크하드)

Time Machine을 사용하는데 Time Capsule은 필수가 아니며, 네트워크 드라이브를 통해 백업도 가능하다. 단, 다른 디스크도 사용할 수 있지만, 설정이 번거롭고 애플이 정식으로 지원하고 있지 않기 때문에 주의해야 한다. 참고로 필자는 MacBook Pro를 사용하는데 ODD를 제거하고 그 위치에 서브베이를 장착하고 하드디스크를 추가로 넣고 사용하는데 이 디스크에 백업한다.

백업용 하드디스크의 포맷은 "Mac OS 확장(저널링)"으로 포맷되어 있어야 사용 가능하며, FAT32등의 규격은 사용할 수 없다. 디스크를 포맷하는 방법에 대해서는 "11장 디스크 유틸리티 사용하기"를 참고하기 바란다.

백업용 디스크 용량은 최소한 현재 사용 중인 디스크 용량 정도의 크기로 사용하길 권장하며, Time Machine은 한번 디스크를 백업한 뒤에는 변경된 파일만 백업하기 때문에 대용량 하드디스크가 불필요하다. 또한, Time Machine은 용량이 가득 차면 자동으로 오래된 백업부터 삭제한다.

PART 3

OS X Lion 즐기기

OS X Lion 운영체제를 통해 인터넷을 사용하거나 메일, FaceTime, iCloud 서비스, Mac App Store, iTunes를 활용하여 보다 즐겁게 OS X Lion을 사용할 수 있는 방법을 소개하였다.

많은 것을 소개하는 것보다는 사용자가 자주 사용하면서 지나칠 수 있는 부분에 대해서 진단해 보고 활용할 수 있는 기능들로 정리해 보았다.

CHAPTER 23

Safari 사용하기

Safari 프로그램은 윈도우 운영체제에서 사용하던 Internet Explorer 웹브라우저처럼 웹사이트를 접속하고 사용할 수 있는 애플의 웹브라우저 프로그램이다. 이번에는 Safari 웹브라우저를 통해 웹사이트를 접속하고 다양한 설정 및 사용방법을 익혀 보자.

23-1 | Safari 실행하기

Safari 프로그램을 실행하려면 Dock에서 Safari 아이콘을 탭하거나 Finder 메뉴바에서 [이동] → [응용 프로그램]을 선택하고 [Safari]를 탭한다.

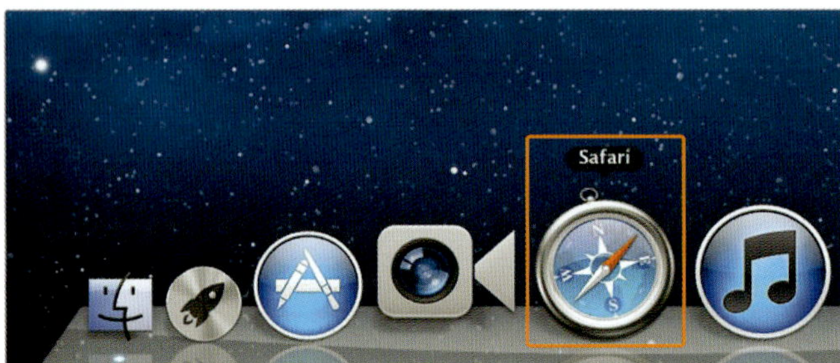

23-2 | Safari 구조 이해하기

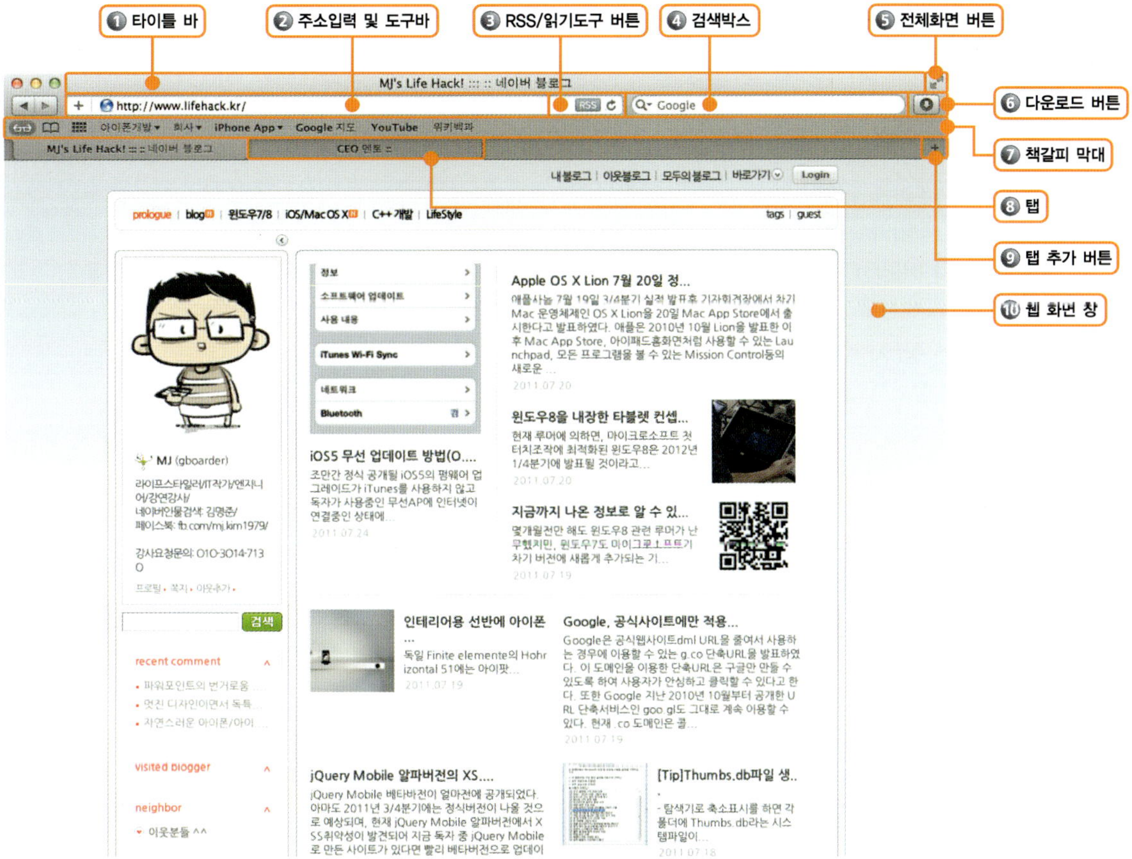

① **타이틀바:** 접속한 웹사이트의 제목이 표시된다.

② **주소입력 및 도구바:** 접속하려는 사이트의 URL주소를 입력하는 입력박스와 뒤로/앞으로 버튼 등의 도구 막대로 구성되어 있다.

③ **RSS/읽기도구:** 뉴스사이트나 블로그에서 제공하는 RSS 피드를 등록할 경우 [RSS] 버튼이 나오거나, 뉴스 사이트인 경우 광고를 제거한 기사 내용만 정확하게 보고 싶은 경우에 [읽기 도구] 버튼을 탭하여 기사만 읽을 수 있는 기능이다.

④ **검색박스:** 기본적으로 Google 검색 엔진이 연결된 검색박스로, 검색하고 싶은 단어를 입력하면 해당 검색 엔진으로 바로 검색한 결과를 보여준다. 참고로 Google 검색 엔진 이외에 Yahoo!, Bing 검색 엔진을 추가적으로 제공하고 있다.

⑤ **전체 화면 버튼:** Dock 및 메뉴바도 안보이고 웹 브라우저만 전체 화면으로 보고 싶을 때 이용할 수 있는 새로운 기능이다.

⑥ **다운로드 버튼:** 다운로드한 파일이 있는 경우에 나오는 버튼으로, 이를 선택하면 다운로드된 파일 내역을 바로 확인할 수 있다.

⑦ **책갈피 막대:** 즐겨찾기와 유사한 기능으로, 자주 접속하는 웹사이트나 블로그를 폴더 별로 정리하여 관리하는 기능이다.

⑧ **탭:** 웹브라우저를 사용하다 보면 여러 사이트를 열기 위해 프로그램을 하나씩 열어야 하는데, 이런 번거로움을 없애고 한 개의 브라우저에 여러 개의 사이트가 접속된 탭으로 구분하여 사용할 수 있는 기능이다.

⑨ **탭 추가 버튼:** [Command] + [T] 키를 눌러 탭을 추가하는데, 화면 상에서 탭을 추가하고 싶은 경우 [+] 버튼을 탭하면 쉽게 탭을 추가하여 사용할 수 있다.

⑩ **웹 화면 창:** 사용자가 접속한 사이트의 내용이 보여지는 창으로 실제 웹사이트의 내용이 모두 보여주는 장소라고 할 수 있다.

23-3 | 홈페이지 주소 변경하기

Safari를 실행하면 처음 접속되는 홈페이지는 애플사이트로, 이를 원하는 사이트로 변경하는 방법을 알아보자.

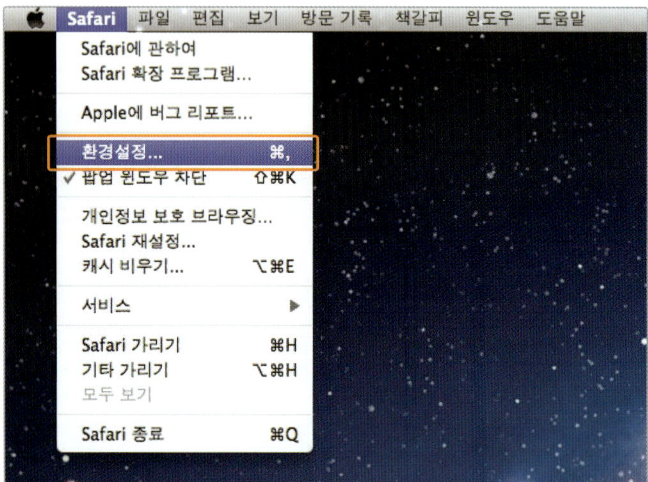

① [Safari]→[환경설정...]을 선택한다.

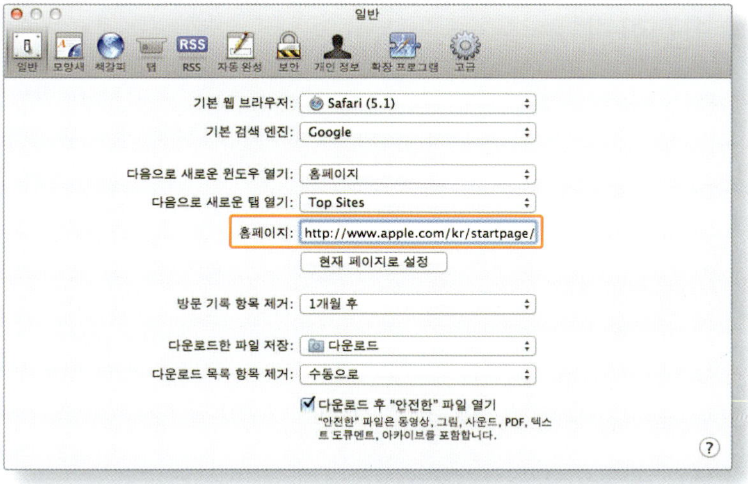

② [일반] 탭에서 "홈페이지:" 항목의 입력박스에 사용하고 싶은 사이트 URL을 입력한다.

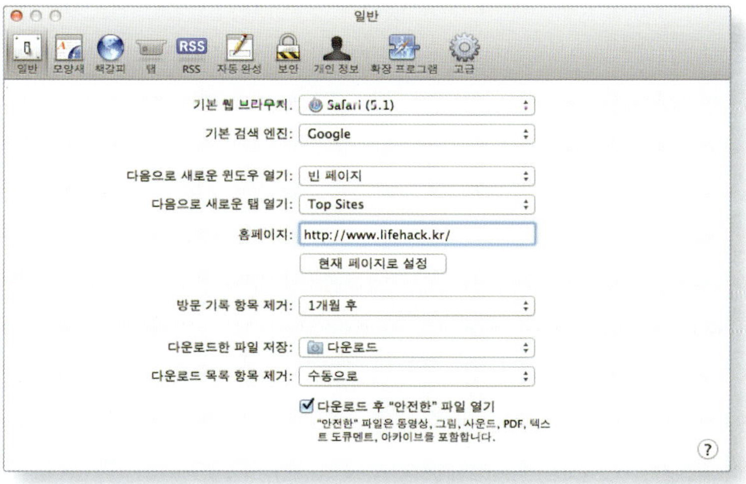

③ 필자는 필자의 블로그 URL을 입력하였다. 이렇게 설정해 두면 Safari를 실행할 때마다 필자의 블로그가 나오게 된다.

참고로 검색박스의 검색 엔진을 변경하고 싶은 경우 "기본 검색 엔진:" 항목에서 [Google], [Bing], [Yahoo] 중에서 선택하여 변경할 수 있지만, 사용자가 원하는 사이트를 직접 등록할 수 없다.

23-4 | 파일 다운로드 폴더 변경하기

SSD를 사용한다면 공간 부족으로 고민할 수 있다. 이런 경우에 다운로드 폴더를 다른 위치로 변경하여 사용공간을 조금이라고 확보해 보자.

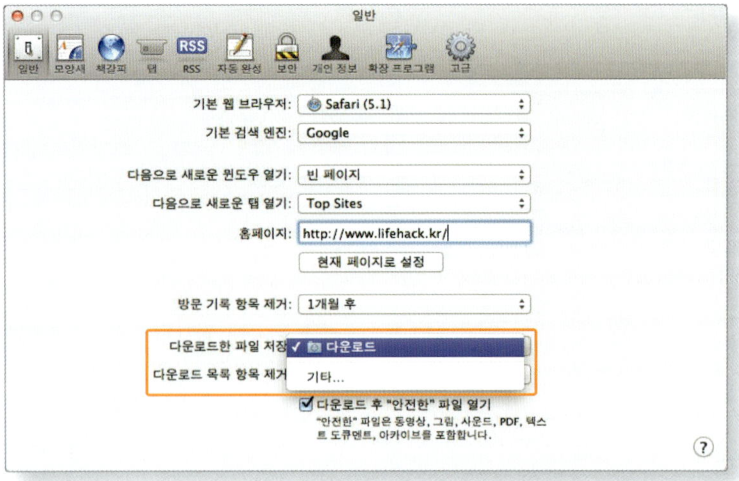

① [일반] 탭의 "다운로드된 파일 저장:" 항목에서 [다운로드]를 선택하고 [기타]를 탭하자.

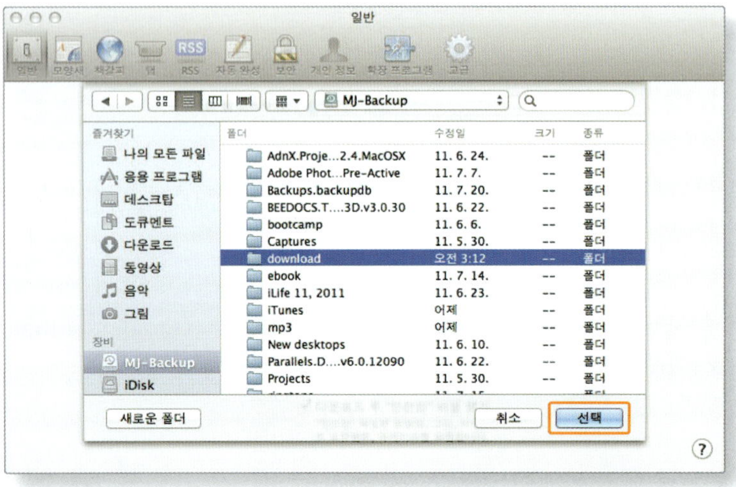

② 변경할 폴더를 선택하고 [선택] 버튼을 탭한다.

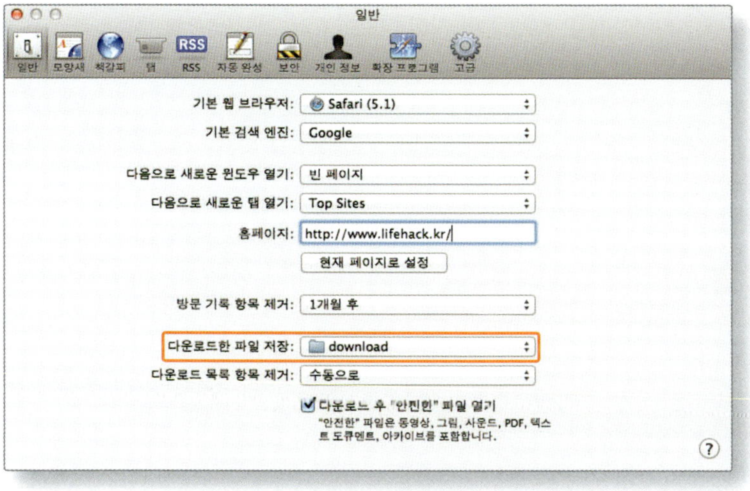

3. 변경한 폴더로 다운로드한 파일 저장 위치가 변경된 것을 확인할 수 있다.

23-5 | 나눔고딕 서체로 변경하기

OS X Lion부터는 나눔글꼴이 추가되어 한글 가독성이 한층 더 좋아졌다. 다만 기본 글꼴로 적용되지 않기 때문에 다음과 같이 변경해 줘야 한다.

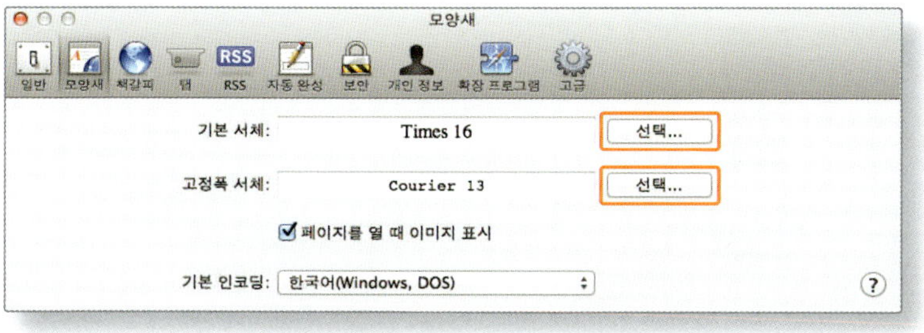

1. [환경설정]에서 [모양새] 탭을 선택하고 기본서체와 고정폭 서체에서 [선택] 버튼을 탭하자.

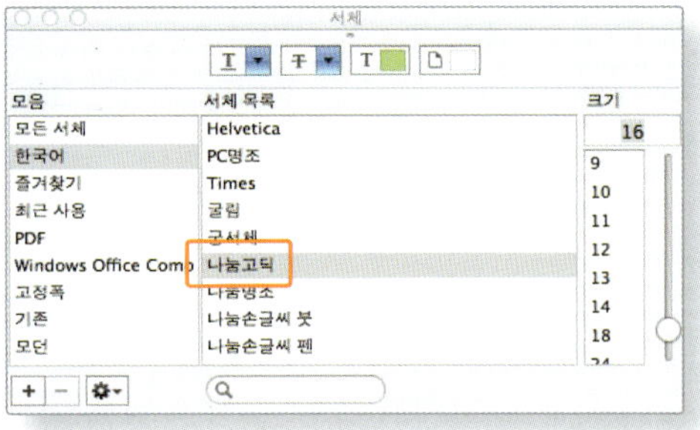

❷ 서체 선택 창이 나오면 [나눔고딕]을 선택한다.

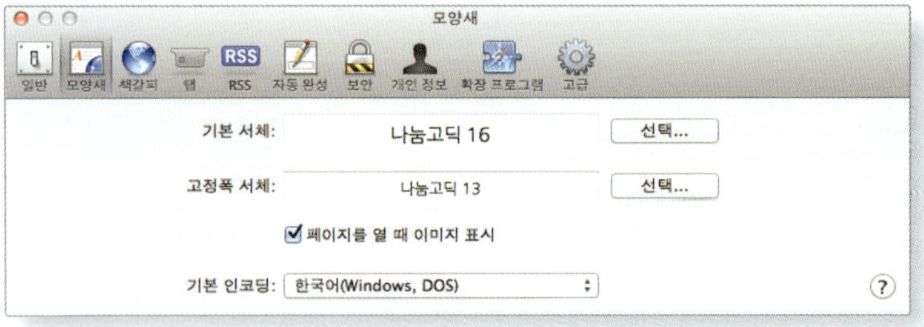

❸ 모두 나눔고딕체로 변경된 것을 확인하였다면 Safari 브라우저를 다시 실행해 보자.

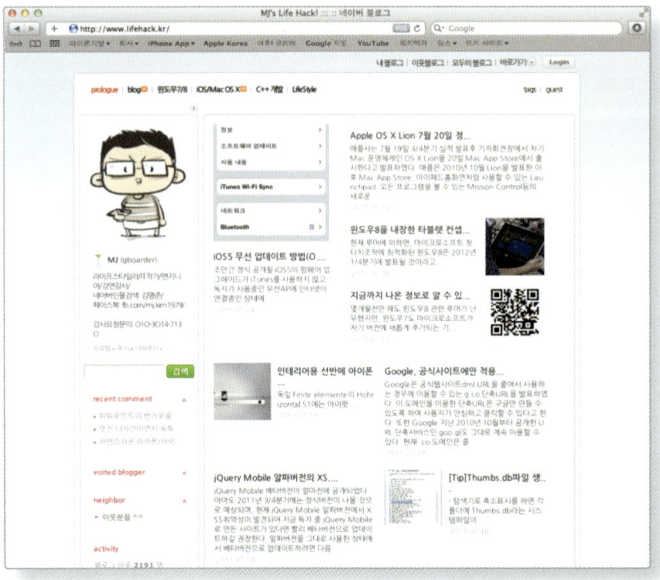

❹ Safari 웹브라우저에 읽혀진 한글서체가 더 깔끔하고 읽기 편해진 화면을 볼 수 있다.

23-6 | 새 창을 탭으로 열기

웹사이트에 접속하여 특정 기능을 사용할 때 새 창이 열리는 경우가 있다. 이 것을 탭으로 열고 싶을 때 다음과 같이 변경하자.

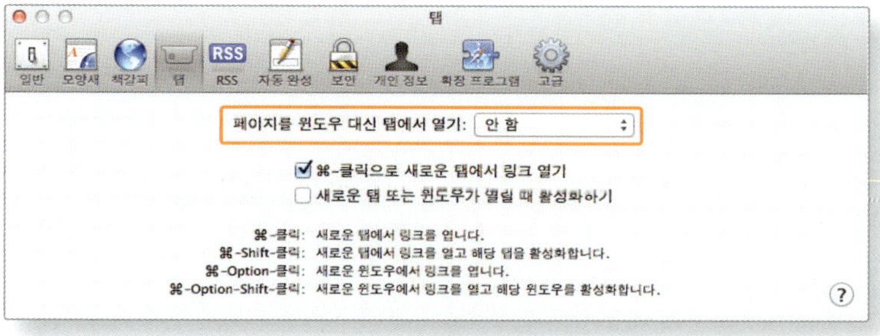

① [탭] 탭을 선택하고 "페이지를 윈도우 대신 탭에서 열기:" 항목을 선택한다.

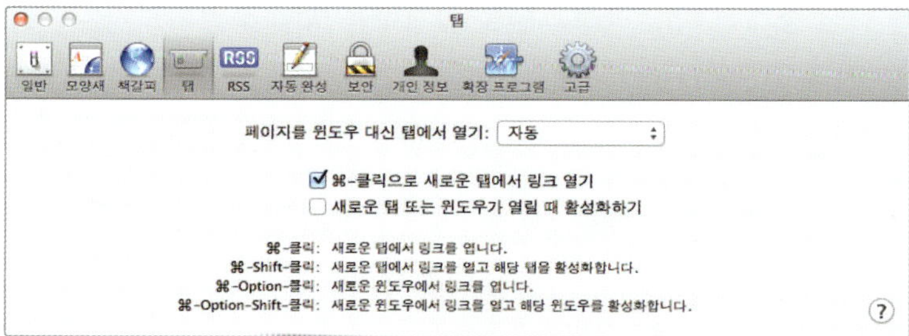

② [자동]으로 속성을 변경하면 웹페이지가 새로 열릴 때 탭으로 열리게 된다.

23-7 | 쿠키 및 웹사이트 데이터 삭제하기

접속한 웹사이트 개인정보 및 기타 쿠키로 저장된 정보를 제거하기 위한 방법을 알아보자.

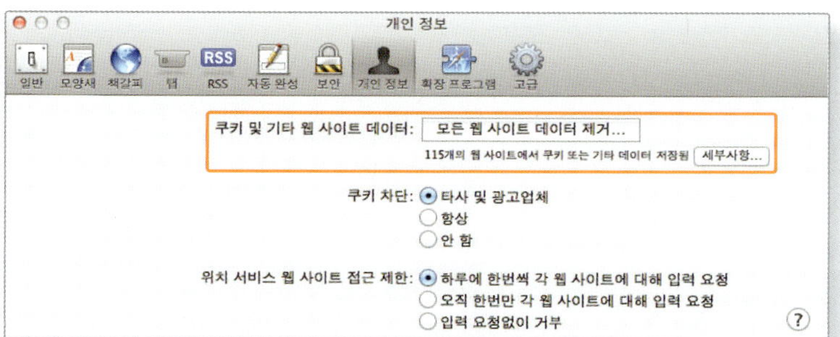

① [개인 정보] 탭에서 "쿠키 및 기타 웹 사이트 데이터:" 항목에서 [모든 웹 사이트 데이터 제거] 버튼을 탭하자.

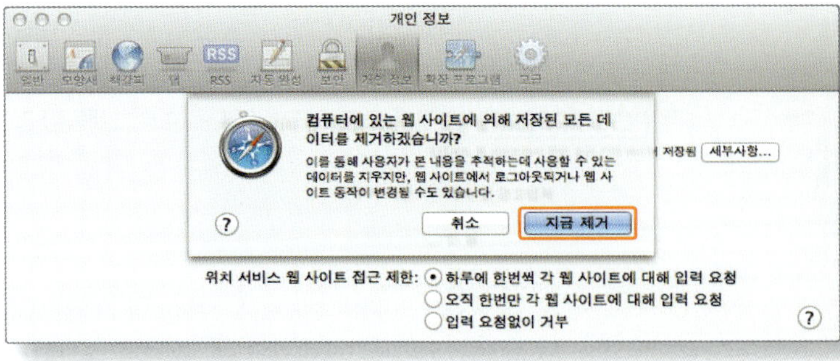

❷ "컴퓨터에 있는 웹 사이트에 의해 저장된 모든 데이터를 제거하겠습니까?" 메시지창이 나오면 [지금 제거] 버튼을 탭하여 모든 쿠키 정보를 삭제한다.

23-8 | 확장 프로그램 설치하기

Safari 웹브라우저의 기능을 보강하기 위해 공개된 확장 프로그램을 설치하는 방법을 알아보자.

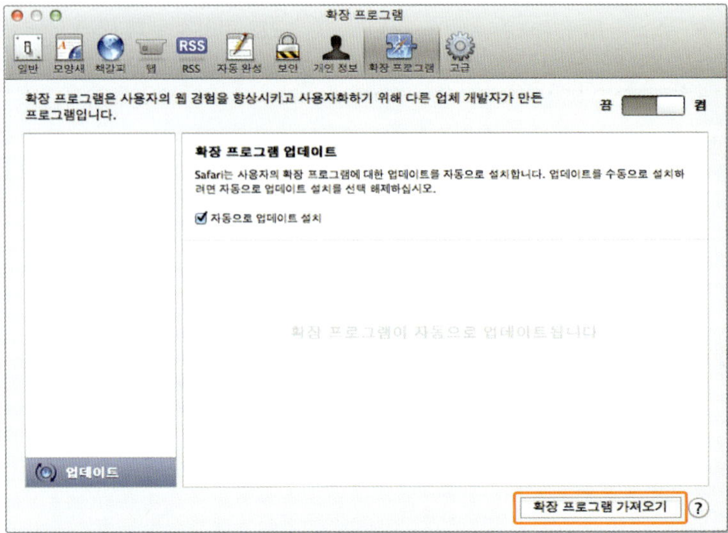

❶ [확장 프로그램] 탭을 선택하고 하단에 있는 [확장 프로그램 가져오기] 버튼을 탭하자.

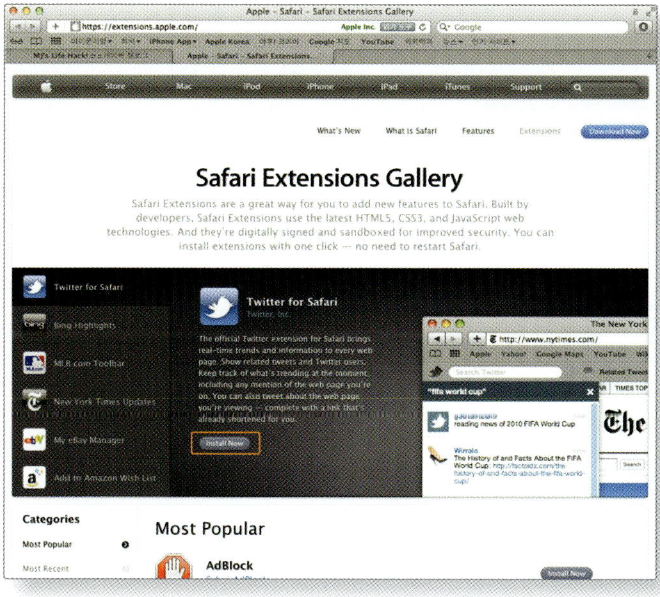

② Safari 웹브라우저가 열리면서 "Safari Extensions Gallery"가 접속되면 필요한 확장 프로그램을 선택하고 [Install Now] 버튼을 탭하여 프로그램을 다운로드하자.

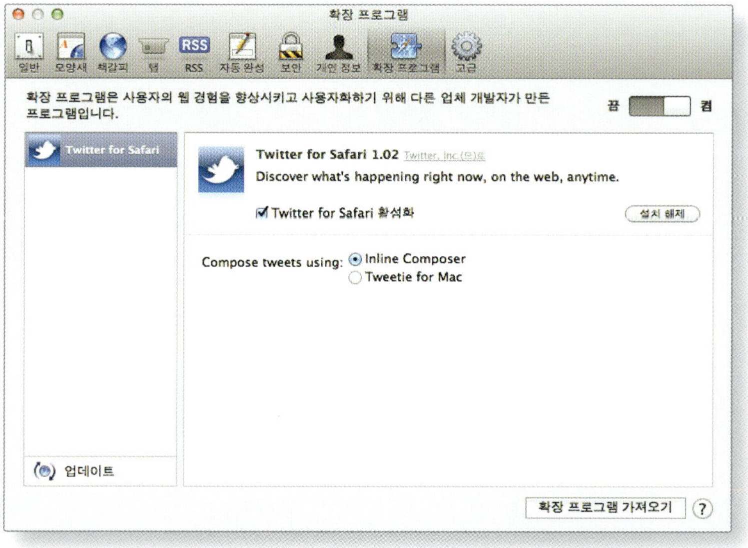

③ "Twitter for Safari"란 확장 프로그램이 설치되었다. 이것이 제대로 실행되고 있는지 확인하려면 Safari 웹브라우저를 열고 트위터를 접속해서 로그인해 보자.

④ Safari 브라우저의 책갈피 막대 아래에 확장 프로그램이 추가된 것을 확인할 수 있고, 매번 트위터 사이트를 접속할 필요 없이 트윗을 등록할 수 있다.

이렇듯 사용자의 취향이나 편리에 따라 필요한 확장 프로그램을 찾아서 설치하고 사용하면 더욱 Safari가 편리하다는 느낄 것이다.

23-9 | 캐시 지우기

Safari로 열었던 웹 페이지의 내용이 캐시로 보관되는데, 이 데이터를 지우고 싶을 때 다음과 같이 실행해 보자.

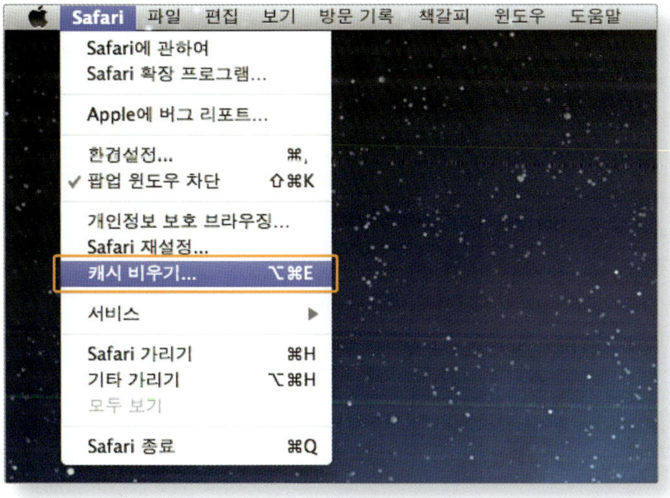

① 메뉴 막대에서 [Safari]→[캐시 비우기]를 선택한다.

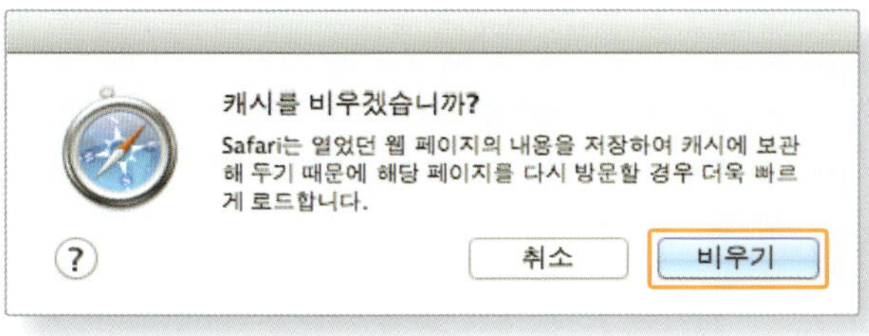

② "캐시를 비우겠습니까?" 메시지창이 나오면 [비우기] 버튼을 탭하여 캐시를 모두 삭제한다.

23-10 | 새 탭을 추가하여 웹사이트 열기

Safari 웹브라우저에서 새 탭을 추가하고 새 웹페이지를 여는 방법을 알아보자.

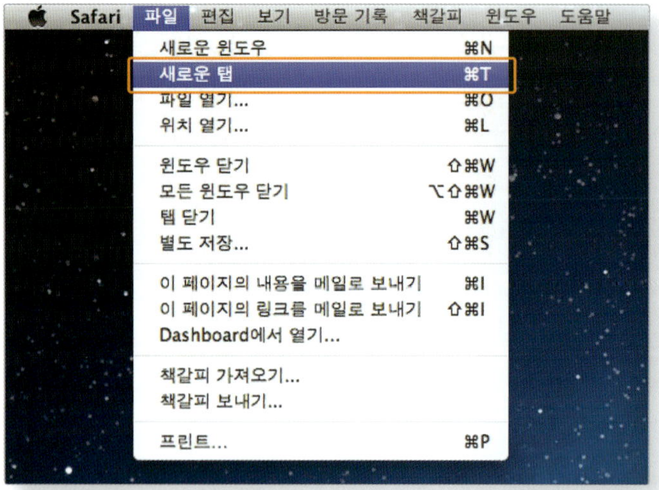

① Safari 브라우저를 연 상태에서 메뉴 바의 [파일] → [새로운 탭]을 선택하거나, [Command] + [T] 키를 눌러 보자.

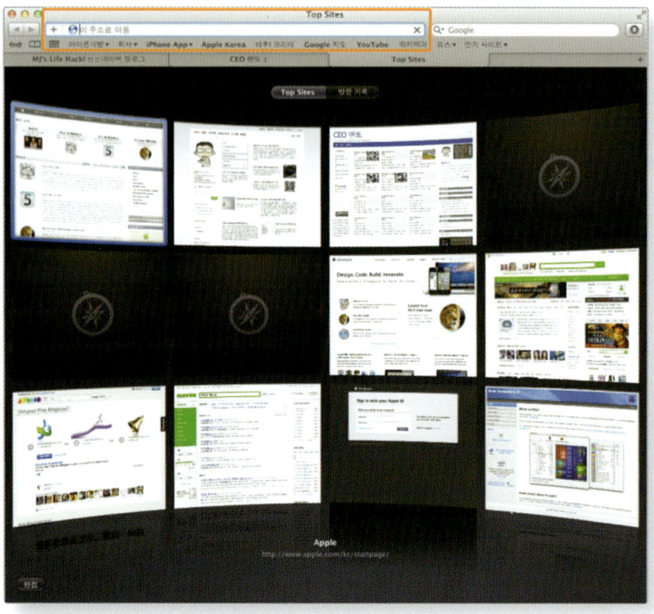

② Safari 브라우저에 Top Sites 화면이 나오면서 빈 페이지가 탭으로 추가된다.

주소 입력박스에 접속하려는 사이트 URL을 입력한다.

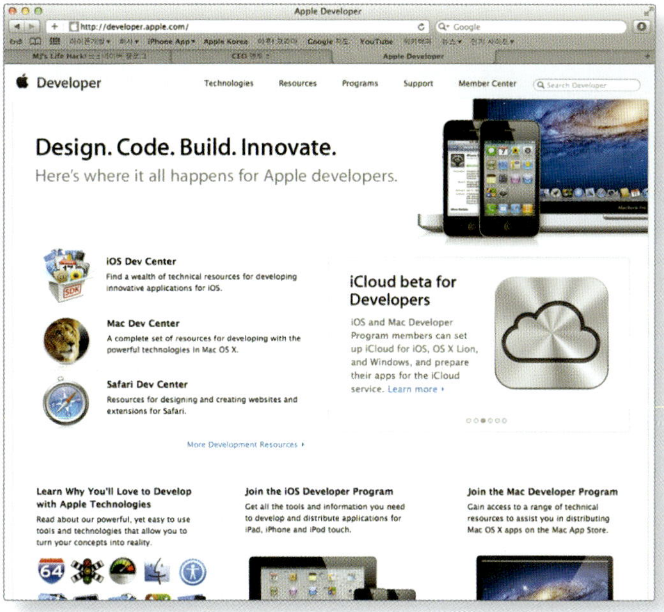

③ 입력한 URL의 사이트로 접속되는 것을 확인할 수 있다.

23-11 | Dashboard에서 웹사이트 열기

자주 접속하는 사이트를 Dashboard에 일부 사이트 화면 조각을 추가하여 바로 접속할 수 있는 방법을 소개한다.

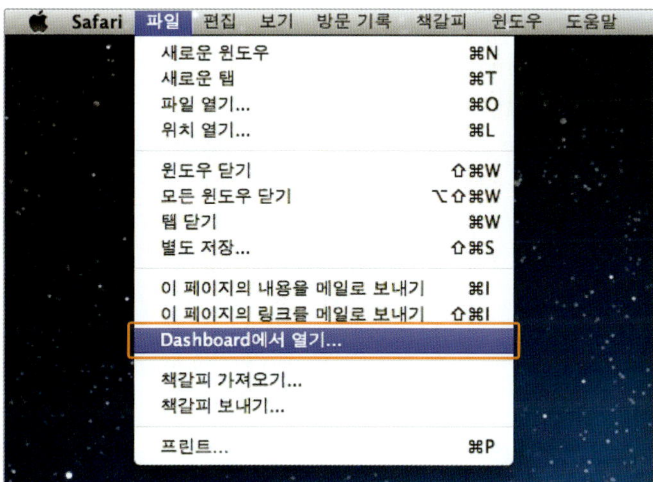

① 웹사이트를 연 상태에서 메뉴바에서 [파일] → [Dashboard에서 열기]를 선택하자.

❷ 웹페이지를 알려주는 일부분을 화면처럼 지정하고 보라색 바탕의 막대에서 [추가] 버튼을 탭하자.

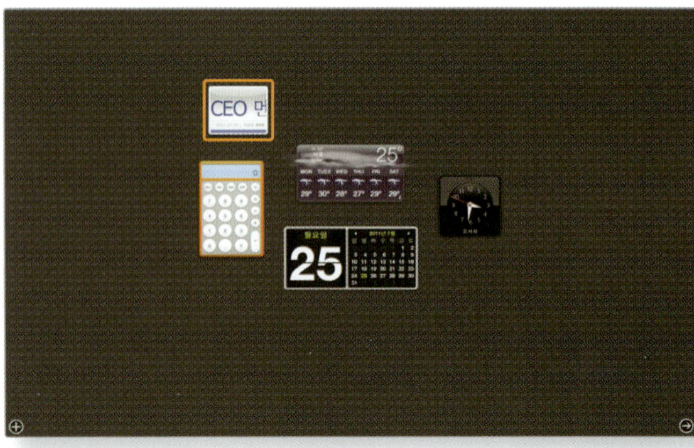

❸ Dashboard를 실행해 보면 웹페이지 조각이 하나의 위젯처럼 실행되고 있는 것을 확인할 수 있다. 자주 접속하는 웹사이트를 이런 방식으로 관리하는 것도 좋을 듯 하다.

23-12 | 웹사이트 읽기 목록 보기

읽기 목록 보기는 자주 접속하는 사이트를 등록해 놓고 사용하는 유용한 기능이다. 이번에는 이 읽기 목록 보기를 사용하는 방법을 알아보자

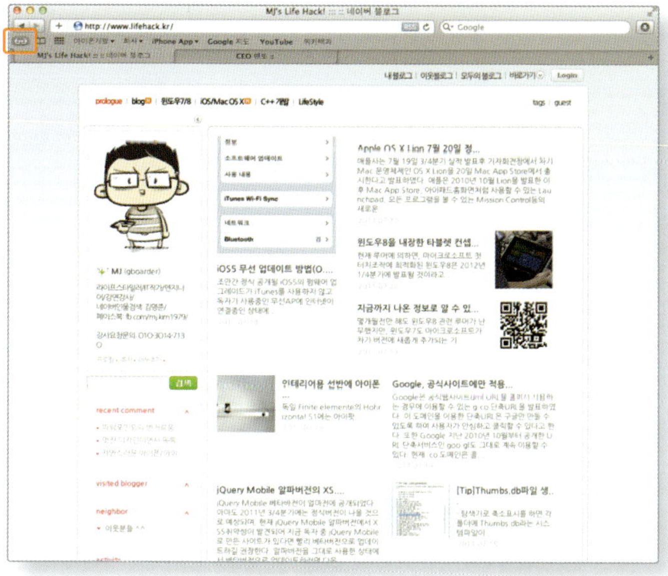

❶ 책갈피 막대에서 첫 번째 안경 모양의 버튼을 탭하자.

❷ 좌측에 등록된 읽기 목록이 나온다. 여기서 읽기 목록이 추가가 안된 웹사이트인 경우 [페이지 추가] 버튼이 활성화되어 있다. 이것을 탭하면 읽기 목록에 해당 웹사이트가 추가된다. 단, 등록된 사이트인 경우 [페이지 추가] 버튼이 비활성화되어 있어 중복 추가를 할 수 없도록 되어 있다.

③ 필자 블로그가 추가된 것을 확인할 수 있다. 새 탭을 열고 네이버 사이트를 접속한 다음 [페이지 추가] 버튼을 탭하여 추가해 보았다.

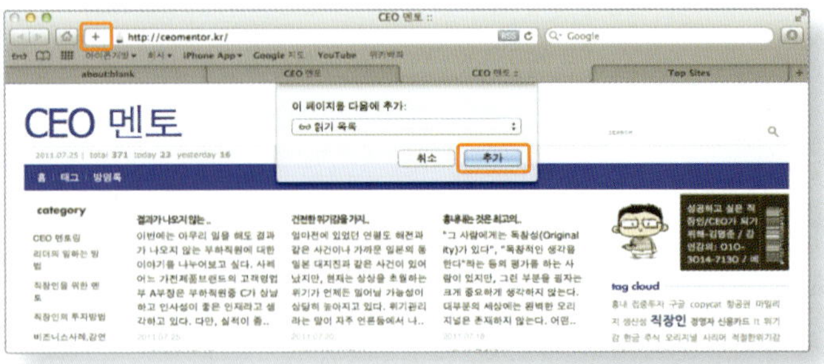

③ 또는 접속한 사이트의 URL 주소 입력박스 앞의 [+] 버튼을 탭하면 나오는 창에서 [읽기 목록]을 선택한 후에 [추가] 버튼을 탭하여 읽기 목록에 사이트를 추가할 수 있고 책갈피로도 추가할 수 있는데, 필자는 개인적으로 읽기 목록으로 사이트를 관리하는 방법을 추천한다.

23-13 | Top Sites 관리하기

Top Sites는 즐겨찾기한 사이트들을 모두 썸네일화하여 바둑판 형태로 보여주는 기능으로, 이전에 접속했었던 사이트들도 확인할 수 있다.

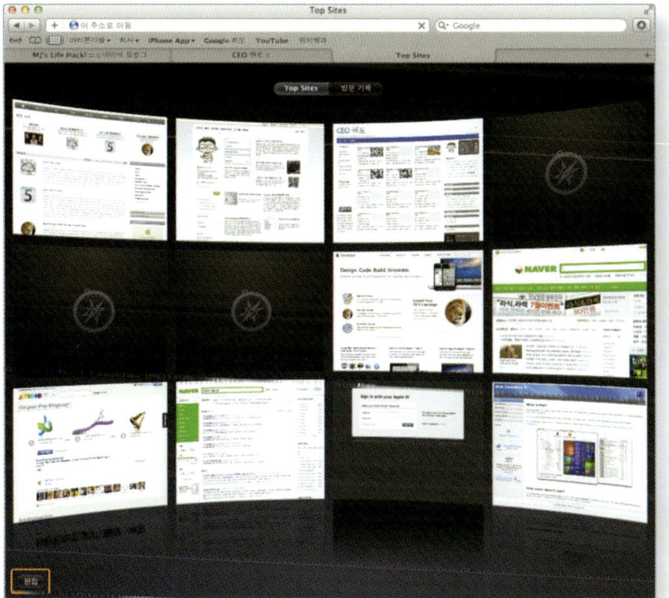

① Top Sites를 확인하려면 새로운 탭을 추가하거나, Safari 메뉴 막대에서 [방문 기록] → [Top Sites 보기]를 선택한다.

등록되어 있는 Top Sites들을 정리하기 위해 하단의 [편집] 버튼을 탭하자.

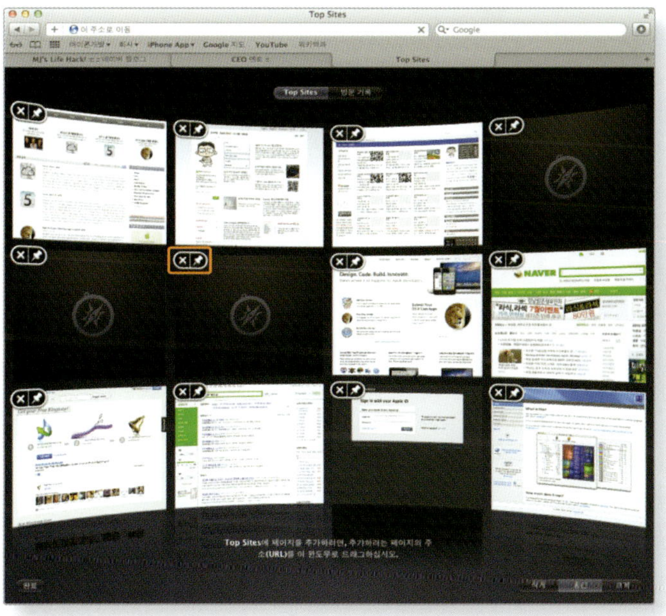

② 각 사이트 썸네일의 좌측 상단에 삭제 버튼과 고정 버튼으로 구성되어 있다. 압정 모양의 고정 버튼은 해당 웹사이트를 Top Sites에 고정으로 보여주기 위한 것으로, 예로 필자의 블로그 두 개를 고정시켜 보기 위해 압정 버튼을 탭해 보았다.

③ 선택한 압정 모양의 고정 버튼이 파란색으로 표시되어 사용자가 직접 삭제하지 않는 이상 계속 Top Sites 내역이 고정적으로 보여지게 된다.

또한 많이 접속하지 않는 사이트 내역을 삭제하려면 고정 버튼 좌측에 있는 [X] 버튼을 탭해 보자.

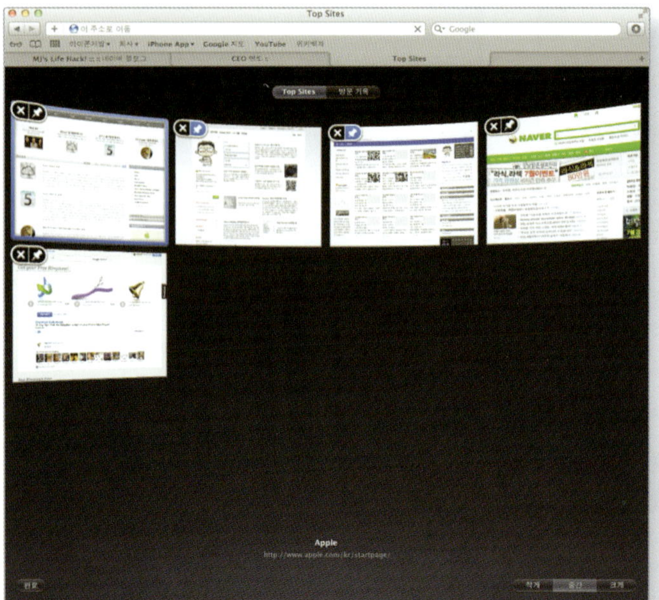

④ Top Sites 내에 사이트를 삭제해 보았다. 너무 많은 사이트가 등록되어 있으면 브라우저 성능에도 문제를 일으킬 수 있기 때문에 가끔 정리해 주는 습관을 들이도록 하자.

❺ 상단의 [방문 기록] 탭을 선택하면 커버플로우처럼 접속했었던 사이트가 보여진다. 방문 기록을 삭제하려면 좌측 하단에 있는 [방문 기록 지우기] 버튼을 탭하자.

23-14 | 도구 막대 사용자화 설정하기

도구 막대는 주소 URL입력박스 부분에 위치한 것으로, 뒤로/앞으로 버튼 외 다양한 도구 버튼을 추가할 수 있다. 취향에 맞춰 도구 버튼을 추가하는 방법을 알아보자.

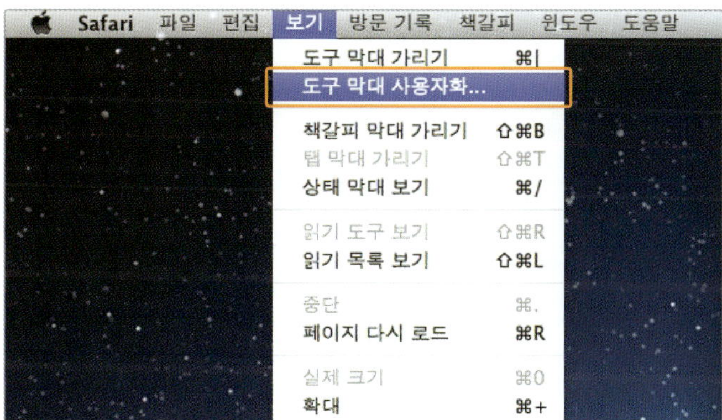

❶ Safari 메뉴바에서 [보기]→[도구 막대 사용자화...]를 선택한다.

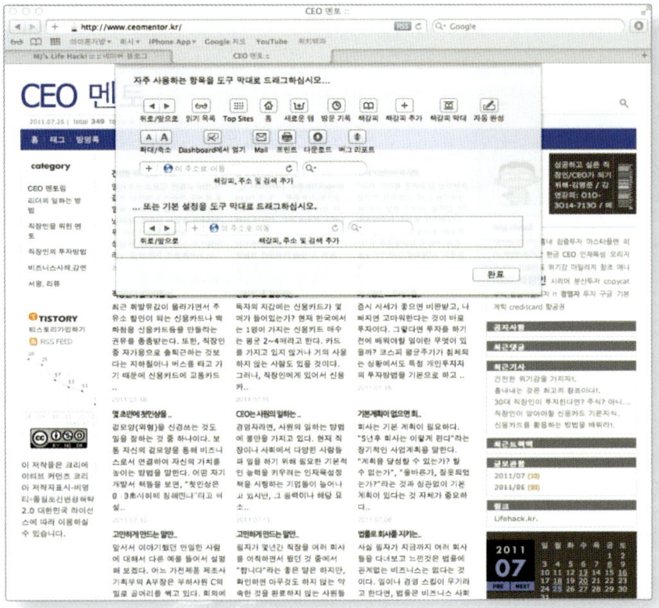

② Safari창에 도구 막대 설정창이 나오면 필요한 도구 버튼을 드래그해 보자.

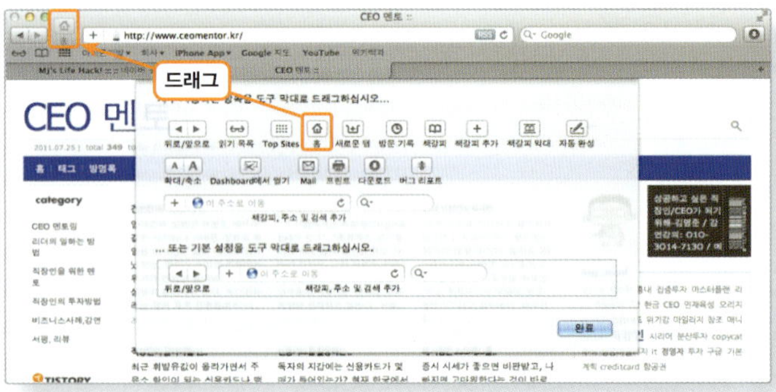

③ 예로 [홈] 버튼을 선택하여 URL 주소 입력박스 앞에 드래그해 보았다.

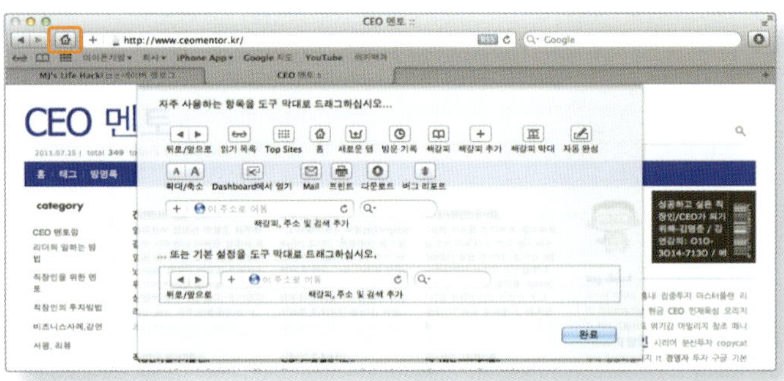

④ [홈] 버튼이 추가된 것을 확인할 수 있다.

23-15 | 전체 화면 시작하기

전체 화면 보기는 OS X Lion부터 추가된 새로운 기능으로, 아이패드처럼 하나의 프로그램만 전체 화면으로 실행하여 다른 프로그램의 간섭 없이 집중해서 사용하고 싶은 경우에 편리하다.

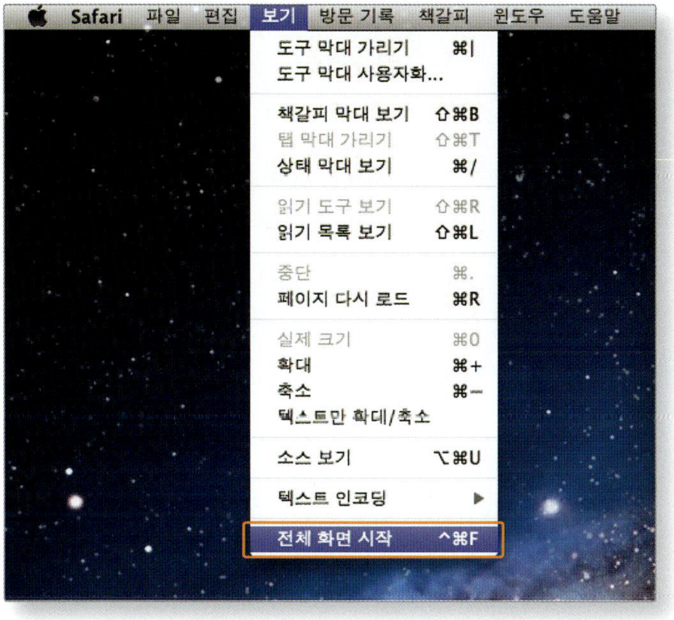

① 사용방법은 Safari 메뉴바에서 [보기] → [전체 화면 시작]을 선택한다.

② 또는 Safari 웹브라우저 프로그램 상단 우측에 있는 대각선 화살표 버튼을 탭해 보자.

③ Safari 웹브라우저가 화면 가득히 채워져서 실행되는 것을 확인할 수 있다. 다른 프로그램들을 신경쓰지 않고 웹서핑 등을 할 수 있다.

다시 원래 화면으로 되돌아가려면 [esc] 키를 눌러보자.

23-16 | 파일 다운로드하기

인터넷을 사용하다 보면 필요에 따라 파일 다운로드를 하게 되는데, 파일 다운로드하는 방법이 윈도우를 사용하던 분들이라면 다소 어렵게 느껴질 수 있어 이에 대한 사용방법을 소개한다.

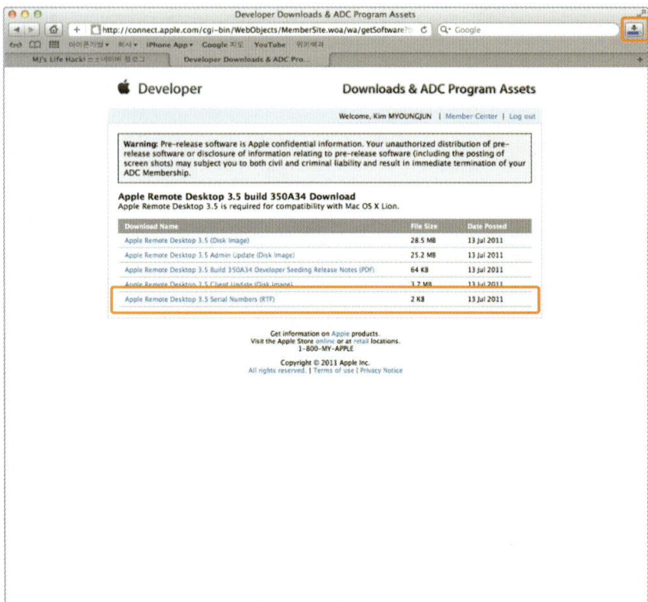

① 웹페이지에서 다운로드 링크를 탭하면 우측 상단의 다운로드 버튼이 다운로드 상태를 보여준다.

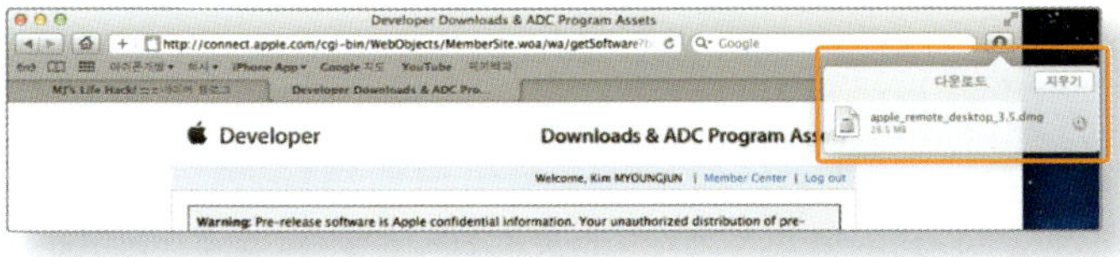

② 다운로드가 완료되고 우측 상단의 다운로드 버튼을 탭해 보면 현재까지 다운로드한 파일 내역이 보여지고, 실제 다운로드된 파일을 선택하려면 해당 다운로드 파일 옆의 돋보기 버튼을 탭해 보자.

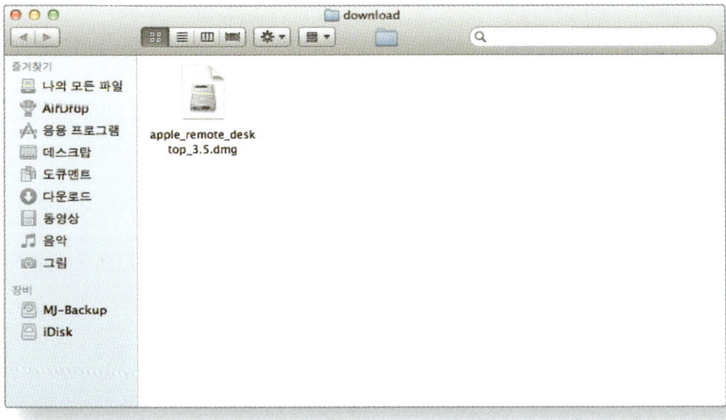

③ 다운로드 폴더에 저장된 파일을 확인할 수 있다. 다운로드한 파일을 사용자의 필요에 따라 사용할 수 있게 된다.

23-17 | RSS 피드 등록하기

RSS(Really Simple Syndication)는 뉴스나 블로그에서 주로 사용하는 콘텐츠 표현 방식으로, 최근 내용을 빠르게 확인할 수 있는 서비스이다. 예로 필자 블로그의 RSS 서비스를 사용하는 방법을 알아보자.

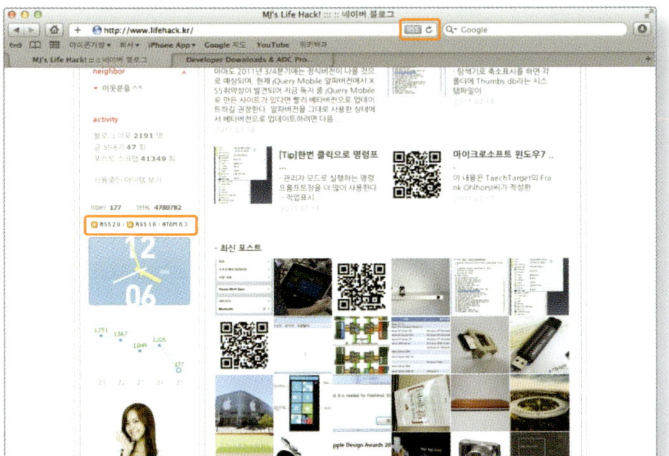

① 웹사이트 내에 있는 [RSS] 버튼이나 URL 주소 입력 박스 끝에 있는 [RSS] 버튼을 탭하자.

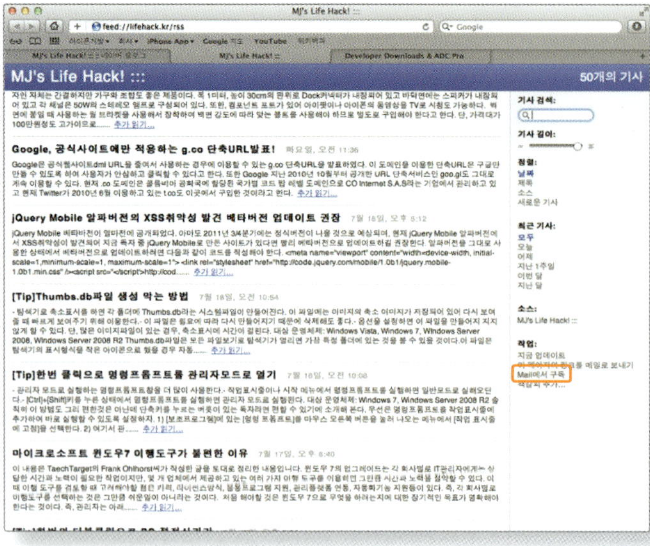

② 포스팅된 글의 제목과 내용 앞부분이 나열되어 보여진다. 이것을 지속적으로 보기 위해 책갈피에 추가하려면 우측에 있는 [책갈피 추가] 링크를 탭하거나 Mail 프로그램에서 구독하려면 [Mail에서 구독]을 선택한다.

23-18 | 읽기 도구로 기사만 읽기

뉴스 사이트를 볼 때 광고 등이 많아서 기사 내용을 보기 힘든 경우가 있다. 이런 경우에 읽기 도구로 기사만 알차게 보는 방법을 소개한다.

① 뉴스 사이트가 접속 상태에서 URL 주소 입력 박스 끝 부분에 있는 [읽기 도구]를 탭해 보자.

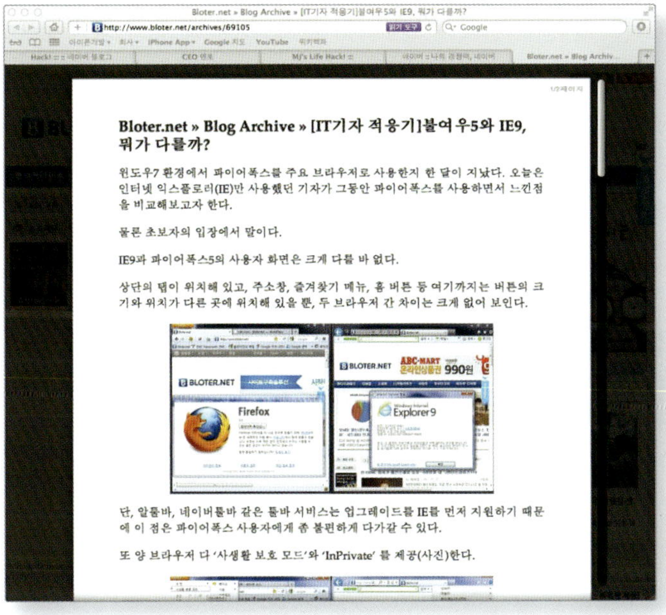

② Safari창에서 기사 내용만 활성화된 페이지가 보여진다. 페이지 단위로 나뉘어 보여져 가독성이 좋다.

③ 전체 화면 보기로도 읽기 도구를 사용할 수 있다.

23-19 | Safari에 설치된 플러그인 확인하기

Safari에서 사용 중인 플러그인 버전이나 미설치된 플러그인을 확인하고 싶을 때 이용할 수 있다.

❶ Safari 프로그램을 실행한 상태에서 [도움말] → [설치된 플러그인]을 선택한다.

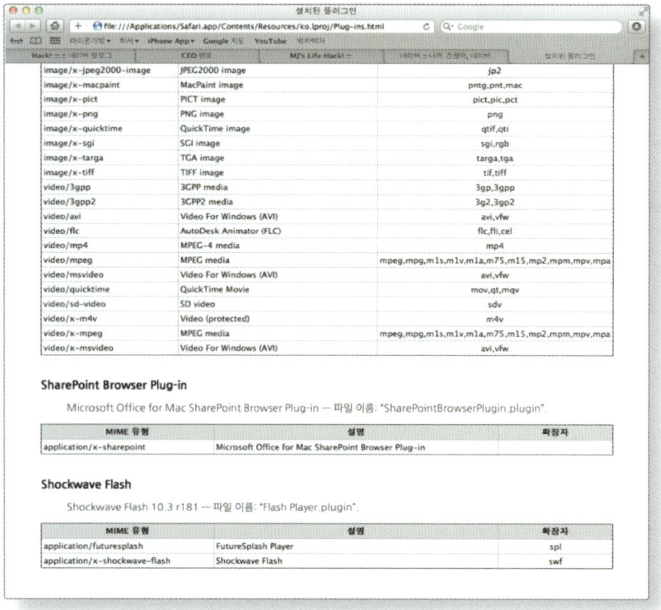

❷ 웹페이지가 열리면서 OS X Lion의 Safari에 설치된 플러그인 목록이 상세히 나온다. 이를 통해서 설치된 플러그인 버전이나 미설치된 플러그인을 확인할 수 있다.

CHAPTER 24

Mail 사용하기

Mail은 사용 중인 메일 계정의 메일 내용을 주고받을 수 있는 프로그램으로서, 일정관리 및 자주 접속하는 사이트의 소식을 빠르게 알려주는 RSS 기능, 메모 등의 기능이 포함된 프로그램이다. 마이크로소프트 운영체제에서 보면 Windows Mail과 같은 맥락의 프로그램이라고 볼 수 있다. 다만, OS X Lion으로 업그레이드되면서 아이패드에 익숙한 사용자들을 위해 인터페이스가 더욱더 직관적이고 심플해졌다는 점에서 유용할 듯 보여진다.

24-1 Mail 실행하기

Mail 프로그램을 실행하려면 Dock에서 Mail 아이콘을 탭하거나 Finder 메뉴바에서 [이동] → [응용 프로그램]을 선택하고 [Mail]을 탭한다.

24-2 | Mail 구조 이해하기

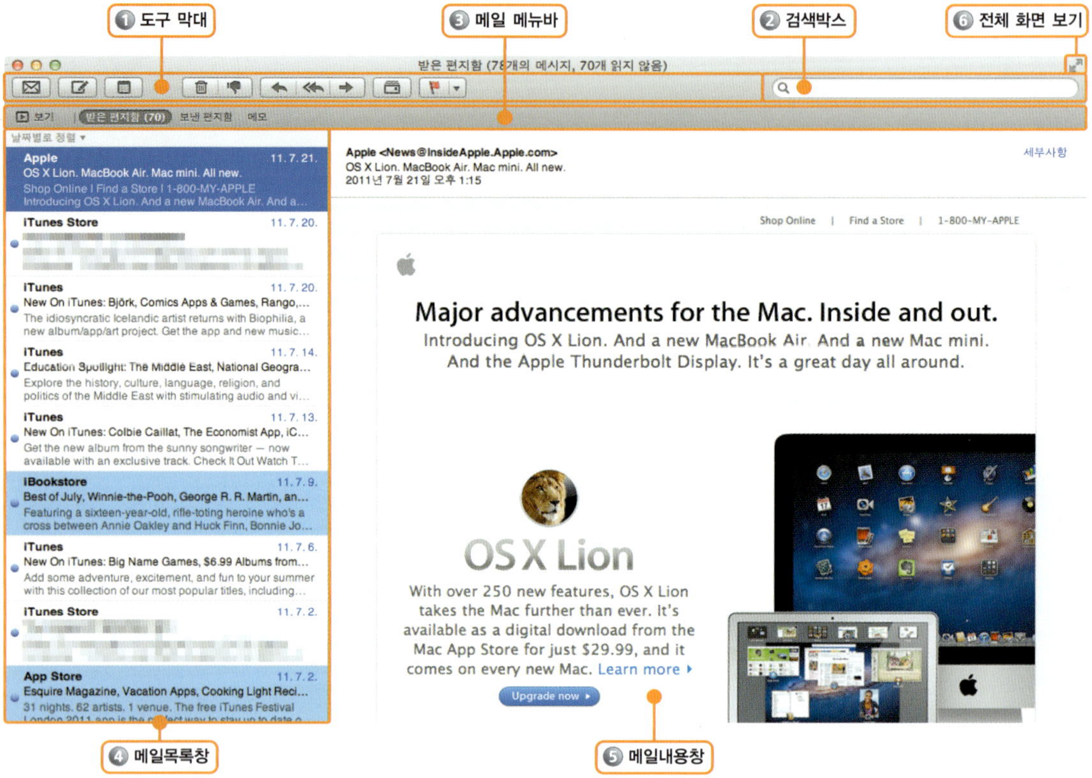

① **도구 막대:** 새로운 메시지 가져오기, 새 메시지 작성 등의 전반적인 메일 작업 명령이 집약된 도구 모음이다.

② **검색박스:** 메일 내용 중 필요한 메일을 찾을 때 검색어를 입력하여 검색할 때 이용한다.

③ **메일 메뉴바:** 기존 사이드바에 있었던 메일함이나 메모 등의 메뉴가 도구 막대 아래로 배치되어 필요한 메뉴만 확인할 수 있도록 변경되었다. 기존 사이드바를 보고 싶은 경우에는 [보기]를 선택하면 된다.

④ **메일목록창:** 사용 중인 메일 계정의 메일 목록이 보여진다.

⑤ **메일내용창:** 메일목록창에서 선택한 메일의 본문내용을 볼 수 있다.

⑥ **전체 화면보기:** Safari처럼 메일을 모니터 전체 화면으로 볼 때 이용할 수 있다.

24-3 | 신규 메일 계정 등록하기

신규 메일 계정 등록은 시스템 환경설정의 [Mail, 연락처, 캘린더]에서만 가능한 것이 아니라 Mail 메뉴바에서 [Mail] → [환경설정]을 선택하여 메일 계정을 추가하는 방법도 제공하고 있다.

이번에는 신규 메일로써 보통 많이 사용하는 네이버 메일을 등록하는 방법을 알아보자.

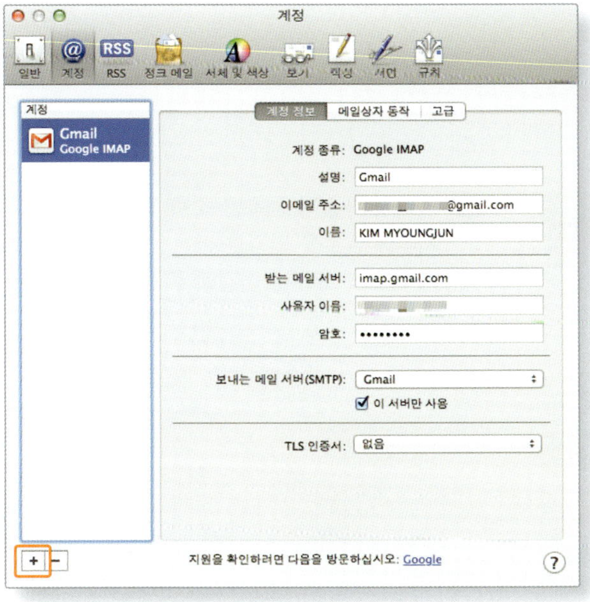

① [계정] 탭을 선택하고 좌측 하단에 있는 [+] 버튼을 탭하자.

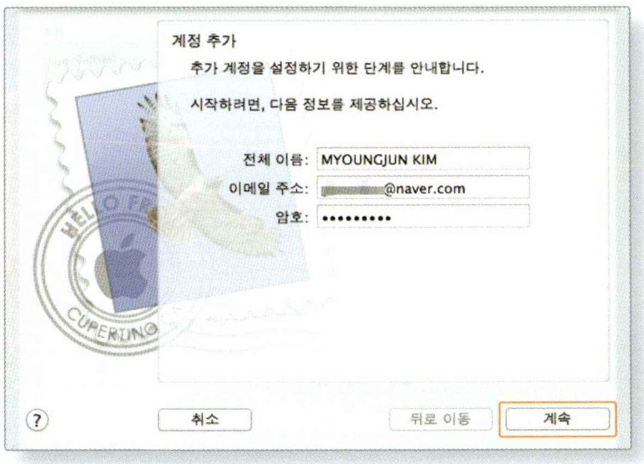

② 계정 추가 화면이 나오면 이메일 주소와 암호를 입력하고 [계속] 버튼을 탭한다.

이메일 주소는 사용 중인 네이버 메일 주소 그대로 입력한다.

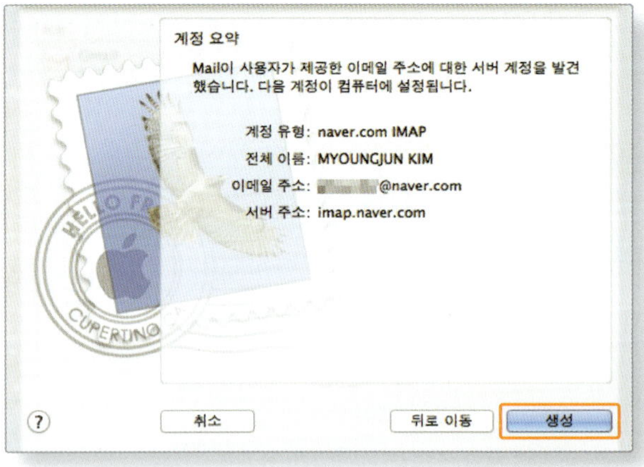

③ 만약 사용 중인 네이버 메일에 IMAP가 설정이 되어 있으면 별도의 설정이 필요 없이 바로 계정 연결이 된다.

계정 요약 정보가 나오면 [생성] 버튼을 탭한다.

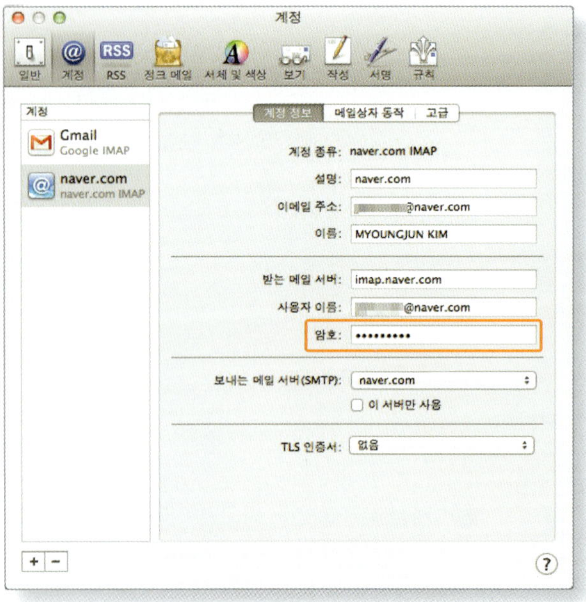

④ 네이버 메일이 등록된 것을 확인할 수 있다. 차후에 암호를 변경할 경우 [계정 정보] 탭에서 "암호:" 부분을 변경해 주면 된다.

5 만약 IMAP로 메일 계정이 등록이 안 된다면 네이버 메일 환경설정에서 [모바일/외부메일설정]항목에 [IMAP/SMTP 사용] 부분이 [사용함]으로 되어 있는지 확인하길 바란다.

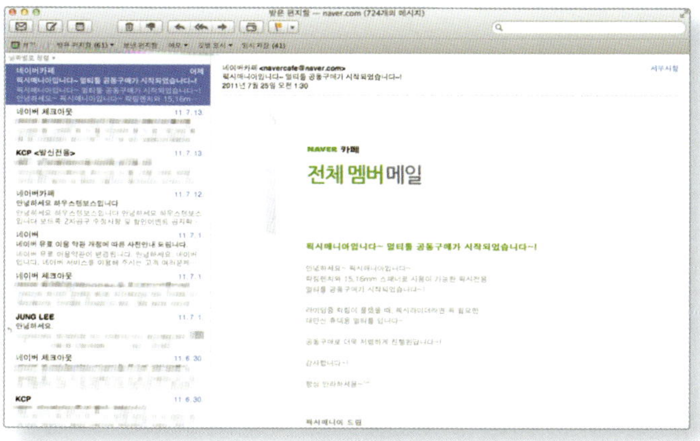

6 Mail 프로그램을 실행 해보면 네이버 메일이 보여지는 것을 확인할 수 있다.

TIP IMAP(Internet Messaging Access Protocol)이란?

인터넷 메일 서버에서 메일을 읽기 위한 인터넷 표준 통신 규약 중 하나로, POP3보다 유연하고 성능도 좋아 대부분의 메일 서비스 업체에서 이 규약서비스를 제공하고 있다. 또한, 메일 프로그램에서의 동작을 해당 메일 서버와 실시간으로 동기화하고 메일을 읽거나 작성하는 즉시 동시에 반영되어 언제 어디서나 동일한 상태를 유지하며 메일을 사용할 수 있는 유용한 프로토콜 서비스이다.

24-4 | 메일 사이드바 보기

아이패드의 영향을 받은 OS X Lion의 Mail 프로그램을 직관적으로 구성하여 메일 목록과 메일 내용을 보여주는 심플한 구조로 변경되었다. 이전처럼 사이드바를 사용하고 싶은 분들을 고려하여 사이드바를 표시해 주는 방법을 소개한다.

① 메일 메뉴바에서 [보기]를 탭하자.

② 메일상자, 미리 알림, RSS 등으로 구성된 사이드바가 표시되는 것을 확인할 수 있다.

사용자의 취향에 따라 사용하면 좋을 듯 하다.

24-5 | Mail의 기본 서체 변경하기

Mail의 기본 서체는 한글 가독성이 떨어지기 때문에 OS X Lion에 포함된 나눔고딕체로 변경하는 방법을 알아보자.

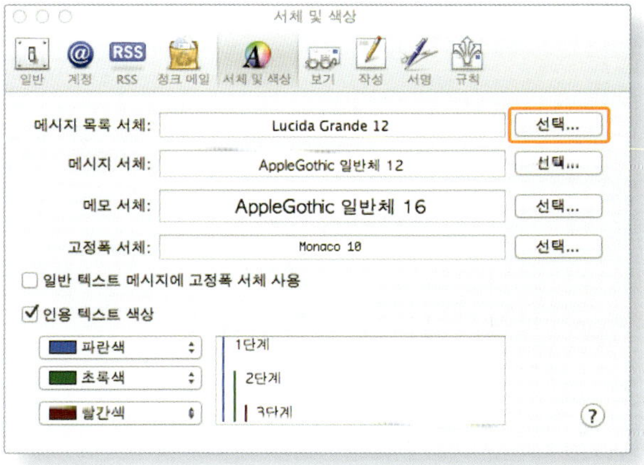

❶ 환경설정에서 [서체 및 색상] 탭을 선택한다. 각 서체를 변경하려면 [선택] 버튼을 탭하자.

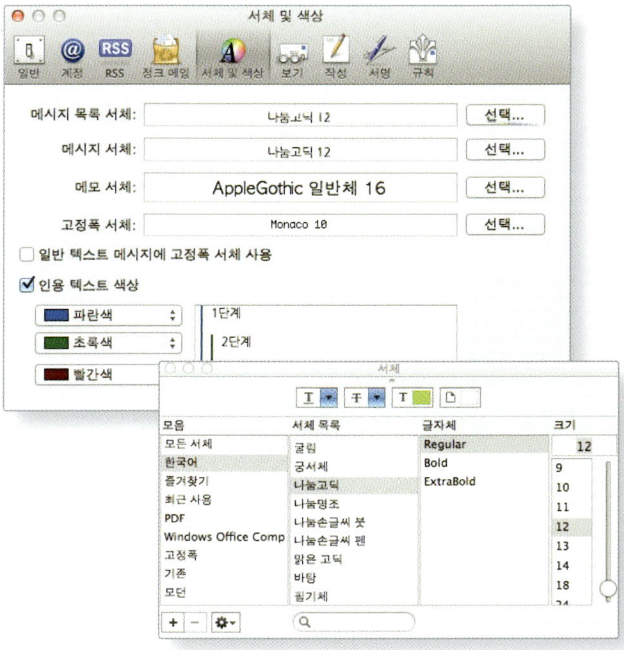

❷ [선택] 버튼을 탭하면 "서체"창이 나온다. 여기서 [나눔고딕]을 선택하면 서체가 변경된다.

메세지 목록 서체, 메세지 서체, 메모 서체 고정폭 서체 모두 나눔고딕으로 변경해 보자.

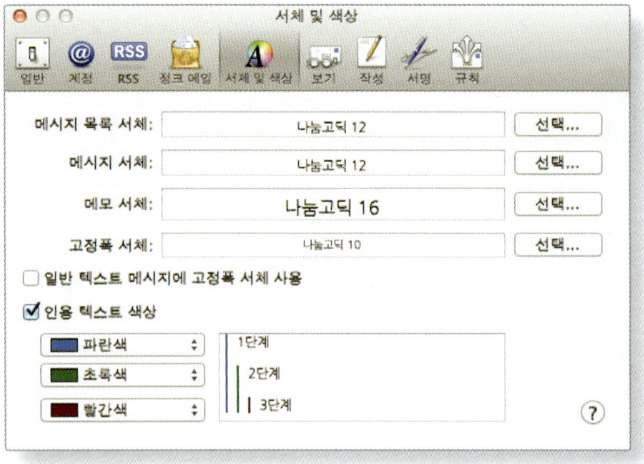

③ 모든 서체가 나눔고딕으로 변경된 것을 확인할 수 있다.

24-6 | 서명 등록하기

메일을 작성할 때 하단에 보낸 사람 신상 정보를 첨부하는 형태로서 서명을 추가한다. 서명을 미리 만들어 놓고 사용하는 방법을 알아보자.

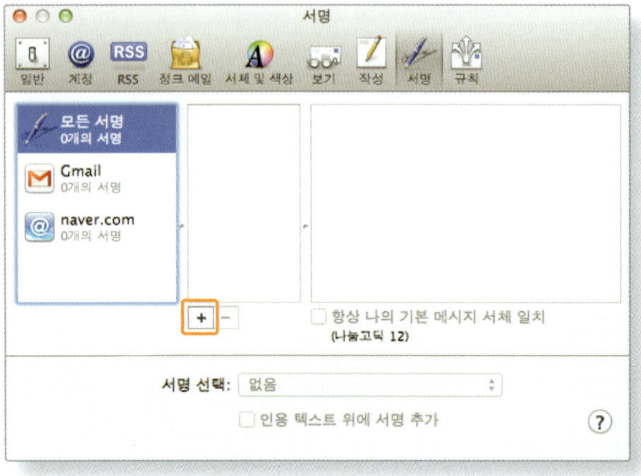

① 환경설정에서 [서명] 탭을 선택하고 중간에 위치한 [+] 버튼을 탭하여 서명을 추가하자.

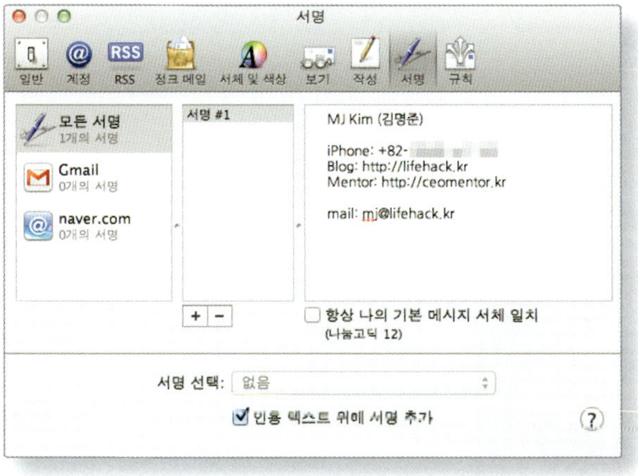

② 서명 내용을 우측 입력박스와 같이 입력한다. 그리고 우측 항목에서 [모든 서명]에만 "1개의 서명"으로 추가되었는데, 각 메일별로 적용하려면 중간 목록에 등록된 [서명 #1]을 Gmail, naver.com 항목으로 드래그하면 각각 서명이 등록된다.

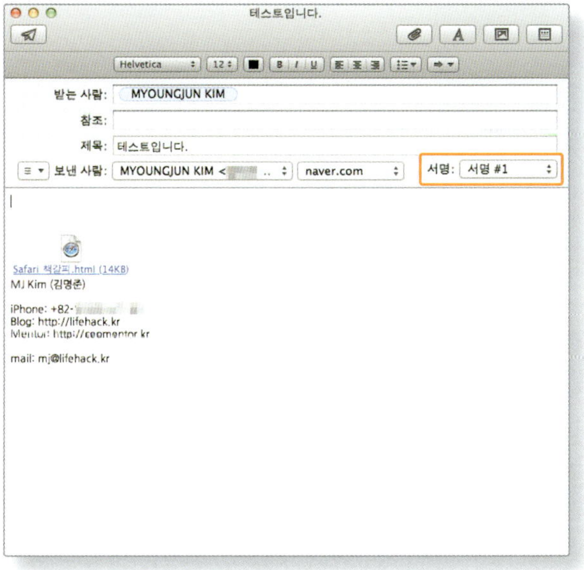

③ 메일 작성 시 서명을 추가하려면 메일 작성 도구 막대에 있는 서명 항목에서 등록한 서명을 선택하면 메일 본문에 자동 추가된다.

24-7 | 스마트 메일상자 만들기

스마트 메일상자는 설정한 조건에 따라 메일상자 안의 메일을 구분하여 보여주는 가상 폴더 개념으로서 사용할 수 있는 유용한 기능이다.

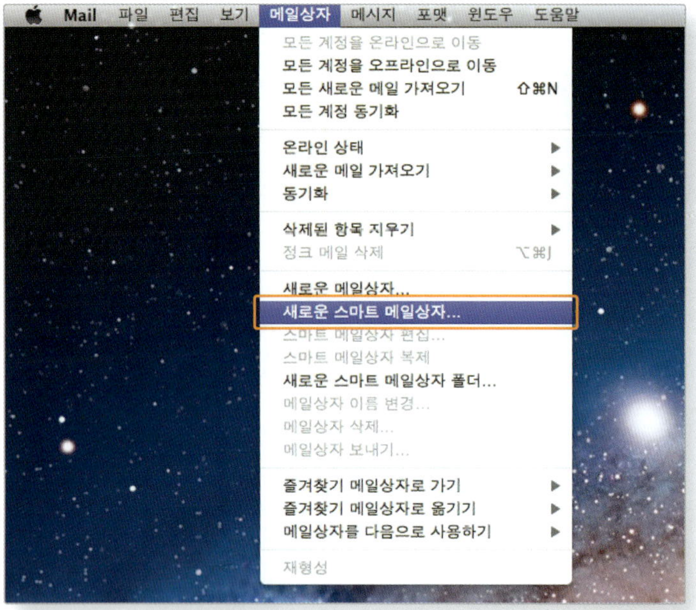

① Mail 메뉴바에서 [메일상자] → [새로운 스마트 메일상자...]를 선택한다.

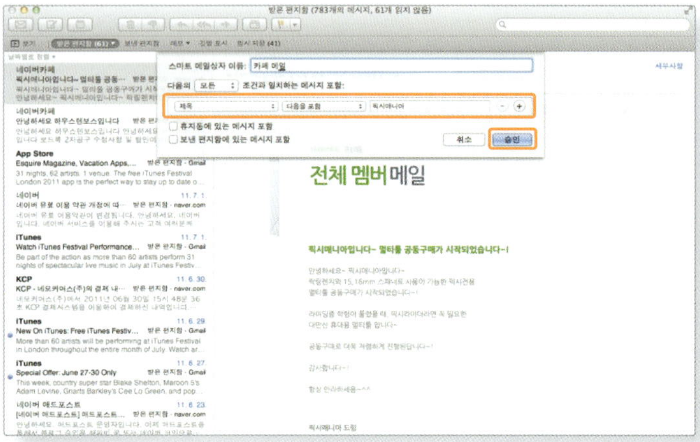

② 예로 특정 제목으로 오는 메일만 확인할 경우에는 검색 조건을 [제목], [다음을 포함], 검색 단어 순으로 입력하고, 검색 조건을 추가하려면 [+] 버튼을 탭한다. 모두 입력하였다면 [승인] 버튼을 탭하자.

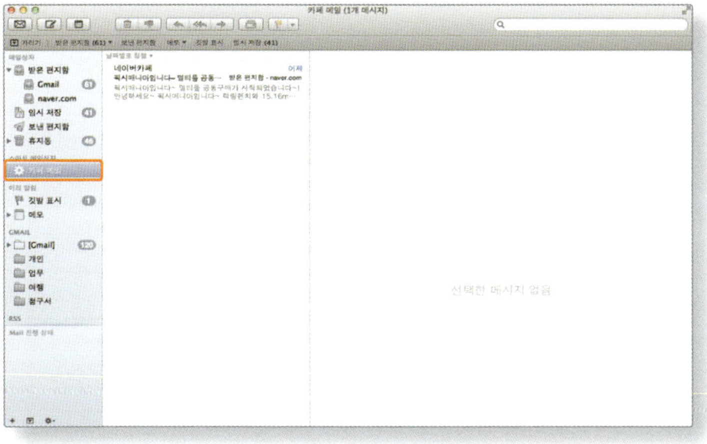

③ Mail의 사이드바에서 등록한 스마트 메일상자를 선택하면 해당 조건의 메일만 보여지게 된다.

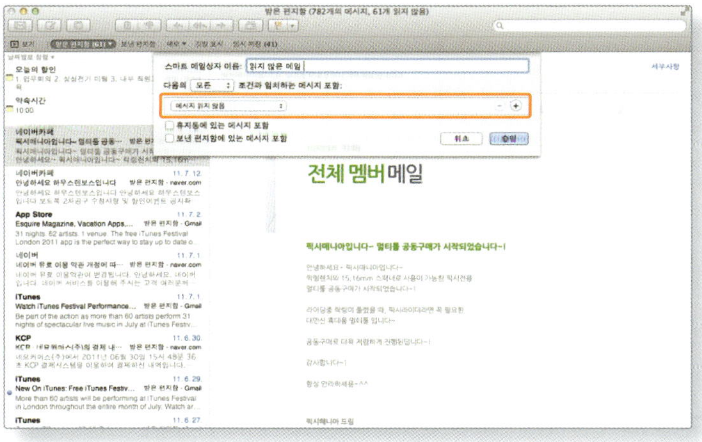

④ 참고로 읽지 않은 메일만 보고 싶은 경우에는 스마트 메일상자에서 검색 조건을 [메시지 읽지 않음]을 선택하고 생성해 보자.

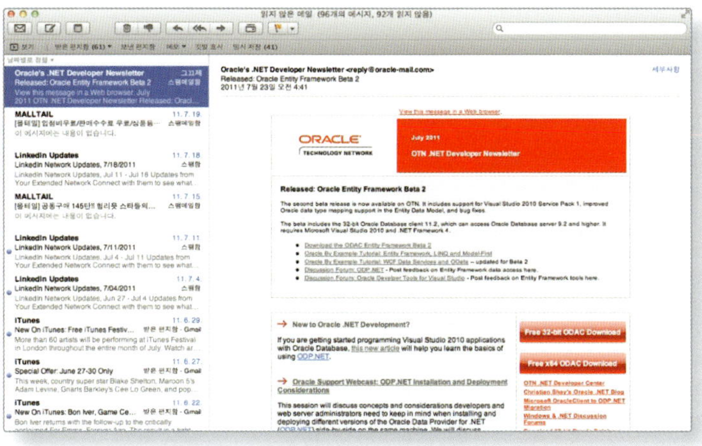

⑤ [읽지 않은 메일] 스마트 메일상자에서는 읽지 않은 메일만 추려서 보여준다.

24-8 | 메모 작성하기

메모는 기억해야 할 일이나 간단한 글을 적어두는 기능으로, Mail 기능의 일부분이지만 Gmail이나 Naver 메일을 사용 시 메모도 동기화되어 사용할 수 있으며, 아이폰 등에서도 메모 내용을 확인할 수 있다.

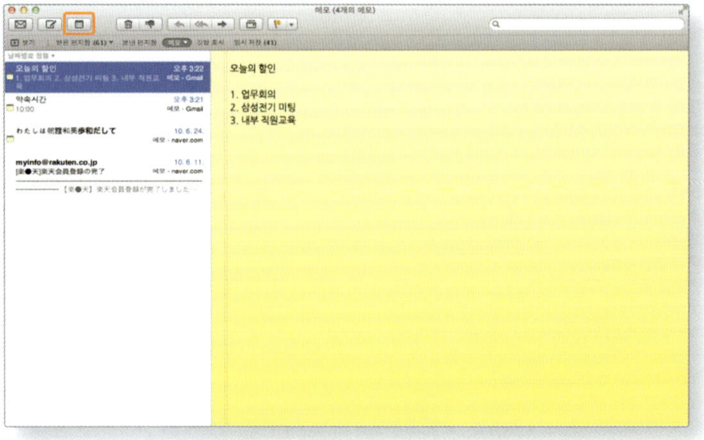

❶ Mail 프로그램의 도구 막대에서 [ ] 버튼을 탭하자.

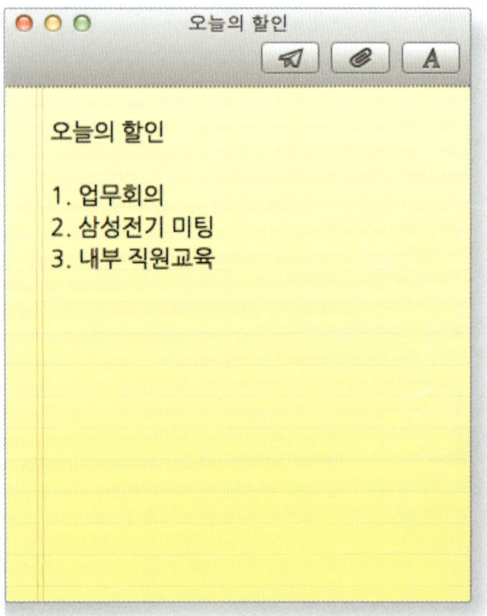

❷ 새 메모 창이 나오면 입력할 메모 내용을 입력하고 [x] 버튼을 눌러 닫는다.

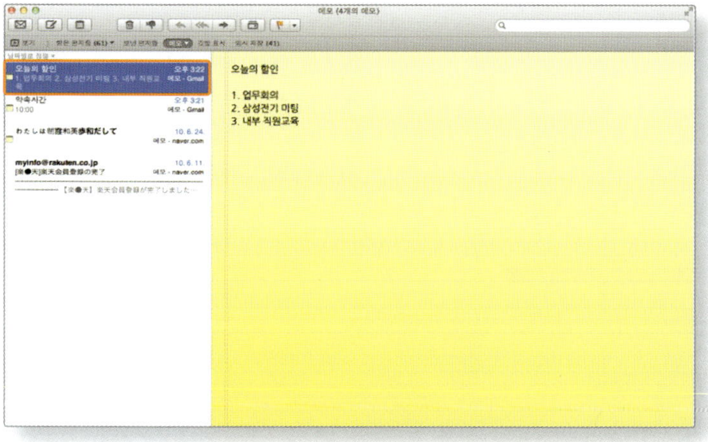

❸ 새 메모가 추가된 것을 확인할 수 있다. 여러 개의 메일 계정을 사용한다면 계정별로 저장된 메모를 확인할 수 있다.

24-9 | 새 메일 작성하기

새 메일을 작성해서 보내는 방법을 알아보자.

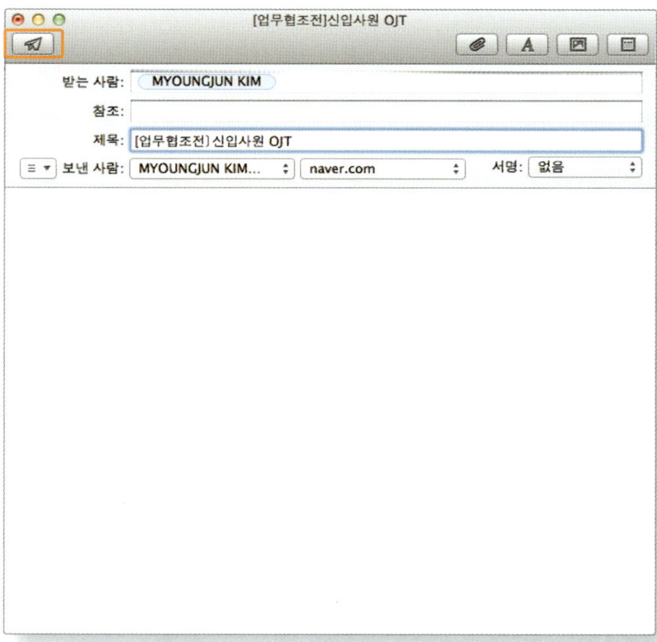

❶ Mail 프로그램에서 버튼을 탭하면 새 메일 작성창이 나온다. 여기서 [받는 사람]에 받는 사람 메일 주소를 입력하고, [제목]에 메일 제목을 입력한다.

메일 본문 내용을 입력하고 발송하려면 상단 좌측에 있는 버튼을 탭하자.

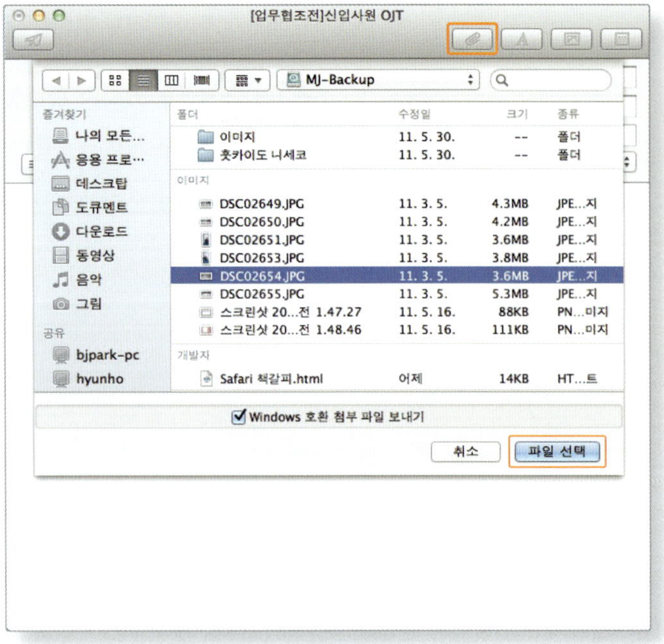

❷ 발송하려는 메일에 첨부 파일을 추가하려면 화면 상단 우측에 있는 버튼을 탭하면 파일을 지정할 수 있는 창이 나온다. 여기서 파일을 지정하고 [파일 선택] 버튼을 탭한다.

❸ 이미지 파일을 첨부할 경우 메일 본문에 보여진다.

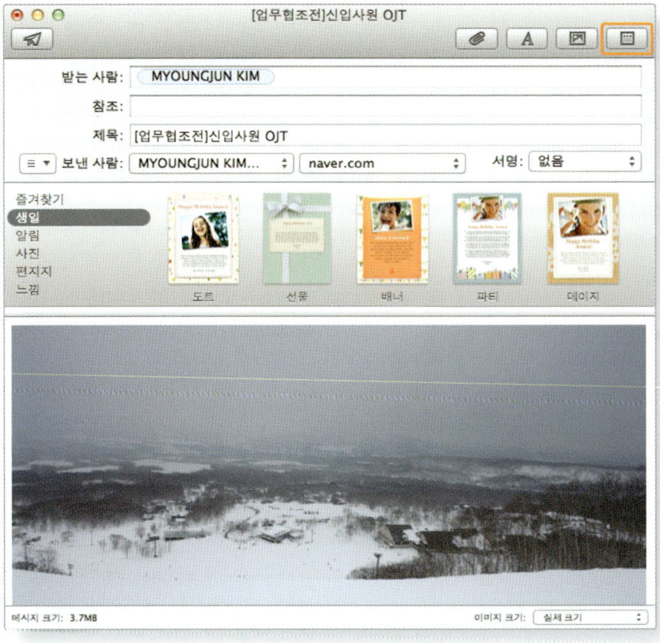

④ Mail 프로그램에는 편지지 패널을 추가하는 기능이 있다. 상단 우측 버튼을 탭하면 창 중간에 편지지 템플릿들이 나온다.

참고로 편지지 패널을 적용하려면 화면에 입력한 글 등을 지운 후 적용해야 한다.

⑤ 편지지를 하나 선택하고 내용을 입력한다. 여기서 사진이 추가되는 경우에는 사용할 사진이 있는 폴더에서 사진을 드래그하여 편지지 안에 배치하면 사진이 알맞게 편집되어 추가된다.

24-10 | 받은 메일 답변 보내기와 삭제하기

받은 메일의 답변을 쓰거나 불필요한 메일의 경우 삭제하는 방법을 알아보자.

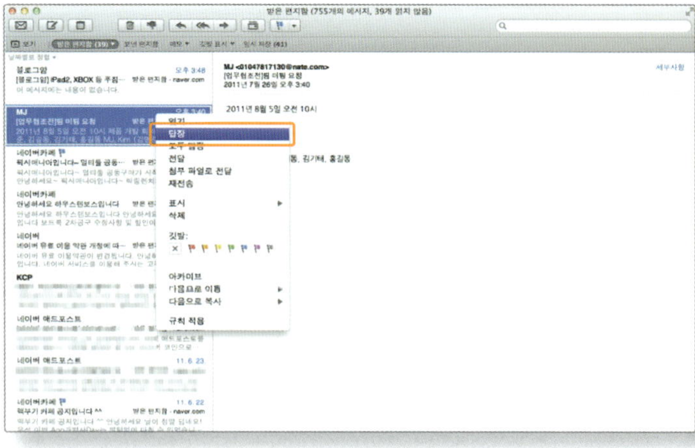

① 메일 목록창에서 답변을 보낼 메일을 선택한 다음 트랙패드에 손가락 두 개로 탭하면 나오는 메뉴에서 보낸 사람에게만 답장을 보내려면 [답장]을 선택하고, 모든 사람에게 답장을 보내려면 [모두 답장]을 선택한다.

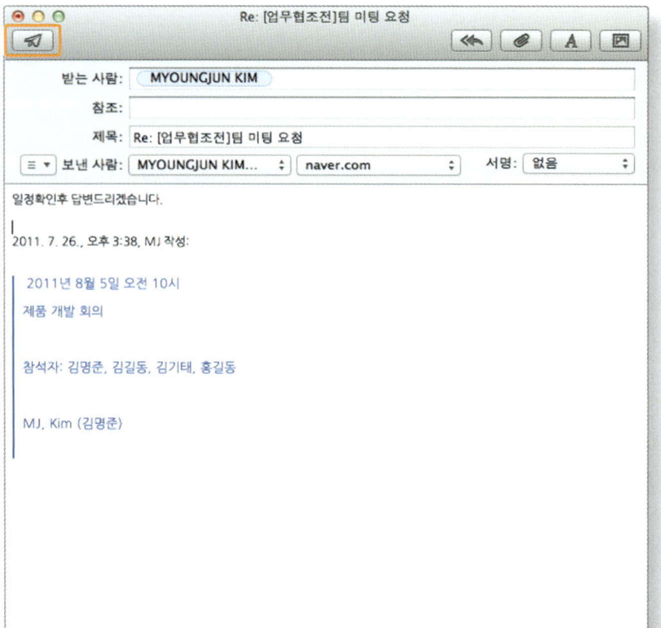

② 메일 본문에 답장을 적고 상단 좌측에 있는 버튼을 탭하여 답장을 보내자.

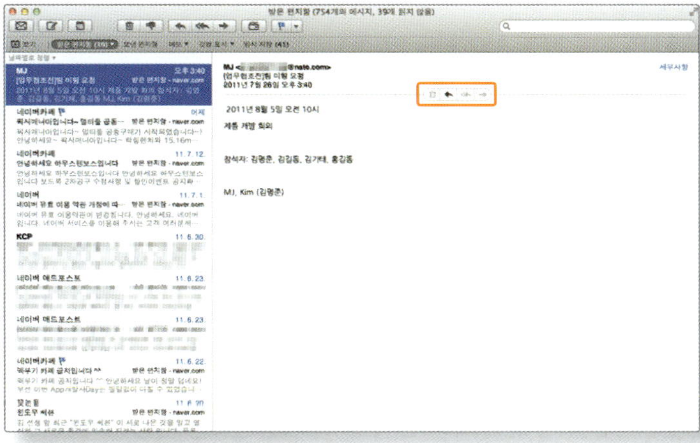

③ 또는 본문 내용창에서 메일 본문 바로 위에 커서를 가져가면 버튼이 몇 가지 나오는데, 여기서 버튼의 기능을 순서대로 설명하면 [삭제], [답장], [모두 답장], [전달]로 구성되어 있다.

④ 메일 메시지를 삭제하려면 기능 버튼을 선택하던가 아니면, 메일 목록창에서 삭제할 메일을 선택한 다음 트랙패드에 손가락 두 개를 탭하여 나오는 메뉴에서 [삭제]를 선택하여 삭제한다.

24-11 | 깃발로 중요 메일 관리하기

특별히 검색하거나 추적하려는 메시지에 깃발 표시를 설정하면 나중에 많은 메시지가 쌓여 있을 때 쉽게 찾아 낼 수 있는 기능이다.

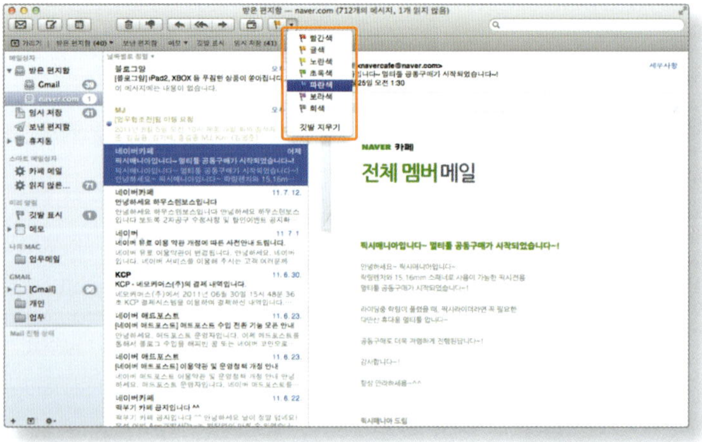

❶ 나중에 필요할 경우를 대비하여 검색용으로 체크해 두고 싶은 메일을 선택하고, 도구 막대 끝에 있는 깃발 중 구분하기 위한 색상 깃발을 선택한다.

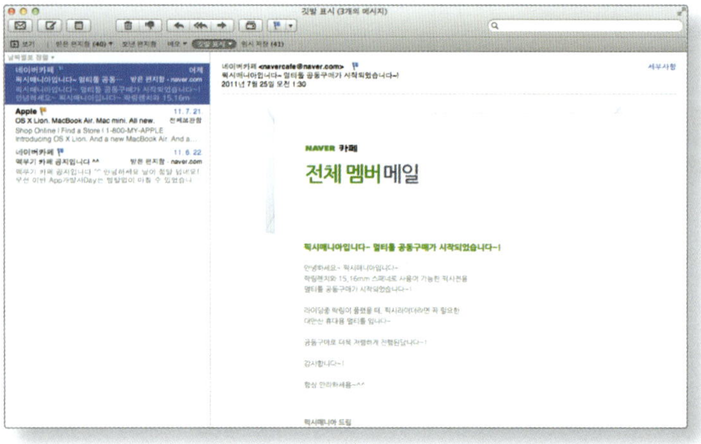

❷ 사이드바에서 [깃발 표시] 항목을 선택하면 깃발을 추가한 메일만 목록에 표시된다.

CHAPTER 25

주소록 사용하기

주소록은 지인의 정보를 관리는 프로그램으로, iCal 등의 프로그램과 연동하여 스케줄 관리도 가능하다. 아이폰을 사용하고 있다면 클라우드 서비스인 iCloud를 통해 아이폰에 등록된 주소록을 그대로 OS X Lion에도 적용하여 사용할 수 있다.

25-1 | 주소록 실행하기

주소록을 실행하려면 Dock에서 주소록 아이콘을 탭하거나, 애플 메뉴바에서 [이동] → [응용 프로그램]을 선택하고 [주소록]을 탭한다.

25-2 | 새 연락처 추가하기

iCloud 서비스에 등록되어 있다면 아이폰에 등록되어 있는 연락처가 실시간으로 동기화된다. 이 연락처를 OS X Lion에서도 사용하자.

❶ 주소록을 실행하면 작은 수첩 컨셉으로 두 개의 페이지가 열린 상태로 보여진다. 등록되어 있는 연락처를 vCard로 만들어 공유하는 방법으로서 우측 하단의 [공유] 버튼을 탭하자.

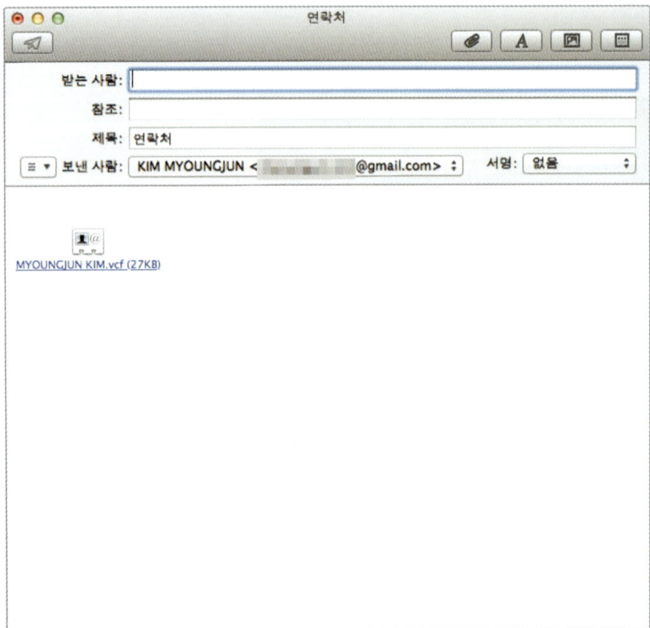

❷ Mail 프로그램이 실행되면서 새 메일의 본문에 선택한 연락처의 vCard가 첨부된다. 이것을 공유하고자 하는 메일로 보내자.

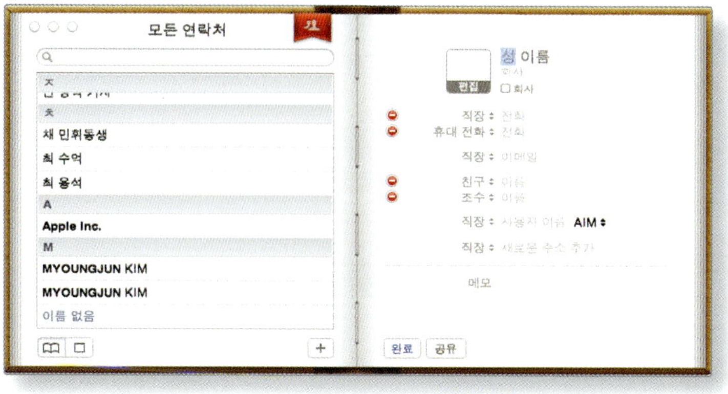

❸ 새 연락처를 추가하려면 좌측 모든 연락처 하단에 [+] 버튼을 탭 화면 우측 화면에 개인 신상 정보를 입력하는 화면이 나온다.

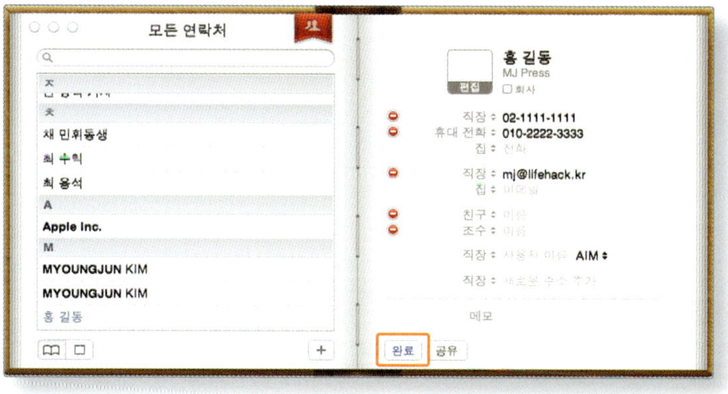

❹ 모든 내용을 입력할 필요는 없으며, 입력하고 싶은 내용만 입력하면 된다.

모든 입력이 완료되었다면 아래에 있는 [완료] 버튼을 탭하여 연락처 정보를 추가하자.

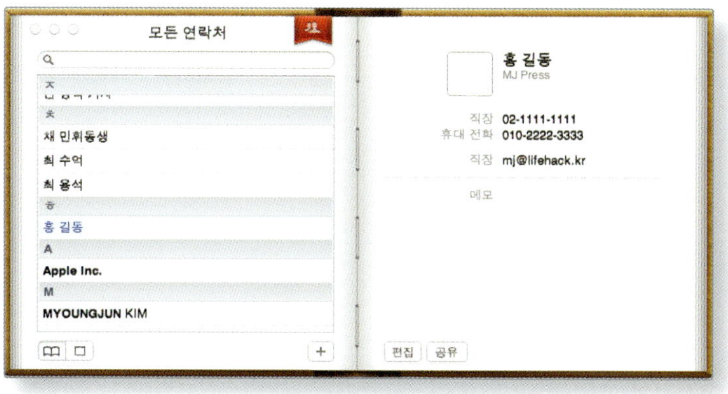

❺ 새 연락처가 등록되었다. 만약 iCloud 서비스 계정을 사용 중이라면 바로 아이폰 등에도 실시간으로 적용된다.

25-3 | 연락처 레이블 변경하기

연락처 레이블은 사용자가 직접 변경할 수 있도록 되어 있다. 중요한 레이블이 있다면 다음과 같이 변경해서 사용해 보자.

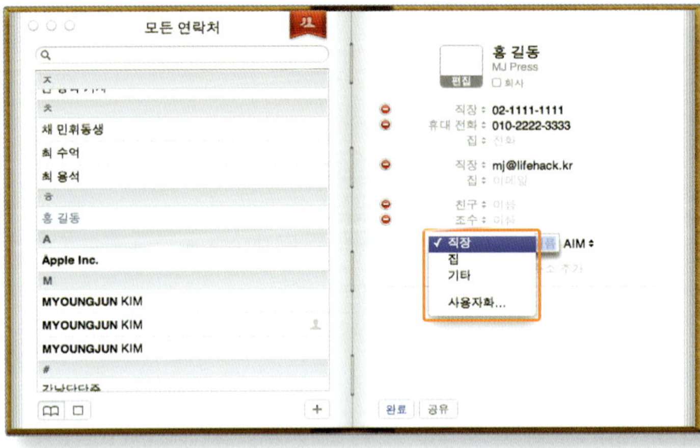

❶ 일단 레이블을 변경할 연락처 정보 하단에 있는 [편집] 버튼을 탭하여 내용 변경이 가능한 상태로 두고, [직장] 기본 레이블을 탭하고 [사용자화] 메뉴를 선택해 보자.

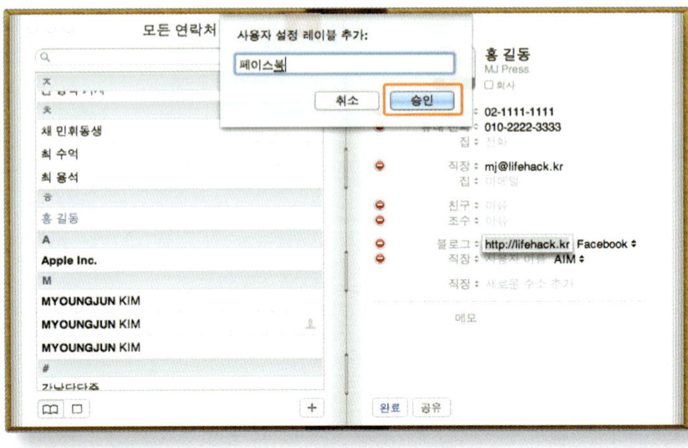

❷ "사용자 설정 레이블 추가:" 창이 나오면 변경할 레이블명을 입력하고 [승인] 버튼을 탭하자.

여기서는 [페이스북]을 넣고 변경해 보았다.

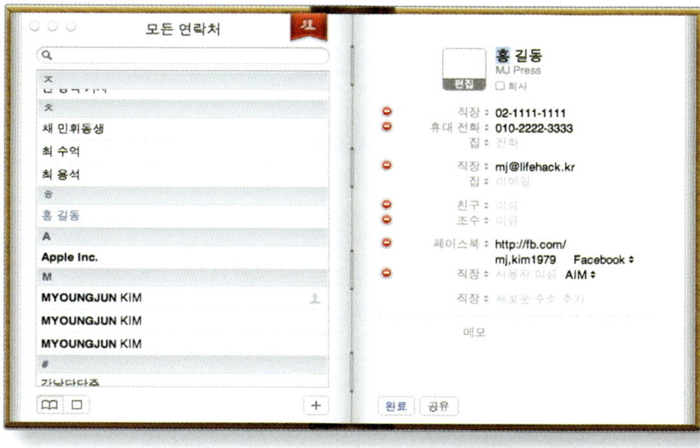

❸ 레이블이 변경된 것을 확인할 수 있다. 변경이 완료되었다면, [완료] 버튼을 탭하여 마무리하자.

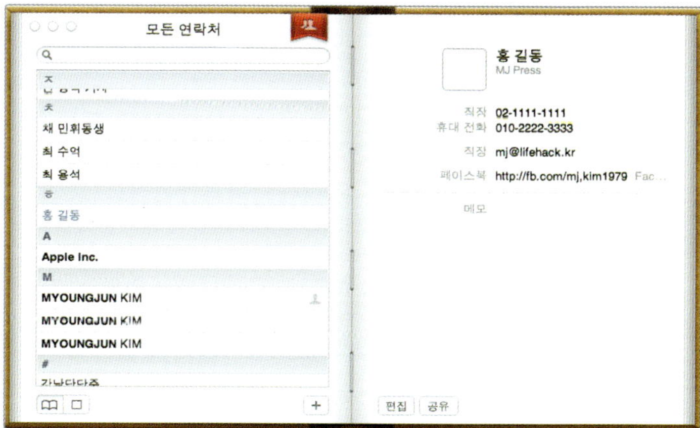

❹ 연락처 정보에 [페이스북] 레이블이 추가된 것을 확인할 수 있다.

25-4 | 연락처 등록 템플릿 변경하기

연락처를 등록할 때 사용하는 등록 양식에 대해 사용자가 원하는 정보를 추가할 수 있다. 주소록 메뉴 바에서 [주소록] → [환경설정]을 선택해 보자.

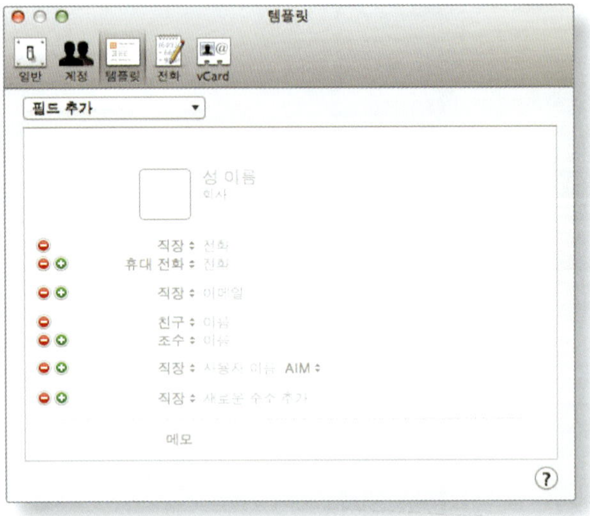

① [템플릿] 탭을 선택하고 새 필드를 추가하기 위해 [필드 추가]를 탭하자.

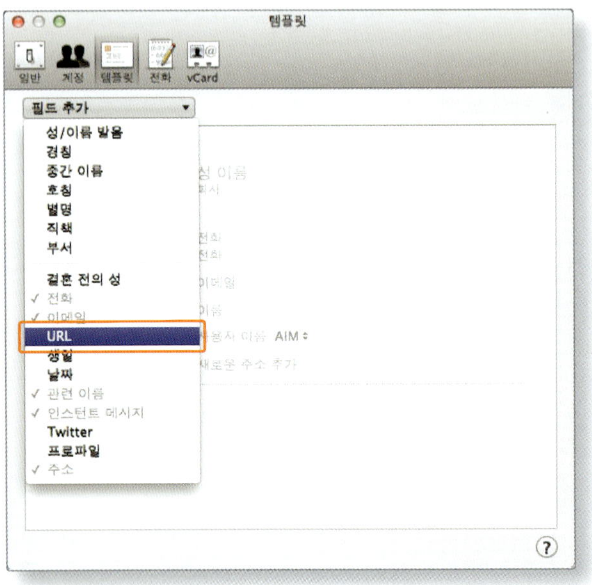

② 필드 정보 타입으로 [URL] 항목을 선택한다.

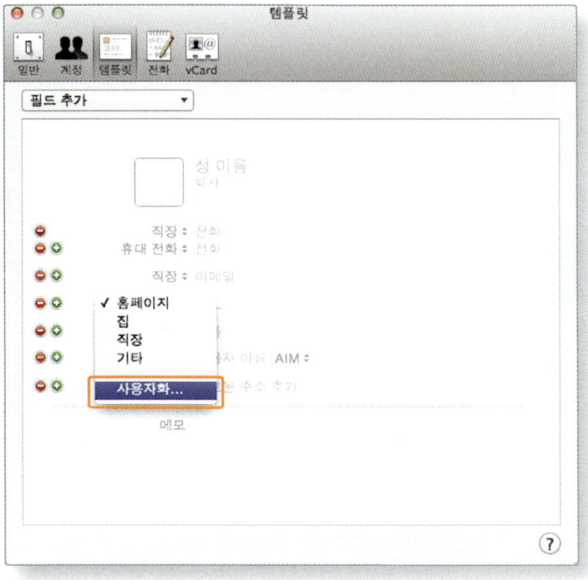

❸ 변경한 필드에 대해 어떤 레이블을 사용할지를 선택한다. 여기서는 [블로그]가 항목에 없으므로 [사용자화]를 선택하여 등록하자.

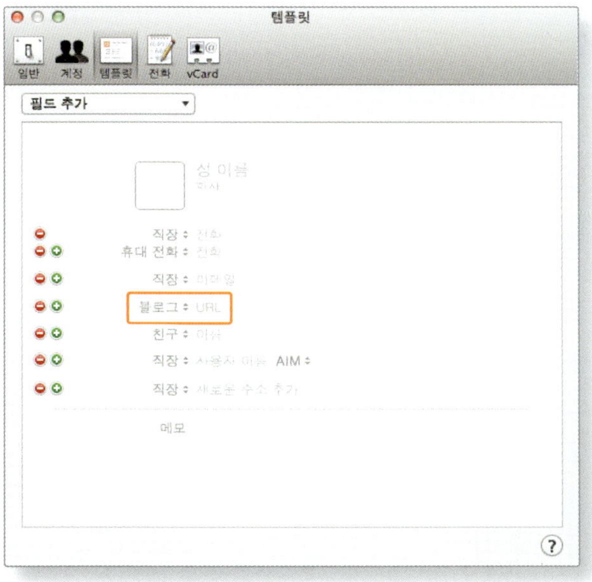

❹ [블로그] 항목의 필드 속성이 URL로 지정되어 추가된 것을 확인할 수 있다.

이렇게 지정되는 순간부터 레이블이 추가되어 연락처를 등록할 수 있게 된다.

CHAPTER 26 FaceTime 사용하기

FaceTime은 아이폰4, 아이패드2에서 제공되던 영상통화가 OS X Lion에서도 기본적으로 제공되어 Apple ID만 있으면 Wi-Fi 무선랜만 연결된 상태에서는 어디서든 영상통화를 할 수 있는 프로그램이다. 아이폰4의 FaceTime과 영상통화하는 방법을 알아보자.

26-1 FaceTime 로그인하기

FaceTime은 Wi-Fi 무선랜이 연결된 상태에서 사용 중인 Apple ID로 로그인을 해보자.

① 사용 중인 Apple ID와 암호를 입력하고 [로그인] 버튼을 탭하자.

② 로그인한 메일 주소를 FaceTime에서 이용할지를 확인한다. [다음] 버튼을 탭한다.

③ 우측 주소록에 있는 연락처 목록이 보여진다. 여기서 FaceTime으로 영상통화를 하고 싶은 연락처를 선택한다.

26-2 | FaceTime으로 영상통화하기

이제 연락처 중 하나를 선택해서 아이폰4와 영상통화를 해보자.

① 우측 주소록에 있는 연락처 목록이 보여진다. 여기서 FaceTime으로 영상통화를 하고 싶은 연락처를 선택한다.

② 특정 상대방에서 영상통화 요청이 오면 [통화] 버튼을 탭한다.

③ 상대방이 큰 영상화면으로 나오고 본인은 좌측 하단에 작은 화면으로 보여진다.

여기서 전체 화면으로 영상통화를 하고 싶은 경우에는 우측 상단의 전체 화면 버튼을 탭하자.

④ 전체 화면으로 보면 바탕화면이 검정색으로 표현된다.

통화를 종료하려면 하단에 있는 [종료] 버튼을 탭한다.

26-3 | FaceTime에서 로그인이 안될 때

FaceTime을 사용하기 위해 로그인할 때 로그인이 되지 않고 "서버에서 등록을 처리하는데 오류가 발생했습니다."라는 메시지가 나오면 다음과 같이 변경해야만 FaceTime을 사용할 수 있다.

① 로그인이 되지 않으면 유틸리티에 있는 [터미널]을 실행한다.

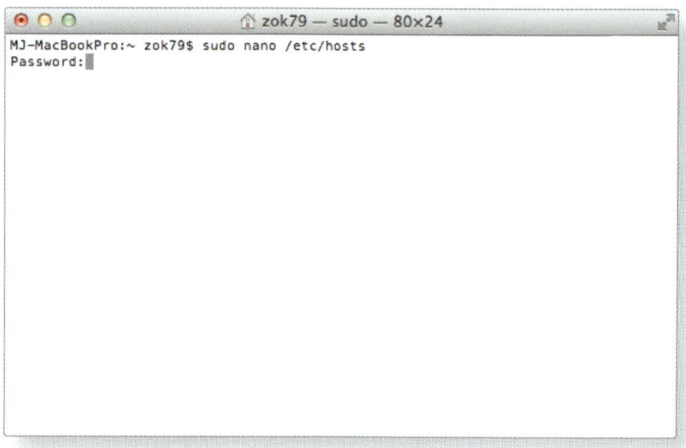

② 터미널에서 "sudo nano /etc/hosts" 명령어를 실행하면 암호를 물어본다. 암호를 이상 없이 입력하였다면 이제 hosts 파일을 수정하자.

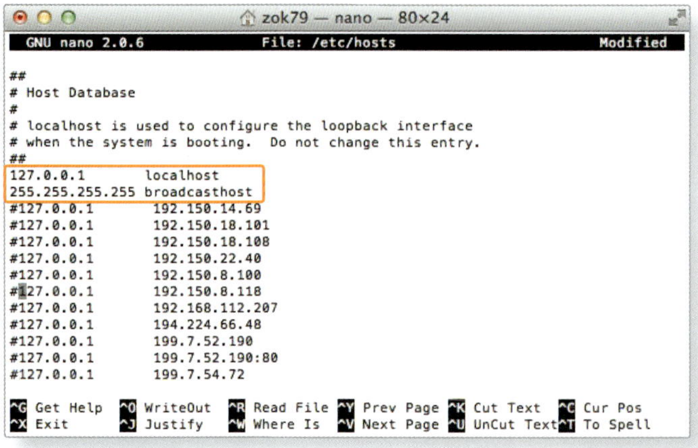

3 아래 코드를 입력하고 저장한다.

```
> 127.0.0.1         localhost
> 255.255.255.255 broadcasthost
> ::1               localhost
> fe80::1%lo0       localhost
```

코드를 입력하거나 빠져 있는지 확인한다. 수정하거나 추가하였다면 Control + O 키를 눌러 내용 저장 후 Contr + I + X 키를 눌러 편집기 화면을 종료한다.

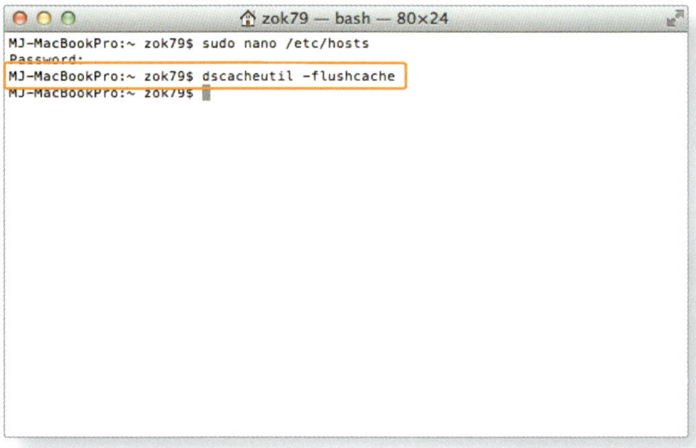

4 변경된 코드를 적용하기 위해 "dscacheutil –flashcache"명령어를 실행하여 정보를 리셋하고 바로 OS X Lion을 사용하자.

이렇게 설정하면 FaceTime에 아무런 문제 없이 로그인을 할 수 있다.

26-4 | 추가 Apple ID 계정 등록하기

Apple ID를 여러 개 사용하는 경우 FaceTime을 각각 계정별로 사용하는 방법을 소개한다.

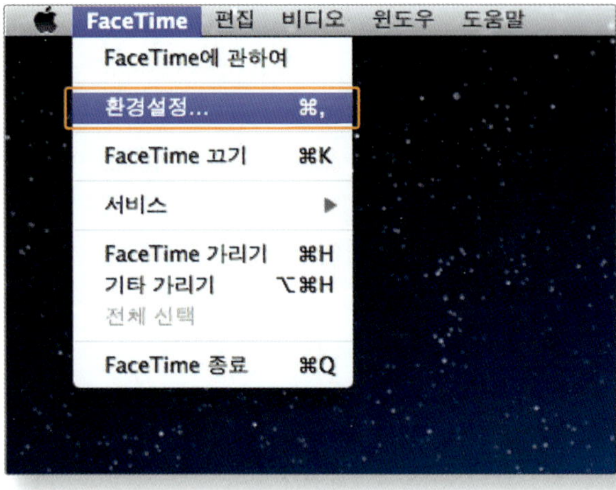

❶ FaceTime 메뉴바에서 [FaceTime]→[환경설정...]을 선택한다.

❷ "사용자의 통화 연락처:" 항목에 추가할 연락처 메일 주소를 넣는다.

CHAPTER 27

iChat 사용하기

iChat는 여러 사람과 동시에 채팅 및 영상채팅을 할 수 있는 프로그램이다. 또한 사용자가 가지고 있는 영상 파일도 공유할 수 있다. 그외 구글 토크를 사용할 경우 별도로 Google 토크를 설치할 필요 없이 바로 사용할 수 있는 장점을 가진 채팅 프로그램이다.

27-1 | iChat 실행하기

애플 메뉴바에서 [이동] → [응용 프로그램]을 선택하고 [iChat]를 탭하자.

27-2 | iChat에서 Google 토크 사용하기

iChat를 실행하기 전에 시스템 환경설정에서 [Mail, 연락처, 캘린더]에 Google 계정을 등록하였다면 iChat를 통해 Google 토크를 사용할 수 있다.

❶ iChat를 실행하면 Google 토크가 활성화된 화면이 나온다.

❷ 만약 다른 Google 토크 사용자가 여러분을 대화 상대로 추가하면 화면과 같이 대화 상대 추가 확인창이 나온다. 여기서 대화 상대로 추가하려면 [동의] 버튼을 탭하자.

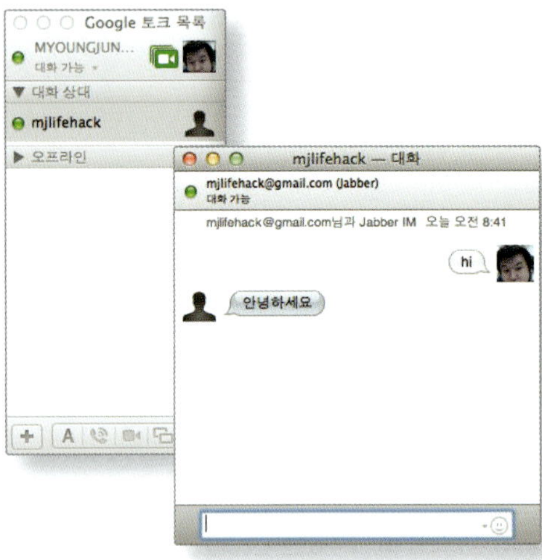

❸ 바로 대화 상대가 등록이 되며, 대화도 바로 가능하다. 별도로 Google 토크 프로그램을 설치할 필요 없이 사용할 수 있기 때문에 유용하며, 상대방이 온라인캠이 있는 경우 영상채팅도 가능하다.

27-3 | 채팅 내용 서체 변경하기

기본으로 설정되어 있는 서체는 한글 가독성이 떨어지기 때문에 나눔고딕으로 변경해 보자.

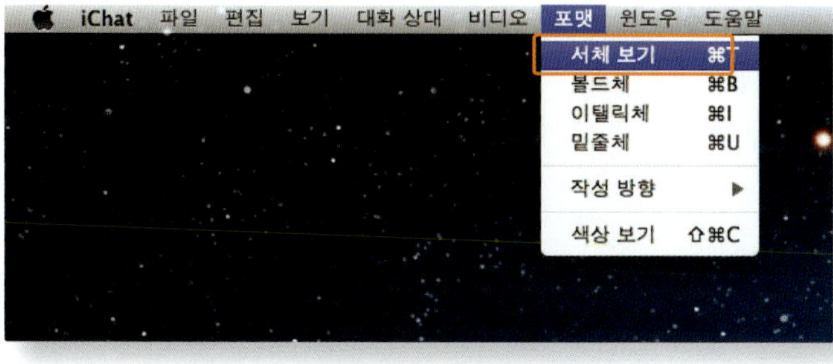

① 메뉴바에서 [포맷] → [서체 보기]를 선택한다.

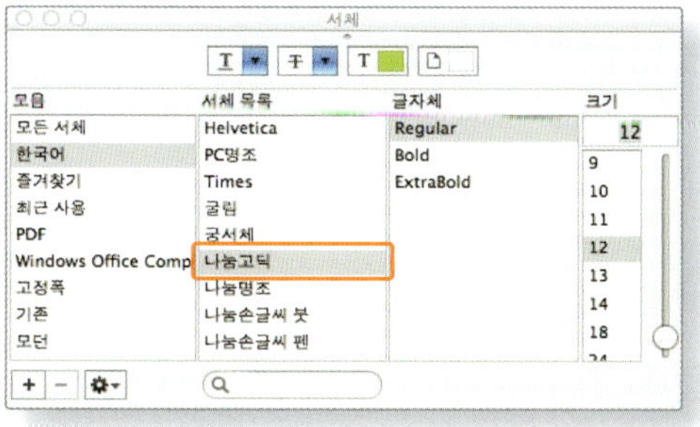

② "서체"창이 나오면 서체 목록에서 [나눔고딕]을 선택하자.

27-4 | 채팅 가능 상태 변경하기

채팅 중에 대화 상대에게 자리를 비우거나 회의 중인 상태임을 알리고 싶은 경우 상태 메뉴를 변경해 보자.

채팅목록창에서 사용자 닉네임 바로 아래에 상태 메뉴가 있다.

이 화면에서는 [자리 비움]으로 되어 있는데, 이것을 [대화 가능]으로 변경해 보자.

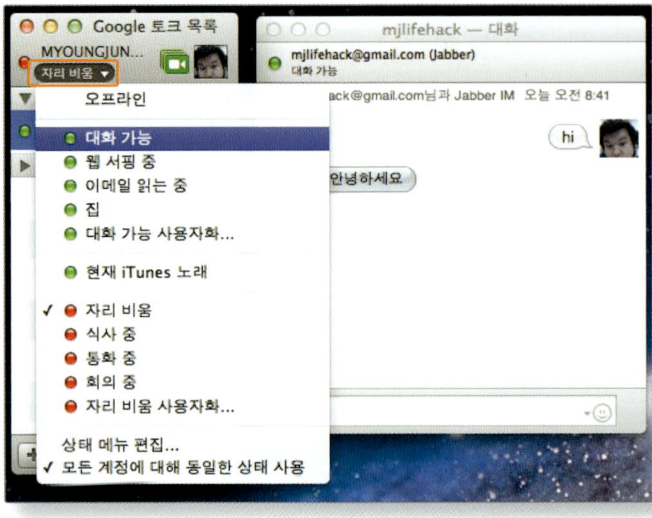

27-5 | 새 대화 상대 추가하기

iChat에 Google 토크 관련 새 대화 상대도 바로 추가할 수 있다. 추가하는 방법은 다음과 같다.

❶ Google 토크 목록창의 하단에 있는 [+] 버튼을 탭하고 [대화 상대 추가] 버튼을 선택한다.

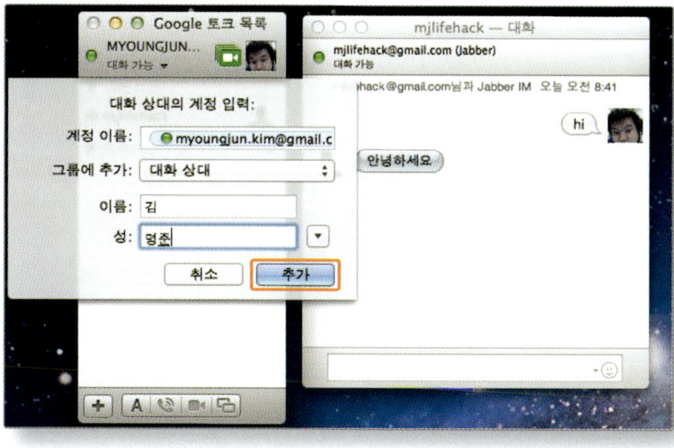

② "계정 이름:"에 Google 토크 관련 계정 메일을 입력하고 이름, 성을 입력한 다음 [추가] 버튼을 탭하여 새 대화 상대를 추가하자.

CHAPTER 28

iCloud 사용하기

클라우드 서비스(Cloud Service)는 개개인이 사용하려는 컴퓨팅 자원을 자신이 직접 인프라를 구축하지 않고서도 제3의 인프라를 이용하여 구름처럼 형성된 가상의 컴퓨터팅처럼 자유롭게 사용하고 그에 따른 비용을 지불하는 서비스를 말한다.

사용자는 자신이 시스템을 구축하지 않아도 필요한 만큼의 시스템 기능을 자유롭게 이용할 수 있으며, 클라우드 서비스 제공자는 집적된 IT 자원과 고도화된 가상화 기술을 활용하여 고효율 서비스를 제공할 수 있다. 클라우드 서비스의 장점은 모든 데이터와 소프트웨어가 중앙에 집중되기 때문에 쉽게 다른 기기로 이동하여 관리하는 업무가 크게 줄어들고 유휴 컴퓨터 등의 자원을 크게 줄일 수 있다.

iCloud 서비스는 애플에서 제공하는 클라우드 서비스로 9월 현재, 정식으로 공개가 되지 않았지만, 일부 서비스가 비공개 테스트를 함에 따라 이를 통해 사용하는 방법을 알아보자.

28-1 | iCloud 서비스 등록하기

iCloud 서비스는 OS X Lion 10.7.2 버전부터 기본 제공되는 것으로, 특별한 사용방법은 없고 사용 중인 iOS 5기반 아이폰, 아이패드 기기에서 사용자의 Apple ID로 동기화를 설정한 데이터만 공유된다. 현재 iCloud 서비스는 기본적으로 5GB 용량이 무료로 제공된다.

시스템 환경설정의 [Mail, 연락처, 캘린더]를 선택하고 iCloud를 실행해 보자.

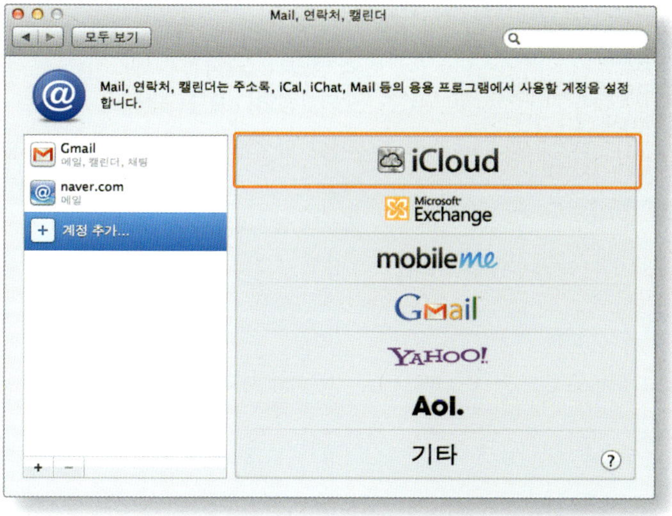

❶ Mail, 연락처, 캘린더에서 [iCloud]를 탭하자.

❷ 사용자의 Apple ID와 암호를 입력하고 [로그인] 버튼을 탭하자.

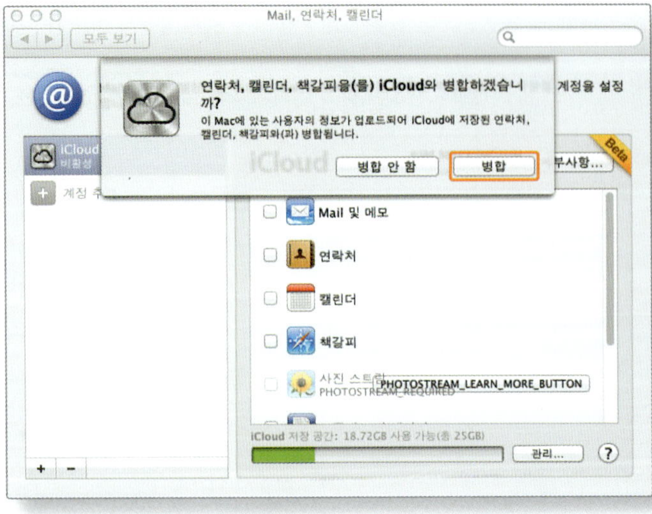

❸ "연락처, 캘린더, 책갈피을(를) iCloud와 병합하겠습니까?" 메시지 창이 나오면, [병합] 버튼을 탭하자.

사용자의 iOS 5기반의 아이폰, 아이패드 기기에서 동기화 중인 정보와 병합하여 동기화된다.

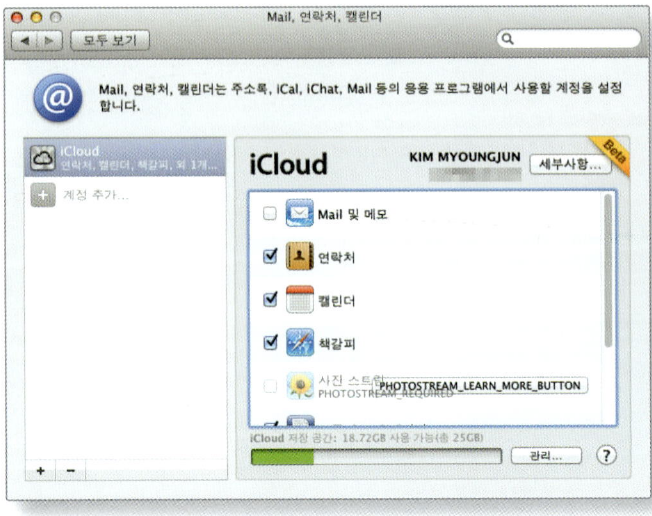

❹ iCloud 서비스로 동기화되어 있는 항목을 확인할 수 있다. 여기서 메일 계정 등을 등록하려면, 좌측 [계정 추가]를 탭하자.

참고로 iCloud 서비스로 동기화되는 항목은 다음과 같다.

동기화 항목	동기화 내용
Mail 및 메모	Mail 프로그램에 저장된 메일 데이터 및 메모 앱에 저장된 텍스트 데이터
연락처	iOS 5(아이폰, 아이패드, 아이팟 터치)와 Mac 기기의 연락처 데이터
캘린더	iOS 5(아이폰, 아이패드, 아이팟 터치)와 Mac 기기의 캘린더 데이터
책갈피	Safari 웹브라우저에서 접속한 사이트 중 책갈피한 데이터
사진 스트림	iOS 5(아이폰, 아이패드, 아이팟 터치)로 촬영한 사진 데이터 및 Mac의 iPhoto에 저장되어 있는 사진 데이터
도큐먼트 및 데이터	iOS 5(아이폰, 아이패드, 아이팟 터치) 및 Mac 기기에서 작업한 iWork(Pages, Number, Keynote) 문서 데이터

다만, iCloud 서비스가 무료로 제공되는 용량은 기본 5GB인데, 아이폰과 Mac만 사용한다면 충분히 사용 가능한 공간이다. 그러나, 아이패드까지 사용하는 사용자라면, 저장 공간이 약 2배정도 증가하기 때문에 추가 용량 구입 서비스를 추천한다.

❺ 시스템 환경설정에서 "인터넷 및 무선" 그룹의 [iCloud]를 실행하자.

⑥ 사용 중인 Apple ID와 암호를 입력하고 [로그인] 버튼을 탭한다. 주의해야 할 점은 아이폰이나 아이패드를 사용할 때 같은 Apple ID를 사용해야 아이폰 등에 저장된 연락처, 스케줄 정보 및 사진 스트림 정보를 공유할 수 있다.

⑦ [연락처, 캘린더, 책갈피에 대해 iCloud 사용]을 체크한 상태에서 [다음] 버튼을 탭하자.

이것들을 체크해 두면, 사용자의 Mac 기기의 연락처, 캘린더, 책갈피 정보와 아이폰 등과의 정보가 서로 동기화된다

8. iCloud 설정이 마무리되면 [사용자화...] 버튼을 탭하자. 이것을 탭하면 사용자가 직접 iCloud 동기화 옵션을 상세하게 변경할 수 있다. 만약, 기본 설정 그대로 사용한다면 [완료] 버튼을 탭하자.

9. [도큐먼트 및 데이터]를 추가로 체크하면 iOS 5기반의 아이폰, 아이패드 기기에서 작업하고 공유한 iWork (Pages, Keynote, Number)의 문서 파일이 동기화된다.

28-2 | iCloud 추가 저장 공간 구입하기

필자가 iCloud 서비스를 사용해 보니 아이폰과 아이패드를 사용할 경우 5GB 무료 용량으로는 턱없이 부족했다. 그래서 추가 구입하는 방법을 알아보자.

❶ 시스템 환경 설정에서 [iCloud]를 실행하고, 하단에서 용량이 부족한 상태라면 [관리...] 버튼을 탭하자.

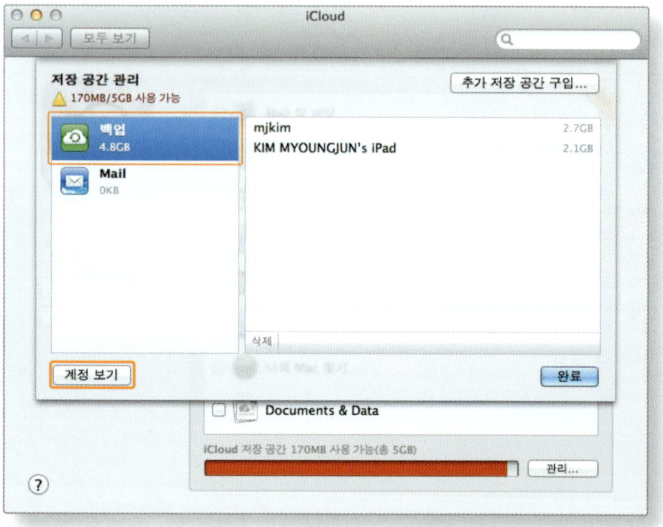

❷ "저장 공간 관리"창이 나오면, 좌측에서 [백업] 항목을 선택하여 기기별로 저장된 상태를 확인할 수 있다.

추가 저장 공간을 구입하려면 [추가 저장 공간 구입] 버튼을 누르거나 하단의 [계정 보기]를 선택한다. 여기서는 [계정 보기]를 선택하자.

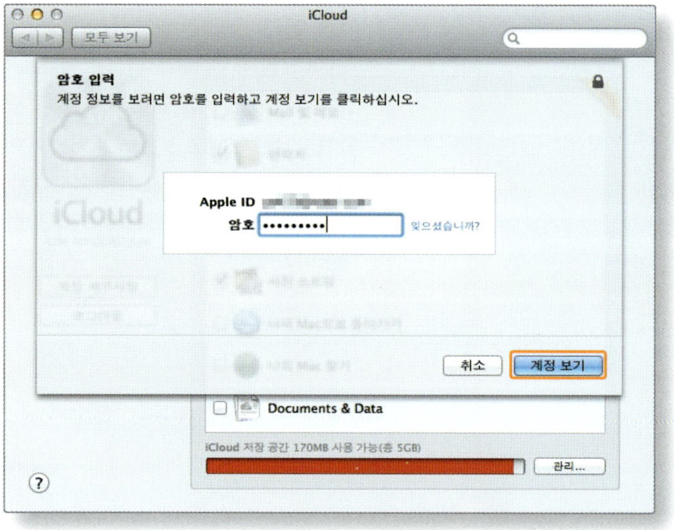

❸ 암호 입력 창이 나오면 사용 중인 Apple ID의 암호를 입력하고 [계정 보기] 버튼을 탭하자.

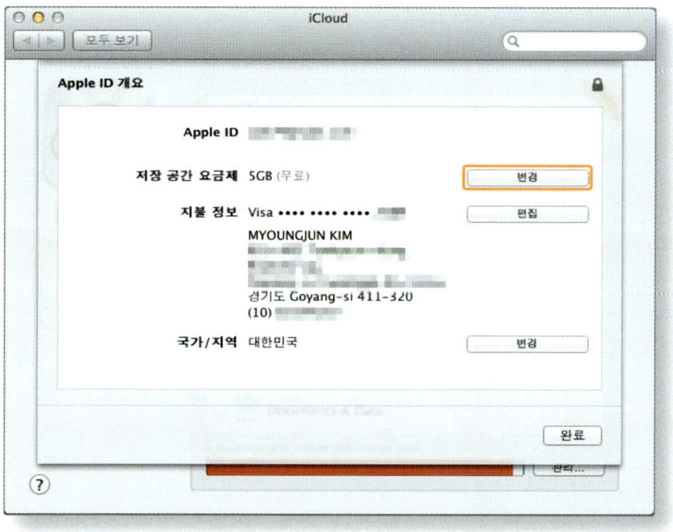

❹ 사용 중인 Apple ID 정보가 나오면 신용카드 정보가 이상 없이 등록되어 있다는 가정하에 [변경] 버튼을 탭하자.

❺ 저장 공간 요금제 변경 창이 나오면 "현재 요금제" 항목에서 [5GB 무료]가 선택되어 있는 것을 확인할 수 있다.

참고로 현재 애플 iCloud 서비스의 유료 업그레이드는 10GB($20/년), 20GB($40/년), 50GB($100/년)을 제공하고 있다.

❻ 여기서는 [20GB, $40/년]을 선택하고 [다음] 버튼을 탭하였다.

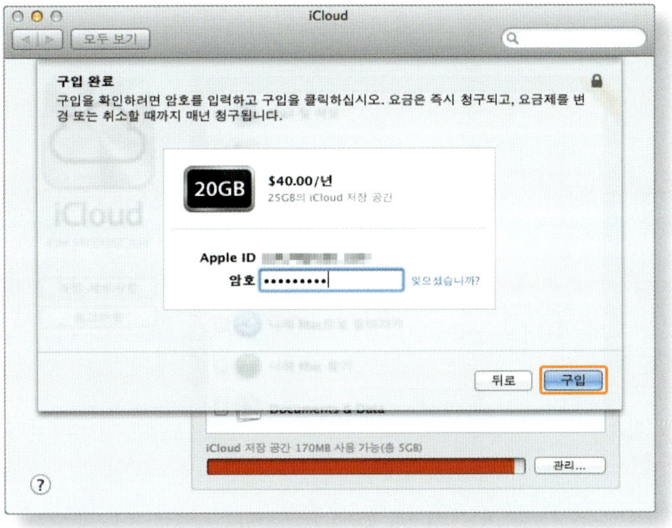

❼ 선택한 용량을 확인하고, Apple ID의 암호를 입력하고 [구입] 버튼을 탭한다.

참고로 20GB 용량을 구입하면 1년간 사용 가능하며, 년간 자동으로 갱신된다. 또한 5GB 무료 기본 용량에 20GB가 추가되어 총 25GB를 사용할 수 있게 된다.

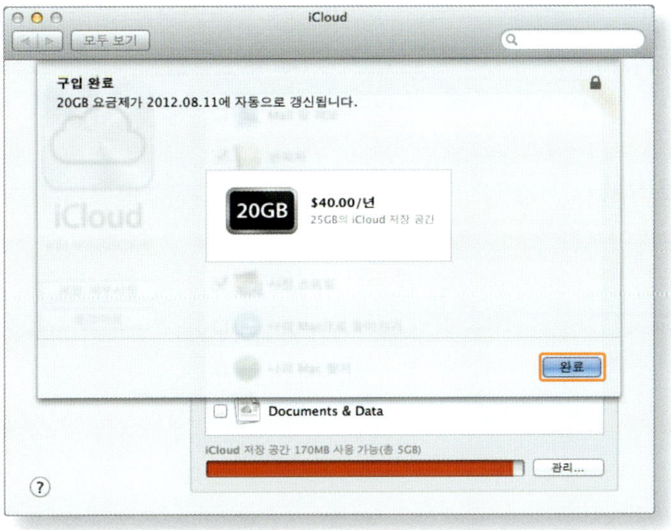

❽ Apple ID에 등록한 신용카드로 결재가 완료되면 용량이 추가된다. 마지막으로 [완료] 버튼을 탭한다.

❾ 하단에서 용량이 변경된 것을 확인할 수 있다.

28-3 | 구입한 iCloud 추가 용량 다운그레이드하기

추가 구입한 용량이 남아서 필요가 없는 경우에는 사용 중인 서비스 용량에 대한 다운그레이드가 가능하다. 다운그레이드를 하는 방법에 대해 알아보자.

❶ [iCloud]를 실행하고 [관리] 버튼을 탭하자.

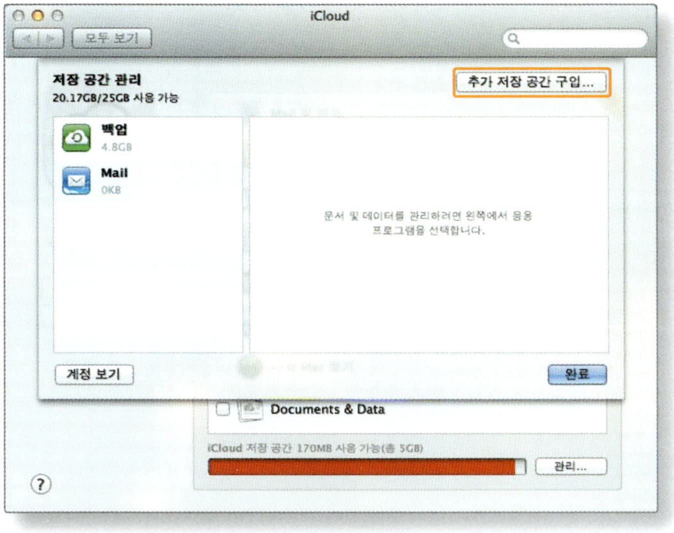

❷ 저장 공간 관리 창이 나오면 [추가 저장 공간 구입...] 버튼을 탭한다.

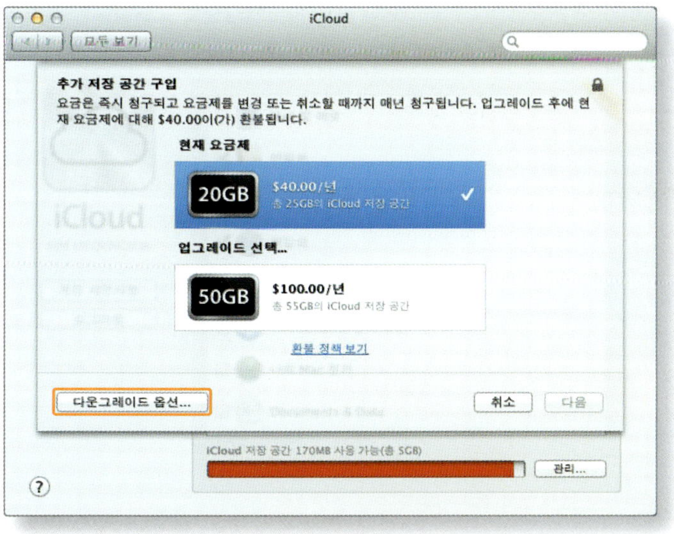

❸ 현재 사용 중인 요금제를 확인하고 하단의 [다운그레이드 옵션] 버튼을 탭하자.

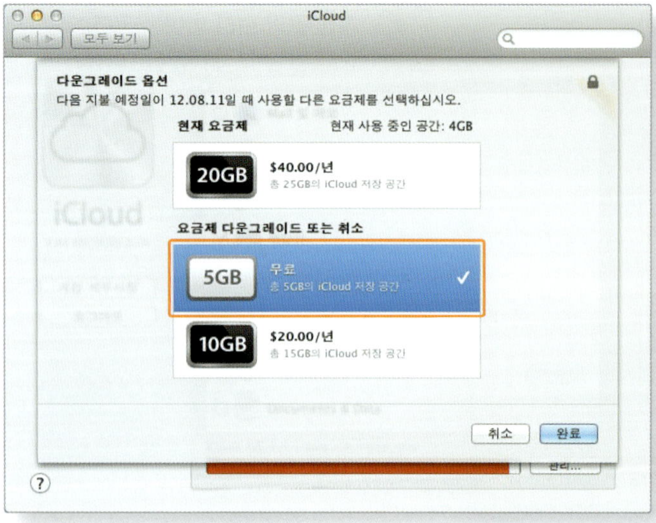

❹ 용량을 다운그레이드하려면 "요금제 다운그레이드 또는 취소"에서 [5GB, 무료]를 선택하면 추가 요금제가 취소된다. 기존 용량보다 작은 용량을 선택하면 금액이 변경된다.

28-4 | iCloud 저장 공간 관리하기

iCloud 서비스를 사용하면서 용량이 부족하거나 기기를 사용하지 않게 되어 백업 데이트를 삭제하고 싶을 때 사용하는 방법을 알아보자.

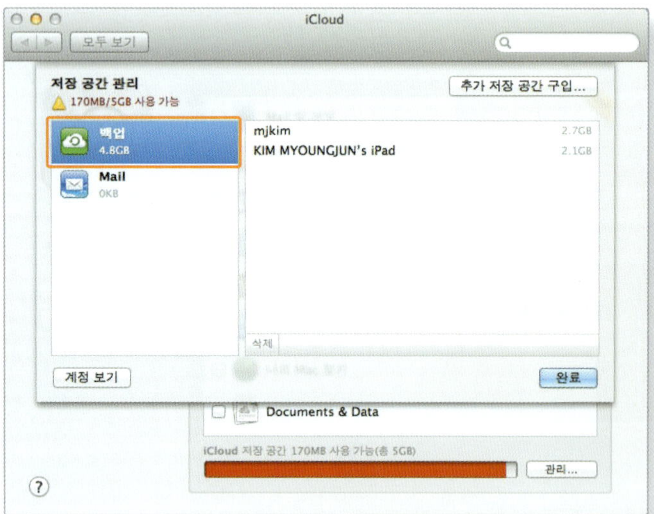

❶ 저장 공간 관리 창의 좌측에서 [백업]을 선택한다.

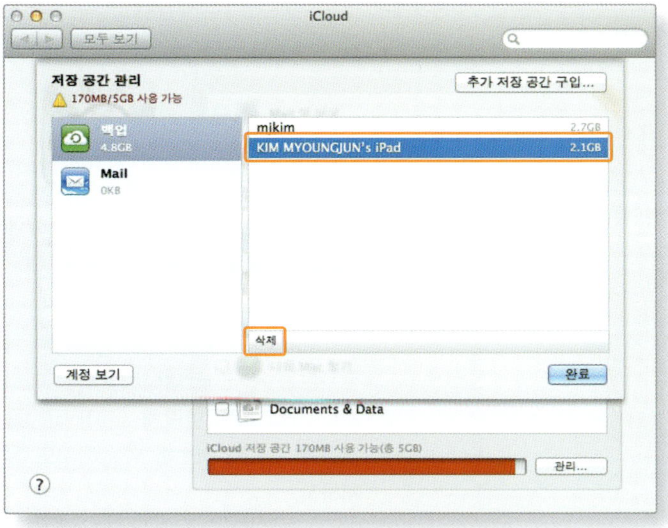

② 삭제할 기기 데이터명을 선택하고, 하단에 있는 [삭제] 버튼을 탭한다.

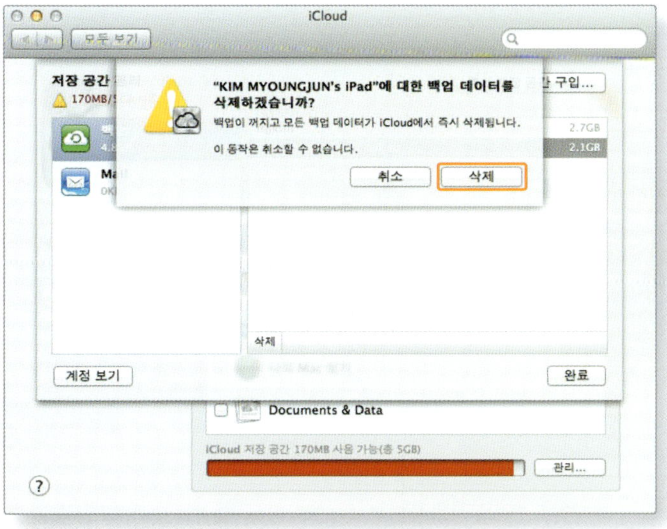

③ 백업 데이터를 삭제할 것인지에 대해 묻는 창이 나오면 [삭제] 버튼을 탭한다.

28-5 | iCloud 서비스 로그아웃하기

iCloud 서비스를 사용하지 않을 경우 로그아웃하는 방법을 알아보자.

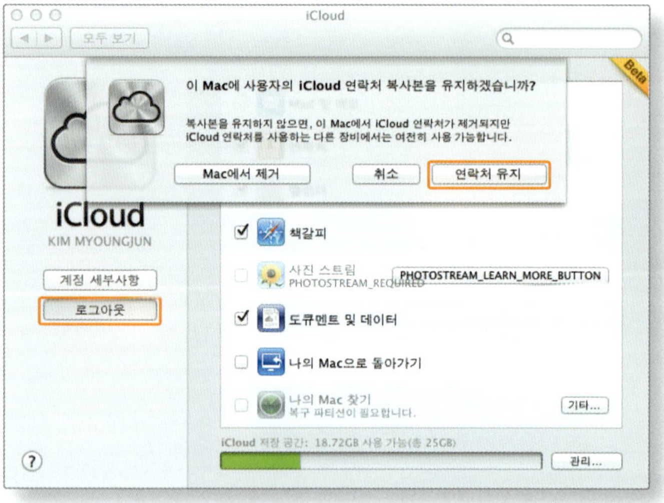

❶ iCloud 서비스를 시스템 환경설정에서 실행하고 [로그아웃] 버튼을 탭하자.

"이 Mac에 사용자의 iCloud 연락처 복사본을 유지하겠습니까?"라는 메시지창이 나오면 [연락처 유지] 버튼을 탭하여 연락처 정보를 Mac에서도 유지하자.

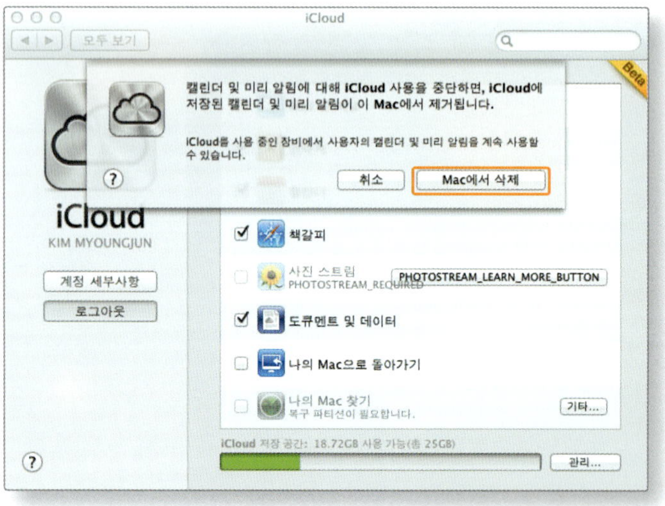

❷ 캘린더 및 미리 알림에 대해서도 사용하지 않을 경우에는 [Mac에서 삭제] 버튼을 탭한다.

❸ 도큐먼트 및 데이터도 사용하지 않게 되므로 [Mac에서 제거] 버튼을 탭한다. 만약 사진 스트림도 사용한다면 사진 스트림도 동일하게 처리한다.

이렇게 하여 iCloud 서비스의 로그아웃이 마무리된다. 물론 다시 로그인하면 선택된 옵션들은 모두 그대로 동기화된다.

28-6 | iCloud 서비스 웹에서 관리하기

http://www.icloud.com

위 사이트에 접속하여 사용 중인 Apple ID로 접속하면 업로드된 파일 등을 확인할 수 있다.

❶ Apple ID와 암호를 입력하고 [Sign In] 버튼을 탭하여 로그인하자.

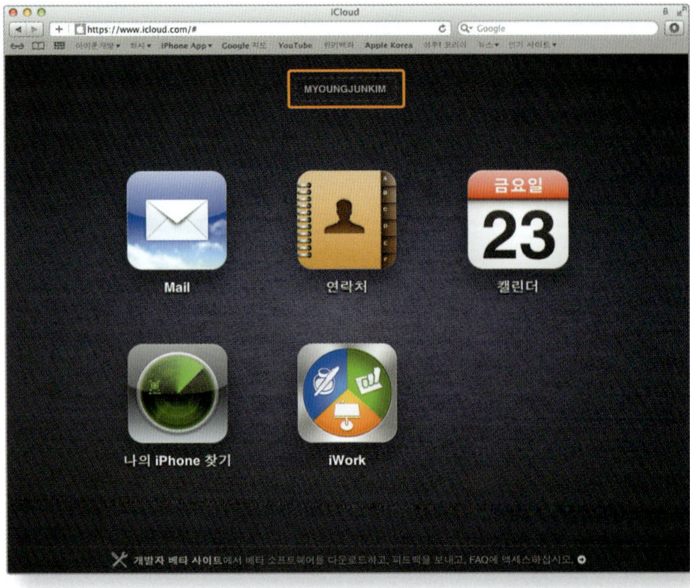

❷ MobileMe 서비스와 유사한 형태를 보여주지만, iCloud 서비스를 통해 동기화된 메일, 연락처, 캘린더, iWork 데이터를 실시간으로 보고 사용할 수 있다.

우선 사용자 정보가 어떻게 구성되어 있는지 살펴보기 위해 화면 상단에 있는 여러분의 이름을 탭하자.

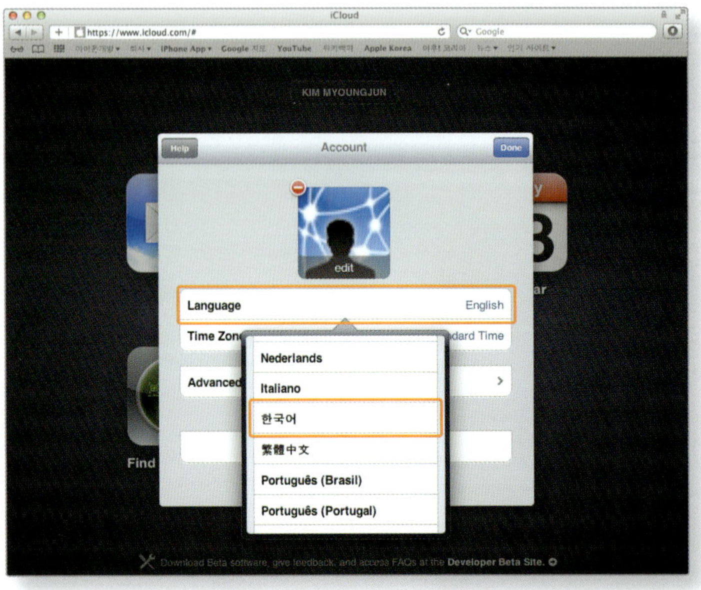

❸ 처음에는 Language가 English로 되어 있기 때문에 [한국어]로 변경해 보자. 참고로 [English]를 탭하면 설정할 수 있는 언어 목록이 나온다.

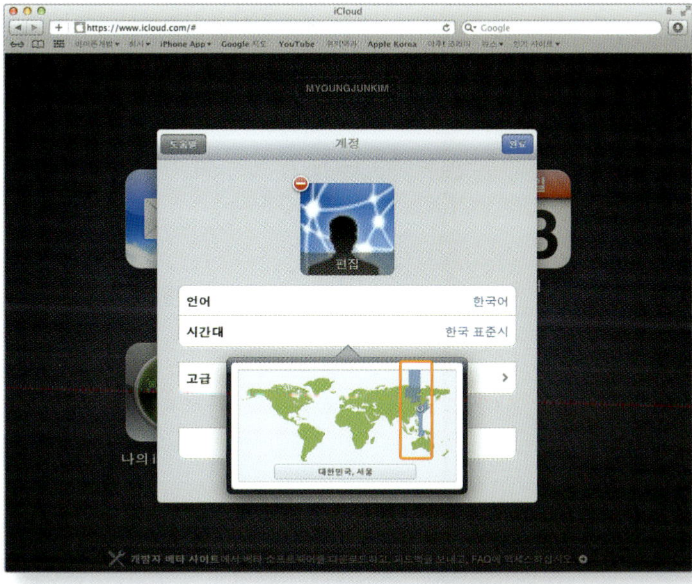

④ 시간대를 탭하면 전세계 지도가 나온다. 여기서 [대한민국, 서울]을 선택하여 한국 표준시로 설정하자.

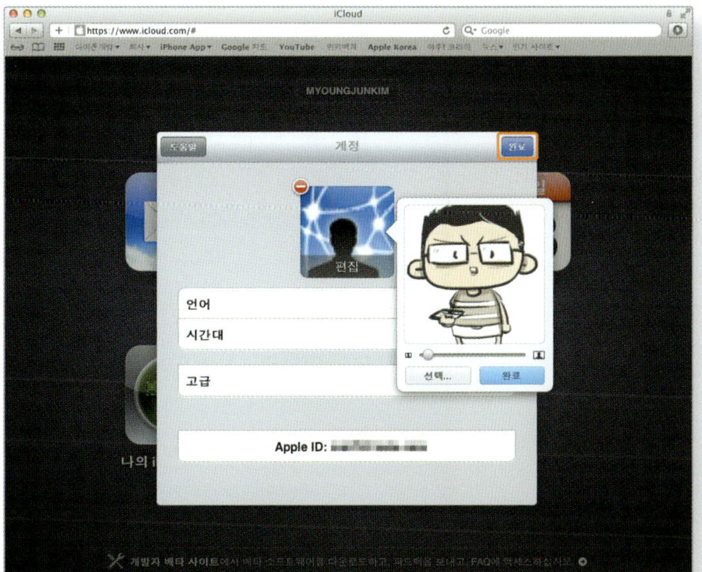

⑤ 사용자 계정 사진도 변경할 수 있다. 사진에 표기된 [편집]을 탭하고 사용자가 변경하고 싶은 사진을 선택한 다음 [완료] 버튼을 탭하여 변경하자.

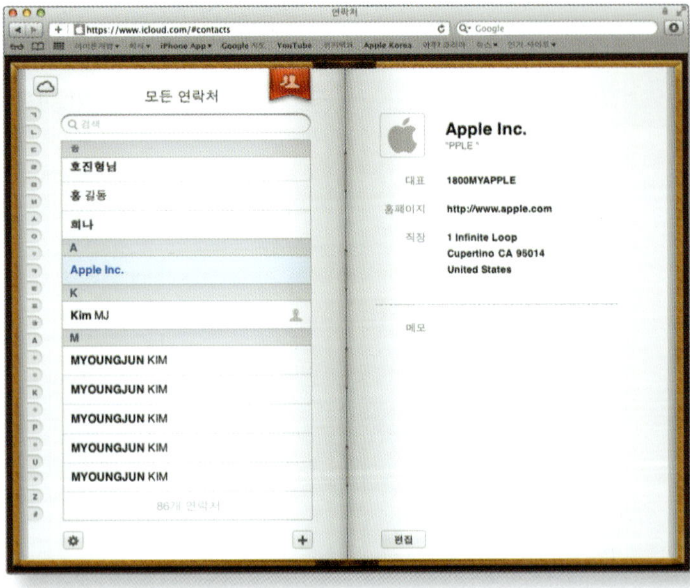

⑥ 메인 화면에서 [연락처]를 선택하면 iCloud 서비스로 동기화된 주소록을 확인할 수 있다. 화면 인터페이스는 기존 주소록 프로그램과 동일하게 사용할 수 있도록 되어 있다.

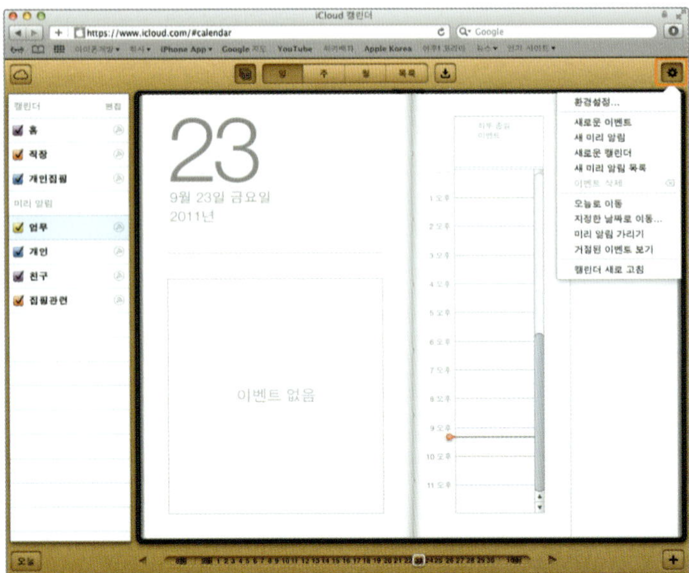

⑦ 메인 화면에서 [캘린더]를 선택하면 iOS 5기반의 아이폰의 캘린더나 OS X Lion의 iCal의 동기화된 스케줄을 보고 추가하거나 변경할 수 있다. 추가하거나 변경할 때 사용자의 아이폰, 아이패드, Mac 기기에도 바로 실시간으로 보여진다. 그 외 iOS 5의 새로운 기능인 미리 알림 기능도 설정하여 사용할 수 있다.

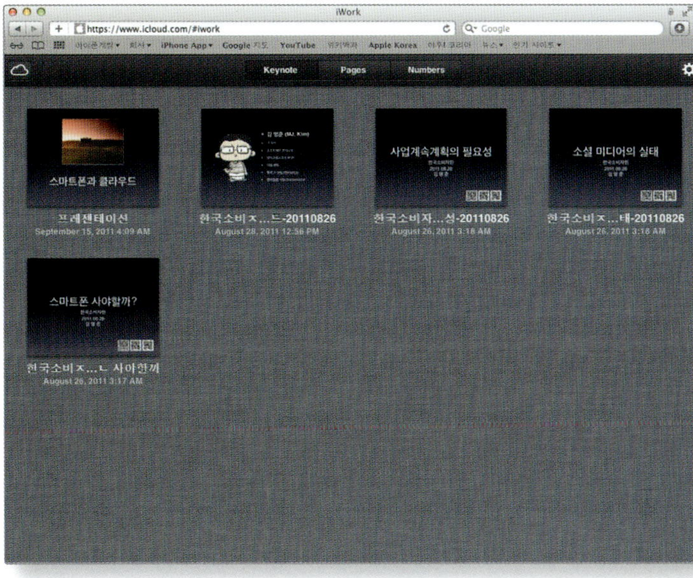

8. 메인 화면에서 [iWork]를 선택하면 iOS 5기반의 아이폰, 아이패드 기기에 설치된 Keynote, Pages, Numbers 앱으로 작업한 문서 데이터를 동기화하여 웹에서도 확인할 수 있고, iWork, 마이크로소프트 오피스 프로그램, PDF로 다운로드할 수 있다.

9. [나의 iPhone 찾기]는 iCoud 서비스 등으로 동기화된 아이폰, 아이패드, Mac 기기 등을 위치 찾기 허용을 한 경우에 한해서 위치 정보를 원격으로 확인할 수 있는 서비스도 이용할 수 있다.

2011년 10월에 정식으로 공개되는 iCloud 서비스는 사용자가 아이폰, 아이패드, Mac 기기에서 공통적으로 사용하는 중요한 데이터를 실시간 동기화를 통해 언제 어디서든 동일한 데이터를 사용할 수 있는 획기적인 서비스이다. 다만, 기본적으로 제공하는 서비스 공간이 기본 5GB로 약간은 작은 편이지만, 필요에 따라 일정 요금을 지불하고 서비스 공간을 확대하여 이용할 수 있다.

CHAPTER 29

Mac App Store 사용하기

아이패드 및 아이폰에서 앱을 다운로드하고 구입하기 위한 서비스인 App Store(앱스토어)가 있듯이, 온라인상에서 OS X Lion용 소프트웨어를 구입하고 업데이트 관리 등을 받을 수 있는 Mac App Store가 있다. 단, 이 서비스를 사용하기 위해서는 Apple ID가 필요하다. 물론 아이폰이나 아이패드를 사용 중이라면 이미 Apple ID를 가지고 있을 것이다. 그런 분들을 제외한 처음 Mac App Store를 접하는 분들을 기준으로 하나하나 살펴보고 앱 구매 방법까지 알아보자.

29-1 | Mac App Store 실행하기

Dock에 있는 파란색의 [App Store]아이콘을 탭한다.

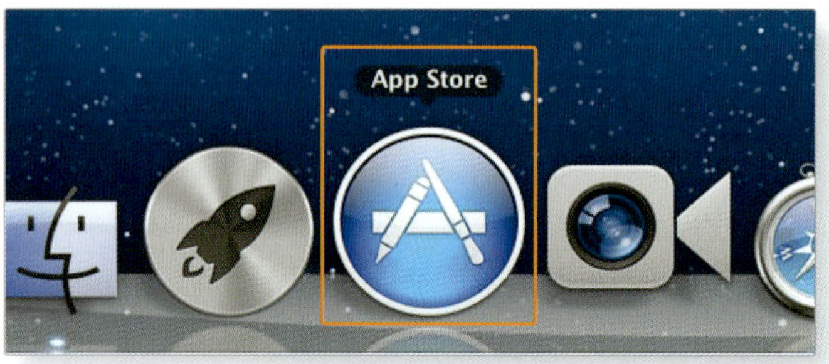

또는 Finder 메뉴바에서 → [App Store...]를 선택해도 상관없다.

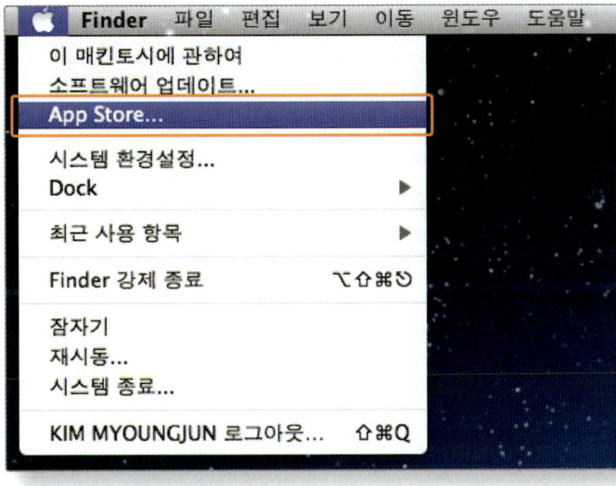

29-2 | Apple ID 만들기

Apple ID는 사용자가 OS X Lion이나 아이폰, 아이패드를 사용하면서 꼭 필요한 것으로, Mac App Store에서 이를 만드는 방법을 알아보자.

① App Store를 실행한 다음 트랙패드에서 손가락 두 개를 위로 올리면 아래로 스크롤된다.

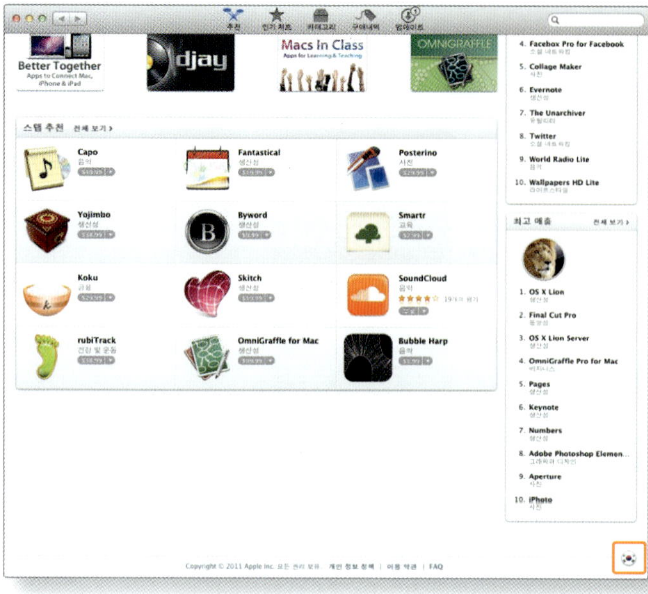

❷ 하단 우측 끝에 국가 표기 아이콘이 있는데 이것을 탭하자.

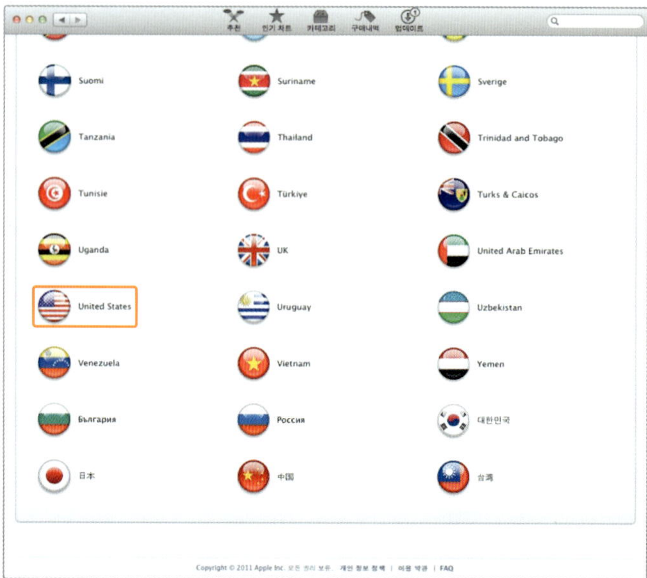

❸ 만약 해외 계정을 만들 경우 이 화면에서 해당 국가를 선택해 주면 된다. 예로 미국(United States)를 선택하자.

❹ App Store에서 제공하는 어플 및 화면 내용이 모두 영문으로 변경된 것을 확인할 수 있다. 만약 해외 계정을 만들 경우에는 국내에서 발급된 신용카드는 등록이 되지 않기 때문에 무료 프로그램을 선택한 상태에서 Apple ID를 만들면 신용카드 없이 만들 수 있다.

다시 대한민국으로 국가를 변경하고 한국 계정을 만들어 보자.

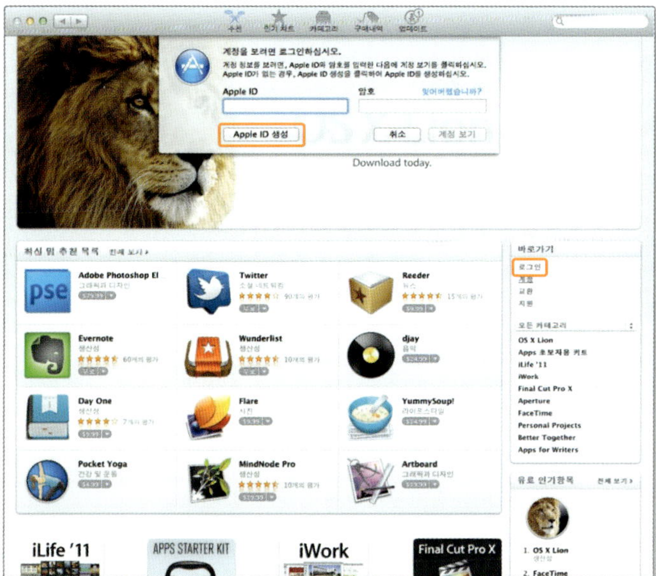

❺ 우측에 있는 "바로가기"의 [로그인]을 탭하면 "계정을 보려면 로그인하십시오"창이 나온다. 여기서 [Apple ID 생성] 버튼을 탭하자.

❻ 환영 메시지가 나오면 하단의 [계속] 버튼을 탭하자.

❼ 이용약관 및 개인정보 취급방침 내용이 나오면 [이 이용 약관을 읽고 동의합니다.]를 체크하고 [동의] 버튼을 탭한다.

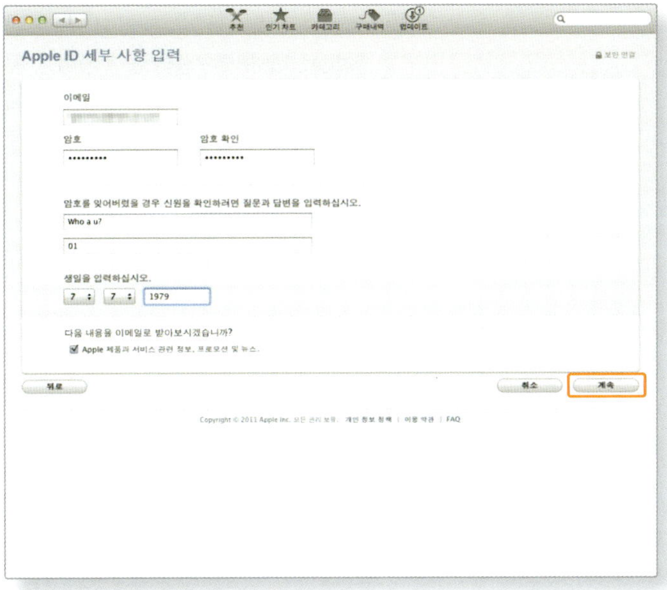

8. 세부 사항 입력 화면이 나오면 이메일, 암호를 입력한다. 암호는 8자리이상을 입력하며, 대문자 한자리 이상을 입력한다.

   암호를 잊어버렸을 경우에 입력하는 질문 내용에는 영문으로 6자리 이상 입력하고 생일 정보를 입력한 다음 [계속] 버튼을 탭한다.

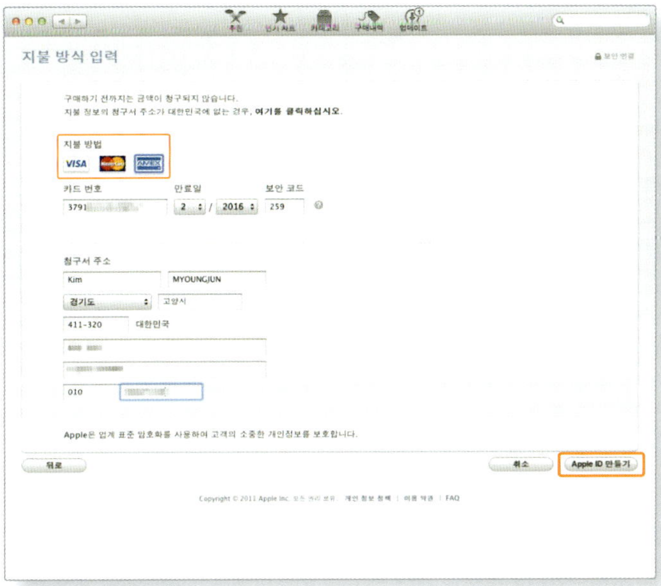

9. 지불 방식 입력 화면이 나오면 지불 방법에서 사용하려는 신용카드를 선택한다.

   신용카드 종류는 VISA, Master-Card, American Express 중에서 선택할 수 있다.

   다음으로 카드 번호, 만료일, 보안 코드(American Express 카드의 경우 4자리)를 입력하고 주소를 입력한다. 여기서 주의해야 할 점은 우편번호를 정확하게 입력해야 한다는 것이다. 모든 입력이 끝나면 [Apple ID 만들기] 버튼을 탭한다.

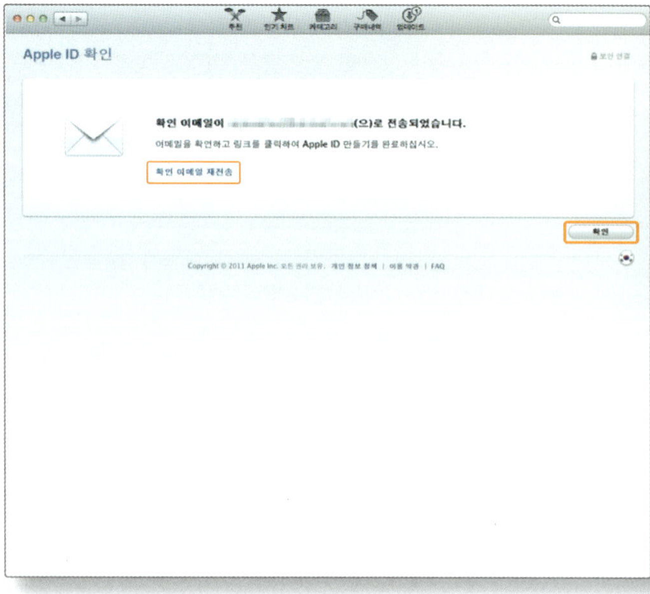

⑩ Apple ID 확인 화면이 나오면 Safari 웹브라우저를 열고 등록한 메일 내용을 확인하자. 만약 확인 이메일이 도착하지 않았다면 [확인 이메일 재전송]을 탭한다.

이메일을 확인하였다면 [확인] 버튼을 탭한다.

⑪ 등록한 이메일을 확인해 보자. 내용 중에 [지금 확인하십시오 >]를 선택하자.

⑫ Apple 사이트가 접속되면 신청한 Apple ID와 암호를 입력하고 [주소 확인] 버튼을 탭하자.

⑬ "이메일 주소가 확인되었습니다"메시지가 나오면 등록한 이메일을 Apple ID로 사용할 수 있게 된다.

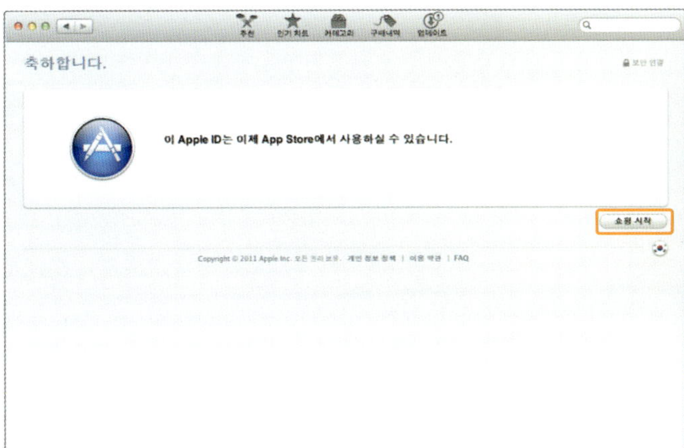

⑭ 이메일 인증까지 끝났다면 "이 Apple ID는 이제 App Store에서 사용하실 수 있습니다"메시지를 볼 수 있다. 그럼 이제 프로그램 쇼핑을 즐겨보자.

[쇼핑 시작] 버튼을 탭하여 Apple ID 등록을 마무리하자.

29-3 | 앱 구매하기

앱 구매 방법도 간단하다. 이미 Apple ID를 만들 때 지불 수단을 지정하고 정보를 입력해 두었기 때문에 앱을 구매할 때마다 결재 정보를 입력할 필요도 없다. 그럼 앱을 구매하여 다운로드하는 방법을 알아보자.

❶ App Store를 다시 실행하고 "바로가기"항목에서 [로그인]을 탭하자.

❷ 로그인창이 나오면 이전에 등록한 Apple ID와 암호를 입력하고 [로그인] 버튼을 탭한다.

로그인 정보는 한 번만 입력하면 계속 유지된다.

❸ "바로가기"항목에서 로그인 링크가 "안녕하세요! 〈사용자이름〉님"으로 변경된 것을 확인할 수 있다.

여기서 상단에 있는 버튼을 살펴보자.

- **추천:** 애플에서 추천하는 주요 어플 화면이 나오는 것으로, 기본 App Store 화면을 말한다.
- **인기 차트:** 가장 다운로드가 많이 된 앱 위주로 순위를 보여준다.
- **카테고리:** 앱 종류별로 구분한 앱 목록을 보여준다.
- **구매내역:** 사용자가 구입한 앱 목록을 보여주고 다시 설치할 경우 재설치도 가능하도록 되어 있다.
- **업데이트:** 사용자가 구입한 앱 중에서 업데이트가 필요한 경우 해당 내역을 보여주고 업데이트를 실행할 수 있도록 한다.

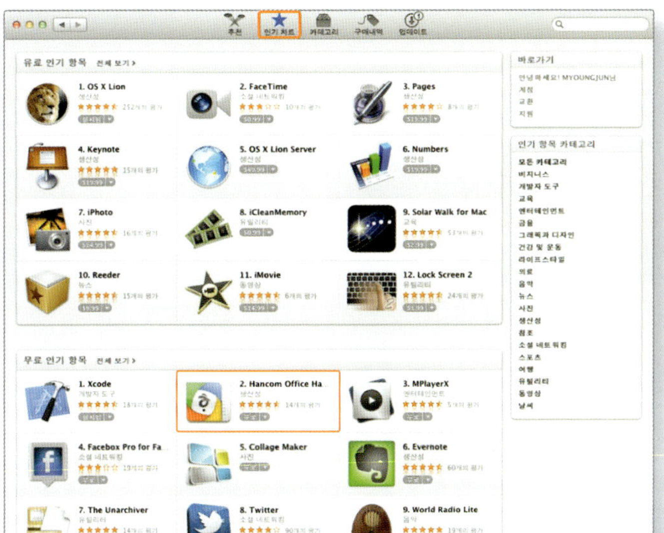

❹ 상단에서 [인기 차트]를 선택하고 가장 다운로드가 많이 된 앱 을 확인하자.

유료와 무료로 구분하여 보여주며, 일단 무료 인기 항목에서 필요한 앱을 선택한다.

여기서는 [한컴 오피스 한글 뷰어]를 선택해 보았다.

⑤ 선택한 앱의 상세 정보 화면이 나오면 해당 앱의 아이콘 아래에 있는 [무료] 버튼을 탭한다.

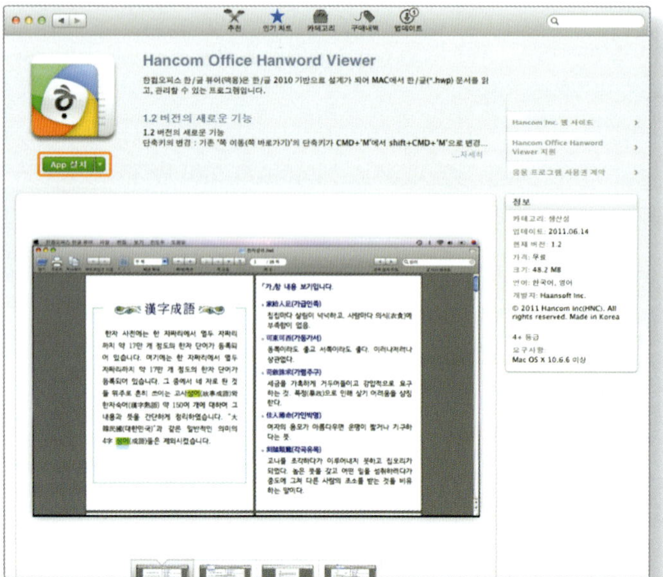

⑥ [무료] 버튼이 [App 설치]로 변경되면 이를 다시 탭하자.

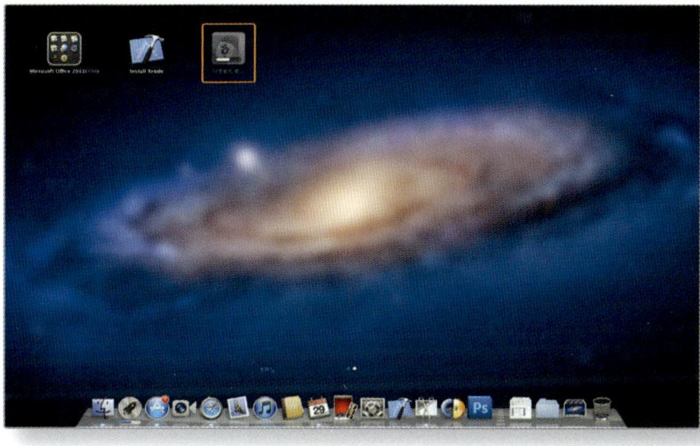

❼ Lauchpad가 실행되고 구입한 앱이 설치가 된다.

❽ 참고로 설치된 앱은 응용 프로그램 폴더에 위치한다.

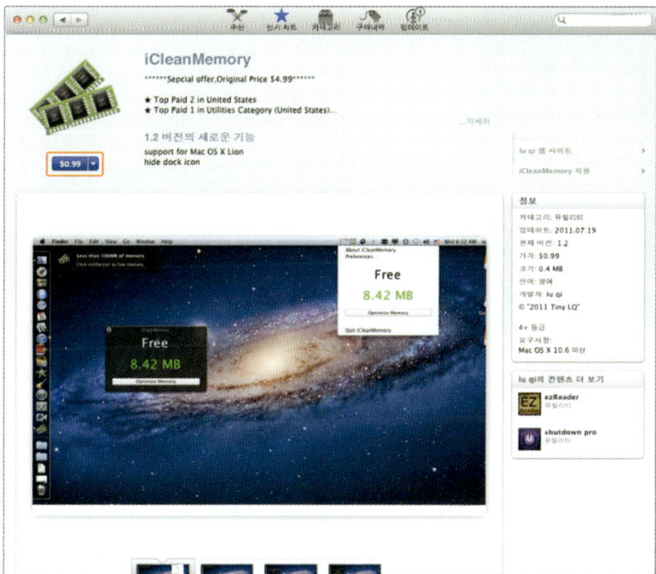

❾ 다시 App Store에서 유료 어플을 구매해 보자.

구매하려는 앱을 선택하고 앱 아이콘 아래에 있는 가격 버튼을 탭하자.

⑩ 가격 버튼이 [App 구입] 버튼으로 변경되면 다시 이 버튼을 탭한다.

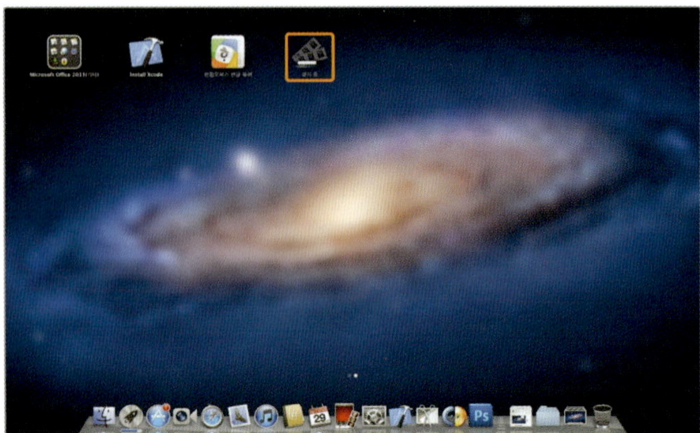

⑪ 무료 앱을 구입할 때와 마찬가지로 Launchpad가 실행되고 구입한 앱이 설치가 된다.

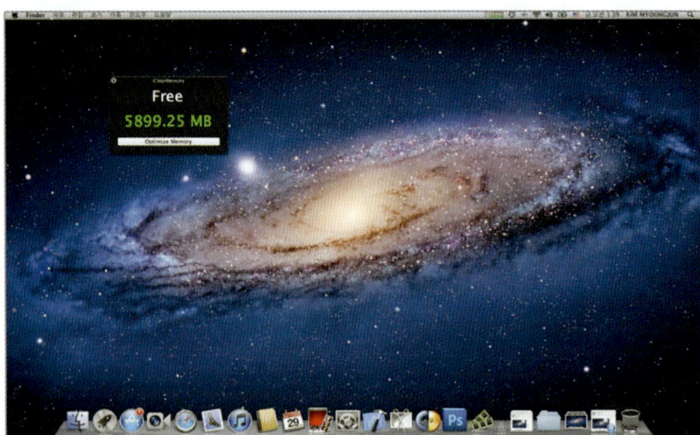

⑫ 설치한 앱을 실행해 보자.

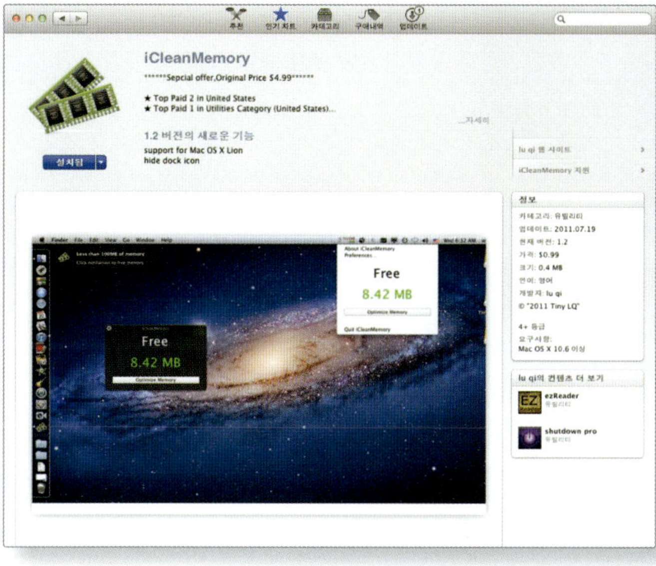

⑬ 한번 구입한 앱은 다시 구입하지 않도록 [설치됨]으로 표시되지만, 해외 계정을 중복하여 사용한다면 해당 지역에 똑 같은 앱이 존재하더라도 구입되어 있는지 표기가 되지 않기 때문에 구입 시 주의하기 바란다.

29-4 | 구매 내역에서 앱 재설치하기

Mac App Store의 구매 내역은 단순히 내역만 보여주는 것이 아니라, 구매한 내역을 통해 앱을 다시 설치할 수 있는 기능도 제공하고 있다.

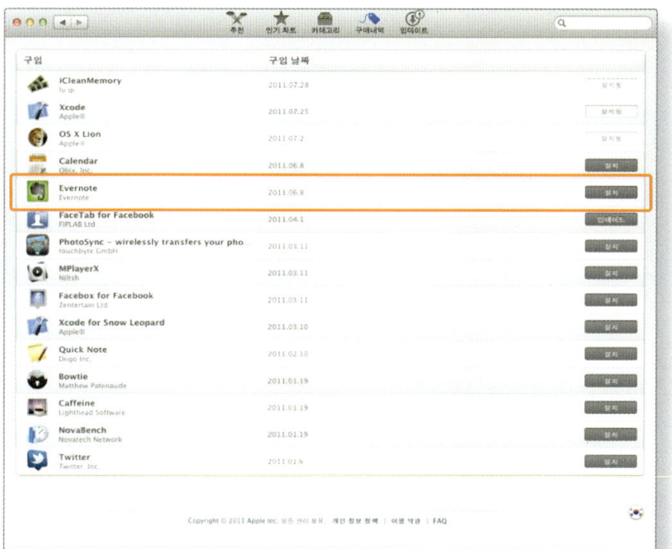

① 이전에 설치한 앱을 다시 설치해 보자. 예로 Evernote를 다시 설치하기 위해 [설치] 버튼을 탭하자.

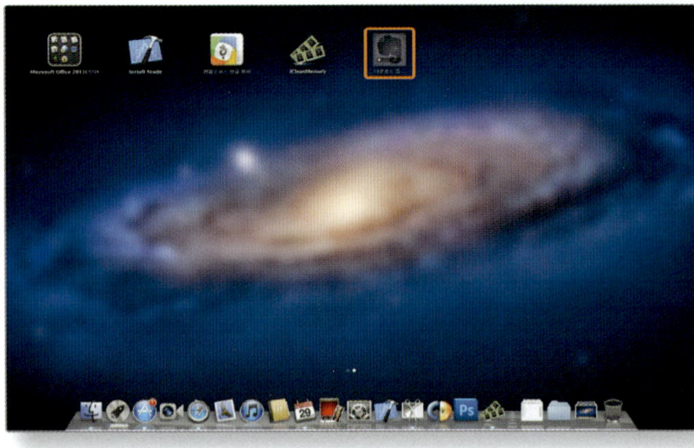

② Launchpad가 실행되면서 해당 앱이 설치된다.

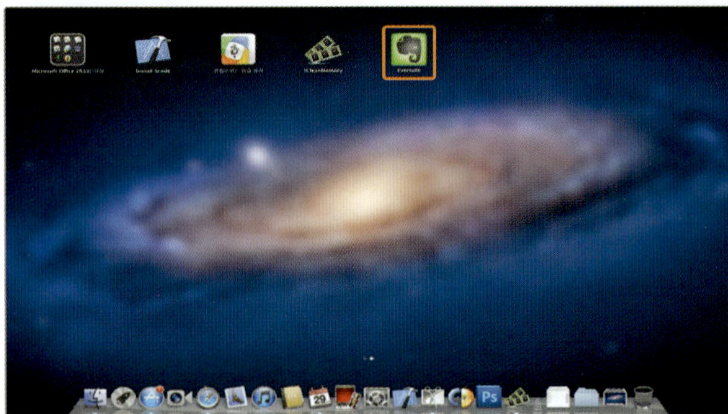

③ 해당 앱이 설치가 완료되었다. 단, Mac App Store에서 구입한 앱이 아닌 경우에는 업데이트 및 구매 내용이 나오지 않으며 Launchpad에서 삭제와 같은 작업을 할 수 없다.

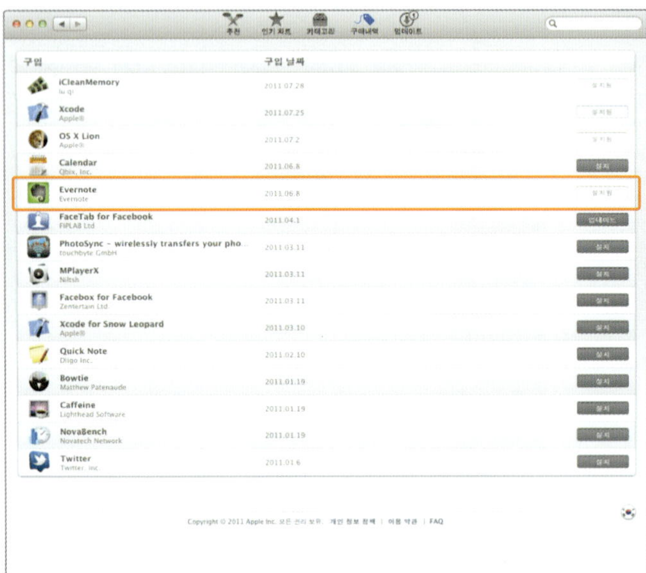

④ 다시 구매 내용을 살펴보면, 선택한 Evernote가 설치됨으로 상태가 변경된 것을 알 수 있다.

29-5 | 설치한 앱 업데이트하기

설치된 앱에 대한 업데이트 가능 여부는 상단의 [업데이트]를 선택하면 확인할 수 있다. 업데이트해야 할 앱이 있는지는 [업데이트]에 숫자로 표기되는데, 이것이 표시되면 [업데이트]를 선택해서 업데이트를 하자.

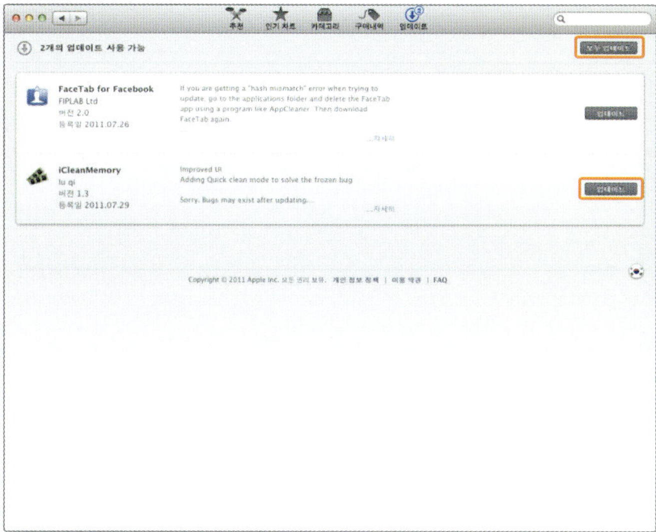

① [업데이트]를 선택한 다음 개별적으로 한 개씩 업데이트하려면 해당 앱의 [업데이트] 버튼을 탭하자.

만약 일괄적으로 모두 업데이트하려면 [모두 업데이트] 버튼을 탭한다.

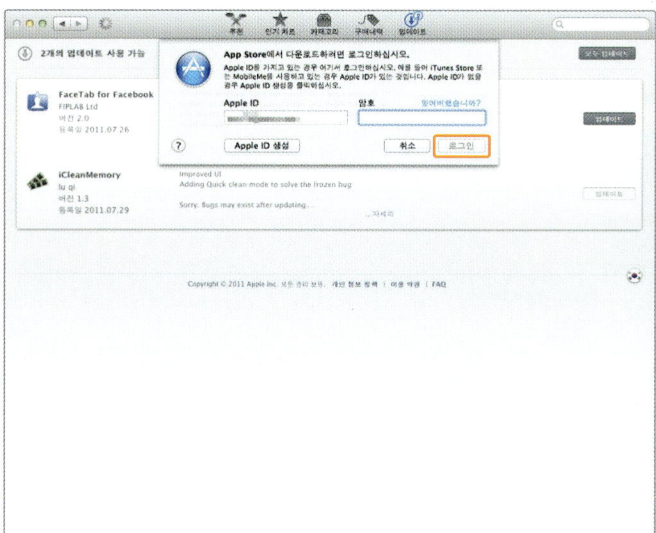

② 업데이트를 하기 전에 구매자가 맞는지 확인하는 절차로서 Apple ID의 암호를 묻는다. 암호를 입력하고 [로그인] 버튼을 탭한다.

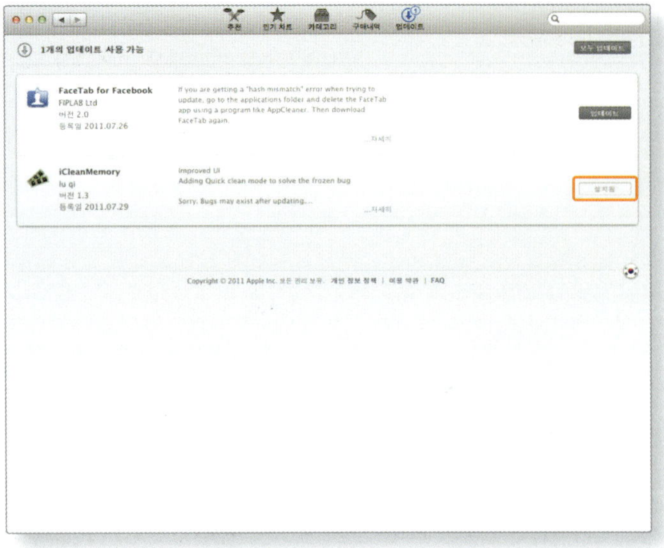

③ 업데이트가 완료되면 해당 앱의 상태가 [설치됨]으로 표시된다.

29-6 | 구매한 앱 환불받기

구입한 앱 중에서 언어 호환성 및 실행 오작동으로 인해 사용하지 못하는 앱에 대해서 구입한지 48시간 이내에 환불을 요청할 수 있다. 환불 요청 방법은 다음과 같다.

① 환불을 받기 위해서는 구입 날짜와 주문 번호를 알아야 한다. 이를 알기 위해서는 iTunes를 실행하고 Apple ID 계정의 [계정]를 선택해 보자.

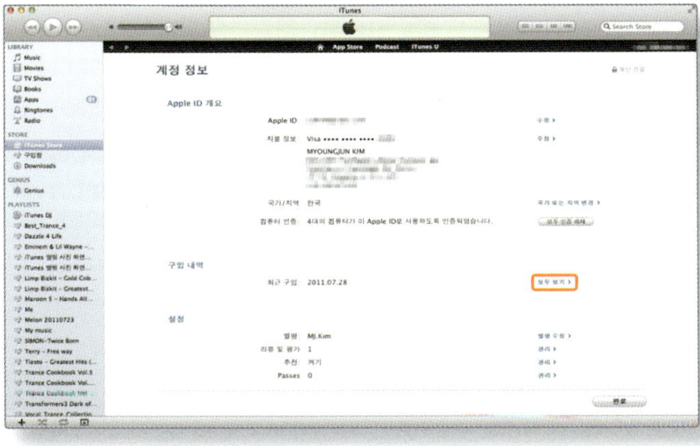

② "계정 정보"가 나오면 [구입 내역] 항목에서 [모두 보기 >]를 선택한다.

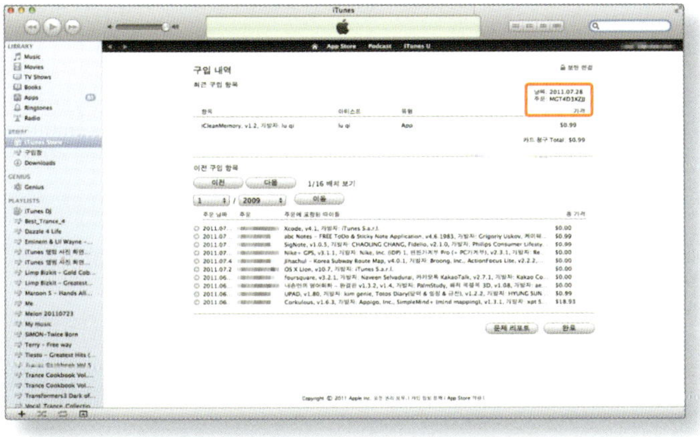

③ "구입 내역"에서 환불받은 앱을 선택하거나 바로 구입했던 앱이면 상단에 나온다. 여기서 필요한 정보는 우측 상단에 있는 날짜와 주문 번호이다. 이 정보를 적어두고 다시 Mac App Store를 실행해 보자.

④ App Store에서 "바로가기"에서 [지원]을 선택한다.

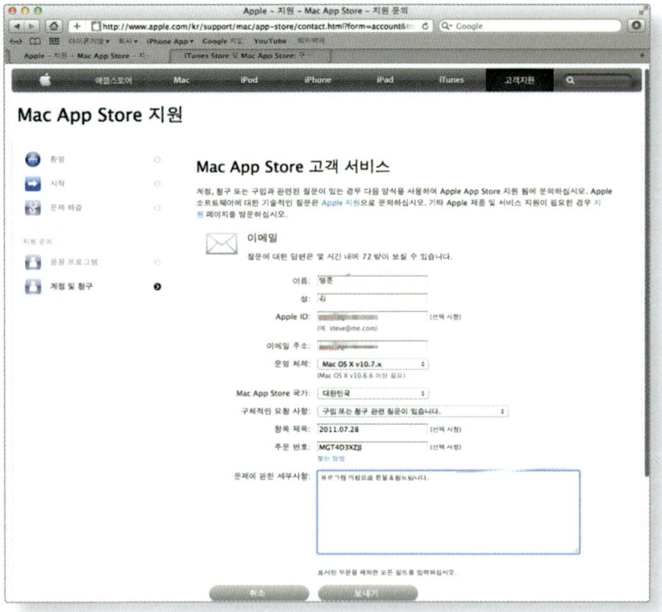

❺ Safari 웹브라우저가 열리고 Mac App Store 지원 화면이 나오면 좌측에서 [계정 및 청구] 메뉴를 선택한 다음, 계정 정보를 입력하고 운영체제(Mac OS X v10.7.x), Mac App Store 국가(대한민국), 구체적인 요청사항(구입 또는 청구 관련 질문이 있습니다)를 선택하고 항목 제목(구입일자), 주문 번호(주문 번호)를 입력한다.

마지막으로 문제에 관한 세부사항 항목에는 앱 문제점 등을 적고 환불 요청을 한 다음 [보내기] 버튼을 탭하면 약 48시간 이내에 답변이 온다.

CHAPTER 30

iCal 사용하기

iCal은 마이크로소프트 오피스의 Outlook과 동일한 기능의 프로그램으로, 일정이나 할 일(Todo)를 작성하여 자기관리를 하는데 필요한 기능을 제공한다. 그럼 일정을 추가하고 iCloud 서비스 및 아이폰의 미리 알림 등과 연동하는 방법을 알아보자.

30-1 | iCal 실행하기

iCal을 실행하려면 Dock에 기본 등록되어 있는 달력 모양의 아이콘을 탭하거나, Apple 메뉴바에서 [이동] → [응용 프로그램]을 선택하고 그 안에 있는 [iCal]을 실행한다.

iCal이 실행되면 상단 메뉴를 눈여겨 보자.

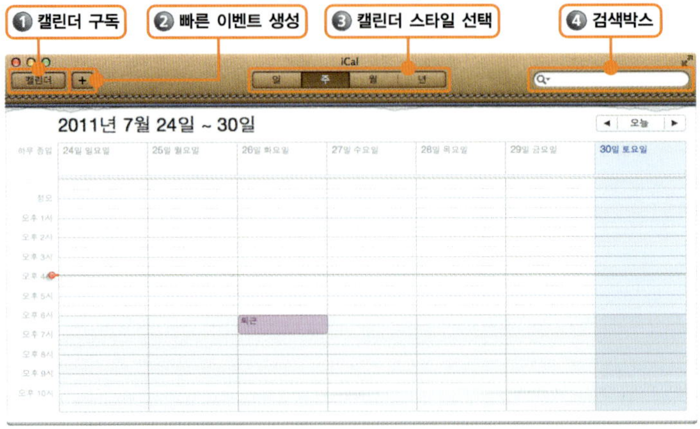

1. **[캘린더]:** 구독하는 계정별 카테고리를 선택할 수있다.
2. **[+]:** 빠른 이벤트를 추가할 때 이용한다.
3. **캘린더 스타일 선택:**
   - 일: 일자별 스케줄을 보여준다.
   - 주: 1주일간 스케줄을 보여준다.
   - 월: 월간 스케줄을 보여준다.
   - 년: 연간 스케줄을 보여준다.
4. **검색박스:** 등록되어 있는 스케줄 내용을 바탕으로 특정 이벤트를 찾고자 할 때 사용한다. 이 검색 박스 위에 [전체 화면] 기능이 있다.

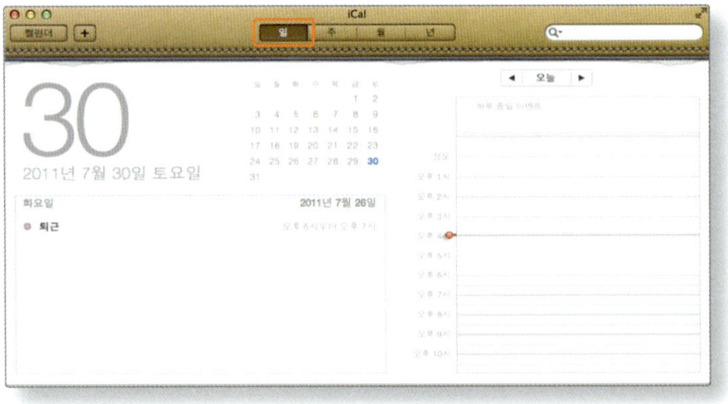

[일]을 선택하면 일자별 이벤트 내용을 보여주며, 날짜 아래는 지금까지 등록되어 있는 이벤트 내용이 나열된다.

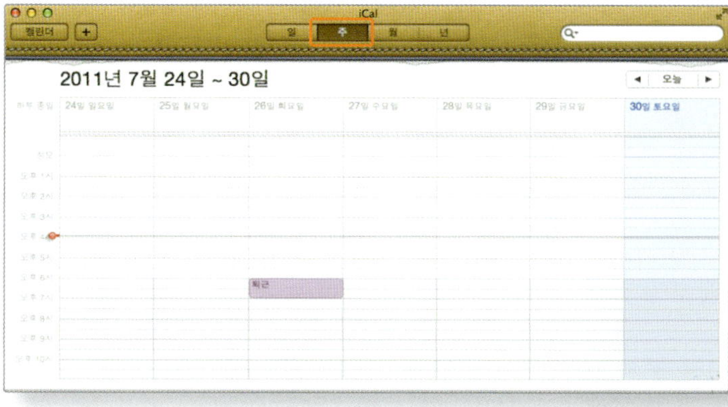

[주]를 선택하면 일요일부터 토요일까지의 이벤트 내용을 보여준다.

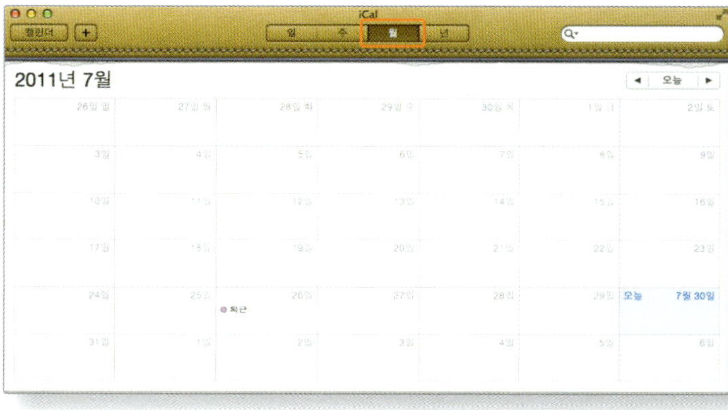

[월]을 선택하면 현재 달의 한 달 내용을 간추려서 보여준다.

[년]을 선택하면 1년 한 해 동안의 날짜를 월별로 묶여서 보여주며, 이벤트가 있는 일자의 경우 바탕색이 변경된다.

30-2 | iCal 환경설정하기

iCal 환경설정을 통해 일정을 공유할 수 있는 계정을 등록하고 몇 가지 환경설정을 알아보자.

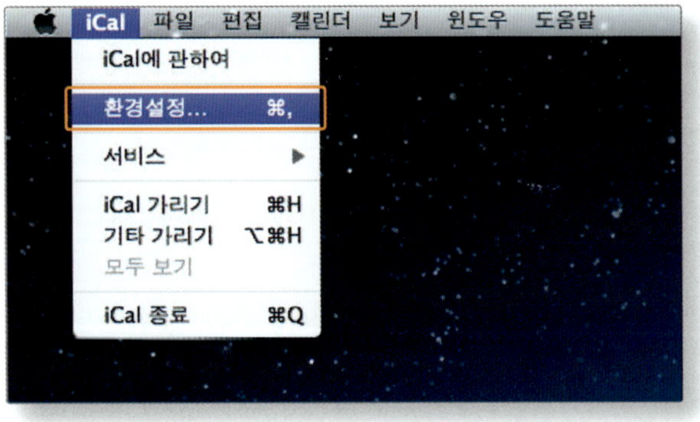

① iCal이 실행된 상태에서 메뉴바에서 [iCal]→[환경설정...]을 선택한다.

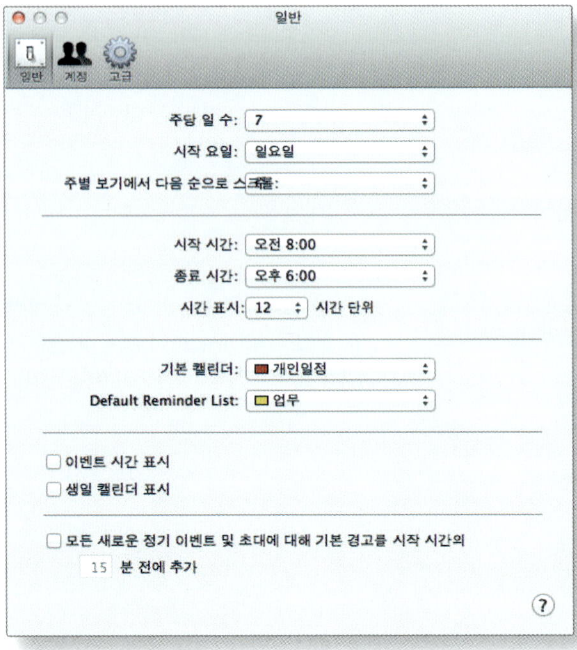

② [일반] 탭에서는 주당 일 수나 시작 요일 등을 변경할 수 있고 시작 시간과 종료 시간을 선택할 수 있다. 또한 계정을 여러 개 이용할 경우 기본 캘린더 항목에서 선택하여 항상 등록하는 이벤트에 대한 기본 캘린더를 설정할 수 있다.

Default Reminder List는 아이폰이나 아이패드 사용자와 관련있는 기능으로, iOS 5부터 새롭게 제공되는 미리 알림(Remider)에 대한 목록 설정 기능이다.

3. 시스템 환경설정에서 Gmail이나 iCloud 계정을 등록하였다면 자동으로 연동되어 표시된다.

[계정] 탭을 선택하면 iCal 계정에 Gmail과 iCloud가 동기화가 활성화되어 있는데, 이 중에서 iCloud만 사용하기 위해 Gmail의 [이 계정 활성화]를 체크를 해제하여 제외시켰다.

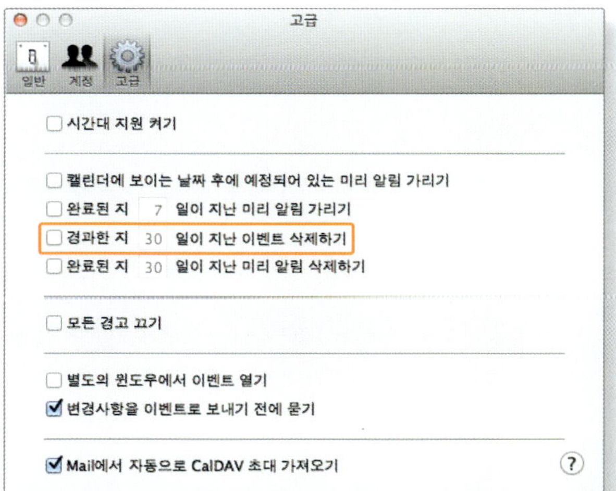

4. [고급] 탭을 선택하면 캘린더 관련 옵션을 몇 가지 설정할 수 있다. 여기서는 지난 이벤트를 30일이 지나면 자동 삭제하기 위해 [경과한 지 30일이 지난 이벤트 삭제하기]를 체크해 보았다.

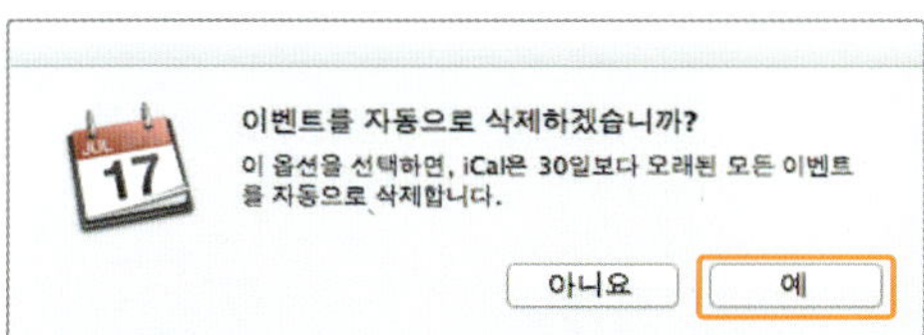

5. "이벤트를 자동으로 삭제하시겠습니까?" 확인창이 나오면 [예] 버튼을 탭한다.

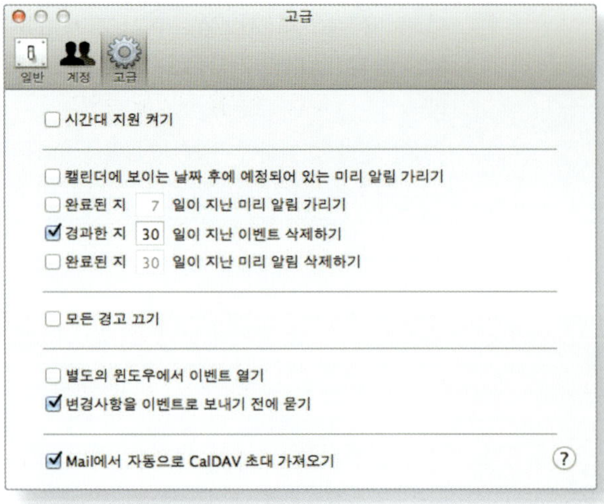

⑥ "경과한 지 [30]일이 지난 이벤트 삭제하기" 항목이 체크하고, 지금부터는 30일이 지난 이벤트가 자동으로 삭제된다. 일자는 원하는 일정대로 변경할 수 있다.

30-3 | iCloud에 캘린더 추가하기

2011년 10월 경에 공개되는 iCloud 서비스를 이용하여 캘린더 이벤트를 관리하기 위해 새로운 캘린더를 생성하는 방법을 알아보자.

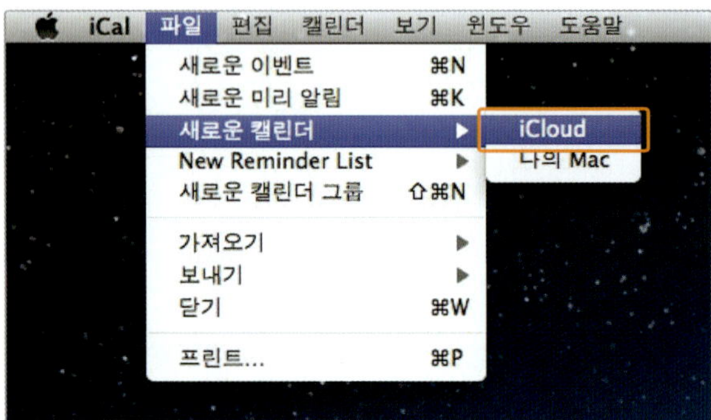

① 메뉴바에서 [파일] → [새로운 캘린더] → [iCloud]를 선택하자.

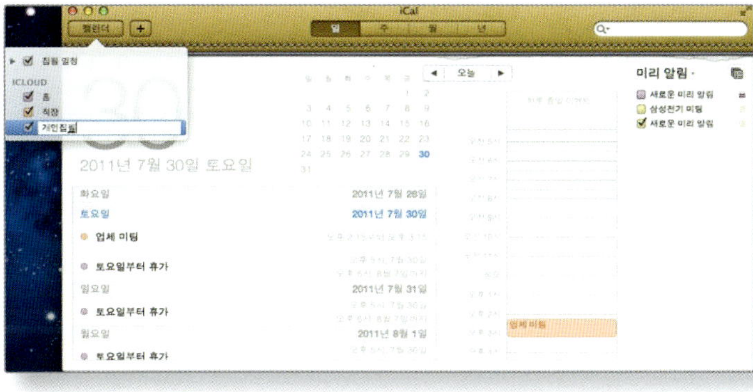

② iCal의 [캘린더] 버튼에 새 캘린더가 추가되는데 여기서는 [개인집필] 항목을 추가해 보았다.

③ 참고로 아이폰의 [켈린더]에서 iCloud 서비스를 통해 바로 동기화된 내용을 살펴보자.

캘린더 화면 상단에서 [캘린더] 버튼을 탭한다.

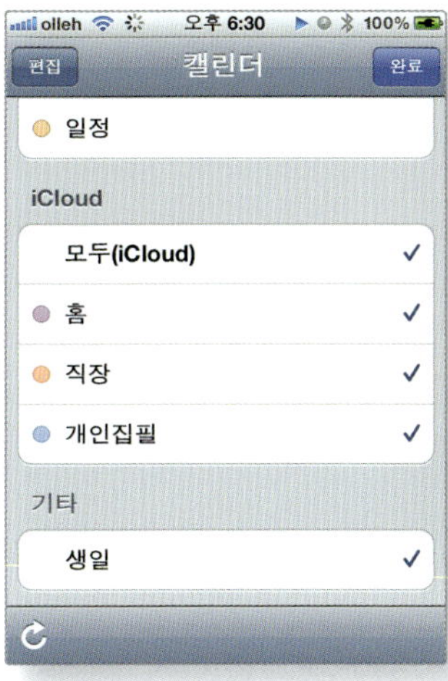

④ iCloud 항목 중에 [개인집필]이 추가된 것을 확인할 수 있다.

30-4 | 빠른 이벤트 추가하기

iCal에 새로운 이벤트를 간단하게 추가하기 위한 방법은 다음과 같다.

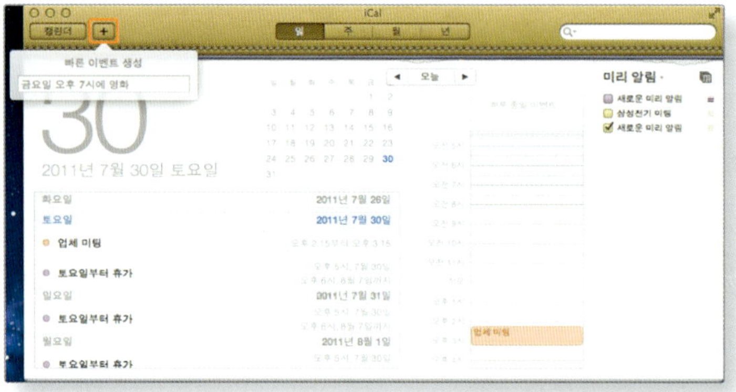

❶ [+] 버튼을 탭하고 빠른 이벤트 생성 창이 나온다.

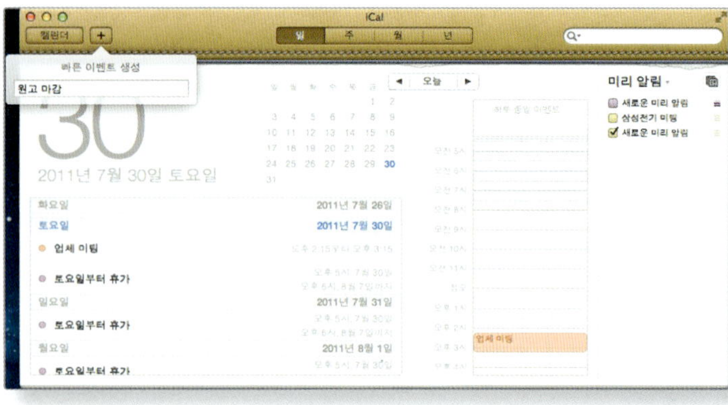

❷ 입력박스에 이벤트 제목을 입력하고 [return] 키를 누른다.

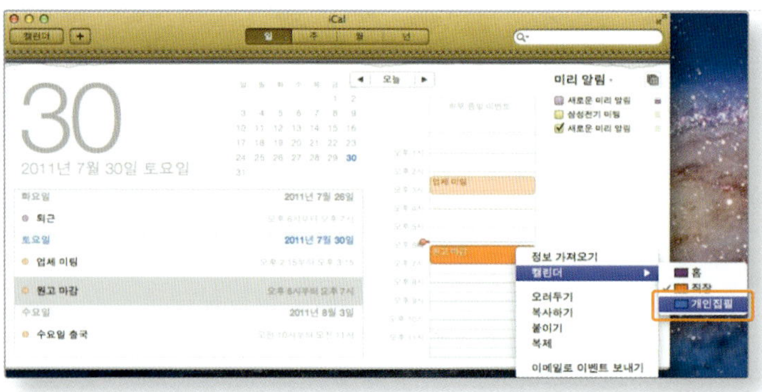

❸ 추가된 이벤트를 상세하게 설정하기 위해 추가된 이벤트에 커서를 가져가고 트랙패드에 손가락 두 개를 눌러 나오는 메뉴에서 [캘린더]→[개인집필]로 변경하자.

④ 캘린더 색상이 변경된 것을 확인할 수 있다.

⑤ 변경한 캘린더 이벤트에서 다시 트랙패드에 손가락 두 개를 눌러 나오는 메뉴에서 [정보 가져오기]를 선택한다.

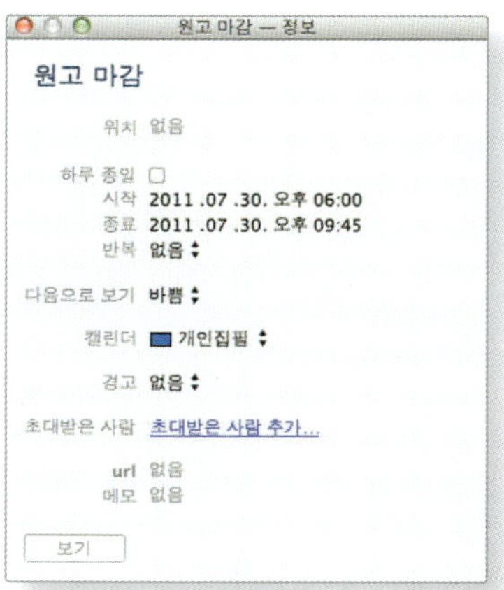

⑥ "원고 마감" 이벤트의 상세 정보가 보여진다. 일정이 나오면 알려주는 [경고] 항목을 변경해 보자.

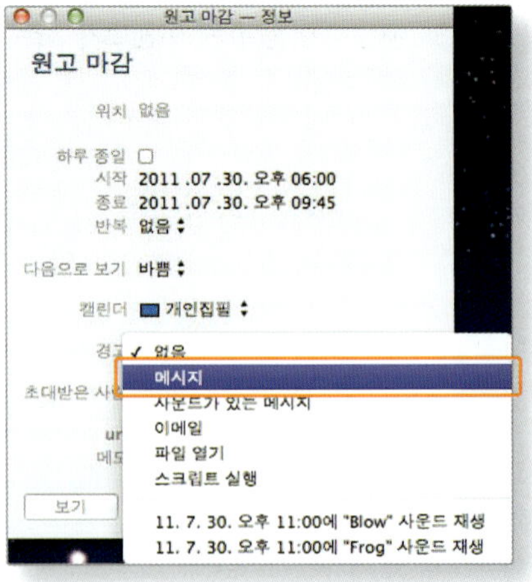

❼ "경고" 항목은 [없음]에서 [메시지]로 변경한다.

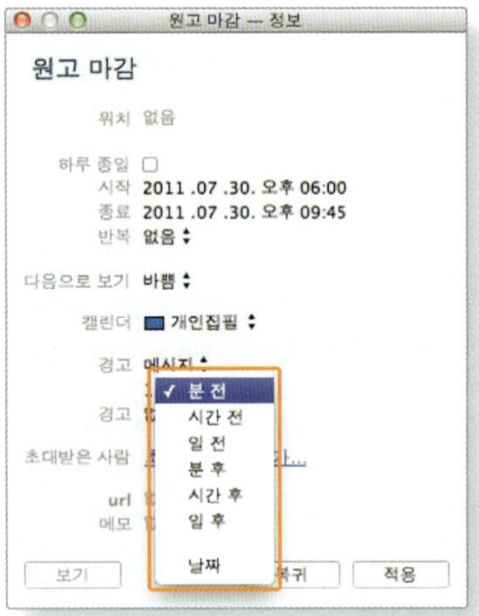

❽ "경고" 항목 아래에 있는 15 [분 전]으로 설정된 부분을 1 [시간 전]으로 변경한다.

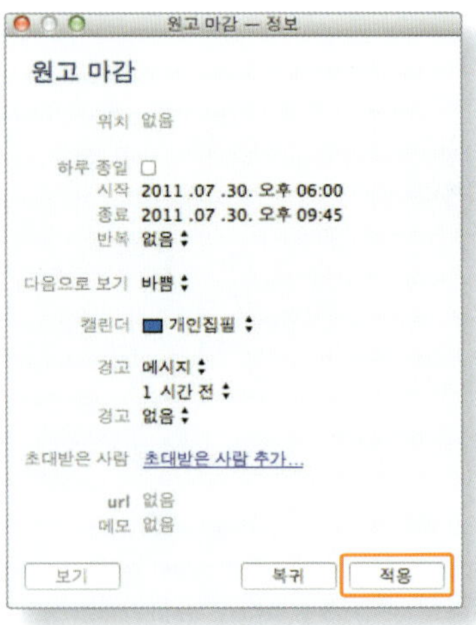

❾ 이벤트 내용 변경이 마무리되었다면 [적용] 버튼을 눌러 마무리한다.

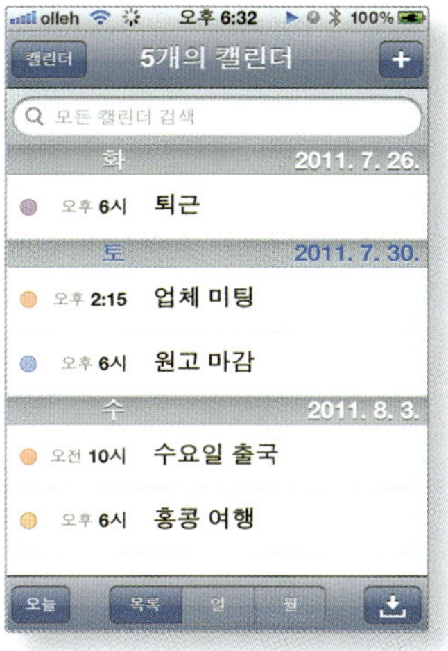

⑩ 아이폰(또는 아이패드)의 캘린더에서도 사용자가 등록한 이벤트가 바로 동기화되어 보여진다.

30-5 | 새로운 미리 알림 목록 만들기

미리 알림은 iOS 5부터 제공되는 기능으로, 아이폰과 아이패드로 iCloud를 통해 알림 서비스를 제공받는 기능이다. 미리 알림에 대한 상세 구분을 위해 미리 알림 목록을 만드는 방법을 알아보자.

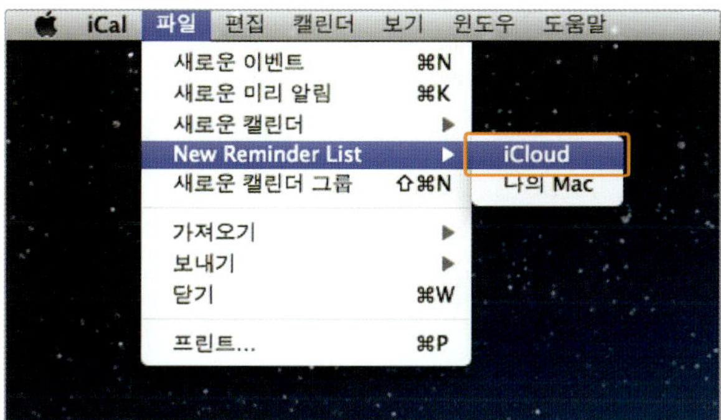

① iCal 메뉴바에서 [파일] → [New Reminder List] → [iCloud]를 선택한다.

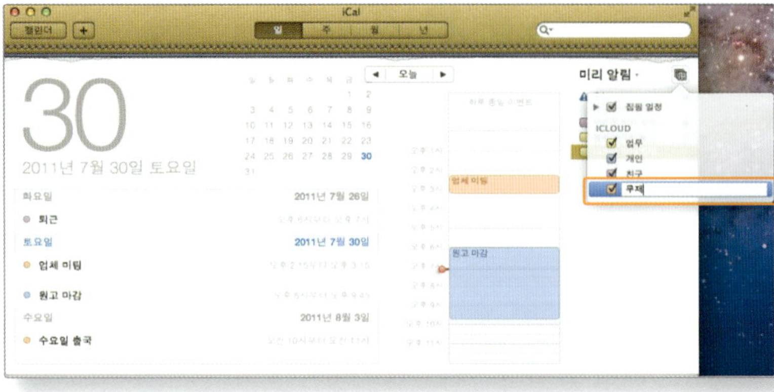

❷ iCal 우측 화면에 미리 알림 목록 끝에 작은 창이 열리면서 목록을 추가할 수 있는 상태가 된다.

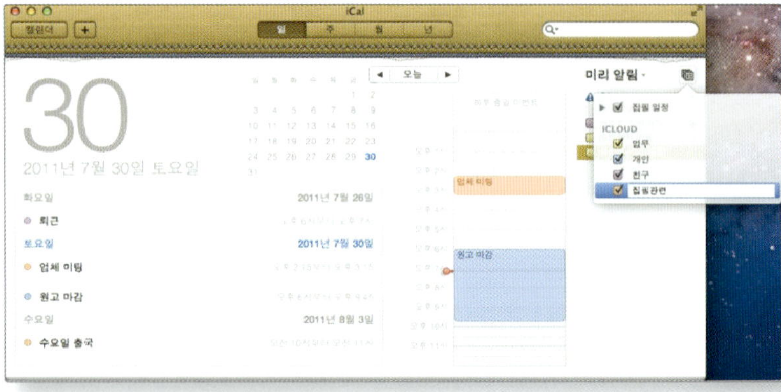

❸ 추가된 항목(무제)을 [집필관련]으로 변경하고 [return]키를 눌러 추가하였다.

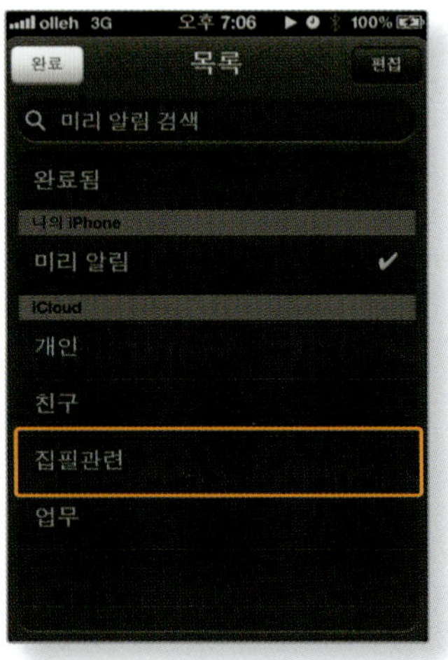

❹ 아이폰(또는 아이패드)의 [미리 알림]에서 목록을 살펴보면 OS X Lion의 iCal에서 추가한 미리 알림 목록이 추가된 것을 확인할 수 있다.

30-6 | 새로운 미리 알림 추가하기

미리 알림을 만들어 할 일에 대해서 좀 더 쉽게 관리할 수 있도록 도와주는 기능이다. 미리 알림을 추가하는 방법을 알아보자.

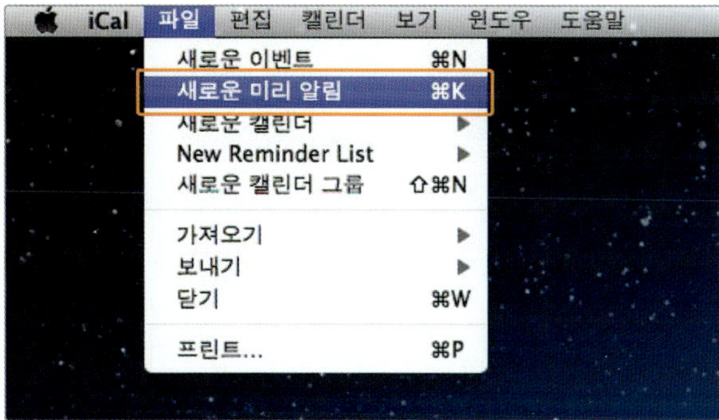

① iCal 메뉴바에서 [파일]→[새로운 미리 알림]을 선택한다.

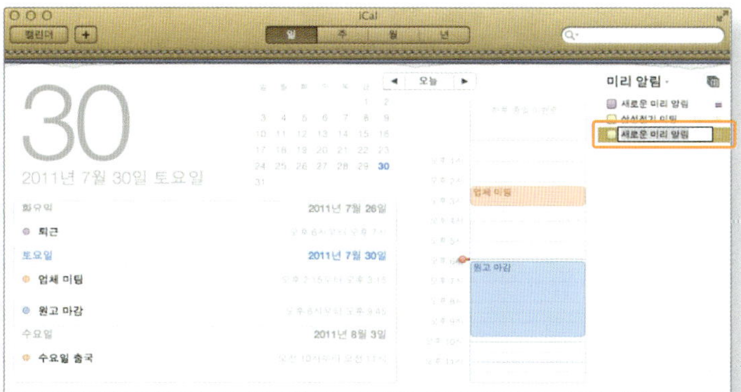

② iCal 우측의 미리 알림 항목에 [새로운 미리 알림] 입력상자가 생성된다.

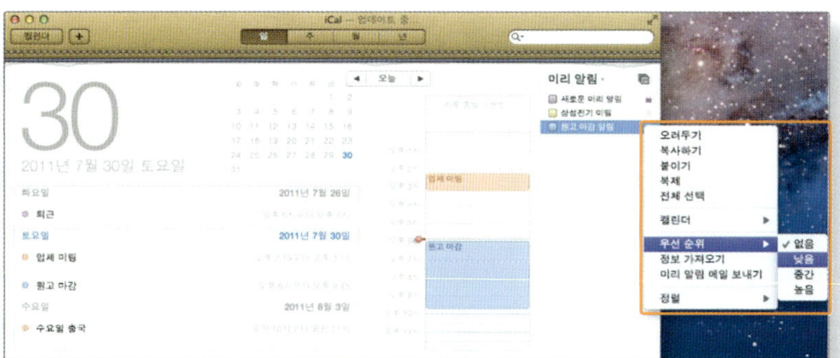

③ 추가한 미리 알림 항목의 상세 정보를 변경하기 위해 트랙패드에 손가락 두 개를 눌러 나오는 메뉴에서 [캘린더] 항목에서 구분할 미리 알림 목록을 선택하고 [우선 순위]에서 한 가지를 선택하자.

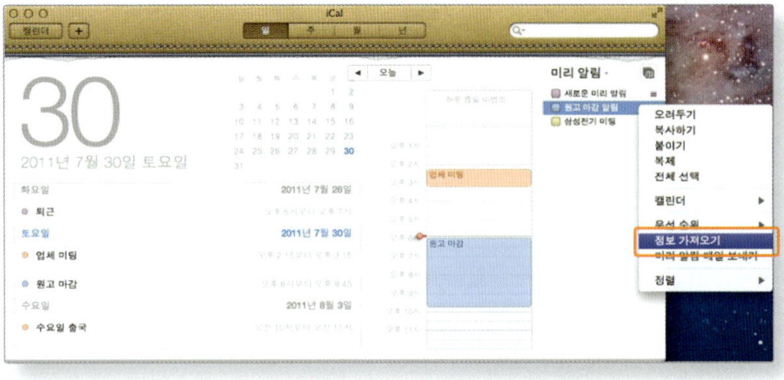

④ 다시 트랙패드에 손가락 두 개를 눌러 나오는 메뉴에서 [정보 가져오기]를 선택한다.

⑤ 이벤트 상세 정보를 변경하는 방법처럼 [경고] 부분을 선택하자.

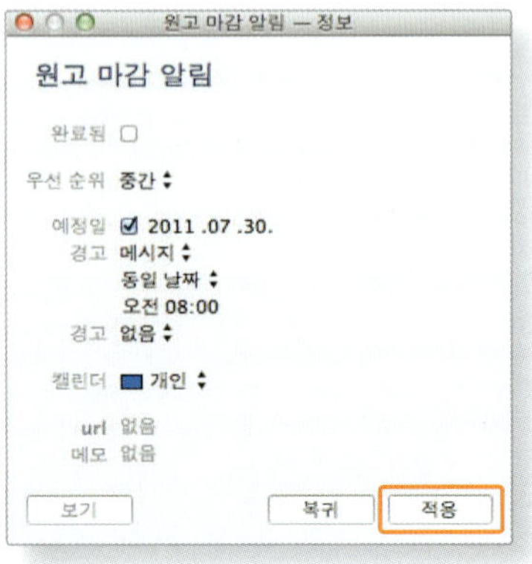

⑥ 경고 타입과 시간을 설정하고 [적용] 버튼을 탭하자.

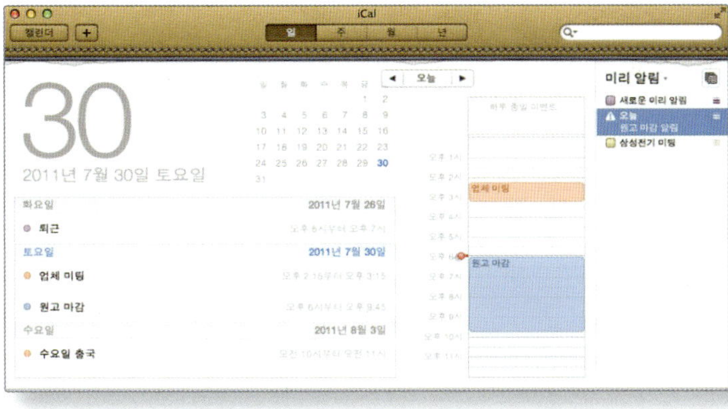

❼ 내용이 변경된 미리 알림 내용을 확인할 수 있다.

CHAPTER 31

iTunes 사용하기

iTunes는 iPhone, iPad 등의 iOS 운영체제 기기에 음악, 전자서적, 벨소리를 관리하고 싱크할 때 주로 사용하는 프로그램이다. 이 프로그램으로 몇 가지 기본 사용방법을 알아보자.

여기서는 2011년 10월경에 공개된 iTunes 10.5 베타 버전을 사용하였다.

31-1 | iTunes 실행하기

① iTunes는 기본적으로 제공되는 프로그램으로, Dock에서 iTunes 아이콘을 선택한다.

② iTunes가 실행되면 우측 상단에 있는 [Sign in]을 선택한다.

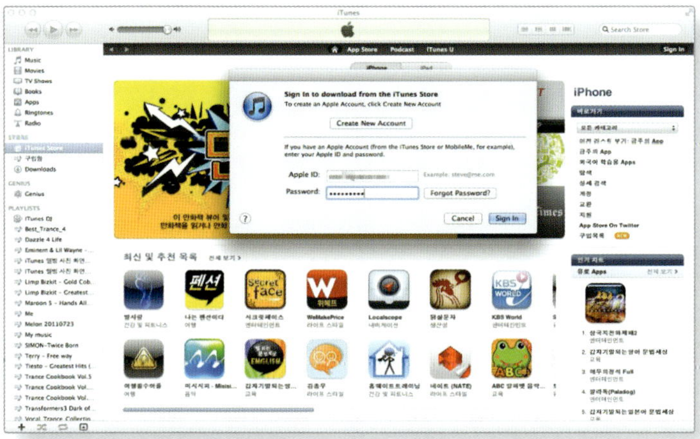

③ 로그인창이 나오면 이전에 Mac App Store에서 만든 Apple ID로 로그인해 보자.

④ [Sign in] 부분이 로그인한 이메일로 변경된다.

31-2 | Apple ID 계정 정보 변경하기

Apple ID 계정 정보를 변경하거나 구매 상세 내역을 보고자 할 때 이용한다. 사용방법은 다음과 같다.

❶ "바로가기" 항목에 있는 [계정]을 선택하면 로그인창이 나온다. 여기서 사용자 Apple ID의 계정 암호를 다시 한번 입력하고 [계정 정보] 버튼을 탭한다.

❷ 계정 정보창이 나오면 우선 Apple ID, 지불 정보, 국가/지역, 컴퓨터 인증을 변경할 수 있다. 그 외에 구입 내역 등을 확인할 수 있다.

3. Apple ID로 사용 중인 이메일 주소를 변경하고자 할 경우 계정 정보창에서 Apple ID 항목 옆에 있는 [수정 >]을 선택하면 이메일과 암호를 입력하는 창이 나온다. 여기서 변경할 이메일을 입력하고 [확인] 버튼을 누르면 해당 메일로 확인 메일이 발송된다. 이에 대한 인증이 마무리되면 이메일 주소를 변경할 수 있다.

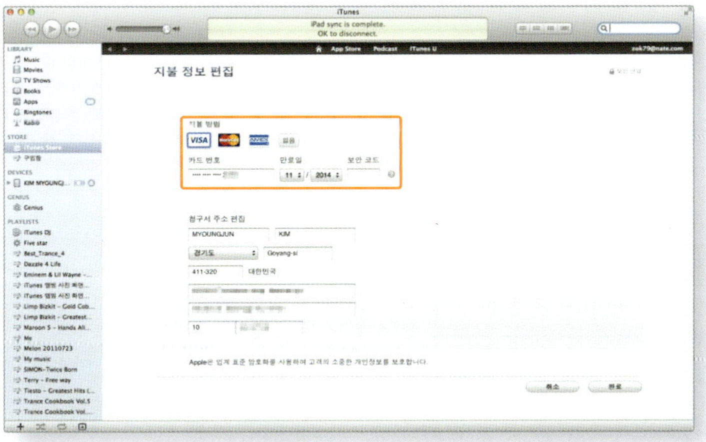

4. 지불 정보도 변경하려면 똑같이 [수정 >]을 선택하고 카드 종류와 카드 정보를 입력하고 [완료] 버튼을 탭한다.

그 외 컴퓨터 인증의 경우 일괄적으로 인증을 해제하고 싶으면 [모두 인증 해제] 버튼을 탭하여 처리한다.

31-3 | 구입 목록을 통해 설치 안된 앱 설치하기

구입 목록은 최근에 추가된 기능으로 사용자가 구입한 앱 및 전자서적에 대한 내역을 보여준다. 구입 후 펌웨어 업그레이드 등의 이유로 데이터 싱크를 다시 할 때 설치 안된 앱이 있으면 이를 통해 다시 설치하여 사용할 수 있다.

① 우측 "바로가기" 항목에서 [구입 목록]을 선택하자.

② 구입 후 설치가 안된 앱 제목 아래에 [다운로드 됨] 버튼이 아닌 구름 모양의 버튼으로 되어 있는 것은 미설치된 앱이므로 이를 탭해 보자.

③ 설치 중인 앱은 [다운로드 중]으로 표시되고, 바로 다운로드가 되면 아이폰, 아이패드 등의 기기에서 사용할 수 있게 된다.

특히 유료로 구입한 앱의 경우 이 기능을 통해 미처 설치하지 못한 앱을 확인하는 데 활용할 수 있다.

31-4 | 새 재생 목록 만들기

재생 목록은 사용자가 아이폰이나 아이패드에 음악을 넣거나 할 때 이용하는 것으로, App Store에서 직접 음악을 구입하지 않은 경우에 많이 사용한다.

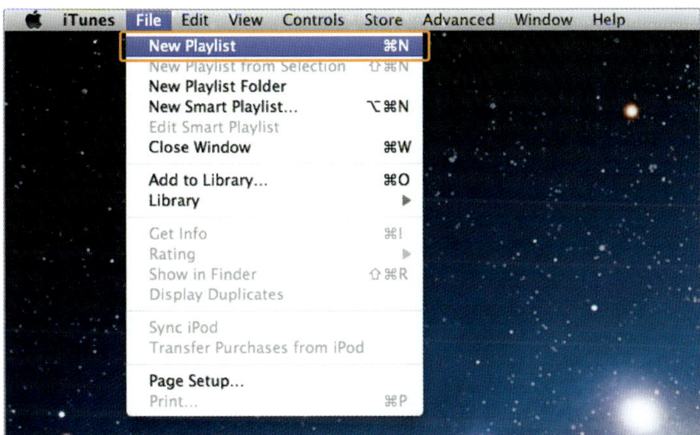

① iTunes 메뉴바에서 [File(파일)] → [New Playlist(새로운 재생 목록)]을 선택한다.

② 좌측 사이드바에 [무제 재생 목록(untitled Playlist)]가 만들어지면 알맞은 재생 목록명을 입력한다.

③ 생성한 재생 목록에 듣고자 하는 노래를 드래그하여 넣으면 새로운 재생 목록이 만들어진 것이다.

31-5 | 새 스마트 재생 목록 만들기

스마트 재생 목록은 가상의 재생 목록으로, 특정 조건에 따라 음악을 묶어서 사용자의 취향대로 사용할 수 있다. 사용방법은 다음과 같다.

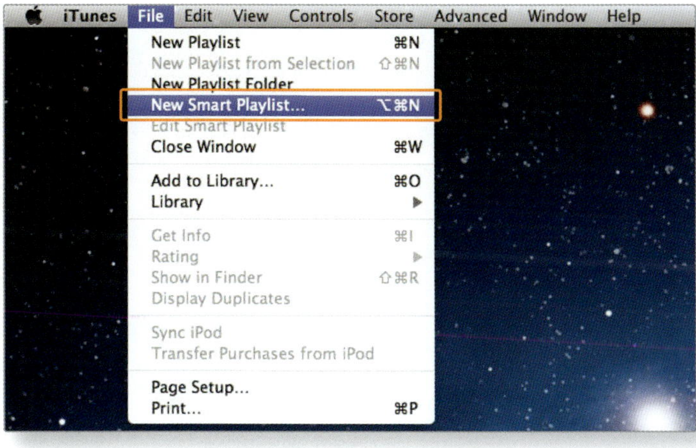

❶ iTunes 메뉴바에서 [파일(File)] → [새로운 스마트 재생 목록(New Smart Playlist)]를 선택한다.

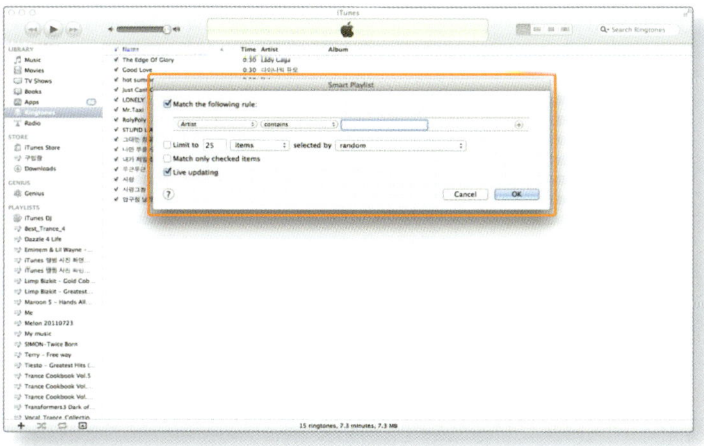

❷ 스마트 재생 목록 설정옵션창이 나온다.

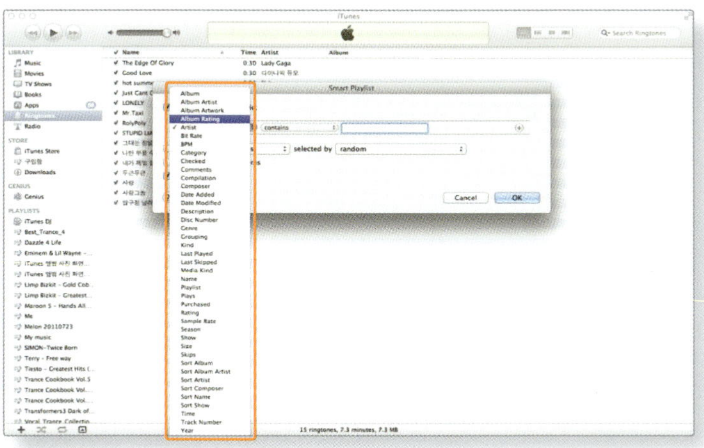

❸ 규칙 설정의 첫 번째 옵션을 선택하면 다양한 옵션 값이 나온다. 여기서 [선호도]를 선택하여 각 노래별로 선호도가 별 5개 이상의 노래만 나오도록 설정해 보자.

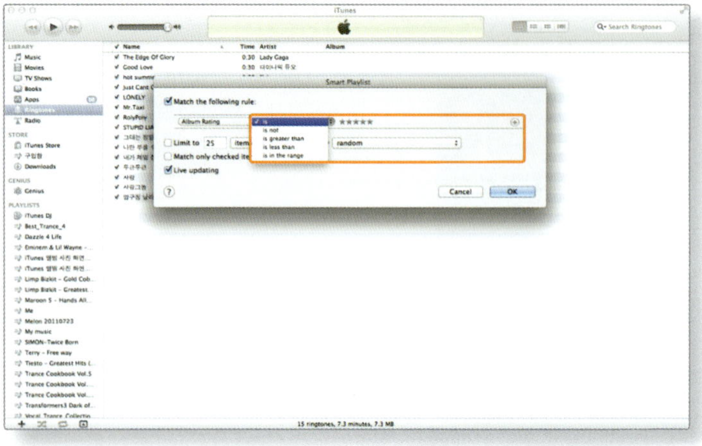

❹ 두 번째 옵션은 다음과 같음, 다음과 같지 않음, 다음보다 크게, 다음보다 적게, 다음 범위 내로 선택 등이 있다. 여기서는 [다음과 같음]을 선택하고 별을 다섯 개까지 지정하자.

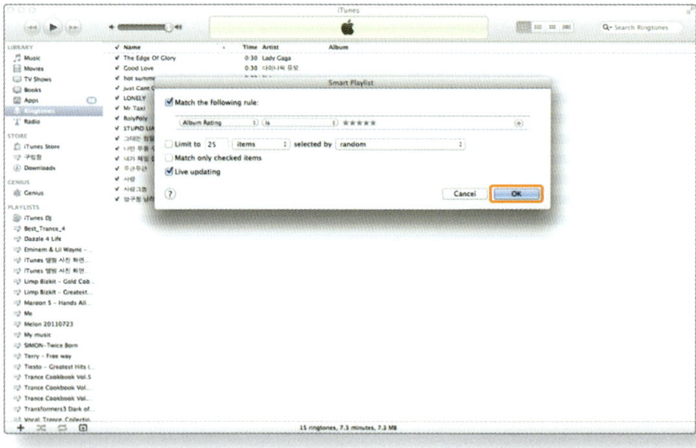

❺ 모든 지정이 완료되면 [완료] 버튼을 탭하여 마무리 하자.

❻ 해당 조건에 맞는 노래들이 모두 등록된다.

31-6 | 아이폰 및 아이패드를 Wi-Fi 무선 연결로 싱크하기

아이폰, 아이패드는 iTunes를 통해 앱, 전자서적, 벨소리 등을 동기화를 하였는데, 이제는 같은 무선랜이 연결된 상태에서 무선으로 동기화를 할 수 있는 기능이 제공된다.

❶ 연결된 iOS 5 기기(아이폰, 아이패드) 정보 창에서 옵션 중 [Sync over Wi-Fi connection(무선 연결으로 동기화하기)]을 체크하자.

❷ [Sync over Wi-Fi Connection]이 체크되어 해당 정보가 아이폰 및 아이패드에도 설정되면 같은 무선랜을 사용하는 상태에서 iTunes를 실행하여 해당 기기들과 무선으로 동기화를 하게 된다.

CHAPTER 32

미리보기 사용하기

미리보기는 OS X Lion에서 기본적으로 제공되는 다목적 뷰어이다. 사용자가 촬영한 디지털카메라의 이미지 사진이나 PDF와 같은 문서를 보고 조작할 수 있는 도구이다.

그럼 미리보기를 통해 이미지와 PDF 문서 파일을 읽고 사용하는 방법을 알아보자.

32-1 | 촬영한 장소 확인하기

미리보기는 한 개의 이미지만 선택한다고 하여 같은 폴더에 있는 모든 사진을 차례대로 볼 수 없다.

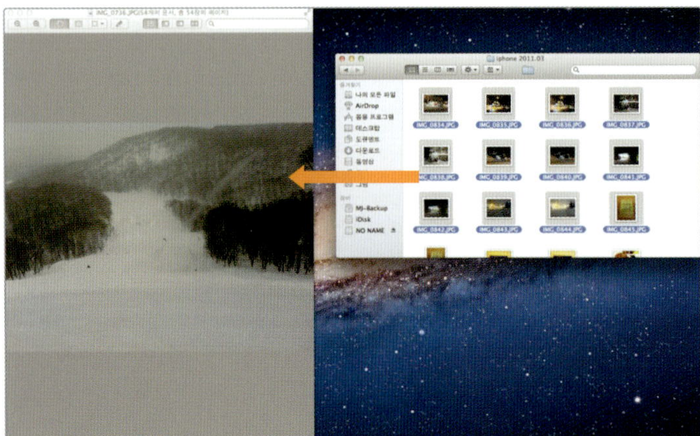

1. 보고 싶은 사진들을 드래그한 상태에서 탭한다. 다른 사진을 보려면 좌우로 방향키를 누르거나 트랙패드에서 손가락 두 개를 좌우로 스와이프한다.

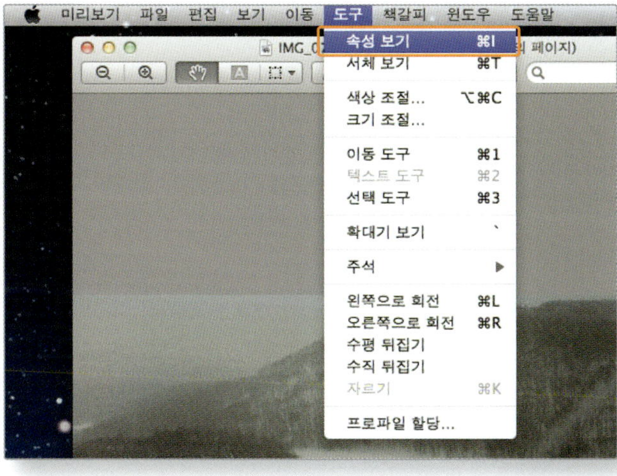

❷ 미리보기 메뉴바에서 [도구] → [속성 보기]를 선택한다.

❸ 우측에 “추가 정보”창이 나온다.

❹ “추가 정보”창의 [GPS] 탭을 선택하면 촬영한 위치가 작은 지도 화면에 표시된다.

32-2 | 이미지 보기 방식 변경과 슬라이드로 보기

좌측에 선택된 사진들을 썸네일이나 파일명 목록으로 볼 수 있다. 이미지 보기 방식을 변경하는 방법을 알아보자.

① 기존에 보던 미리보기 상태에서 상단 가운데에 있는 보기 타입 4가지 중 하나를 선택할 수 있다.

첫 번째는 한 개의 이미지만 보여주고, 두 번째는 좌측에 썸네일로 이미지 목록을 보여준다.

세 번째는 좌측에 이미지 파일명 목록이 보여지고, 네 번째는 전체 화면으로 선택한 이미지가 모두 썸네일로 보여진다.

여기서는 두 번째를 선택하여 좌측에 이미지가 썸네일로 보여진다.

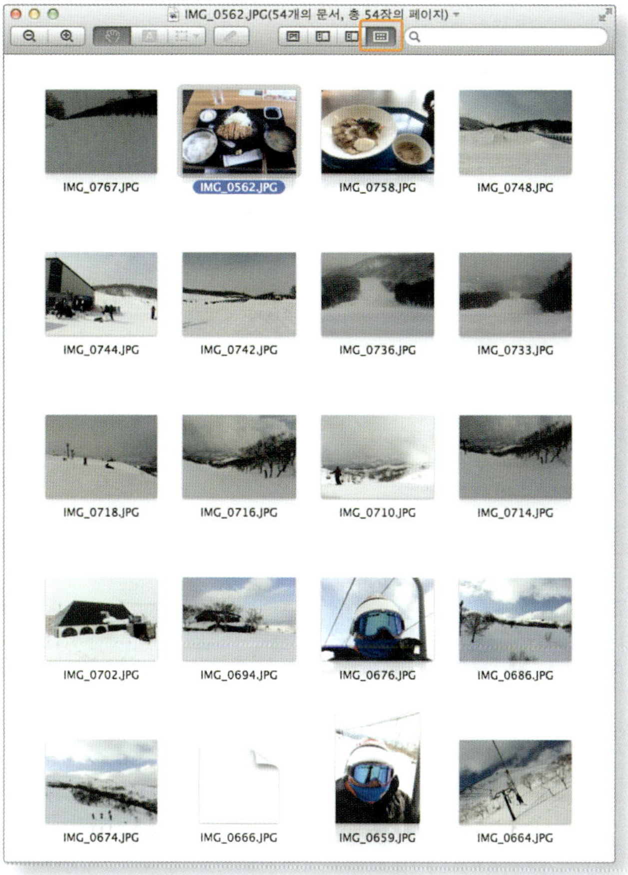

❷ 모든 파일을 썸네일로 보자.

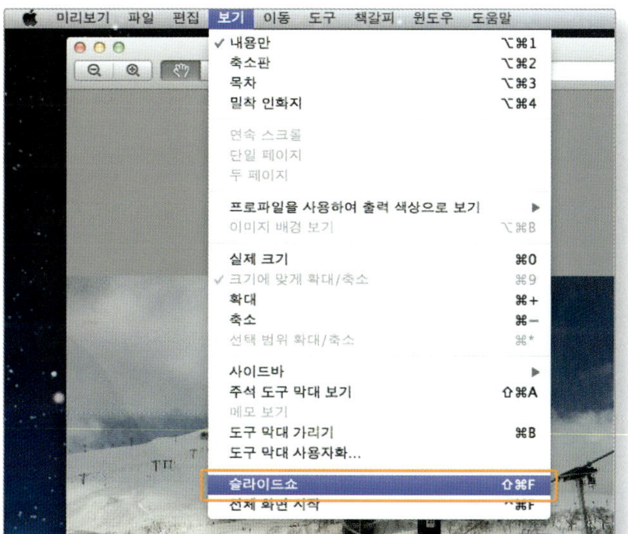

❸ 선택한 모든 이미지 파일들을 슬라이드쇼로 보려면, 메뉴바에서 [보기] → [슬라이드쇼]를 선택하자.

④ 선택한 이미지들의 슬라이드쇼가 전체 화면으로 보여진다.

32-3 | PDF 문서에 하이라이트 표시하기

PDF 문서를 읽을 때 미리보기에서는 하이라이트, 밑줄, 취소선, 텍스트 등을 추가할 수 있다. 추가하는 방법을 알아보자.

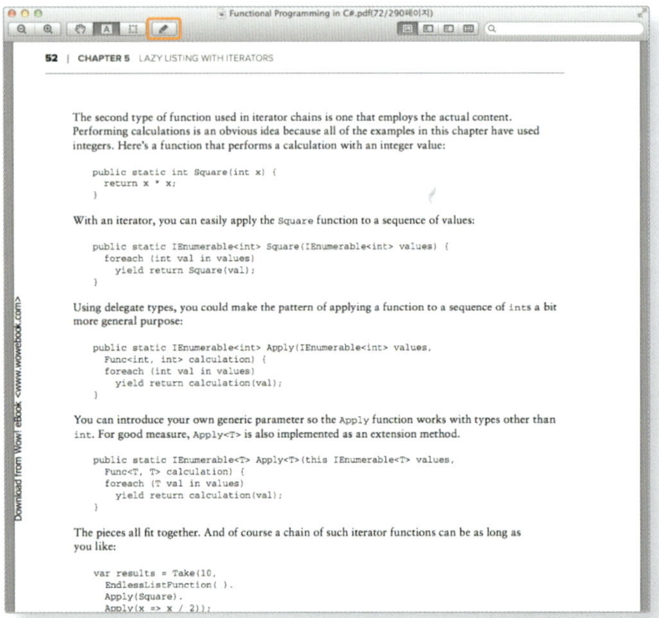

① 버튼을 탭해 보자.

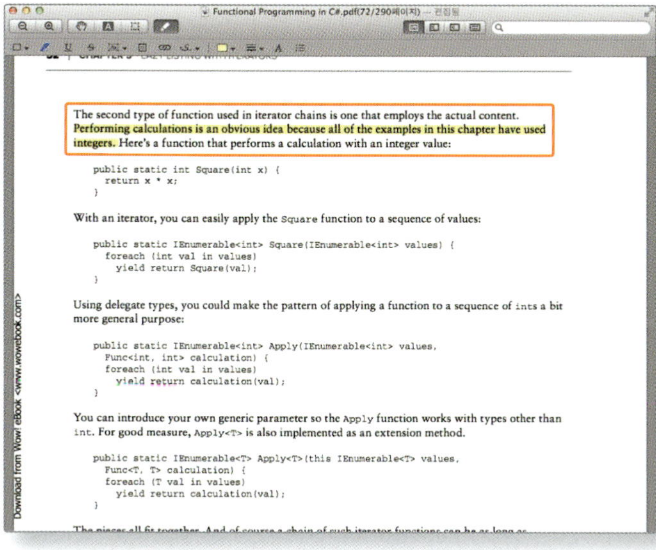

② 도구바에 기능 버튼들이 나오는데, 이 중에서 두 번째가 바로 하이라이트 기능으로 이것을 선택하고 하이라이트를 표기할 부분을 드래그해 보자.

이렇게 표기한 PDF 문서는 다시 저장하여 그대로 표기한 부분을 유지하는 것도 가능하다.

32-4 | PDF 문서에 서명 추가하기

서명은 사용자가 만든 문서나 특정 문서에 표기하기 위해 사용하는 것으로, 사용자의 서명을 Face-Time HD카메라로 촬영하여 이용하는 방법을 알아보자.

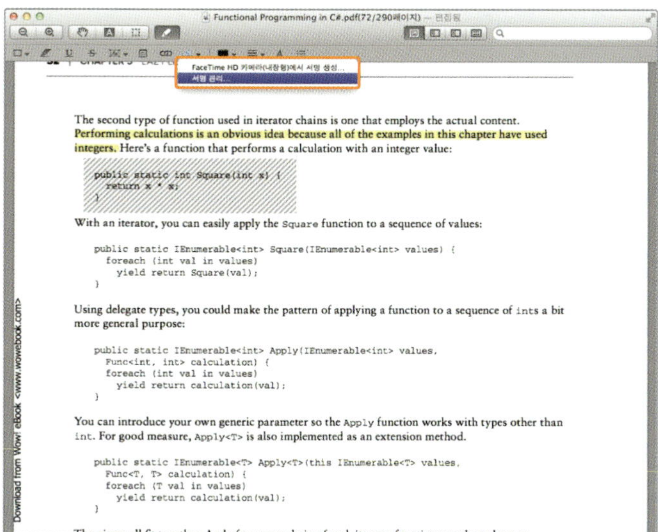

① 서명 아이콘을 클릭하고 [서명 관리] 메뉴를 선택하자.

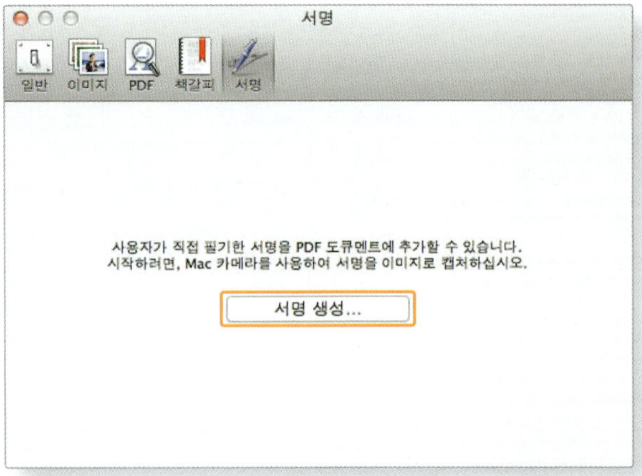

② 환경설정의 [서명] 탭이 선택되어 나온다. [서명 생성...] 버튼을 탭한다.

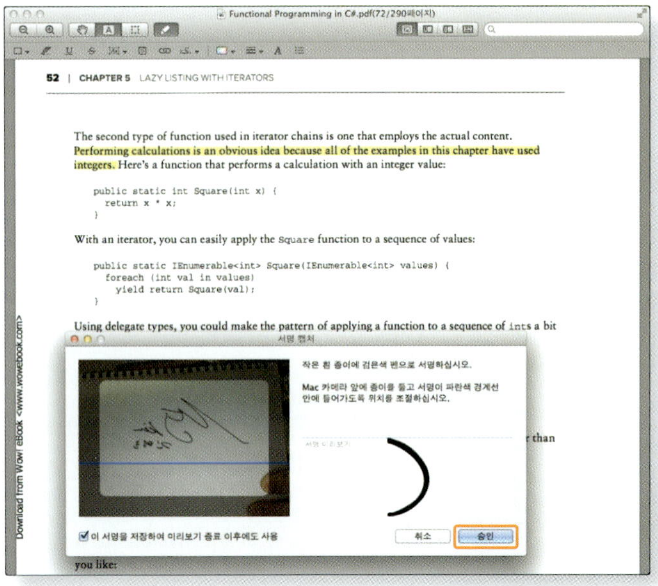

③ 카메라로 사진을 촬용하고 그 내용을 그대로 이용한다. 서명이 알맞게 배치 되었다면 [승인] 버튼을 탭하자.

CHAPTER 33 QuickTime Player 사용하기

QuickTime Player는 윈도우 운영체제로 치면 미디어 플레이어와 동일한 기본 미디어 재생 플레이어이다. 기본 재생용으로 사용되기 때문에 별다른 조작 방법은 필요가 없다. 단, 화면에 재생 시 화면 상에 보이는 메뉴들은 기억하여 사용하기 바란다.

33-1 | QuickTime Player 구조 이해하기

① **재생구간:** 재생 중인 영상을 시간별로 이동시켜 해당 구간의 영상을 볼 수 있다.

② **볼륨조절:** 재생 중인 영상의 볼륨 소리를 조절하거나 끌 수 있다.

❸ **재생:** 이전/다음 버튼과 재생 버튼으로 구성되어 있다. 영상을 중지시킬 때 가운데 ▶버튼을 탭하면 된다.

❹ **업로드 및 전체 화면 보기:** 업로드는 Facebook, Youtube, Vimeo 등에 사용 중인 영상을 업로드할 때 이용할 수 있으며, 그 옆에 있는 버튼은 재생 중인 영상을 전체 화면으로 볼 때 이용할 수 있다.

❺ **전체 화면 보기:** 재생 중인 영상을 전체 화면에서 볼 때 이용한다.

33-2 | 영상 다듬기

영상 다듬기는 사용자가 촬영한 영상 등을 편집하기 위한 기능이다. 동영상을 원하는 형태로 간단하게 만들어 보자.

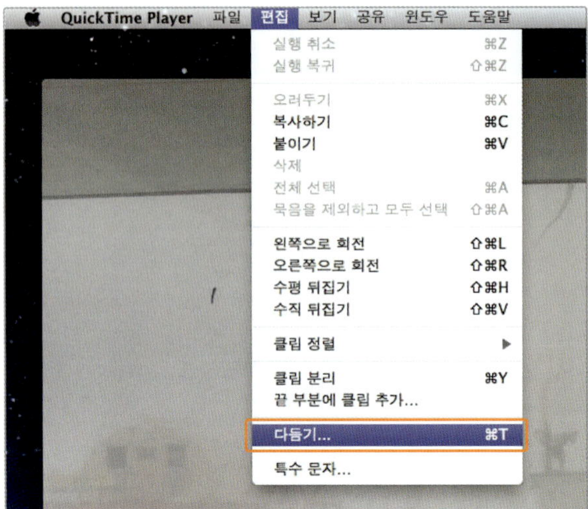

❶ QuickTime Player 메뉴바에서 [편집]→[다듬기...]를 선택한다.

② 하단에 영상 프레임별로 나뉘어 보여지는데, 이 부분을 통해 필요한 영상을 잘라낼 수 있다.

③ 양쪽 끝을 드래그하여 필요한 영상 클립을 만든다.

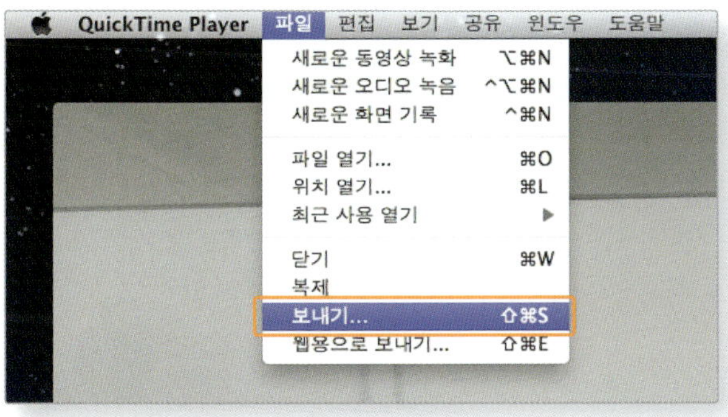

④ 편집된 영상을 보내기를 통해 파일로 만들자. 메뉴바에서 [파일]→[보내기...]를 선택한다.

❺ 영상 파일 이름을 입력한 후에 저장시킬 위치를 [도큐멘트] 폴더로 지정하고 포맷을 선택한다. [iPad, iPhone 4, Apple TV]를 선택하고 [보내기] 버튼을 탭한다.

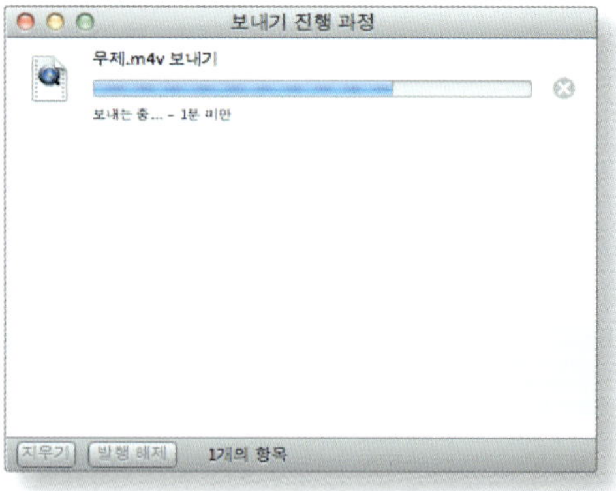

❻ 해당 영상이 저장된다

33-3 | Vimeo로 편집한 영상 올리기

QuickTime Player는 재생 중인 영상을 iTunes, MobileMe 갤러리, YouTube, Vimeo, Flickr, Facebook, 메일로 업로드할 수 있다. 이중에서 Vimeo 서비스로 영상을 올리는 방법을 알아보자.

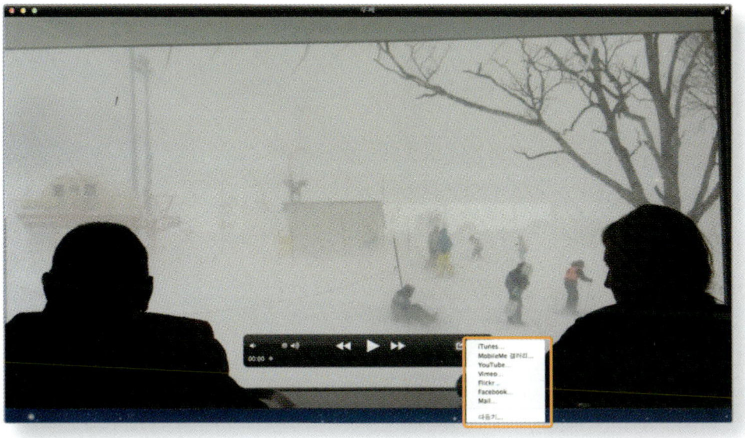

① 버튼을 탭하면 다양한 업로드 서비스 목록이 나오는데, 여기서 [Vimeo...]를 선택하자.

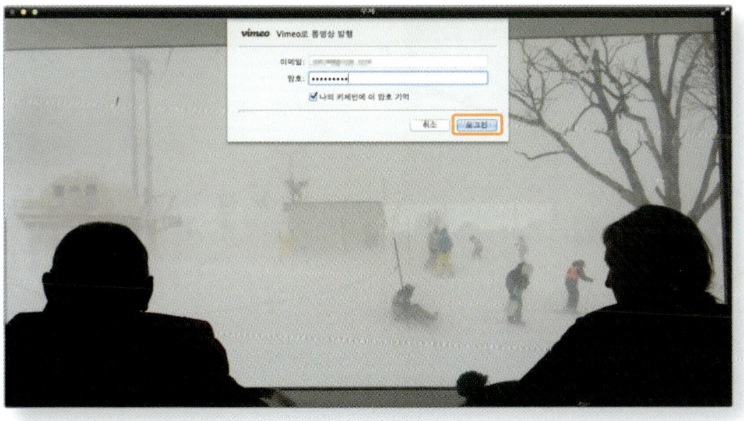

② 사용 중인 계정을 입력하고 [로그인] 버튼을 탭한다.

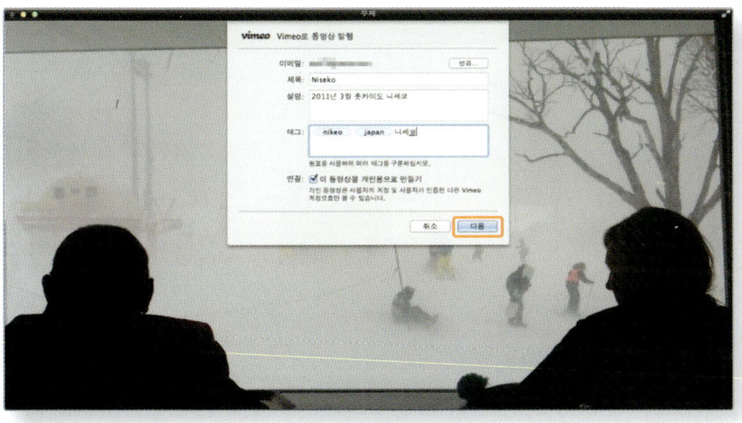

③ 영상의 제목, 설명, 태그 정보를 입력하고 [다음] 버튼을 탭한다.

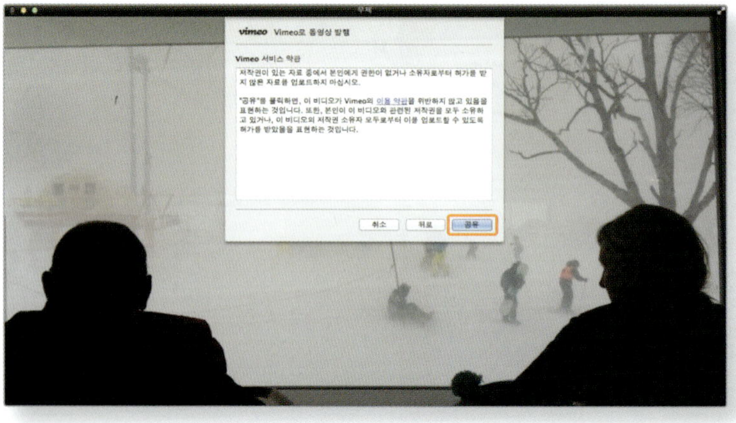

④ "Vimeo로 동영상 발행"창이 나오면 [공유] 버튼을 탭한다.

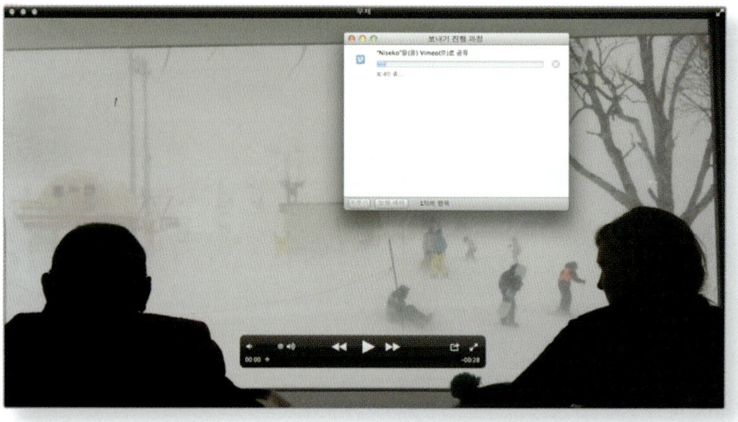

⑤ 해당 영상이 전송된다.

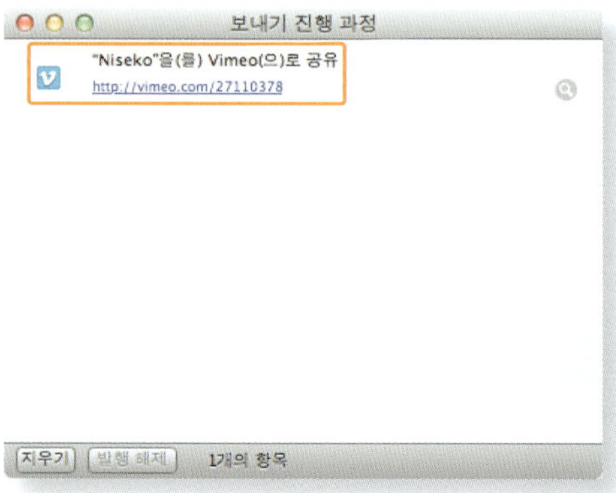

⑥ 업로드가 완료되면 해당 링크가 표시된다.

33-4 | Perian으로 DivX 영상 보기

Perian은 MPEG4, DivX, 3ivx, H.264, Flash Video 등의 코덱을 추가로 설치하여 QuickTime Player에서 해당 코덱으로 만들어진 영상을 재생할 수 있도록 해주는 프로그램이다.

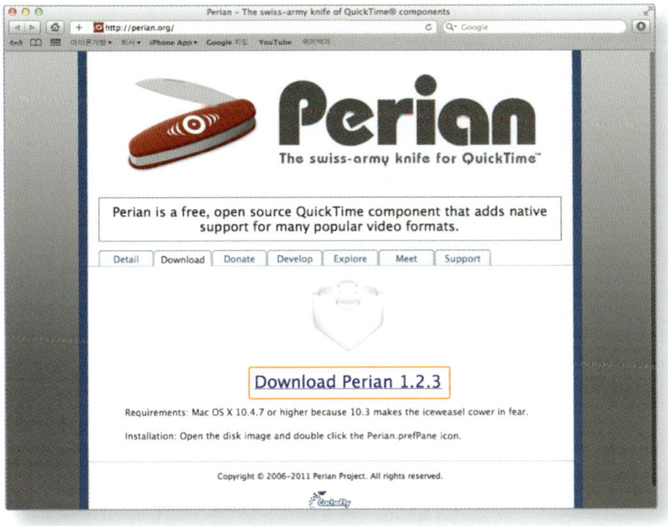

1. http://perian.org 사이트에서 최근 버전을 다운로드하고 설치 프로그램을 실행한다.

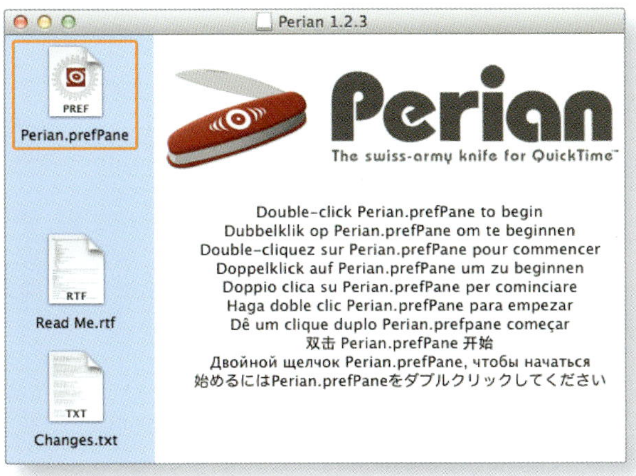

2. 다운로드한 Perian 설치 프로그램을 실행하고 [Perian.prefPane]을 실행하여 설치를 진행한다.

❸ 시스템 환경설정에서 Perian이 설치된 것을 확인할 수 있다. 이것을 실행해 보자.

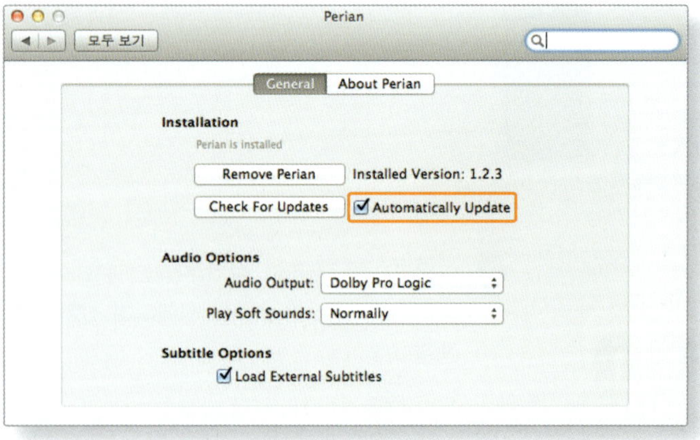

❹ Perian이 설치된 프로그램은 계속 업데이트되는 코덱 특성상 업데이트가 자동으로 이루어질 수 있도록 [Automatically Update]를 체크가 되어 있는지 확인하자.

CHAPTER 34

PhotoBooth 사용하기

PhotoBooth는 Mac에 내장된 웹캠을 통해 촬영한 사진에 특정 효과를 주어 재미있고 유쾌한 사진을 만들 수 있다. 사진 효과는 총 32가지를 제공하며 이를 통해 다양한 활용이 가능하다. 그럼 간단하게 PhotoBooth를 사용하는 방법을 알아보자.

34-1 | PhotoBooth 실행하기

PhotoBooth는 기본적으로 Dock에 등록되어 있으며 PhotoBooth 아이콘을 탭하거나, Finder 메뉴바에서 [이동] → [응용 프로그램]을 선택하고 [PhotoBooth]를 탭한다.

① **촬영 모드:** 기본 한 장씩 사진을 촬용하도록 되어 있다. 좌측으로 드래그하면 연속 4장씩 촬영하고, 우측으로 드래그하면 영상 촬영을 할 수 있는 모드로 변경된다.

② **촬영 버튼:** 선택된 모드에 따라 촬영 버튼을 탭하면 사진이나 동영상이 촬영된다.

③ **효과 버튼:** 이 버튼을 탭하면 총 32가지의 다양한 효과를 선택하여 촬영할 수 있다.

34-2 | 촬영모드 변경해서 촬영하기

촬영모드는 총 3가지를 제공하는데 1장씩 촬영, 4장 연속 촬영, 동영상 촬영으로 구분된다. 촬영모드를 변경하여 촬영해 보자.

① PhotoBooth가 실행되면 전체 화면을 실행된다. 이때 [촬영모드] 버튼을 좌측으로 드래그하고 촬영 버튼을 탭하자.

② 촬영이 연속 4번 이루어지면 바로 4장의 사진이 만들어지고, 촬영 버튼 위로 만들어진 사진이 놓여진다.

반대로 동영상을 촬영하고 싶은 경우에는 [촬영모드] 버튼을 우측으로 드래그하고 촬영 버튼을 탭하면 녹음이 된다.

34-3 | 촬영 효과 알아보기

효과는 총 32가지를 제공하며 사용자가 직접 추가할 수도 있다. 어떤 효과가 있는지 살펴보자.

① 첫 번째 페이지는 특정 모양에 맞춰진 효과로 외계인, 코 비둘기, 다람쥐, 사랑해, 헤롱헤롱, 대갈장군, 왕눈이, 개구리로 구성되는데 상당히 재미있는 모습이 보여진다.

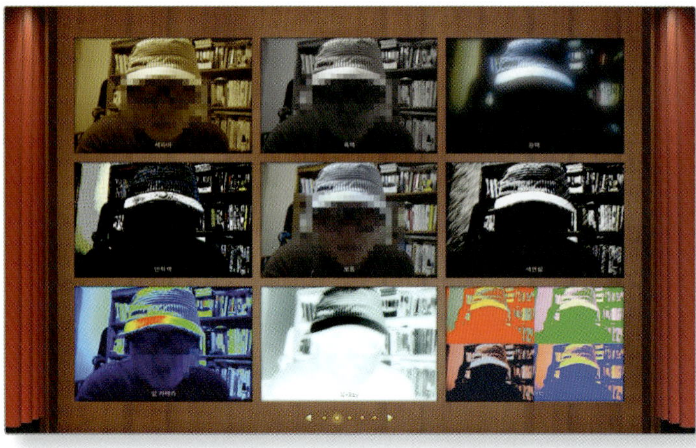

② 두 번째 페이지는 카메라의 색상 효과를 기반으로 하는 효과로서 세피아, 흑백, 광택, 만화책, 색연필, 열카메라, X-Ray, 팝아트로 구성된 화면이 나온다.

③ 세 번째 페이지는 카메라렌즈 모양을 통한 효과로서 볼록, 오목, 소용돌이, 스퀴즈, 거울, 밝은 터널, 펼치기, 늘이기로 구성된 화면이 나온다.

④ 네 번째 페이지는 바탕 화면을 두고 합성하는 효과로서 구름, 색상 도트, 우주에서 본 지구, 에펠탑, 어항, 롤러코스터, 석양, 요세미티 계속으로 구성된 화면이 나온다.

여기서 만족스러운 효과를 선택해서 사용하길 바란다.

34-4 | 촬영한 사진을 iPhoto로 보내기

촬영한 사진을 iPhoto나 이메일, 사용자 그룹 계정 사진으로 보내거나 사용할 수 있다. 이를 설정하는 방법을 알아보자.

① 촬영한 사진 내역 중에서 iPhoto로 보낼 사진을 선택하고 위에 있는 [iPhoto에 추가] 버튼을 탭한다.

만약 그냥 디스크에 저장하려면 사진을 선택한 다음 트랙패드에 손가락 두 개로 탭하면 나오는 메뉴에서 [보내기...]를 선택하면 된다.

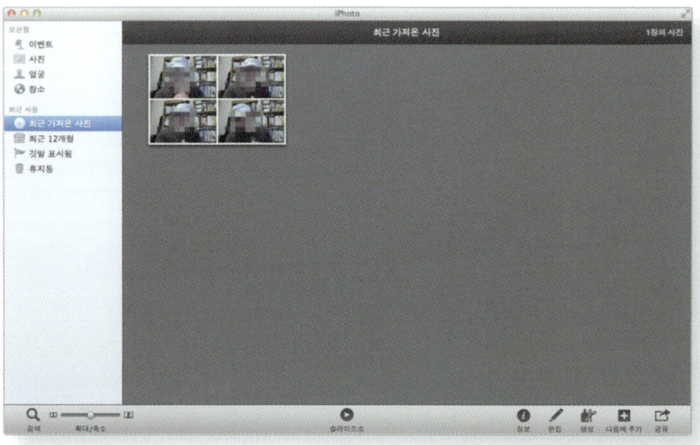

② iPhoto가 실행되면 "최근 가져온 사진" 항목에 저장된다.

단, iPhoto는 Life'11 프로그램 패키지에 포함된 별도 프로그램이므로 이 프로그램이 설치가 되어 있지 않으면 사용할 수 없다.

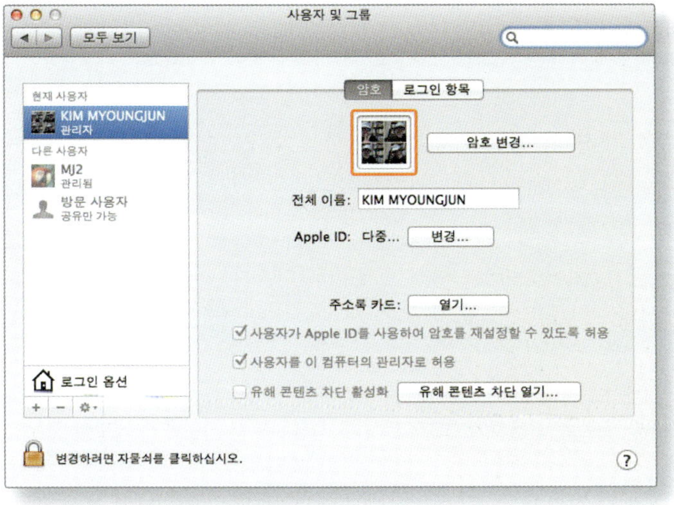

3 선택한 사진을 [사용자 그룹]을 선택하면 "사용자 및 그룹"창이 열리면서 현재 계정의 사진이 변경된다.

CHAPTER 35

스티커 사용하기

스티커는 종이 포스트잇을 디지털 프로그램으로 구현된 것으로, 사용자가 OS X Lion을 사용하면서 간단하게 메모할 경우에 유용하게 이용할 수 있다.

35-1 | 스티커 실행하기

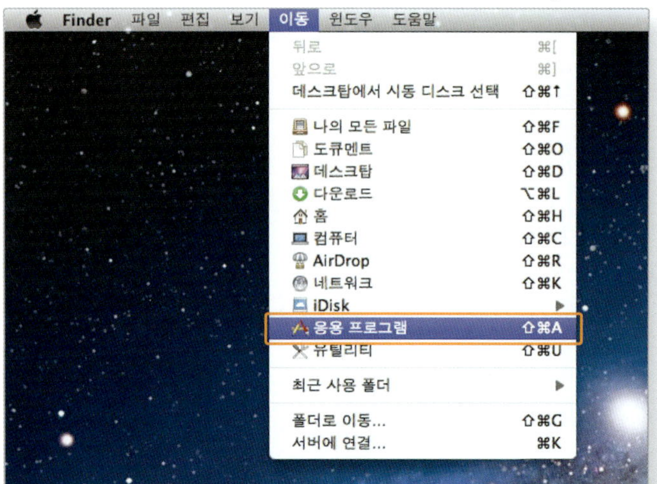

① Finder 메뉴바에서 [이동] → [응용 프로그램]을 선택한다.

② 응용 프로그램 폴더에서 [스티커]를 탭한다.

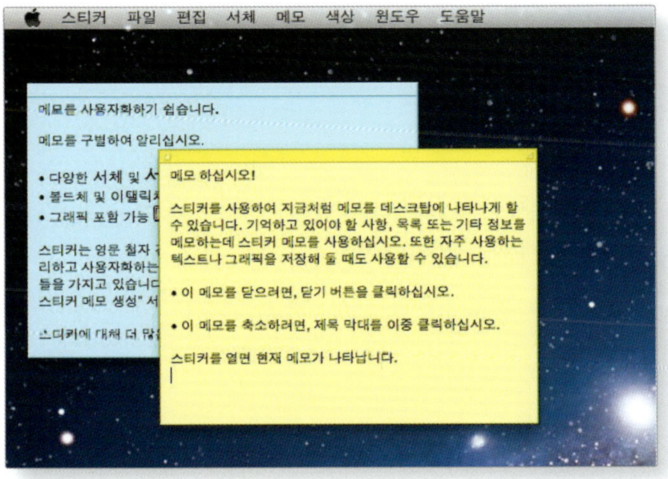

③ 기본적으로 스티커 관련 설명이 나온 포스트잇 두 개의 창이 열린다.

35-2 | 스티커 서체 변경하기

기본적으로 설정된 한글서체가 가독성이 떨어지기 때문에 나눔고딕체로 변경해 보자.

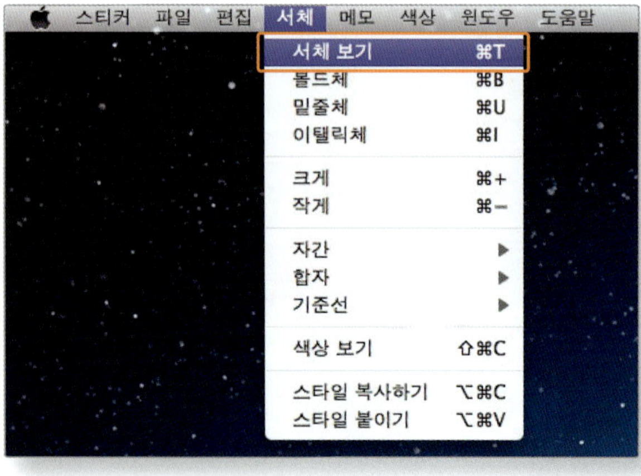

① 스티커 메뉴바에서 [서체] → [서체 보기]를 선택한다.

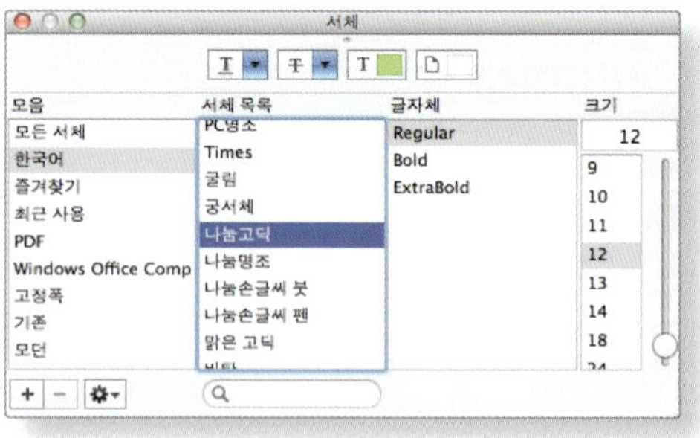

② 서체 목록에서 [나눔고딕]으로 변경하고, 좌측 상단의 [x] 버튼을 탭하여 닫는다.

35-3 | 새 메모 만들기

새 메모를 만드는 방법은 메뉴바에서 메뉴를 선택하여 만들 수 있다.

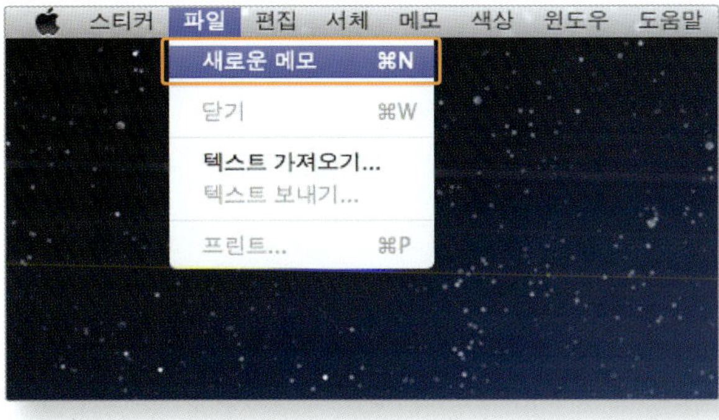

① 스티커를 실행한 상태에서 메뉴바에서 [파일] → [새로운 메모]를 선택한다.

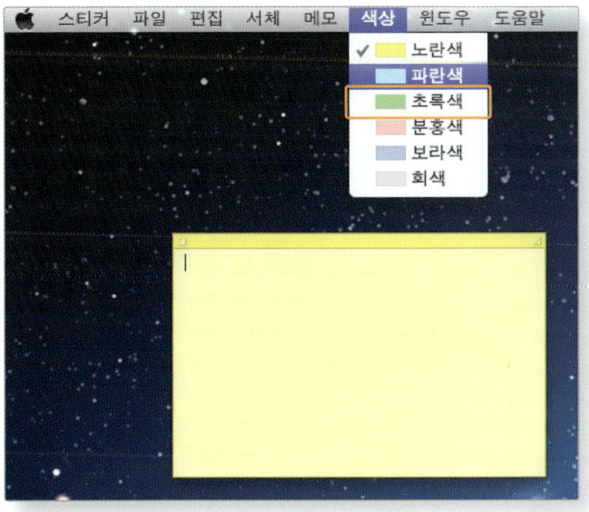

② 노란색 바탕의 포스트잇 스티커창이 하나 열린다. 만약 바탕색을 변경하고 싶다면 [색상] 메뉴에서 원하는 색상을 선택하자. 여기서는 [초록색]으로 변경했다.

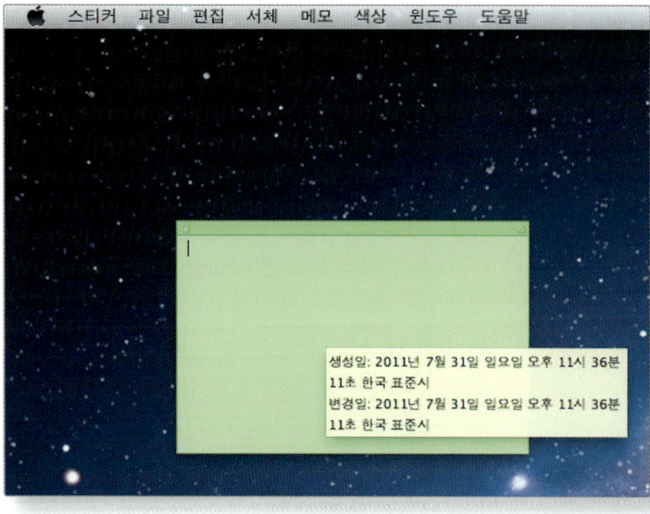

③ 포스트잇 스티커 바탕색이 초록색으로 변경된 것을 확인할 수 있다.

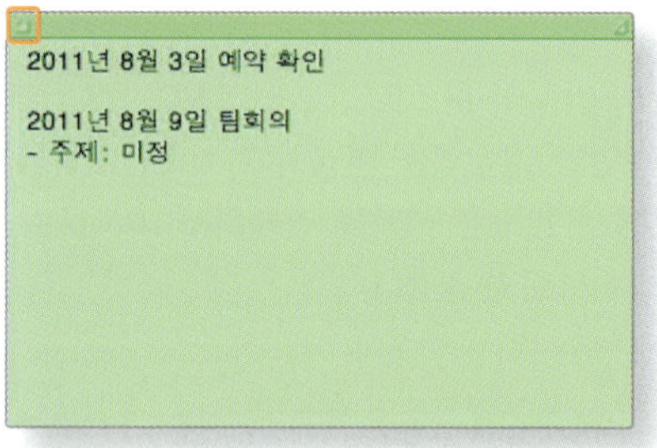

④ 내용을 입력해 보자. 닫으려면 좌측 상단 버튼을 탭하면 되는데, 내용이 있는 경우 저장 여부를 묻는다.

CHAPTER 36

계산기 사용하기

계산기라고 하면 무시할지도 모르겠지만, 생각보다 유용하게 많이 이용할 수 있는 기본 프로그램 중 하나이기 때문에 기본적인 사용방법과 활용방법을 소개한다.

36-1 | 계산기 실행하기

계산기 프로그램은 응용 프로그램 폴더에 포함되어 있다.

① 응용 프로그램 폴더를 열고 [계산기] 프로그램을 탭하자.

② 단순하게 생긴 계산기 프로그램이 실행된다. 일반적인 계산기 구조와 같기 때문에 사용하는 것 자체는 쉽다.

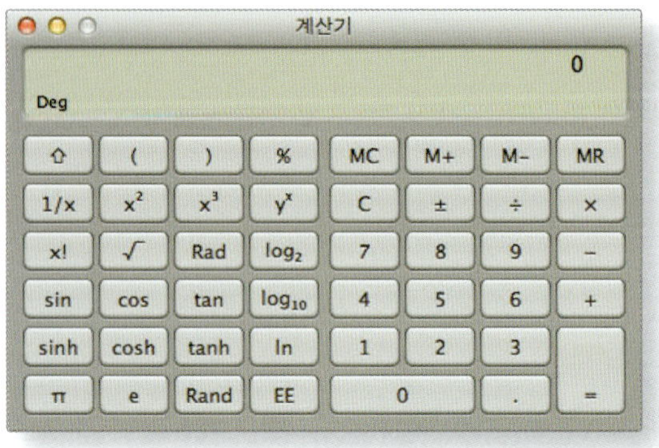

③ 간단한 계산이 아닌 복잡한 과학 공식 등을 사용하고 싶은 경우에는 메뉴바에서 [보기]→[과학]을 탭택하면 과학용 계산기로 변경된다.

④ 만약 IT 개발자라면 메뉴바에서 [보기]→[프로그래머]를 탭한다. 2진수 및 유니코드 등의 처리나 비트연산 등이 가능한 계산기를 볼 수 있을 것이다.

이처럼 전문적인 계산기 역할도 하기 때문에 꼭 추천하고 싶은 프로그램이다.

36-2 | 계산기로 환율 계산하기

계산기 프로그램은 단순한 계산뿐만 아니라 여러 가지 단위 환산도 간단하게 할 수 있는 기능을 제공한다.

크게 길이, 면적, 무게 및 부피, 속도, 시간, 압력, 에너지 또는 일량, 온도, 일률, 체적, 통화 변환 기능을 제공하고 있다. 여기서는 통화 기능을 통해 환율을 계산하는 방법을 알아보자.

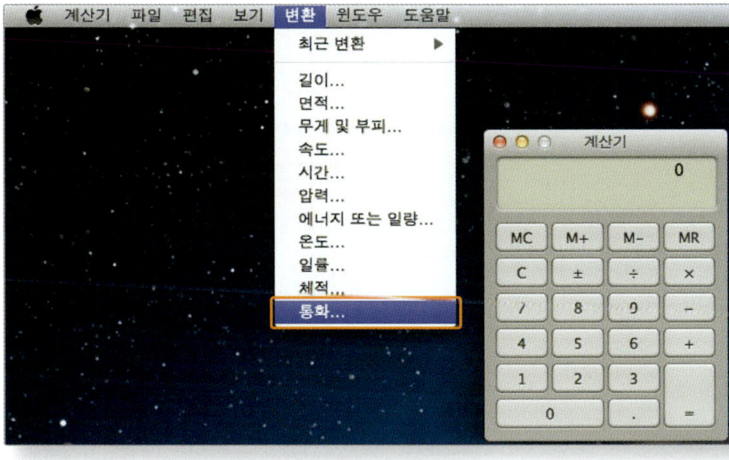

① 계산기 메뉴바에서 [변환] → [통화...]를 선택한다.

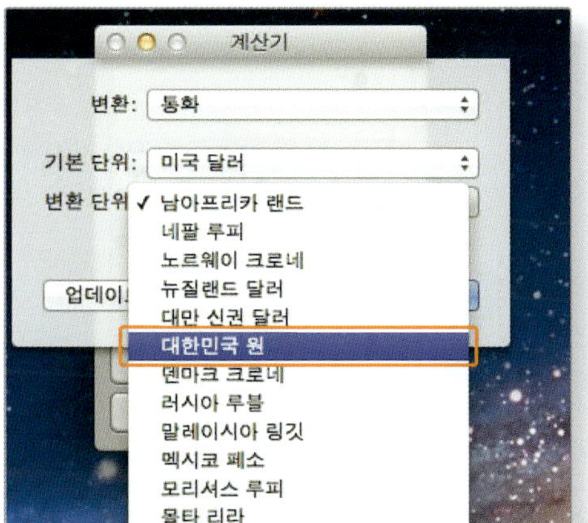

② 통화 단위를 지정하는 옵션창이 나오면 [기본 단위]를 [미국 달러]를 선택하고 [변환 단위]를 [대한민국 원]으로 변경하자.

참고로 기준 환율 정보는 Yahoo! 환율 정보를 참고로 제공된다.

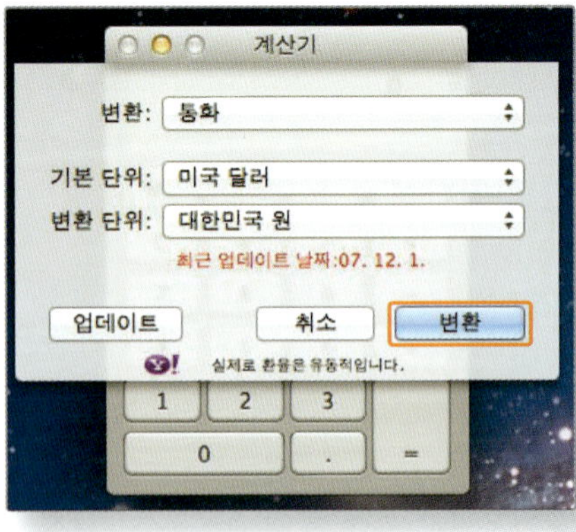

❸ 단위 정보를 모두 선택하였다면 [변환] 버튼을 탭한다.

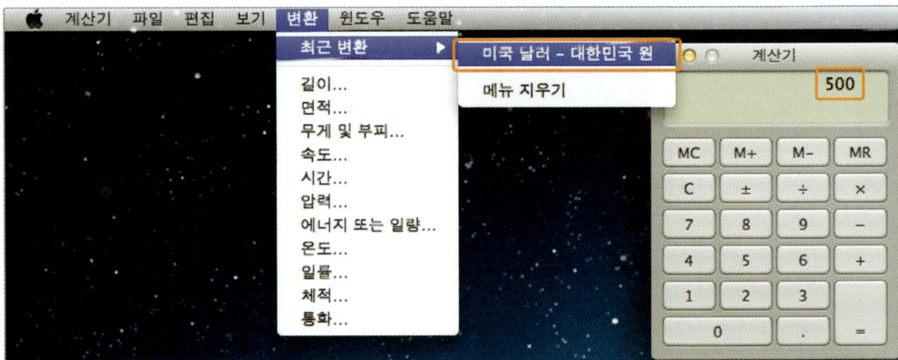

❹ 계산기에 변환할 달러 정보를 입력하고 메뉴바에서 [변환]→[최근 변환]→[미국 달러 – 대한민국 원]을 선택한다.

❺ 환율 정보에 따라 계산된 금액이 표시된다.

36-3 | 천 단위로 구분하여 표기하기

천 단위로 숫자를 표기하면 가독성이 좋기 때문에 추천한다. 그럼 천 단위 구분 표기 설정 방법을 알아보자.

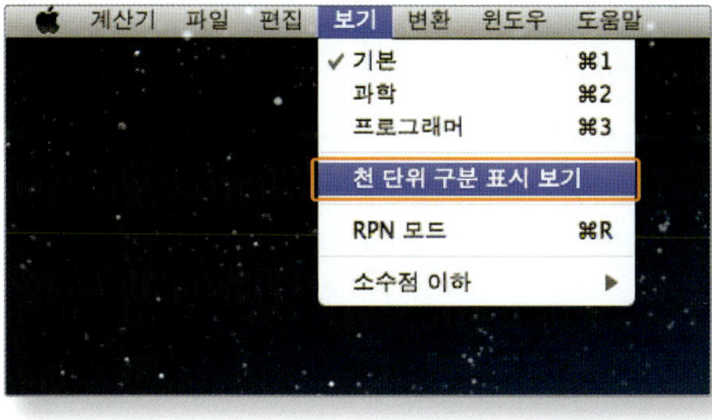

① 계산기 메뉴바에서 [보기] → [천 단위 구분 표기 보기]를 선택한다.

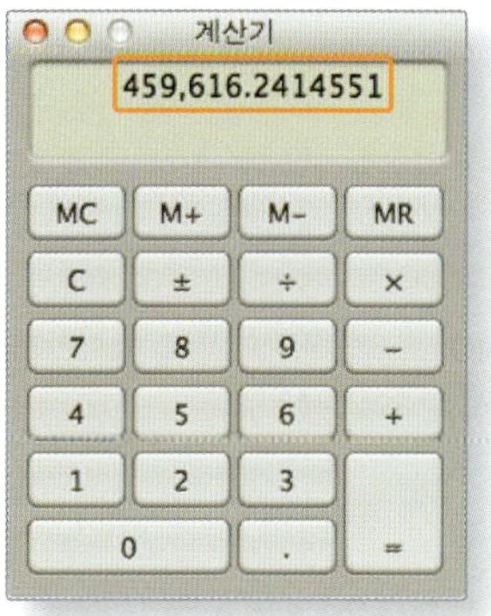

② 계산기 숫자가 표기되는 부분을 보면 숫자가 큰 경우 3자리씩 천 단위루 구분하여 표기되는 것을 확인할 수 있다.

CHAPTER 37

화면 캡처 사용하기

화면 캡처는 말 그대로 사용하는 OS X Lion의 화면을 캡처하여 이미지 파일로 만들어주는 프로그램을 말한다. 여기서 화면 캡처 방식은 선택한 영역, 윈도우, 전체 화면, 시간 제한을 지원하며, 만약 OS X Lion에서 사용하던 프로그램에서 문제가 발생했을 때 해당 오류를 해결하기 위해 문의 등을 할 경우 화면을 캡처하여 설명하면 더 쉽게 이해시킬 수 있다.

37-1 | 윈도우 단위로 화면을 캡처하기

화면 캡처 프로그램도 응용 프로그램에 포함되어 있다. 이를 실행하여 간단하게 윈도우를 캡처하는 방법을 알아보자.

① 응용 프로그램에서 [이미지 캡처]를 탭한다.

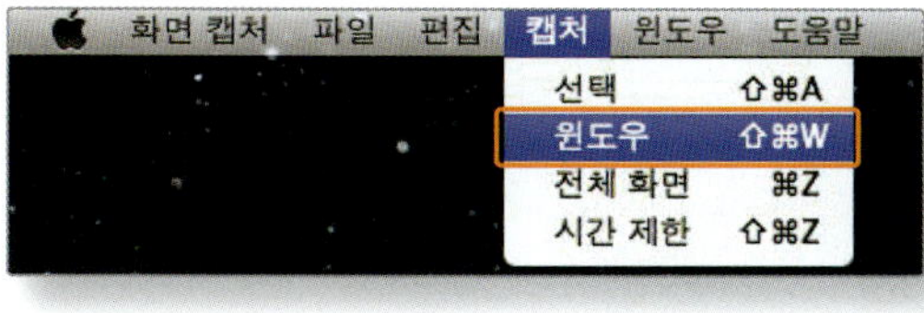

② 화면 캡처 메뉴바에서 [캡처] → [윈도우]를 선택한다.

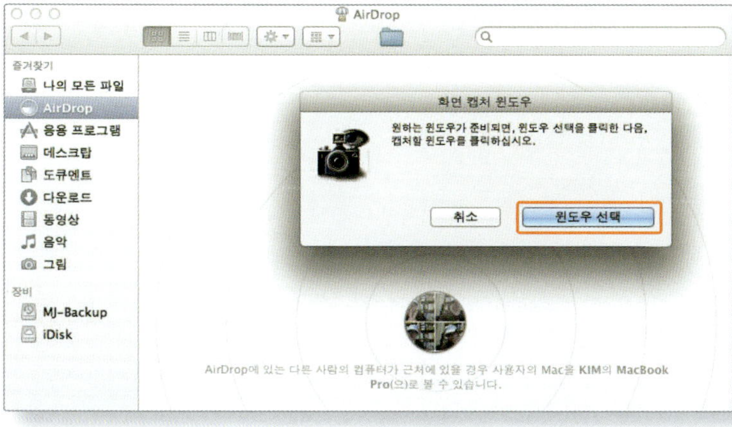

③ "화면 캡처 윈도우"창이 나오면 [윈도우 선택] 버튼을 탭하고 캡처할 창을 선택하면 된다.

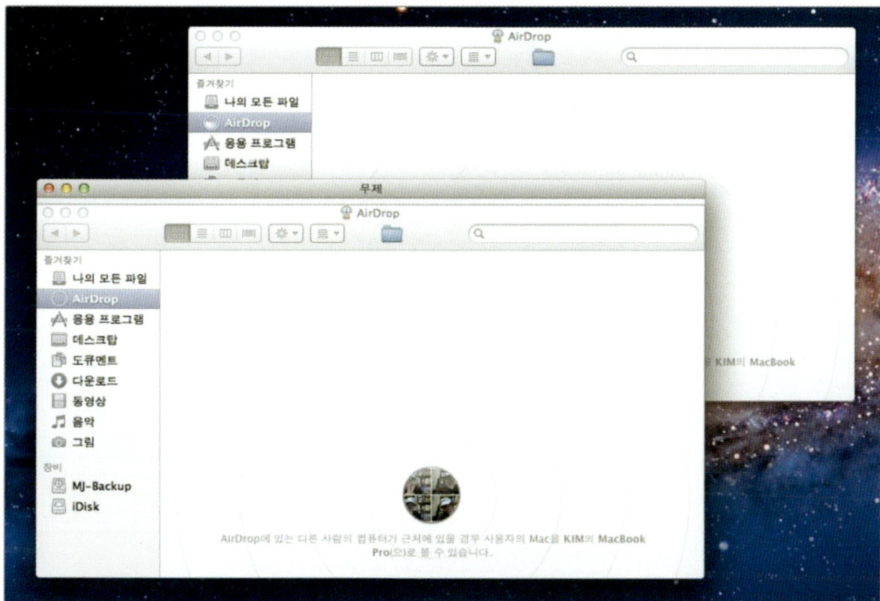

④ 캡처된 이미지가 "무제"라는 창 이름으로 생성된다. 여기서 저장하려면 메뉴바에서 [파일] → [저장]을 선택하여 이름을 입력하고 저장한다. 저장되는 이미지 파일 포맷은 TIFF이다.

Finder 파일 편집 보기 이동 윈도우 도움말

PART

4

OS X Lion 확장하기

iLife'11에 속해 있는 iPhoto, iMovie, GarageBand, iDVD와 윈도우7을 가상머신으로 활용할 수 있는 Parallels Desktop을 사용하는 방법에 대해서 정리해 보았다.

다만, iLife'11만 다루어도 책 한 권 정도의 분량이기 때문에 기본적인 사용방법 위주로 설명하였으며, 보다 자세한 활용방법은 다른 활용서적을 참고해 주시길 바란다.

CHAPTER 38

iPhoto 사용하기

iPhoto는 디지털카메라나 아이폰, 아이패드로 촬영한 사진을 가져와서 관리하고 편집하는 도구이다. 이 프로그램을 이용해서 디지털카메라로 촬영한 사진을 어떻게 관리하고 사용하는지 알아보자.

38-1 | iPhoto 실행하기

iPhoto는 iLife'11의 패키지 중 한가지 프로그램으로, 원래는 별도로 설치해야 하지만 최근에는 Mac을 구입하면 기본적으로 OS X Lion과 같이 설치되어 있다.

① 응용 프로그램 폴더에서 [iPhoto]를 탭한다.

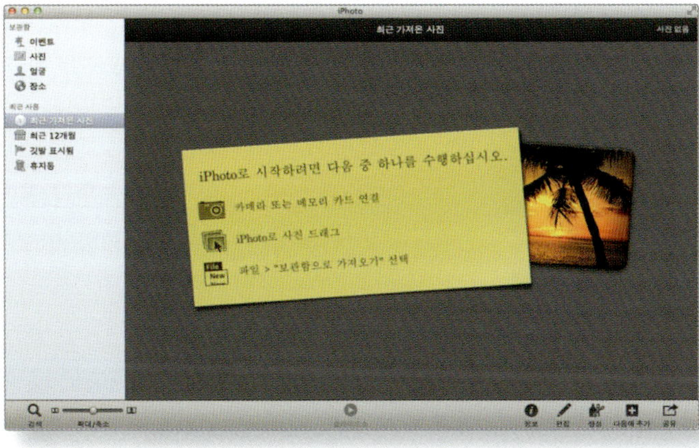

② iPhoto를 처음 실행하면 도움말 화면이 나오고, 이를 닫으면 디지털카메라 사용 시 iPhoto를 사용할 것인지 물어본다. 이런 물음에 대해서는 모두 [예] 버튼을 탭하자.

38-2 | 디지털카메라로 촬영한 사진 가져오기

OS X Lion에 디지털카메라, 아이폰 등을 USB 케이블 등으로 연결하면 iPhoto로 사진들이 자동 로드되어 보여진다.

보여진 상태에서 어떻게 OS X Lion으로 사진을 가져오는지 알아보자.

① 디지딜카메라를 Mac 기기에 연결하면 iPhoto 화면에 읽혀진 사진들이 보여진다.

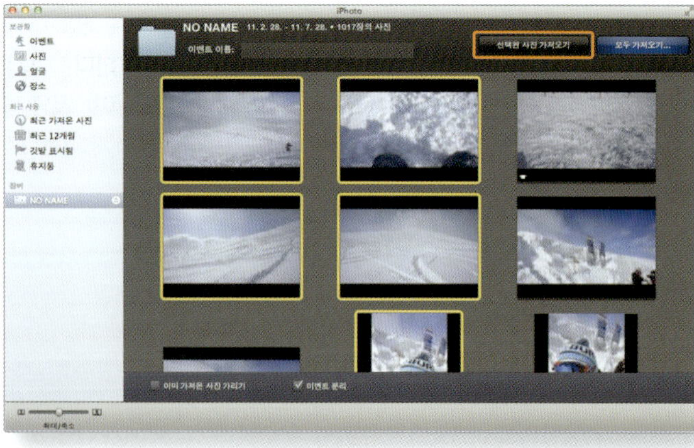

❷ 로드된 사진들 중 일부 사진만 선택하여 가져오려면 [Command] 키를 누른 상태에서 가져올 사진들을 선택한다.

모두 선택되었다면 상단에 있는 [선택된 사진 가져오기] 버튼을 탭한다.

❸ 선택한 사진들이 Mac으로 옮겨진다.

❹ 만약 해당 사진들에게 이벤트명을 지정하고 싶다면 화면 상단에 있는 [이벤트 이름:] 항목에 이름을 입력한다.

되도록이면 사진별로 구분하기 위해 이벤트명을 입력하기 바란다.

❺ 전송이 완료되면 카메라에 있는 사진을 지울 것인지를 물어본다. 디지털카메라에 저장된 사진이 필요가 없다면 [사진 삭제] 버튼을 탭하여 마무리하자.

38-3 | Facebook 계정 등록하기

iPhoto를 사용하면서 특정 서비스에 사진을 올리고 싶은 경우가 있다. 그런 경우를 대비해서 사이트 계정을 미리 등록해 두는 방법을 소개한다.

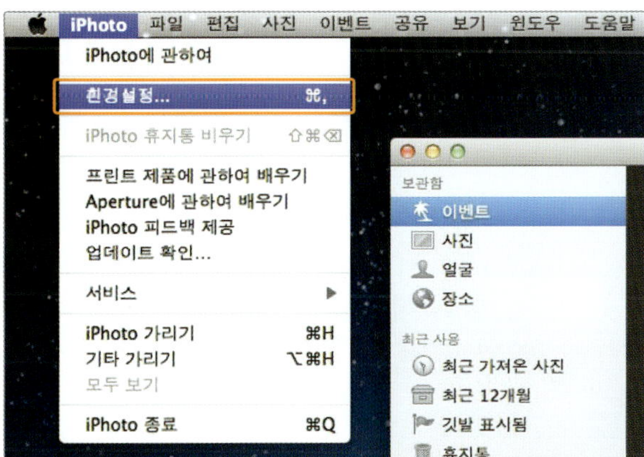

❶ iPhoto 메뉴바에서 [iPhoto] → [환경설정...]을 탭한다.

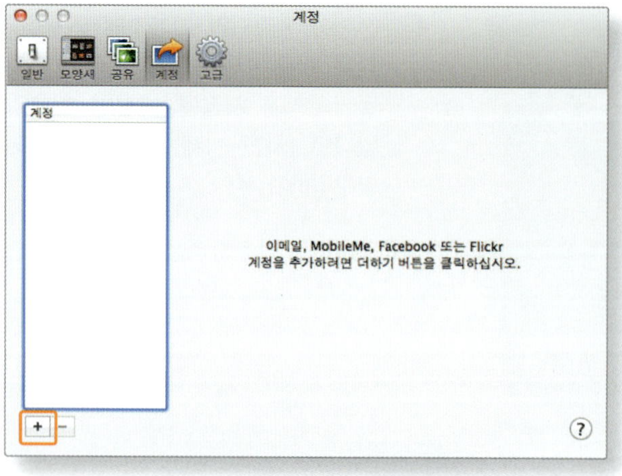

② 환경설정에서 [계정] 탭을 선택하고 계정 목록 하단에 있는 [+] 버튼을 탭하자.

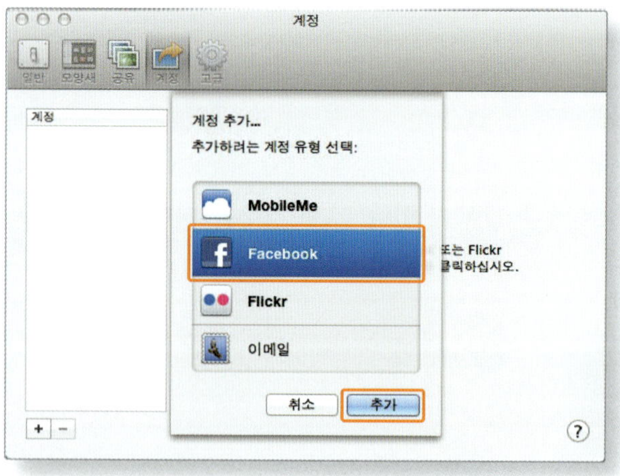

③ "계정 추가"창이 나오면, [Facebook]을 선택하고 [추가] 버튼을 탭한다.

④ 사용 중인 Facebook 계정의 이메일과 암호를 입력하고 [로그인] 버튼을 탭한다.

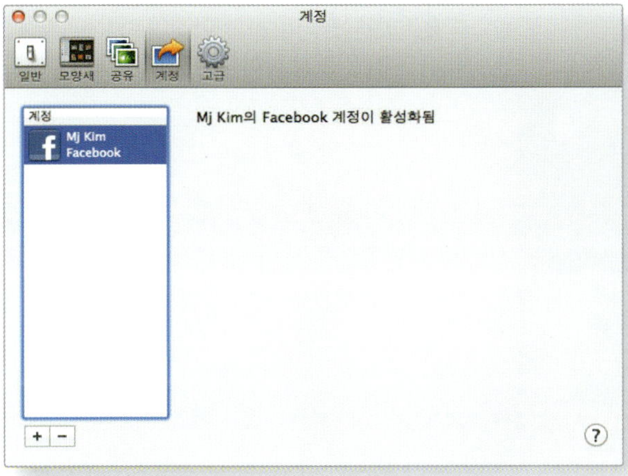

⑤ 로그인이 정상적으로 이루어지면 "XXXX의 Facebook 계정이 활성화됨"이라고 표시된다.

이렇게 계정을 등록해 두면 iPhoto에 있는 사진 중 Facebook에 올리고 싶은 사진을 간단하게 올릴 수 있다.

38-4 | 이벤트명 추가하기

디지털카메라나 아이폰, 아이패드에서 가져온 사진들의 이벤트명은 일단 무제로 설정되어 저장되기 때문에 주제에 따라 이벤트명을 변경해야 한다.

① 좌측 보관함에서 [이벤트]를 선택하고 가져온 사진의 이벤트 목록 중에서 변경할 것을 선택한다.

② 선택한 이벤트 아래에 있는 [정보] 버튼을 탭한다.

③ 어기서는 "무제 이벤트"명에서 "니세코 3월 5일"로 변경하였다.

38-5 | 이벤트를 앨범으로 만들기

이벤트로 묶어 놓은 사진들을 앨범 단위로 사용하고 싶은 경우가 있다. 이런 경우에 앨범을 어떻게 만드는지 알아보자.

① 이벤트를 선택하고 우측 하단 메뉴 중에서 [생성] 버튼을 탭하고 [앨범]을 선택한다.

② 좌측 사이드바에서 앨범 항목에 [무제 앨범]명으로 생성된다.

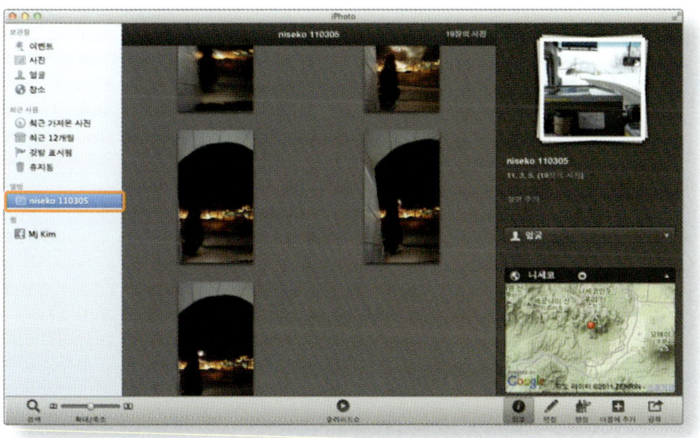

③ 만들고 싶은 앨범명으로 변경한다.

38-6 | Facebook에 사진 올리기

사진 중에서 Facebook에 공개하고 싶은 사진이 있을 때 바로 올리는 방법을 소개한다.

① 사진을 선택하고 우측 하단에 있는 [공유] 버튼을 선택하고 [Facebook]을 탭한다.

② Facebook의 기존 앨범에 사진을 넣고 싶다면 기존 앨범을 선택하고, 새 앨범을 만들어서 저장하고 싶다면 [새로운 앨범]을 탭한다.

③ [앨범 이름]을 다시 확인하고 [사진을 볼 수 있는 대상]을 선택한다. 여기서는 [모두]로 선택하고 [발행] 버튼을 탭하였다. 볼 수 있는 권한에 대해서는 상황에 따라 알맞게 설정하기 바란다.

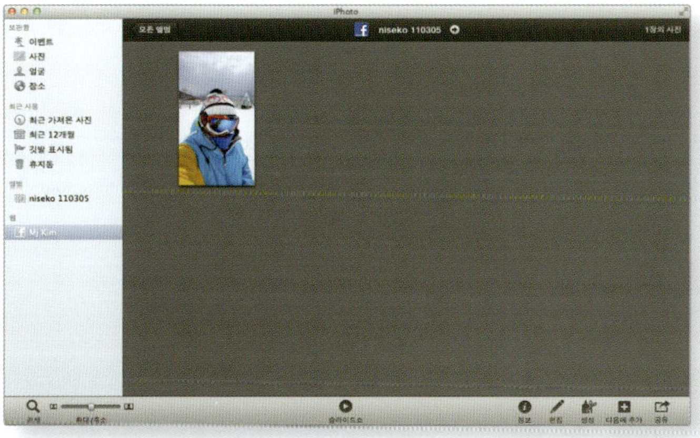

④ 업로드가 완료되면 해당 사진이 화면에 보여진다.

38-7 | 장소로 묶여진 사진 확인하기

최근 디지털카메라나 아이폰, 아이패드로 사진을 촬영하면 GPS 정보가 남는다. 이를 바탕으로 장소라는 보관함을 통해 사진을 정리할 수 있다.

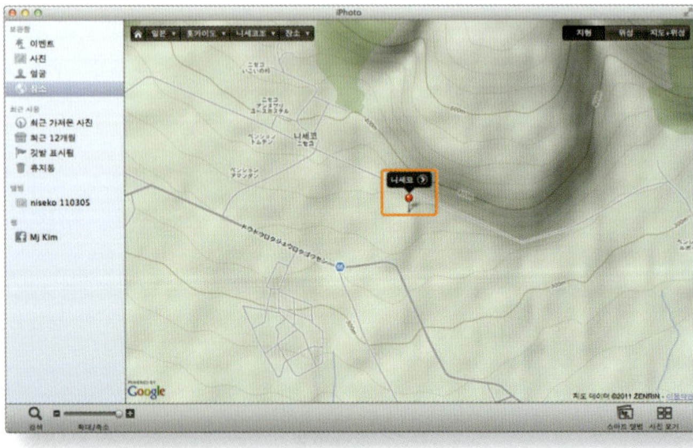

❶ 이벤트로 묶여진 사진이 있는 상태에서 좌측 사이드바의 보관함의 [장소]를 선택하면 오른쪽에 구글 지도를 기반으로 사진이 촬영된 지역이 나온다.

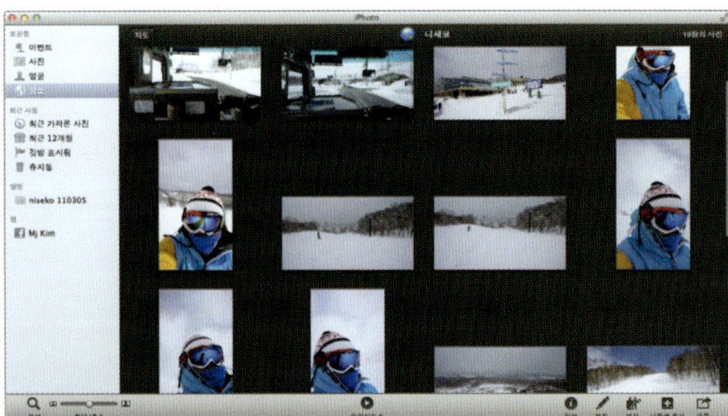

❷ 지역을 탭하면 관련 장소로 묶여져 있는 사진들이 나온다.

38-8 | 사진 편집하기

iPhoto는 사진을 간단하게 수정하거나 효과를 줄 수 있는 기능을 제공한다. 간단하게 수정하는 기능과 효과 등을 적용하는 방법을 알아보자.

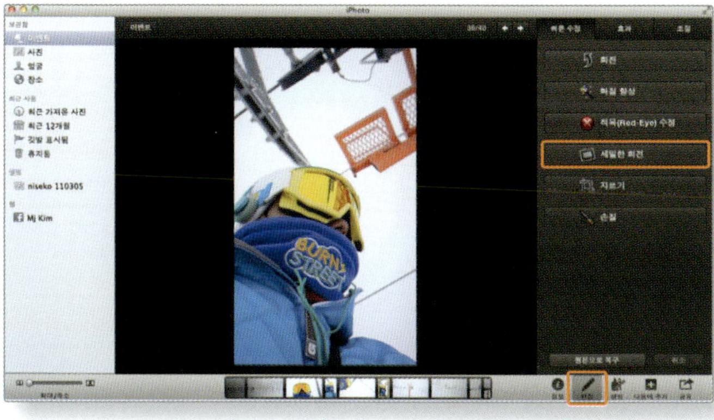

❶ 사진을 선택하고 우측 하단에 있는 [편집] 버튼을 선택하고, 예로서 [세밀한 회전]을 탭해 보자.

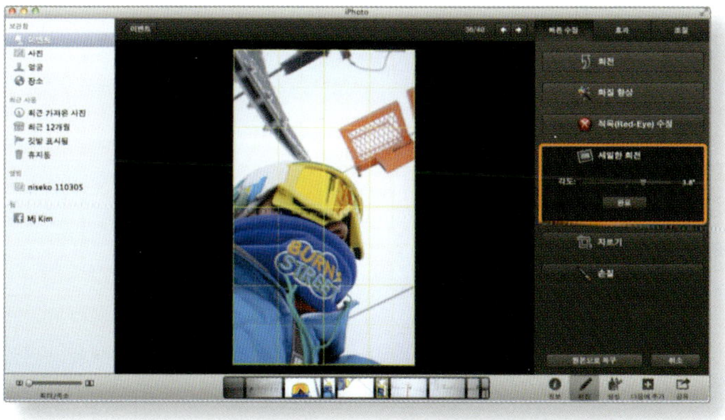

❷ "세밀한 회전"은 약간 사진의 각도를 조절하는 것으로, 드래그하여 원하는 각도로 조절하고 [완료] 버튼을 탭한다.

그 외에 회전, 화질 향상, 적목 수정, 자르기, 손질 기능이 있다.

❸ 다음으로 [효과] 탭을 선택하고 몇 가지 효과를 적용해 보자.

예로 비네트와 부스트를 적용해 보았다.

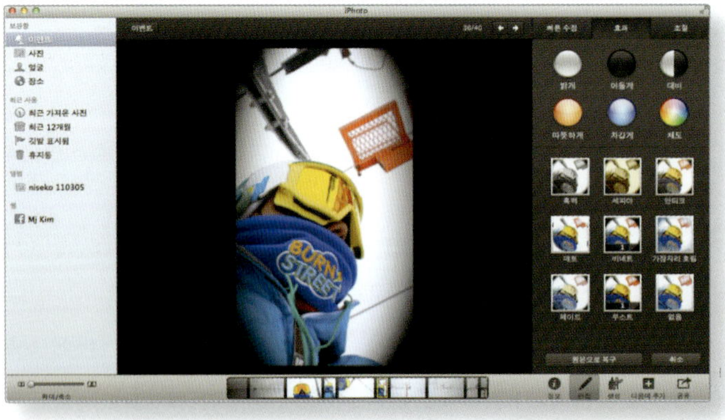

④ 바로 효과가 적용된다. 이전 사진과 확연히 느낌이 다른 사진이 나왔다.

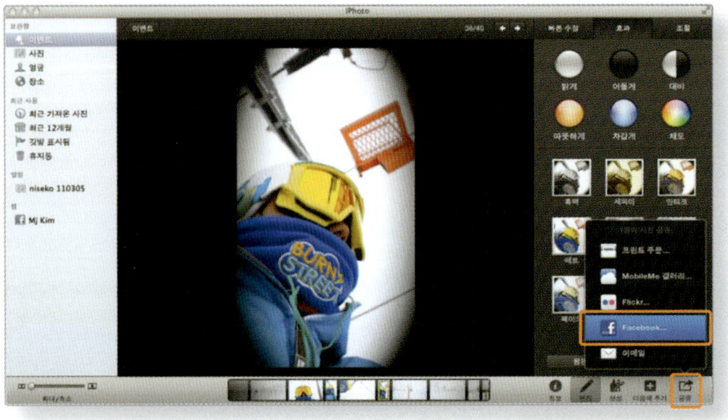

⑤ 바로 수정한 사진도 [공유]를 선택하고 [Facebook]을 탭하면 수정된 사진으로 바로 업로드가 된다.

38-9 | 사진에 장소 설정하기

사진에 직접 장소를 설정할 수도 있다.

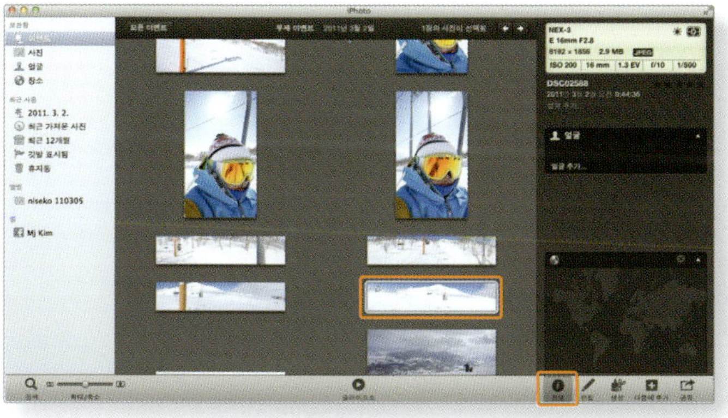

① 사진 목록에서 사진을 선택하고 [정보] 버튼을 탭한다.

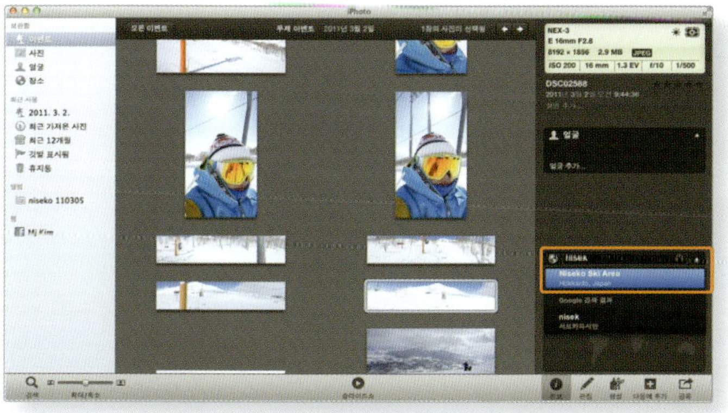

② 지구본 모양이 있는 입력박스에 장소명을 입력한다. 한글도 가능하지만 되도록 영문으로 입력하자.

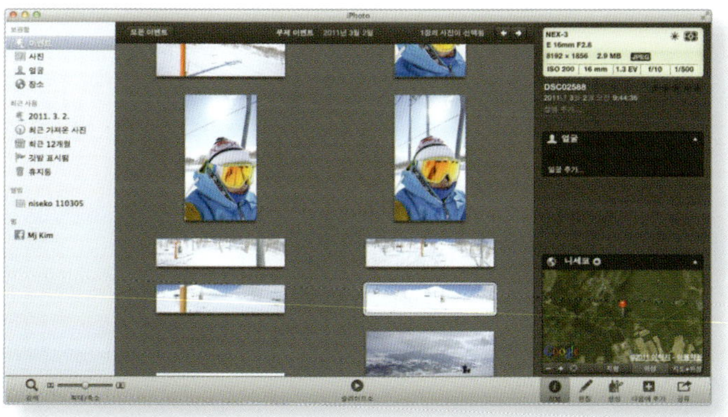

③ 검색된 지역이 확인되면 바로 구글 지도가 보여지고, 지도가 보여지는 형태는 지형, 위성, 지도+위성 중에서 선택할 수 있다.

검색된 지역을 선택하면 바로 해당 지역이 저장되므로 별도로 저장을 할 필요는 없다.

38-10 | 빈 앨범/스마트 앨범 만들기

앨범은 크게 빈 앨범, 스마트 앨범이 있다. 이 두 가지를 만드는 방법을 알아보자.

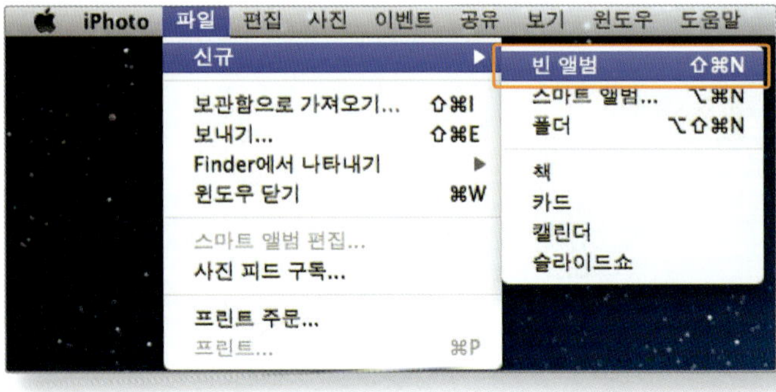

① iPhoto 메뉴바에서 [파일] → [신규] → [빈 앨범]을 선택한다.

② 좌측 사이드바의 앨범에 추가한 앨범이 나오면 앨범명을 변경하고 필요한 사진을 드래그하면 사진 앨범이 구성된다.

③ 스마트 앨범은 iTunes의 스마트 재생 목록처럼 기존 앨범에 속해 있는 사진들의 속성을 가지고 가상으로 만들어주는 폴더 개념으로서 [파일] → [신규] → [스마트 앨범...]을 선택해 보자.

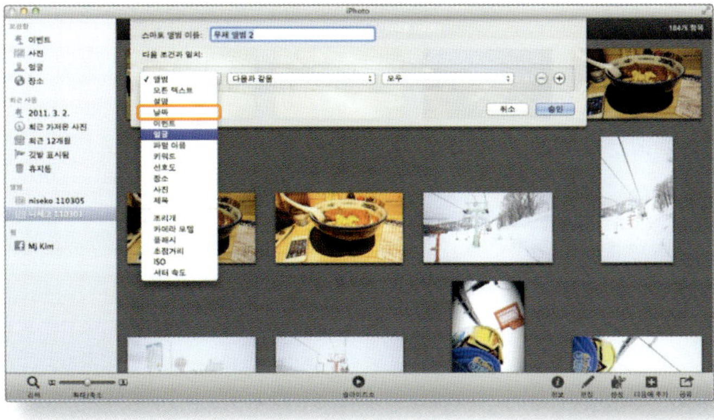

④ 스마트 앨범 속성창이 나오면 우선 [날짜] 조건으로 변경한다. 이 속성에는 사진 속성(조리개, ISO 등)을 다양하게 조합할 수 있다.

⑤ 날짜 조건이기 때문에 날짜 정보를 입력하고 [승인] 버튼을 탭한다. 이렇게 날짜로 묶어두면 나중에 날짜별로 쉽게 찾을 수 있어 편리하다.

⑥ 조건에 맞는 사진들이 보여진다.

38-11 | 슬라이드쇼 만들기

슬라이드쇼는 필름을 돌려서 보여주는 영사기처럼 주제에 관련 내용의 사진들을 하나로 묶어서 보여주는 기능이다. 사진 여러 개를 아이폰이나 PC에서 보여주고 싶을 때 유용하게 이용할 수 있다.

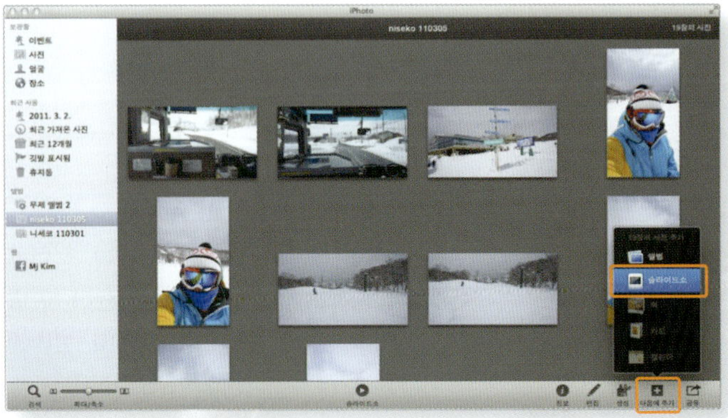

① 사진들을 선택한 상태에서 [다음에 추가] 버튼을 선택하고 [슬라이드쇼]를 탭한다.

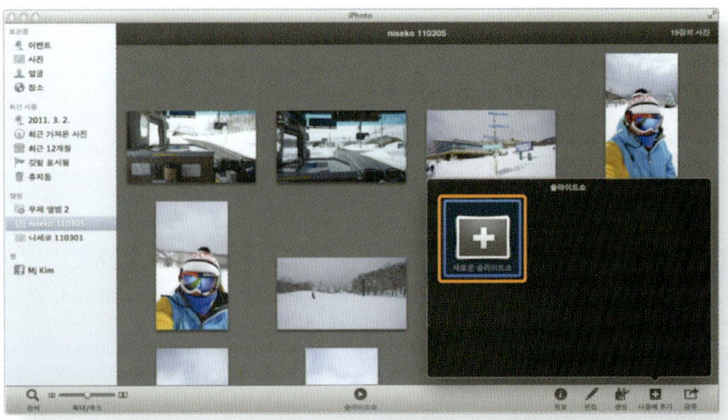

② [새로운 슬라이드쇼]를 탭한다.

③ 좌측 사이드바에 슬라이드쇼가 생성되고 메인 화면에 넣고 싶은 제목을 넣는다.

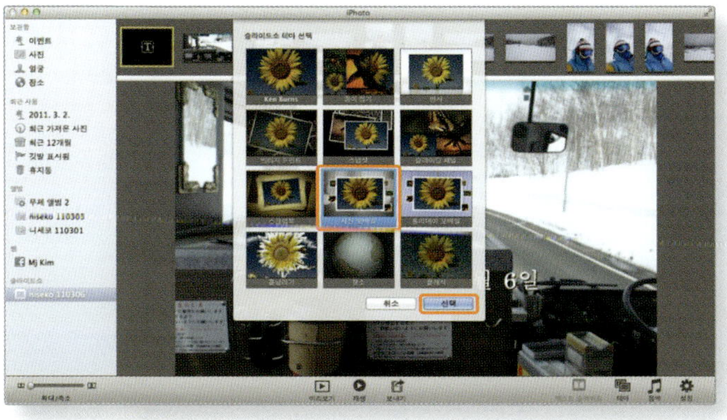

④ 슬라이드쇼 테마를 선택한다. 여기서는 예로 [사진 모바일]을 선택하였다. 테마를 선택하였다면 [선택] 버튼을 탭한다.

⑤ 선택된 테마로 슬라이드쇼가 변경되었다.

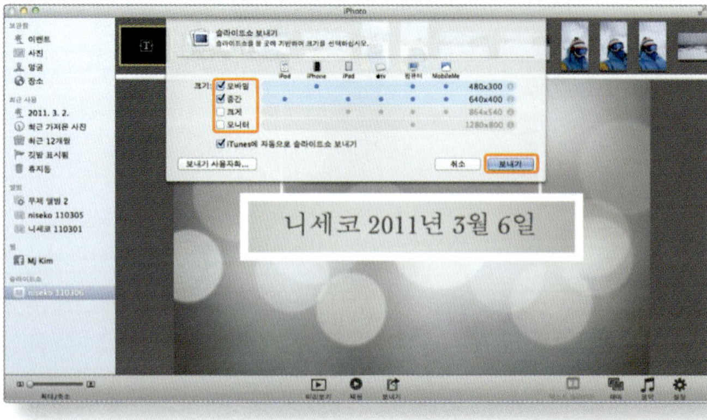

❻ "슬라이드쇼 보내기"창이 나오면 슬라이드쇼 크기를 선택한다. 여기서는 모바일과 중간만 선택하고 [보내기] 버튼을 탭하였다.

❼ 슬라이드쇼 파일이 저장될 폴더를 선택하고 [승인] 버튼을 탭한다.

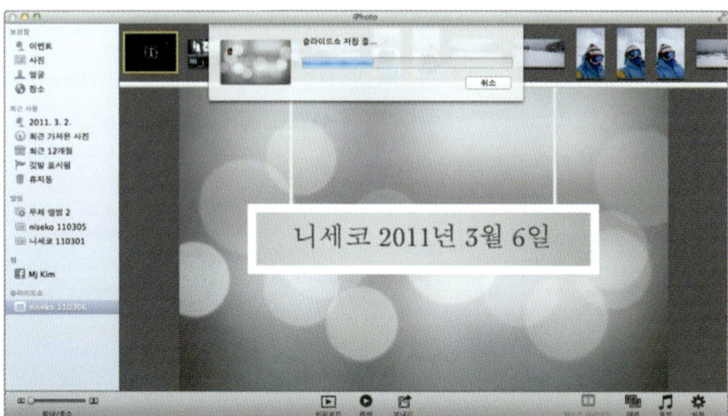

❽ 저장이 완료되면 슬라이드쇼를 만드는 작업이 마무리된다.

38-12 | 사진 스트림 사용하기

사진 스트림은 iCloud 서비스로서, 아이폰 및 아이패드로 촬영한 사진을 사진 스트림을 켜놓으면 사진이 동기화되어 OS X Lion에서도 동일하게 볼 수 있다.

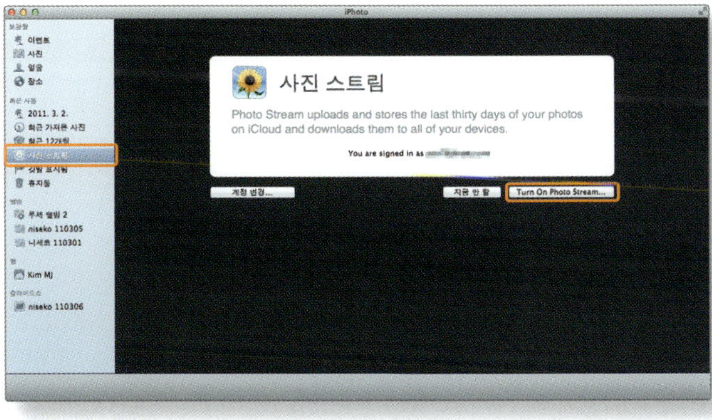

❶ 좌측 사이드바의 "최근 사용"항목에서 [사진 스트림]을 선택하고 [사진 스트림 켜기] 버튼을 탭한다.

또는 시스템 환경설정의 [iCloud]의 공유 항목 중 [사진 스트림]을 체크해도 된다.

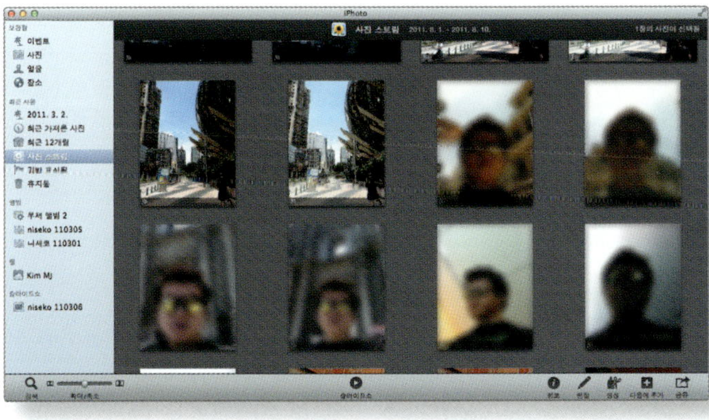

❷ 필자는 iSO 5기반의 아이폰4에서 촬영한 사진이 바로 iCloud 서비스를 통해 동기화되어 보여진다.

즉, 아이폰에서 촬영한 사진을 바로 OS X Lion에서 이용할 수 있다는 장점이 있다.

※ iPhoto'11 9.2 버전에서 제공되는 기능이며, 환경설정의 [사진 스트림]에서 자동 업로드 등의 설정을 변경할 수 있다.

CHAPTER 39

iMovie 사용하기

iMovie는 디지털카메라, 캠코더 및 아이폰, 아이패드로 촬영한 동영상을 관리하고 편집하는 도구이다. 누구나 쉽고 간단하게 만들 수 있고 다양한 효과를 줄 수 있어 홈비디오를 만드는 분들에게 추천하는 프로그램이다. 사실 이 도구에 대해 상세히 설명하다 보면 책 한 권으로도 부족하기 때문에 간단하게 중요한 몇 가지 기능만 설명하도록 하겠다.

39-1 | iMovie 실행하기

iMovie 역시 응용 프로그램에 포함되어 있다. 이를 실행해 보자.

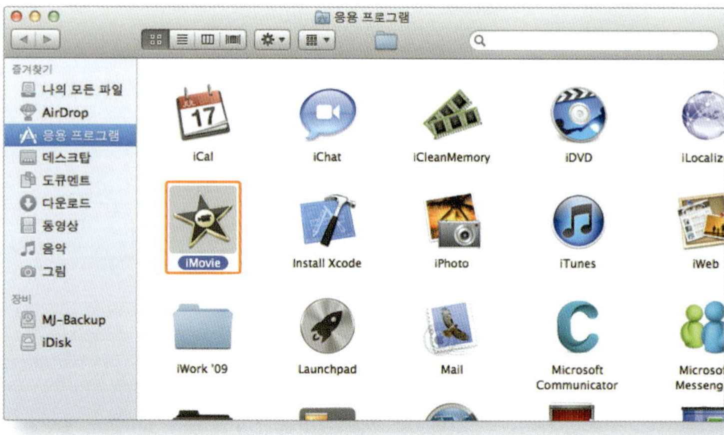

응용 프로그램 폴더에 있는 [iMovie] 프로그램을 탭한다.

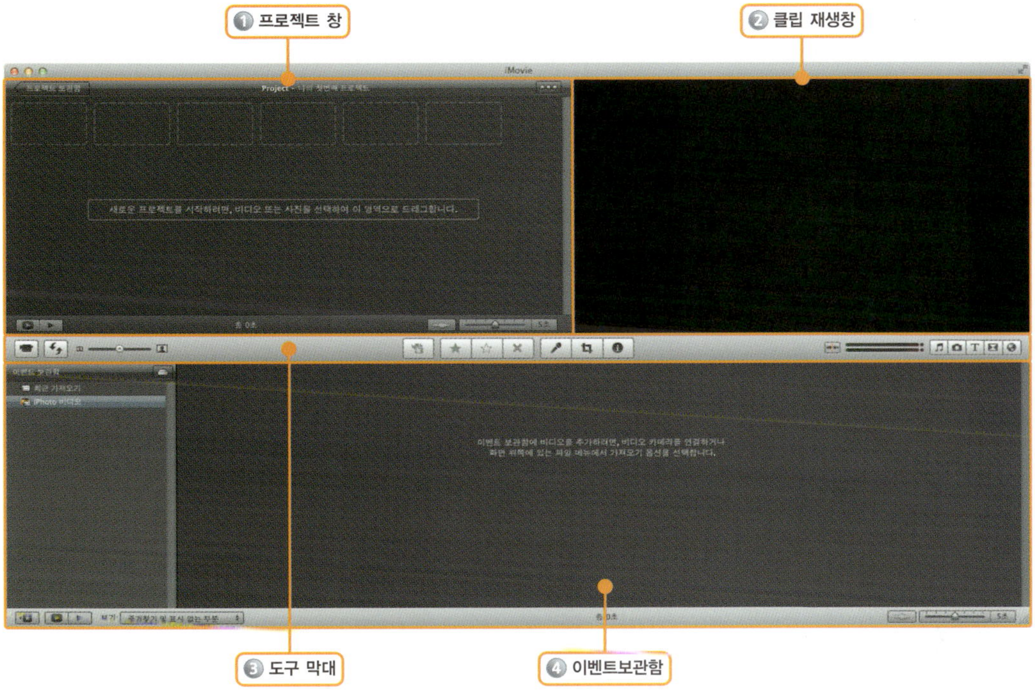

① **프로젝트창:** 동영상 클립 및 이벤트를 추가한 영상 파일을 모두 모아두고 관리하는 창이다.

② **클립 재생창:** 동영상 클립 등을 선택하여 해당 위치를 재생하거나 만들어진 프로젝트 영상을 재생할 때 이용한다.

③ **도구 막대:** 영상 파일을 편집하거나 이벤트 처리할 때 이용하는 도구 버튼들이 배치되어 있다.

④ **이벤트보관함:** 동영상 클립이나 영상효과 등을 선택할 수 있는 창이다.

39-2 | 동영상 클립 추가하기

기본적으로 iMovie를 실행하면 프로젝트가 하나 열린 상태로 실행된다. 여기에 동영상 클립을 가져와서 추가해 보자.

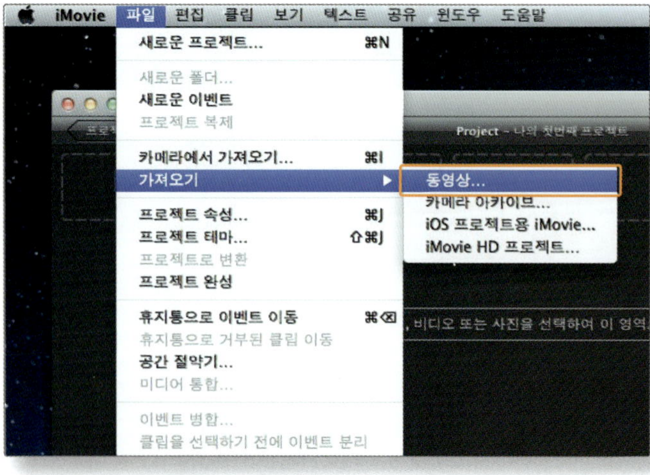

❶ 메뉴바에서 [파일] → [가져오기] → [동영상...]을 선택한다.

또는 아이폰으로 촬영하고 iMovie(아이폰용)로 만든 영상이 있다면 그것을 그대로 이용할 수도 있다.

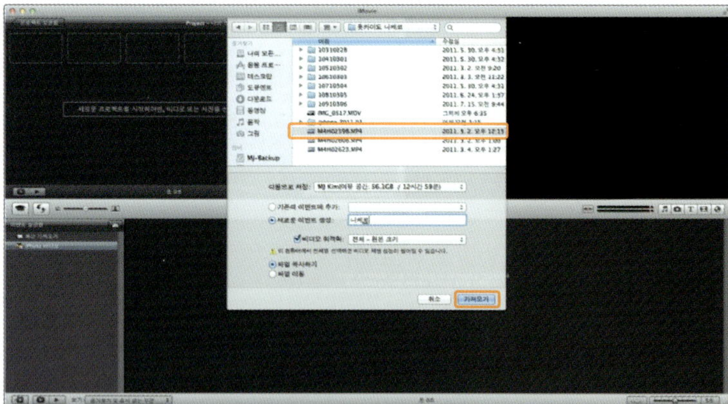

❷ 사용할 동영상을 선택하고 [가져오기] 버튼을 탭한다.

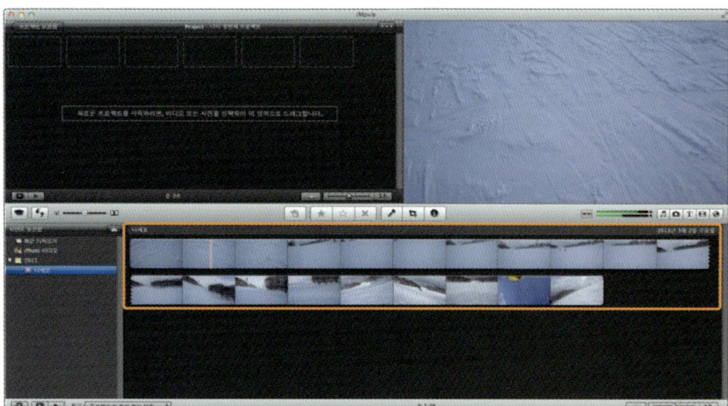

❸ 동영상이 로드되어 보여진다.

만약 캠코더를 사용한다면 OS X Lion에 연결한 상태에서 도구 막대 처음에 있는 [버튼 아이콘] 버튼을 탭하여 동영상을 가져올 수 있다.

39-3 | 테마 추가하기

iMovie는 다양한 테마를 제공한다. 이 중에서 영상 컨셉에 맞는 것을 선택해서 영상을 꾸며보자.

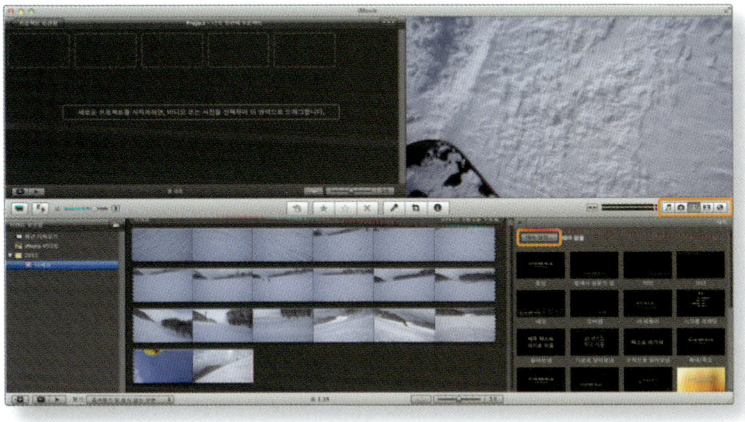

① [제목 브라우저 보거나 가리기] 버튼을 선택하고 [테마 설정] 버튼을 탭한다.

② [스포츠] 테마를 선택하고 [승인] 버튼을 탭한다.

③ 테마를 프로젝트창에 추가하고 동영상 클립을 드래그하여 배치해 보자.

39-4 | 테마 제목 넣기

영상 클립에 테마를 적용할 때 텍스트 제목을 넣는 방법을 알아보자.

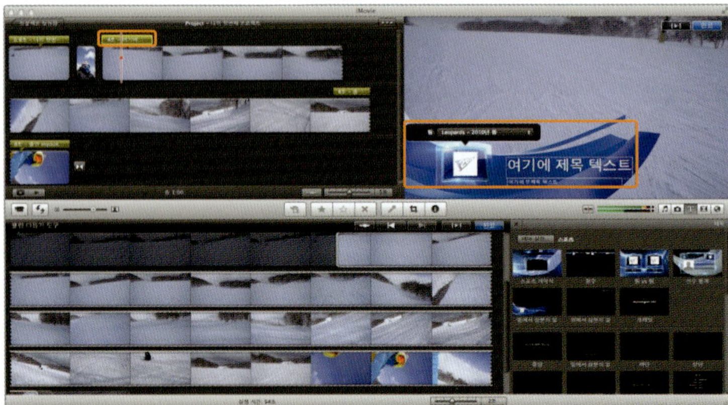

① 프로젝트창에 테마를 추가하면 동영상 클립 위로 텍스트로 표기된 부분을 탭하여 제목 등을 넣을 수 있다.

제목 등은 우측 클립 재생창에서 변경할 수 있다.

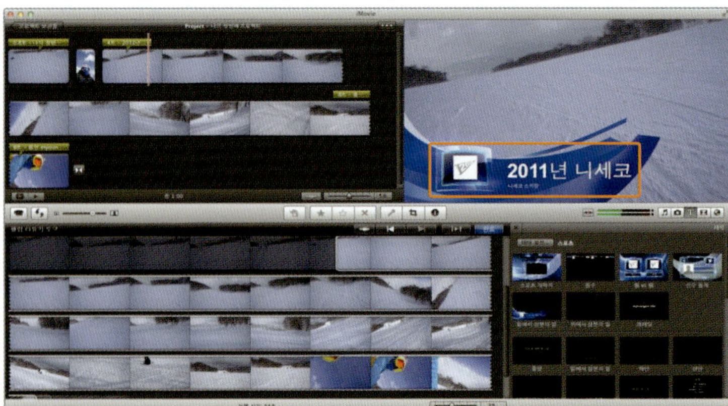

② 제목을 변경하고 [return] 키를 눌러 마무리한다.

39-5 | 새 프로젝트 만들기

동영상에 테마를 추가하여 간단하게 만들어 보자.

① iMovie 메뉴바에서 [파일] → [새로운 프로젝트...]를 선택한다.

② 테마를 선택한다. 예로 [필름 스토리]를 선택하고 [이름:]은 "여행"으로 입력하고 [생성] 버튼을 탭한다.

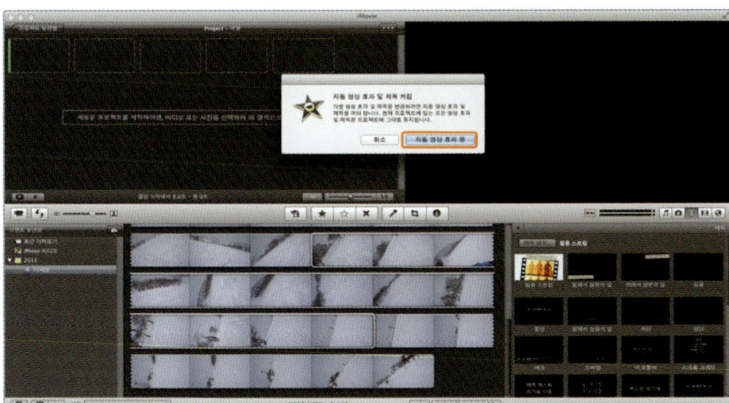

③ "자동 영상 효과 및 제목 커짐" 창이 나오면 [자동 영상 효과 끔] 버튼을 탭하자.

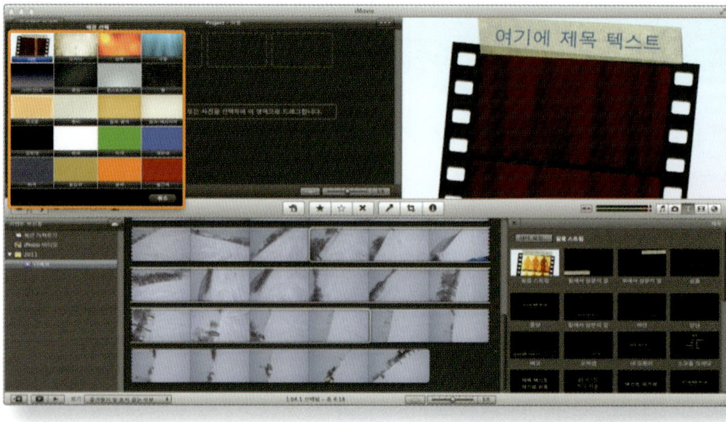

④ 테마를 드래그하여 프로젝트창에 추가하면 배경을 선택할 수 있다.

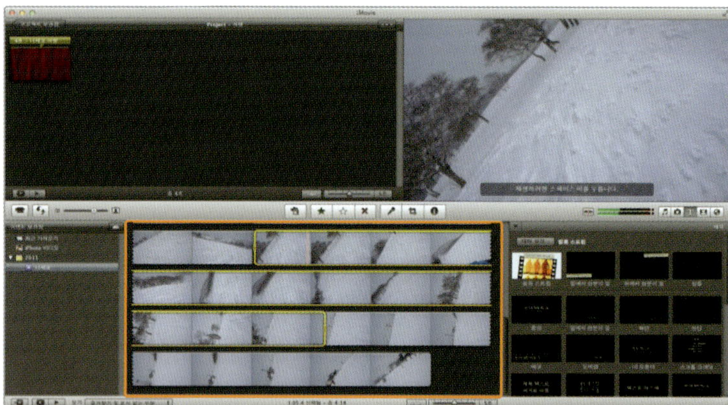

⑤ 추가한 동영상에서 사용할 구간을 드래그하여 지정한 후 프로젝트창에 잘라낸 영상을 불러와 사용한다.

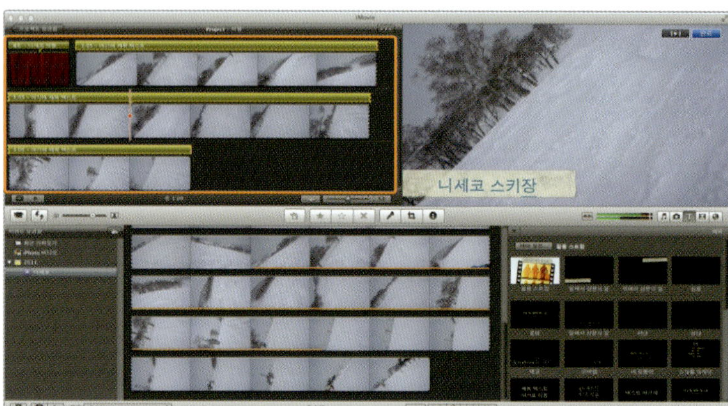

⑥ 잘라낸 동영상을 프로젝트창에 드래그하여 배치한다.

취향에 따라 다양한 테마나 속성을 사용하길 바란다.

39-6 | 편집한 동영상 저장하기

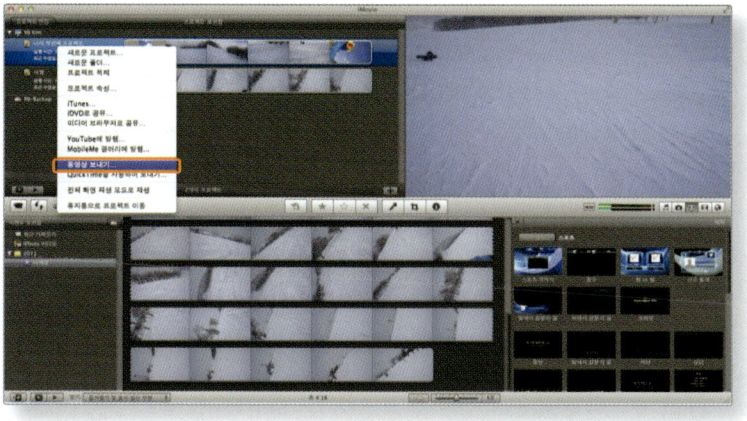

① 편집이 완료된 영상은 프로젝트 창에 있는 [프로젝트 보관함]에서 프로젝트로 만든 영상을 선택한 다음 트랙패드에 손가락 두 개로 탭하면 나오는 메뉴에서 [동영상 보내기]를 선택한다.

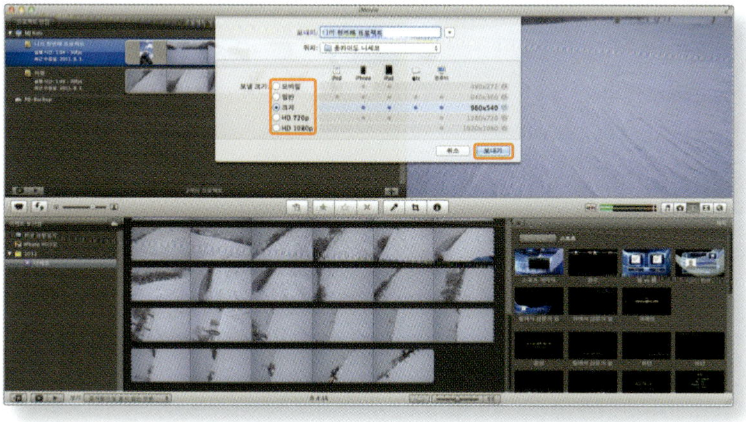

② 저장되는 크기를 선택하고 [보내기] 버튼을 탭하면 해당 위치로 저장된다.

CHAPTER 40

GarageBand 사용하기

GarageBand는 음악을 즐기기 위한 도구이다. 악기 연주법을 배우고 곡을 만들고 노래를 녹음하는 것을 하나의 프로그램으로 모두 할 수 있다. 여기서는 악기 연주법을 배우는 것까지만 소개한다. 그 이유는 작사/편곡용으로 이용하려면 관련분야의 전문지식이 필요하기 때문이다.

40-1 | GarageBand 실행하기

응용 프로그램 폴더에서 [Garage-Band]를 탭한다.

- **새로운 프로젝트:** 음악 작업을 위한 프로젝트를 만드는 것으로 다양한, 템플릿을 제공하며 이를 통해 음악 제작을 시작하게 된다.
- **연주 방법 교육:** 기본적인 기타 및 피아노 연구 강좌 소개되어 있다. 레슨 스토어를 통해 추가로 레슨을 받을 수 있다.
- **레슨 스토어:** 기타 및 피아노 레슨 관련 영상을 다운로드하여 연주 방법 교육에 추가하여 사용할 수 있다.
- **Magic GarageBand:** 다양한 장르의 음악을 몇 번의 탭만으로 쉽게 만들 수 있다.
- **iPhone 벨소리:** 아이폰용 벨소리를 제작할 수 있다.

40-2 | 프로젝트 만들기

GarageBand를 시작하기 위해 새로운 프로젝트를 만들어 보자.

① GarageBand를 실행한 상태에서 [새로운 프로젝트]를 탭하자.

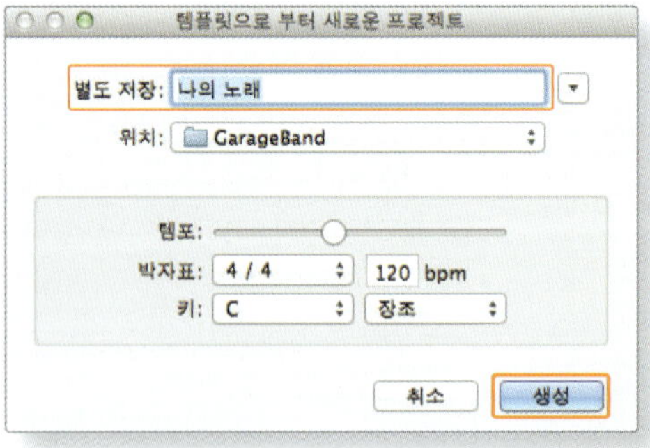

② [별도 저장:] 항목에 프로젝트명을 입력하고 박자표 등을 확인 후 [생성] 버튼을 탭한다.

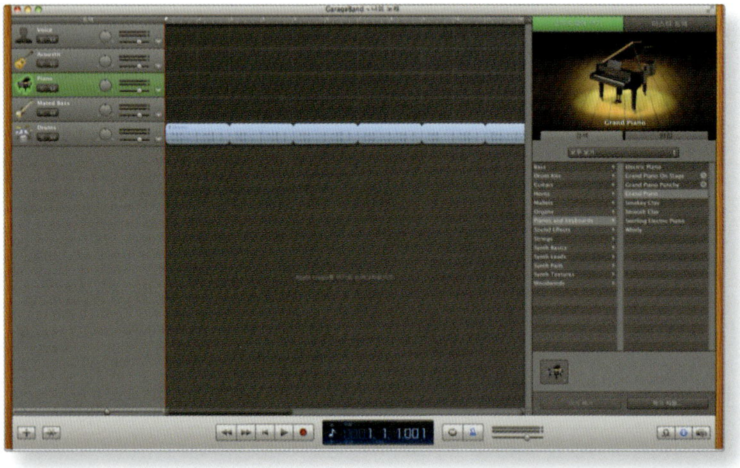

③ Voice, Acoustic, Piano, Muted Bass, Drums 5개 트랙으로 구성된 프로젝트가 만들어지고, 간단한 클립이 생성된다. 여기에 사용자가 연주한 것을 녹음하여 곡을 만든다.

40-3 | Magic GarageBand 사용하기

말 그대로 마술처럼 음악을 만들어 주는 기능으로 째즈, 락 등의 스타일을 선택하면 이에 맞는 밴드 구성을 하고 연주를 추가하여 곡을 만들어 준다.

❶ [Magic GarageBand]를 선택한다. 일단 [ROCK]을 선택하고 [선택] 버튼을 탭해 보자.

❷ 가운데 피아노가 있고 기타, 베이스, 드럼, 키보드, 멜로디로 구성되어 있다. 재생 버튼을 눌러 음악을 들어보자.

또한, 각 악기별로 사용자가 원하는 것으로 변경할 수 있다.

40-4 | 레슨 스토어 이용하기

저렴한 비용으로 유명한 뮤지션들의 악기 연주법을 배울 수 있는 서비스이다.

❶ [레슨 스토어]에서 [기타 레슨]을 탭해 보자.

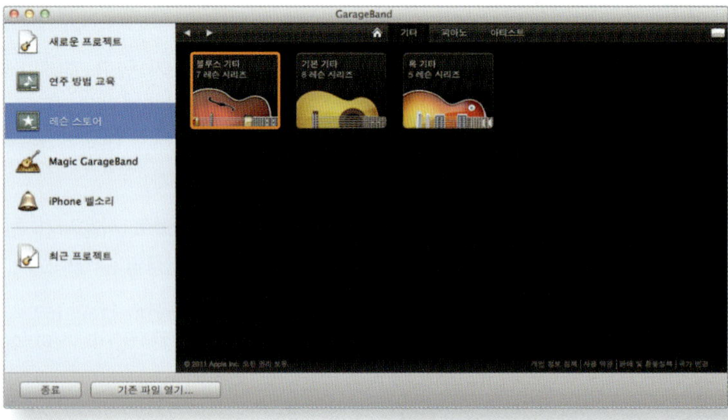

❷ 기타 레즌 시리즈가 보여진다. 여기서 원하는 것을 선택한다.

여기서는 [블루스 기타 7 레슨 시리즈]를 선택하였다.

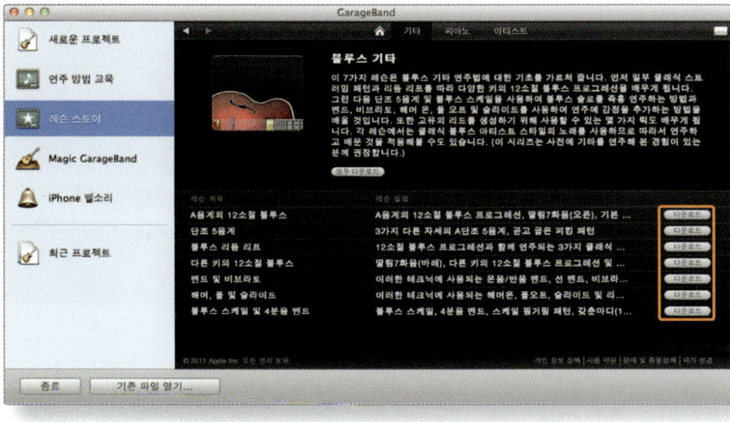

③ 각 레슨별로 [다운로드] 버튼을 탭하여 다운로드하자.

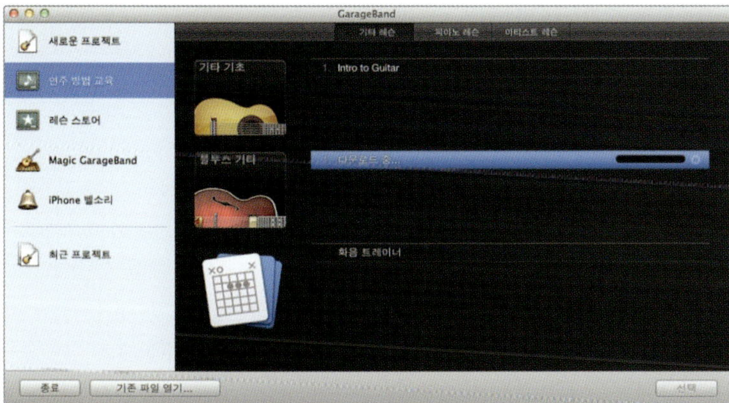

④ 선택한 자료가 다운로드된다.

⑤ 다운로드된 자료를 실행하면 각 강사가 자세히 내용을 가르쳐 주며 한글자막까지 제공한다.

CHAPTER 41

iDVD 사용하기

iPhoto로 만든 앨범, iMovie로 제작한 동영상, GarageBand로 제작한 음악을 사용하여 DVD 타이틀을 만들 때 이용한다.

최근에는 DVD 미디어보다는 USB 메모리에 소개 영상 등을 담아 제공하거나 YouTube에 영상을 올려서 사용하기 때문에 간단하게 iDVD를 소개하겠다.

그럼 앞서 제작한 영상과 사진을 이용하여 필자를 소개하는 DVD 타이틀을 만들어 보도록 하겠다.

41-1 iDVD 실행하기

iDVD도 응용 프로그램 폴더에 포함되어 있다. [iDVD]를 탭해 보자.

iDVD 프로젝트 생성을 위한 메뉴가 있는 프로그램이 나온다.

이제 이것을 가지고 DVD 타이틀을 만들어 보자.

41-2 | 새 프로젝트 만들기

새로운 프로젝트를 생성하여 간단하게 DVD 타이틀을 만들어 보자.

1. iDVD를 실행하고 [새로운 프로젝트 생성] 버튼을 탭하자.

2. "프로젝트 생성" 창이 나오면 [별도 저장:]에 프로젝트명을 입력하고, [영상비:]에서 [와이드스크린(16:9)]를 선택한 다음 [생성] 버튼을 탭한다.

③ 테마를 선택한다.

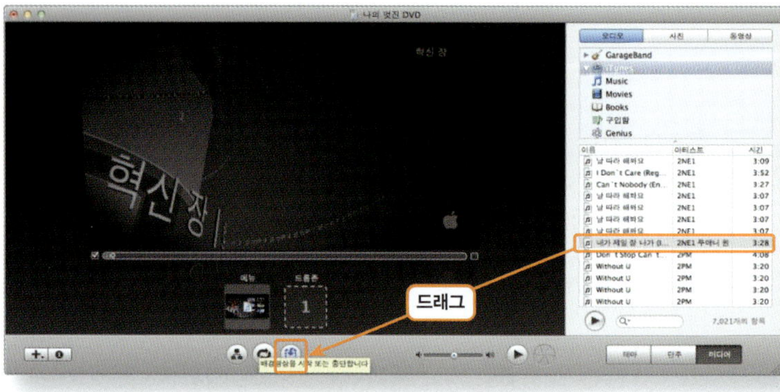

④ 드롭존을 열고 [오디오] 탭을 선택한다. iTunes에 등록되어 있는 음악을 선택하여 등록할 수 있다. 노래를 선택하고 메뉴로 드래그한다.

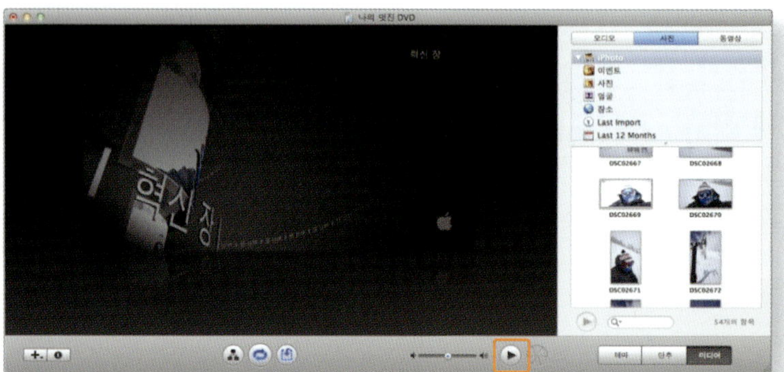

⑤ 드롭존에서 [사진] 탭을 선택하고 사진을 드래그하여 배치하면 자동으로 들어간다.

[재생] 버튼을 탭해 보자.

❻ 미리보기를 통해 만든 DVD 타이틀을 볼 수 있다.

41-3 | Magic iDVD로 간단하게 DVD 타이틀 만들기

Magic iDVD 기능을 통해 빠르고 간단하게 DVD 타이틀을 만들어 보자.

❶ iDVD를 실행하고 [Magic iDVD]를 탭하자.

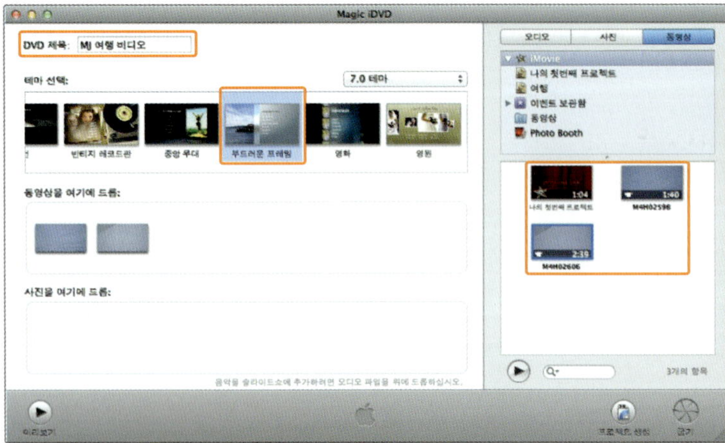

❷ [DVD 제목]을 입력하고 테마를 선택한다. 다음으로 우측에 있는 [동영상] 탭을 선택하고 DVD에 넣을 동영상을 드래그하여 "동영상을 여기에 드롭:"에 드롭한다.

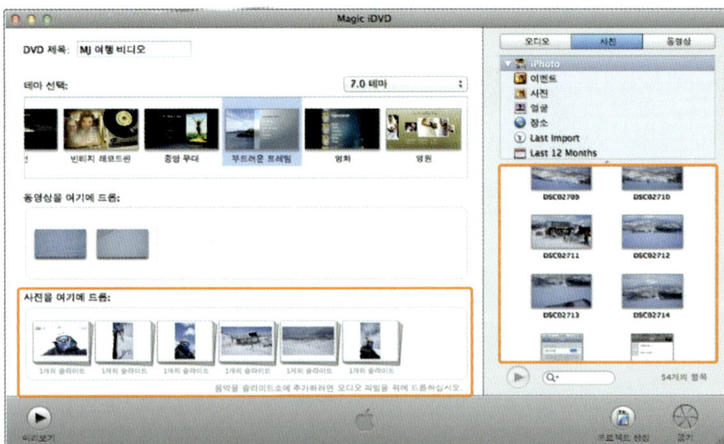

❸ [사진] 탭에서 DVD에 넣을 사진을 선택하여 드래그하고 "사진을 여기에 드롭:"에 드롭한다.

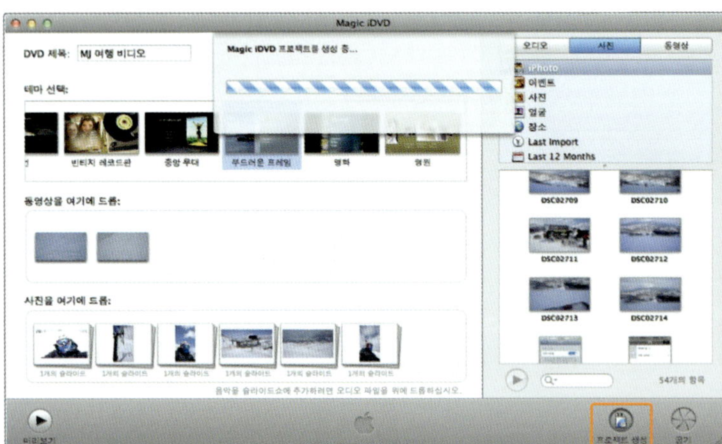

❹ 이제 프로젝트로 만들기 위해 하단에 있는 [프로젝트 생성] 버튼을 탭하여 DVD 타이틀을 만들자.

또는 [굽기] 버튼을 누르면 DVD로 바로 레코딩하여 DVD 타이틀을 만들 수 있다.

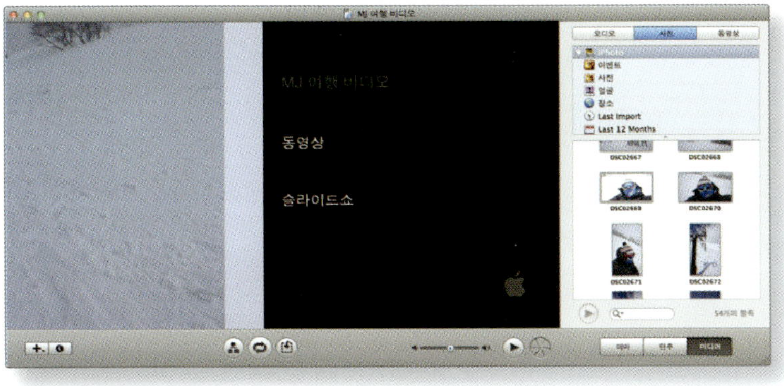

❺ 생성된 DVD 타이틀의 내용을 확인할 수 있다. 미리보기를 하려면 하단의 ▶버튼을 탭하자.

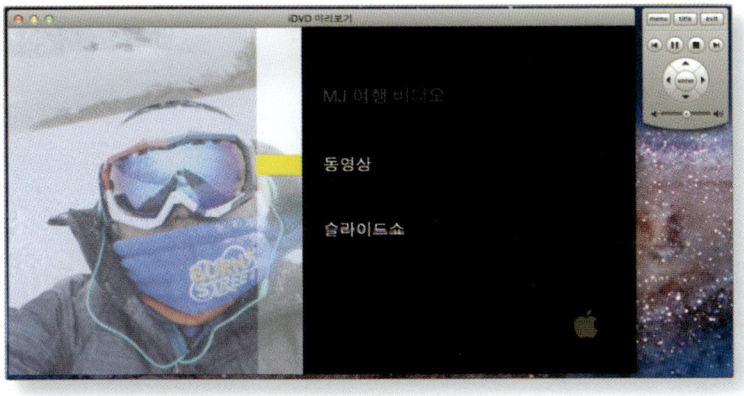

❻ iDVD 미리보기를 통해 DVD 타이틀이 제대로 실행되는지 확인하자.

쉽고 빠르게 자신만의 DVD 타이틀을 만들 수 있다.

CHAPTER 42

Parallels Desktop으로 윈도우7 사용하기

현재 윈도우 운영체제에 익숙한 사용자가 호기심과 디자인에 매료되어 Mac을 구입하면서 가장 고생하는 것이 바로 윈도우 운영체제용 프로그램을 그대로 OS X Lion에서 사용할 수 없다는 것이다. 이런 부분을 어느 정도 해소하기 위해 가상 머신 프로그램들이 나와 있는데, 그 중에서 필자가 개인적으로 추천하는 프로그램은 Parallels Desktop이다.

TIP Parallels Desktop

현재 OS X Lion을 지원하는 Parallels Desktop 버전은 7.0으로 이전 버전은 사용할 수 없다. 단, 이 프로그램은 유료버전으로 $79.99에 온라인에서 구입할 수 있으며, 국내 오프라인에서는 정식 애플 오프라인 매장인 프리스비(Frisbee)에서 구입할 수 있다.

구입 관련 정보: http://www.parallels.com/

42-1 | Parallels Desktop 7 설치하기

구입한 Parallels Desktop을 설치해 보자.

① 설치 프로그램을 실행하고 [Install]을 탭한다.

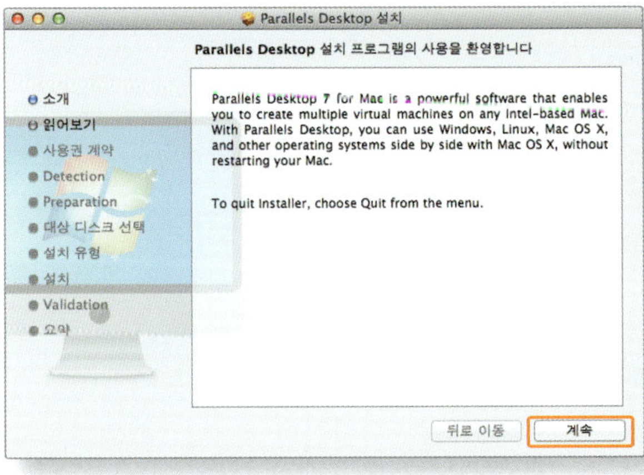

② 설치 환영 메시지창이 나오면 [계속] 버튼을 탭한다. 단, Parallels Desktop 6.0 버전이 설치되어 있으면 삭제 후 진행한다.

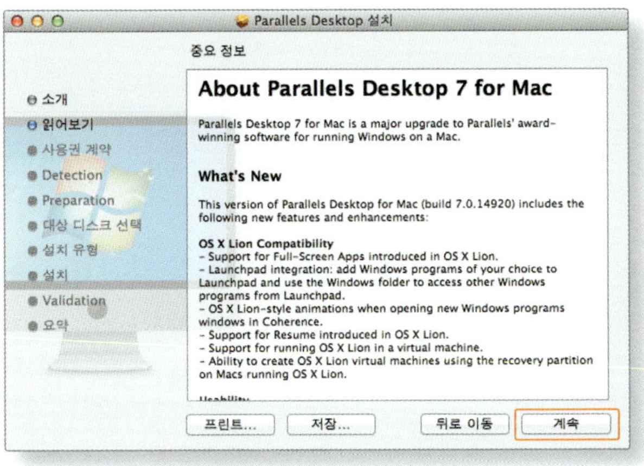

③ "중요 정보"에 대한 내용을 확인한 후 [계속] 버튼을 탭한다.

❹ "소프트웨어 사용권 계약" 내용이 나오면 [계속] 버튼을 탭한다.

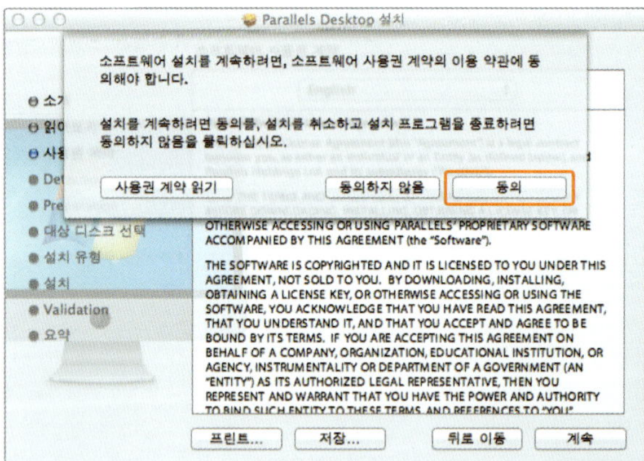

❺ 이용 약관에 동의할 것인지에 대한 확인창이 나오면 [동의] 버튼을 탭한다.

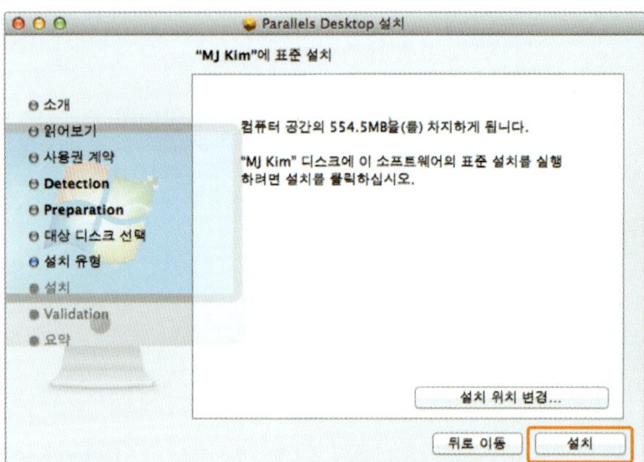

❻ 설치 공간을 확인하고 [설치] 버튼을 탭한다.

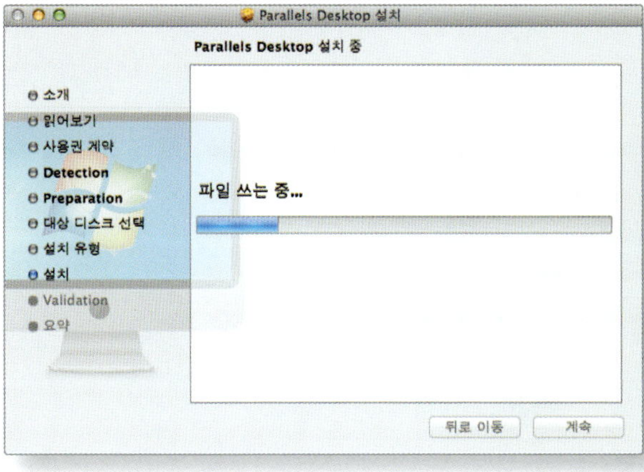

⑦ 설치가 진행된다.

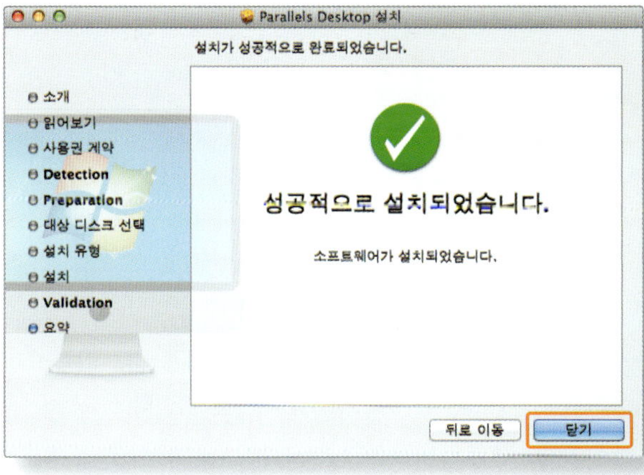

⑧ 설치가 완료되면 [닫기] 버튼을 탭한다.

42-2 | 정품 등록하기

Parallels Desktop은 무료 프로그램이 아니기 때문에 구입 시 받은 제품키를 등록해야 제대로 사용할 수 있다. 제품키를 등록하는 방법을 알아보자.

① 응용 프로그램 폴더에서 [Parallels Desktop]을 실행한다.

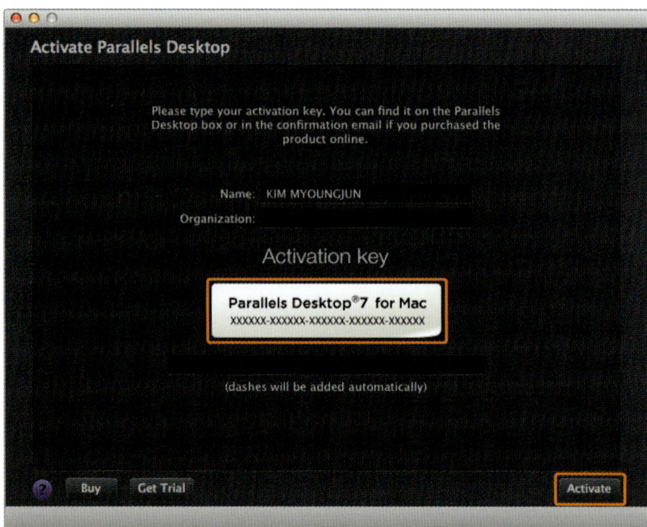

② 구입시 받은 정품 제품키를 입력하고 [Activate] 버튼을 탭한다.

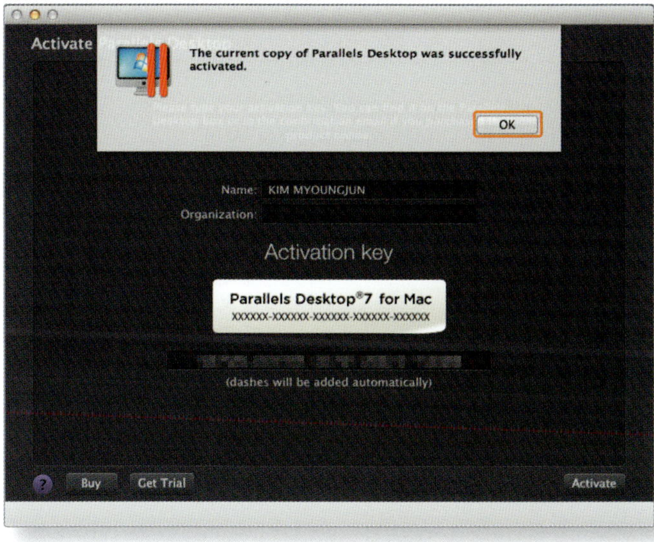

❸ 인증이 완료되면 [OK] 버튼을 탭하여 마무리 한다.

42-3 | 가상머신으로 윈도우7 설치하기

Parallels Desktop 프로그램이 설치 및 설정까지 마무리되었다면 이제 윈도우7을 가상머신으로 설치해 보자.

❶ Parallels Desktop을 실행하고 [Install Windows from DVD or image file]을 탭한다.

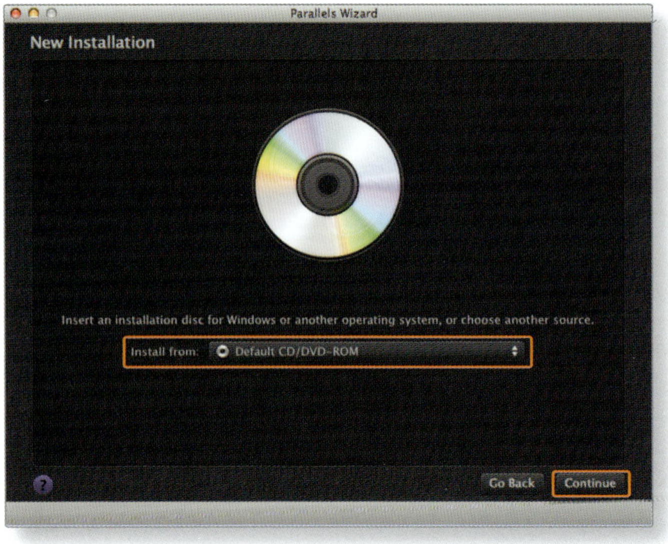

❷ [Install from:]이 기본적으로 CD/DVD-ROM으로 되어 있는데, 이것을 변경하자.

DVD로 설치하실 분들은 여기서 바로 [Continue] 버튼을 탭하자.

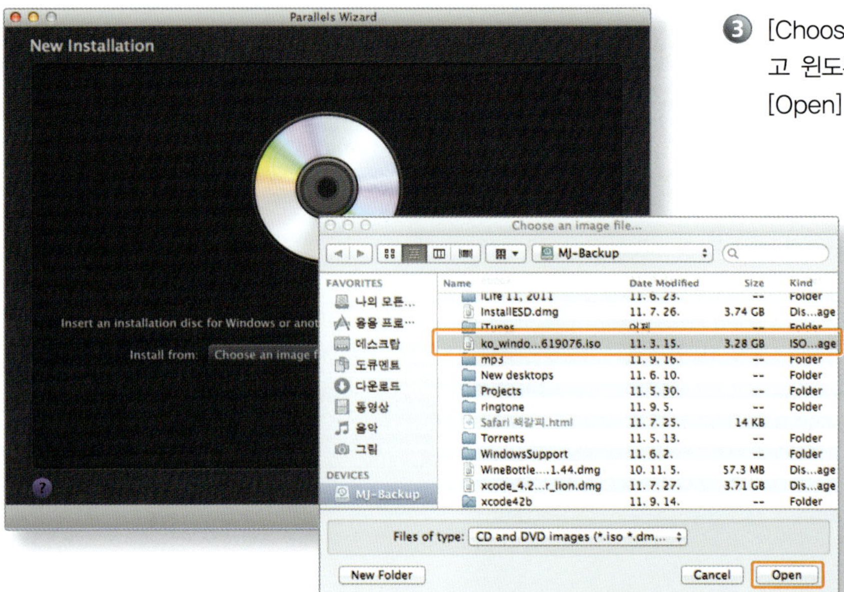

❸ [Choose an image file]을 선택하고 윈도우7 ISO 파일을 지정한 다음 [Open] 버튼을 탭한다.

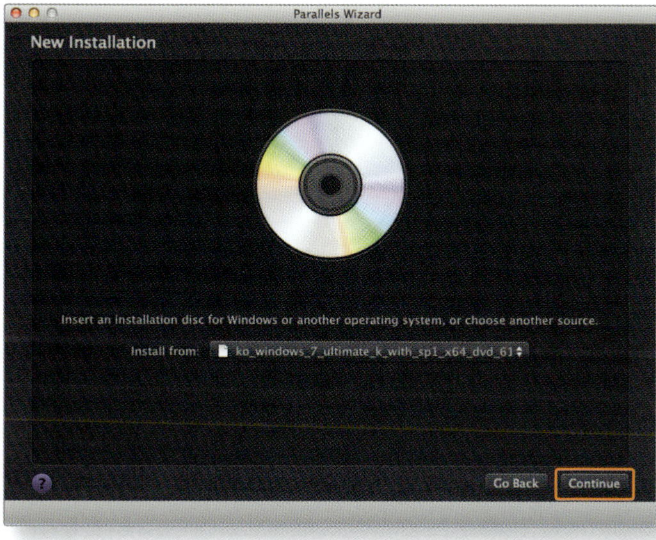

④ 설치 종류로 ISO 파일이 지정되면 [Continue] 버튼을 탭한다.

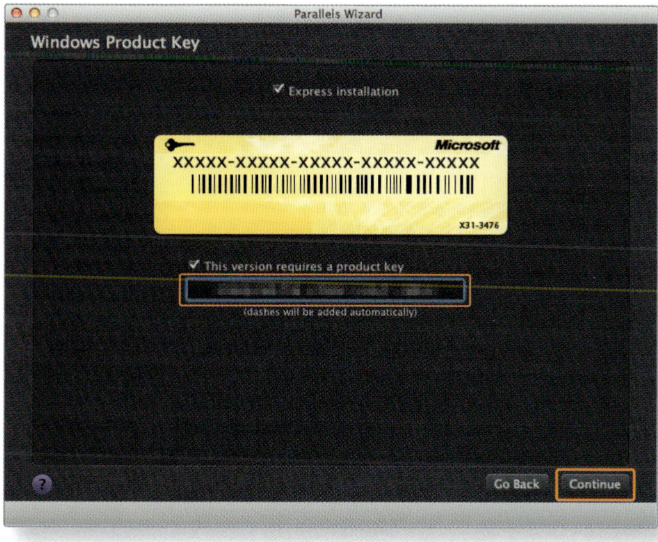

⑤ 윈도우7 제품키를 입력하고 [Continue] 버튼을 탭한다.

여기서 제품키를 입력해 두면 윈도우 7 설치 단계가 간소화되어 좀 더 빠르게 설치할 수 있다.

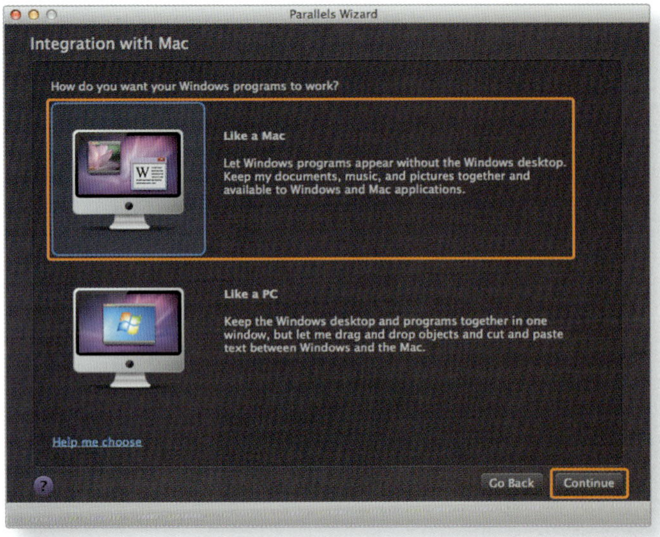

❻ "Integration with Mac"설정창이 나오면 [Like a Mac]을 선택한다. 이것을 선택하면 윈도우7 가상머신에서 실행 중인 프로그램이나 창만 데스크탑 화면에 나오게 된다. 반대로 윈도우7 바탕화면 그대로를 이용하고 싶다면 [Like a PC]를 선택하고 [Continue] 버튼을 탭한다.

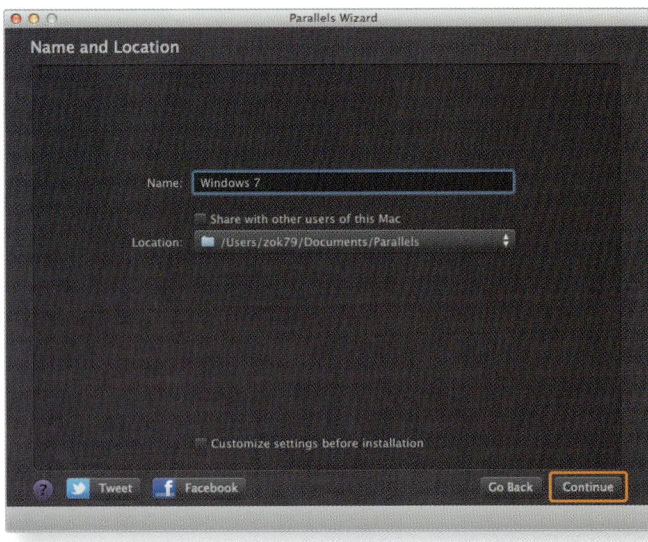

❼ 설치 이름과 경로를 확인한다. 변경할 수도 있지만 기본 설정 그대로 두고 설치를 진행하는 것을 추천한다. 확인하였다면 [Continue] 버튼을 탭한다.

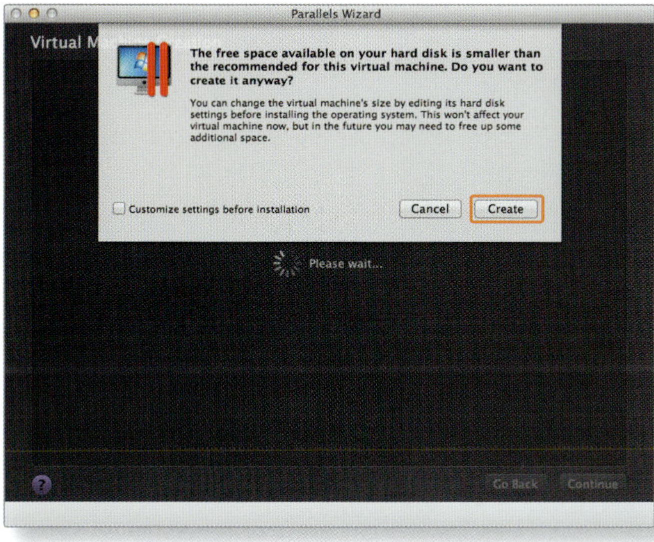

⑧ 하드디스크 공간 확보에 대한 내용이다. [Create] 버튼을 탭하여 그대로 진행하자.

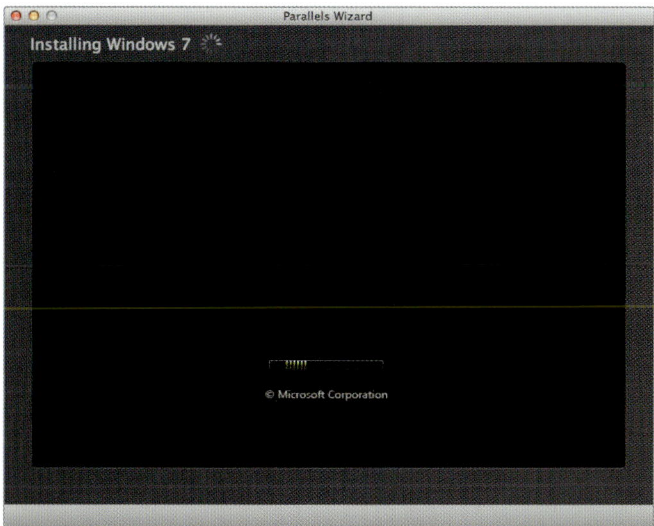

⑨ 가상머신이 실행되면서 설치가 진행된다.

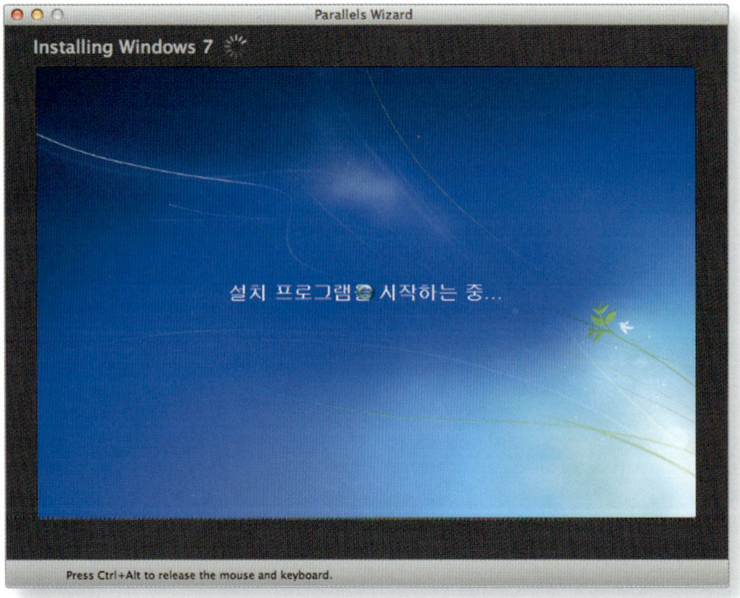

⑩ 윈도우7 설치 프로그램이 실행된다.

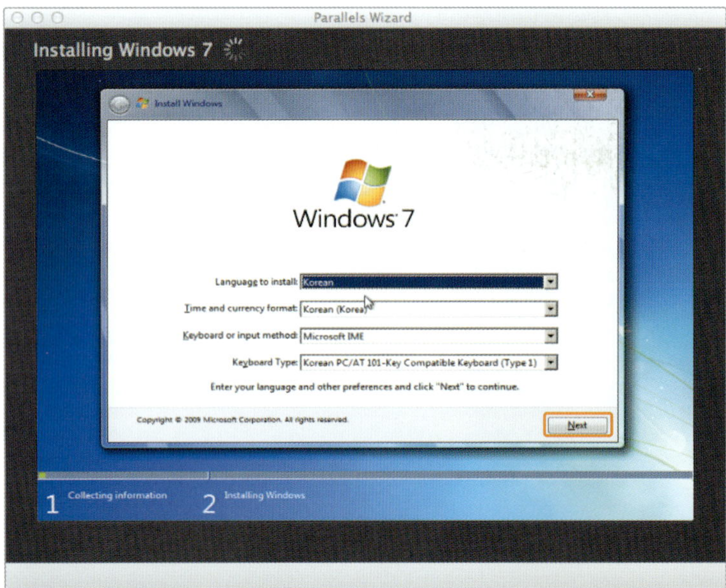

⑪ 윈도우7의 언어 및 설치 정보를 확인하고 [Next] 버튼을 탭한다.

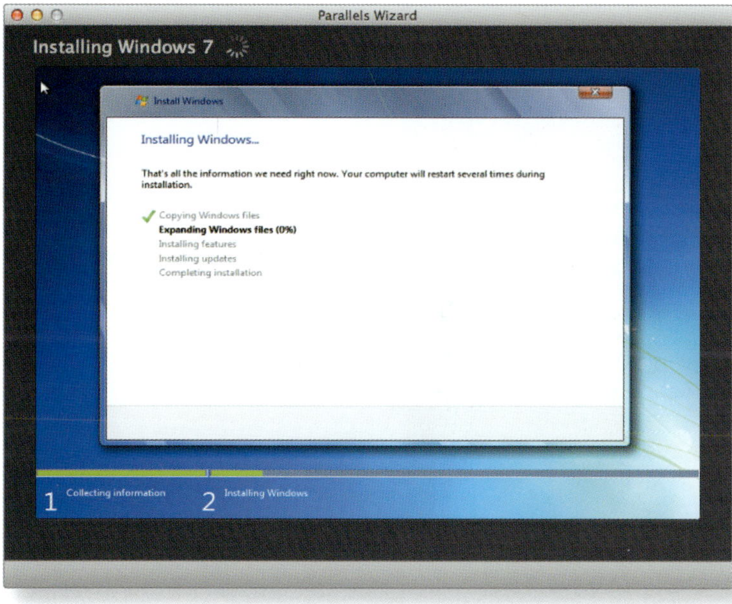

⑫ 설치가 진행되며, 이전에 제품 키 등을 미리 입력했기 때문에 별다른 설정은 필요가 없다.

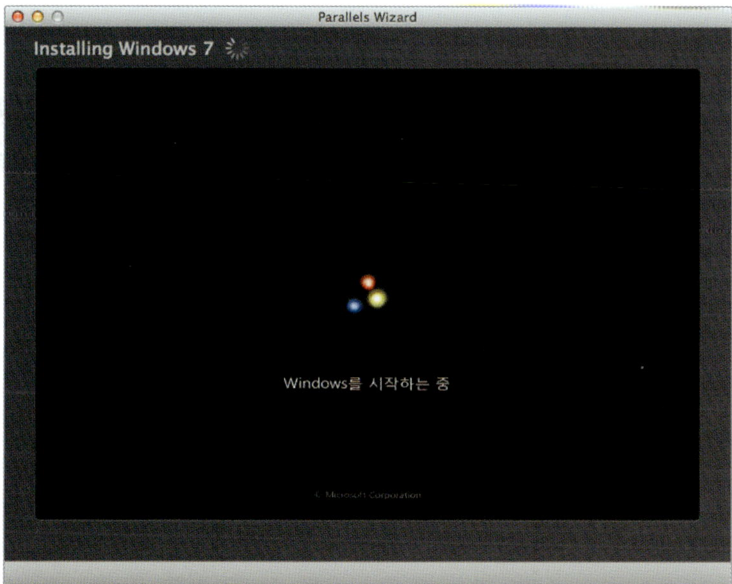

⑬ 설치가 완료되면 다시 재부팅 된다.

⑭ 설치가 마무리되면서 "바탕 화면 준비 중" 메시지가 나온다.

설치가 자동으로 마무리 된다.

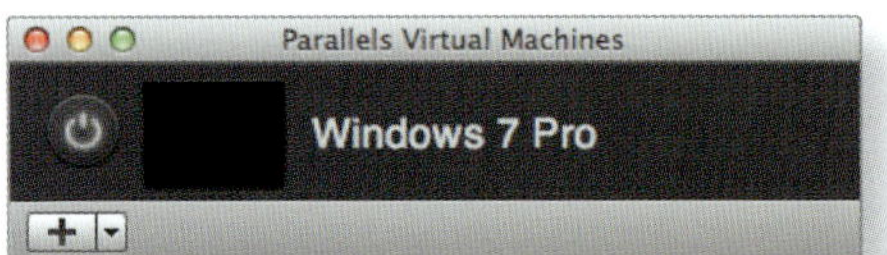

⑮ Parallels Virtual Machines창에 설치된 윈도우7이 나온다.

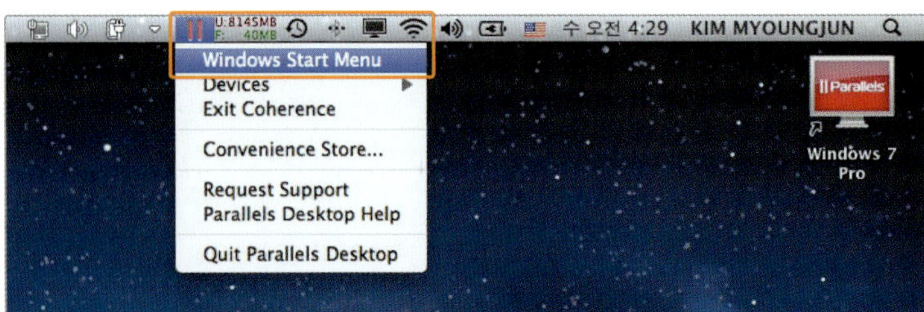

⑯ 화면 상단 시스템바의 ‖ 버튼을 탭하면 메뉴가 나오는데 [Windows Start Menu]를 선택하면 윈도우7의 시작 메뉴를 볼 수 있다.

참고로 바탕화면에 설치된 [Windows 7] 아이콘은 지금 설치한 가상머신으로 윈도우7을 다시 실행할 때 이용한다.

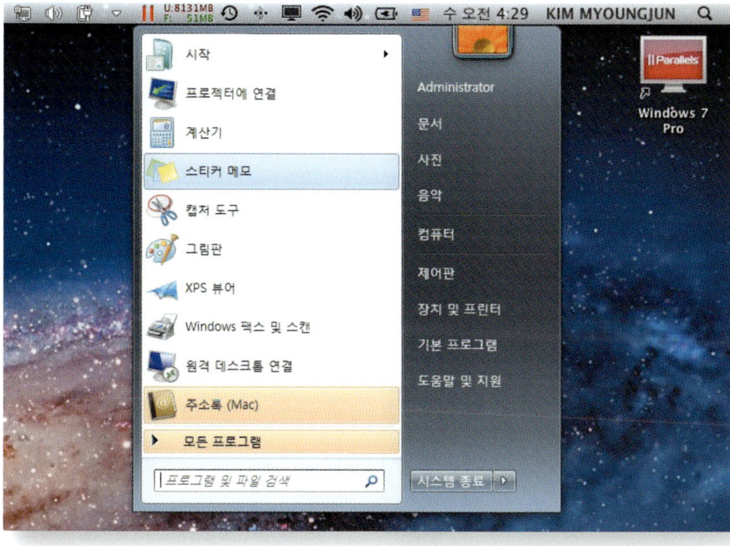

⑰ 윈도우7의 시작 메뉴가 화면에 보여진다. 여기서 필요한 윈도우7의 기능을 선택하여 사용하길 바란다

42-4 | 실행 중인 창으로 보기 변경하기

OS X Lion을 재부팅 후 Parallels Desktop을 다시 실행하면 윈도우 데스크탑 화면이 전체화면으로 보여진다. 이런 경우에 다시 필요한 창들만 화면에 보여지도록 변경하는 방법을 알아보자.

① Parallels Desktop을 실행하고 우측 하단 [▸ ⚙] 버튼을 탭하자.

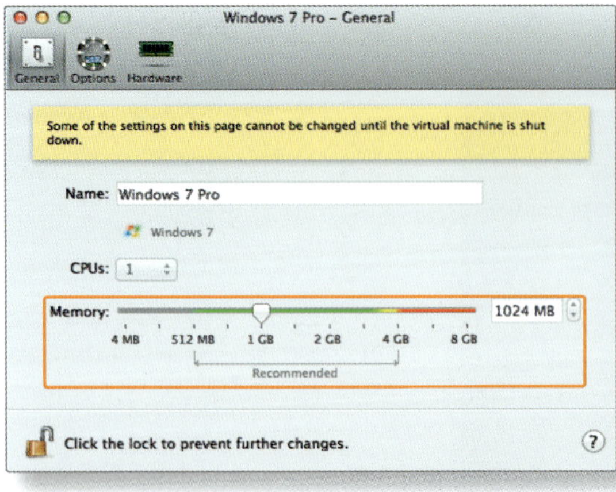

❷ 가상머신에 사용되고 있는 하드웨어 정보 및 메모리 사용 용량을 변경할 수 있다.

만약,가상머신의 메모리 용량을 늘리고 싶다면 이 부분을 변경하면 된다.

다시 실행 중인 데스크탑 화면 우측 하단 [버튼 아이콘] 버튼을 탭하자.

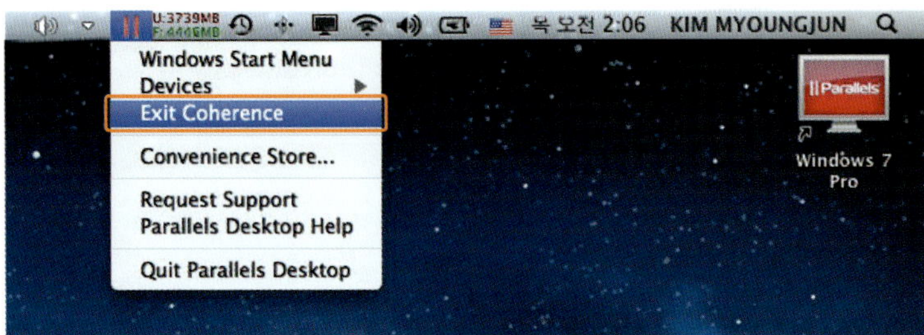

❸ 윈도우7 데스크탑 화면이 가려지고 실행 메뉴 및 실행 중인 프로그램만 화면에 나오게 된다. 다시 윈도우7의 바탕화면이 나오는 창으로 되돌리려면 [아이콘] → [Exit Coherence] 메뉴를 선택한다.

42-5 | USB 메모리 사용하기

USB 메모리는 흔히 사용하는 저장매체로서, 휴대가 편리하기 때문에 많이 사용한다. 그래서 가상머신을 사용 시 USB 메모리를 어떤 운영체제에서 사용할지 선택하는 방법에 대해서 알아보자.

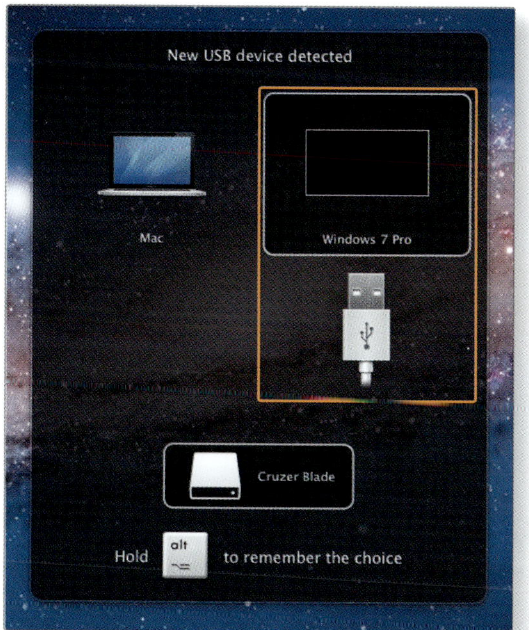

1. OS X Lion에 USB 메모리를 끼우면, 화면처럼 Mac과 윈도우7 중 어떤 운영체제에 사용할지 물어보는 창이 나온다. 윈도우7 가상머신에서 이용한다면 윈도우7 화면을 탭하자.

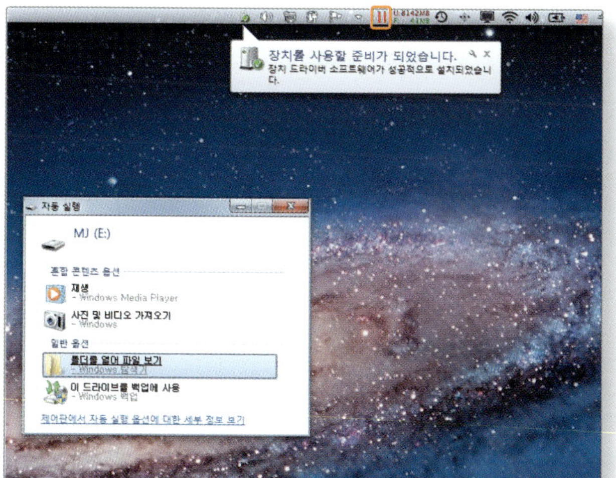

2. 바로 윈도우7 가상머신에서 인식되어 사용할 수 있는 상태가 된다.

   만약 사용 후 USB 메모리를 제거하려면 버튼을 누르면 나오는 메뉴에서 [Devices] → [USB]를 선택하고, 제거할 USB 메모리를 선택하면 된다.

42-6 | ISO 파일 사용하기

ISO 파일은 CD/DVD 이미지로써 사용된다. 최근 프로그램 설치시 DVD 미디어를 사용하는 것보다 이런 이미지 파일로 받는 경우도 있어, 이를 가상 DVD 롬에 마운트하여 사용하는 방법을 알아보자.

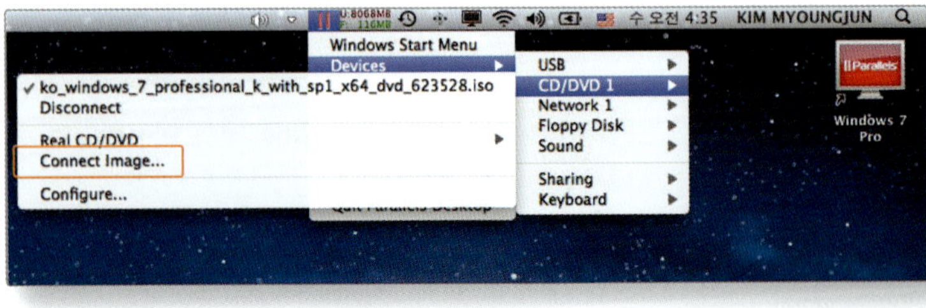

① 버튼을 누르면 나오는 메뉴에서 [Devices]→[CD/DVD 1]→[Connect Image...]를 선택한다.

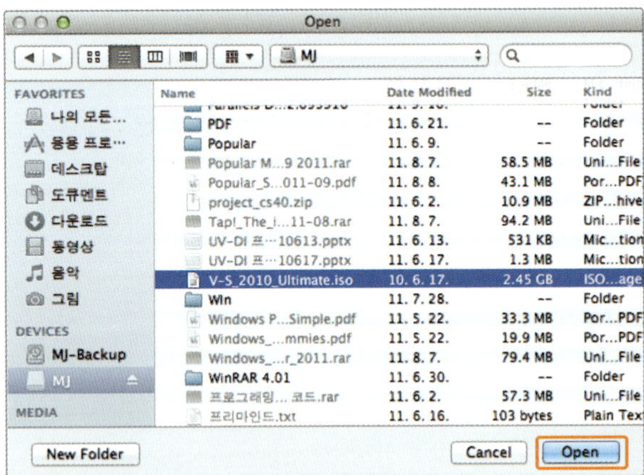

② 하드디스크에 저장되어 있는 ISO 파일을 선택하고 [Open] 버튼을 탭한다.

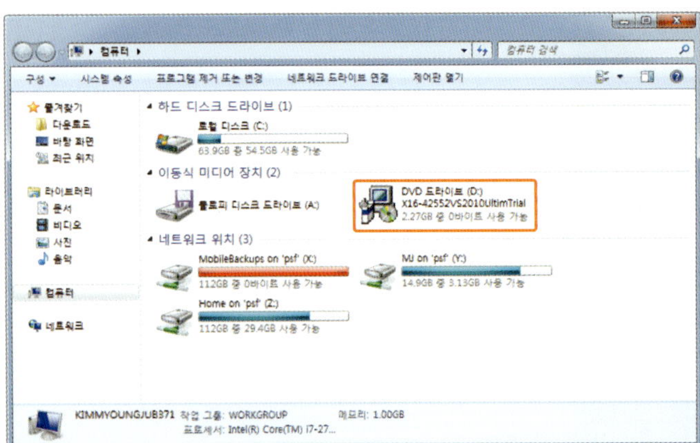

③ 윈도우 탐색기를 열어 보면 해당 ISO 이미지가 마운트된 것을 확인할 수 있다. 이를 통해 프로그램 등을 설치할 수 있게 된다.

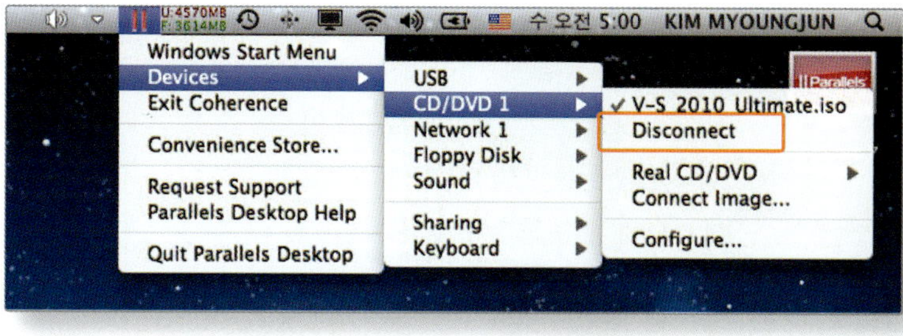

④ 마운트한 ISO 이미지를 제거하려면 [Devices] → [CD/DVD 1] → [Disconnect]를 선택한다.

42-7 | Internet Explorer 실행하기

Internet Explorer는 인터넷뱅킹 및 몇 개 사이트에서 액티브X와 같은 컴포넌트를 사용하기 때문에 OS X Lion에서는 접속할 수 없는 경우에 유용하게 사용할 수 있다. 실행 방법은 다음과 같다.

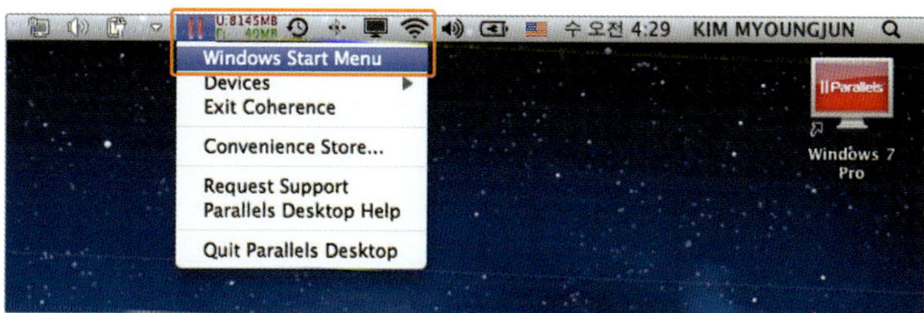

① 버튼을 누르면 나오는 메뉴에서 [Windows Start Menu]를 선택한다.

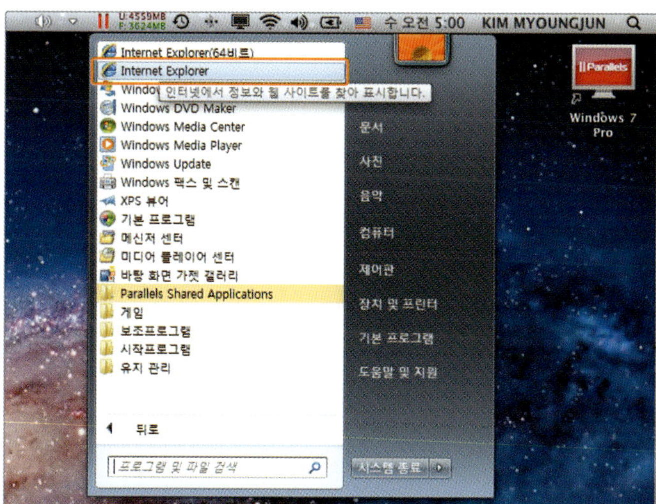

② 윈도우7의 시작 메뉴가 나오면 [모든 프로그램]을 선택하고 [Internet Explorer]를 탭한다.

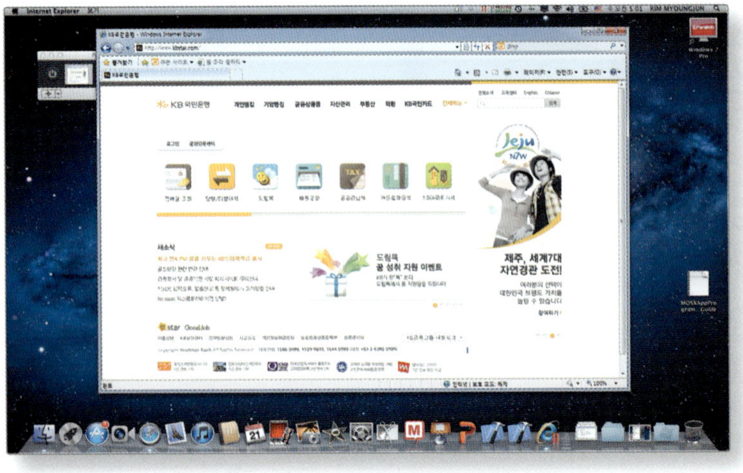

❸ Internet Explorer가 실행되면 인터넷 뱅킹 등을 자유롭게 이용할 수 있다.

찾아보기

ㅇ

ㅈ

ㅊ

ㅋ

ㅌ

ㅍ

ㅎ

Mac OS X Lion

쉽게 배우고 빠르게 활용하기

인 쇄	2011년 11월 3일 초판 1쇄
발 행	2011년 11월 10일 초판 1쇄
저 자	김명준
발 행 인	채희만
출판기획	안성일
영 업	박지훈
편집진행	이승훈, 장은화, 백진주
관 리	최은정
북디자인	가인커뮤니케이션(070-8861-0525)
발 행 처	INFINITYBOOKS
주 소	서울특별시 마포구 서교동 460-35
대표전화	02)302-8441
팩 스	02)6085-0777
Homepage	www.infinitybooks.co.kr
E-mail	helloworld@infinitybooks.co.kr
I S B N	978-89-92649-67-4
등록번호	제313-2010-241호
판매정가	**25,000원**